A la librería Gil, por su amabilidad al acoger el acto de presentación de mi libro en Santander

Afectuosamente,

Juan Carlos

15-V-25

Historia del ocio nocturno en España

Primera edición, abril de 2025

El Desvelo Ediciones
Javier Fernández Rubio, director

Editorial Almuzara, S. L.
Parque Logístico de Córdoba
Ctra. Palma del Río, km 4
C/8, Nave L2, módulos 6-7, buzón 3
14005 - Córdoba
(+34) 957 467 081

eldesvelo.es
almuzaralibros.com
eldesvelo@almuzaralibros

Imagen de cubierta, Lutz Ehrenberger, *Bis frueh um Fuenfe!*, 1922

ISBN: 978-84-129509-6-0
IBIC: HBTB
THEMA: NHTB; 1DSE
Depósito Legal: CO 405-2025
Impreso en España-Printed in Spain

FSC
www.fsc.org
FSC® C017006
La marca de la gestión forestal responsable

Este libro ha sido impreso en papel Holmen, el cual dispone del certificado de gestión forestal responsable FSC que garantiza una producción respetuosa con el medio ambiente.

JUAN CARLOS USÓ

Historia del ocio nocturno en España

El Desvelo
EDICIONES

A Ana García (Anuk) y Fran Azorín (Fran Kamp), que sin proponérselo me empujaron hacia esta inabarcable aventura a través de la noche.

A Laia Pascual y Xavi Vidal, que confiaron en este trabajo desde el primer momento.

A Jonás Sánchez Pedrero, primer lector del manuscrito, por su amable *feedback* e impagables aportaciones.

A Gema Sorribes e Ingrid Tartakowsky, que han soportado sin quejarse gran parte de la gestación de este proyecto.

Y a Giorgio Atella, sin cuya comprensión y apoyo hubiera tardado mucho más en terminar de escribir este libro.

Noche fabricadora de embelecos,
loca, imaginativa, quimerista,
que muestras al que en ti su bien conquista,
los montes llanos y los mares secos;
habitadora de celebros huecos,
mecánica, filósofa, alquimista,
encubridora vil, lince sin vista,
espantadiza de tus mismos ecos;
la sombra, el miedo, el mal se te atribuya,
solícita, poeta, enferma, fría,
manos del bravo y pies del fugitivo.
Que vele o duerma, media vida es tuya;
si velo, te lo pago con el día,
y si duermo, no siento lo que vivo.

LOPE DE VEGA (1562-1635)

INTRODUCCIÓN

El ocio nocturno, que tan integrado tenemos actualmente en la sociedad contemporánea, es una faceta de la función humana de aparición relativamente reciente en la historia de la humanidad, al menos como actividad mercantilizada, y como cualquiera puede imaginar muy vinculada al desarrollo de la iluminación eléctrica.

El alumbrado público en España tiene su origen en Barcelona, donde en el año 1599 el Consell de Cent instaló 60 parrillas de hierro forjado distribuidas por la ciudad. Un siglo y medio más tarde, concretamente la Nochebuena de 1752, se encendían en las calles y plazas de la Ciudad Condal 1.500 farolas alimentadas con aceite[1].

Entre 1765 y 1766, el rey Carlos III implantó el primer alumbrado público madrileño. En un primer momento, aquella iluminación duraba sólo seis meses, desde octubre hasta mediados de abril, pero por Real Orden del Consejo del año 1774, se amplió el servicio a los doce meses del año[2]. Como en Barcelona, este primer alumbrado público todavía no se alimentaba con energía eléctrica sino mediante aceite, cuyo uso se prolongó hasta el año 1832, que fue cuando se ensayó por primera vez en la Plaza de Palacio el alumbrado de gas, aunque ya se había experimentado en el año 1807 en Cádiz y en Granada[3].

---

1. Fernández, Lourdes: «El origen del alumbrado público en Barcelona». *La Vanguardia*, 25 de noviembre de 2021.
2. Guerrero Fernández, Alberto: «Primeras luces de Madrid». *ACTA*, nº 52, 2009, pp. 21-27 y Manahén García, Manuel: «La historia del alumbrado en Madrid, de los faroleros a apagar escaparates y centros públicos». *El Debate*, 12 de agosto de 2022.
3. Teodoro, Alejandro: «La luz que sacó a España de la oscuridad. Así

Por fin, a finales del siglo XIX comenzaron a electrificarse las primeras ciudades españolas[4], y comenzó a insinuarse una acusada tendencia a hacer vida nocturna en las principales capitales, sobre todo en Madrid y Barcelona, coincidiendo con un acelerado proceso de urbanización. De hecho, de todas las grandes mutaciones experimentadas por el Estado español en el primer tercio del siglo XX, el gran desarrollo urbanístico quizá sea el fenómeno social más espectacular y trascendental. Conviene recordar en este sentido que la sociedad española de finales del XIX era una sociedad eminentemente agraria —con la salvedad de Cataluña y el País Vasco—, dominada por el atraso y el arcaísmo. En general, configuraba un amplio conjunto caracterizado por el estancamiento secular y por desigualdades y tensiones sociales, en el que —a pesar de la creciente laicización y del progresivo aumento del anticlericalismo— la Iglesia católica seguía detentando un gran poder y una influencia capital. Una sociedad, a determinados niveles, traumatizada por la reciente pérdida de Cuba, Filipinas, Guam y Puerto Rico y sometida a un peculiar sistema político, que desde 1874 garantizaba una estabilidad más ficticia que real.

Entre 1900 y 1930 se aceleró en España el proceso de ur-

---

cambió la vida de los ciudadanos la llegada del gas en un país de velas y quinqués». *La Vanguardia*, 24 de enero de 2017.

4. Arroyo Huguet, Mercedes: «El alumbrado eléctrico en Barcelona, 1881-1935. Infraestructuras urbanas, iniciativas privadas y limitaciones públicas». Barcelona (Quaderns d'història), nº 19, 2013, pp. 157-178; Meliá Tena, C[asimiro]: *Orígenes y desarrollo de los servicios eléctricos en la provincia de Castelló*. Castelló de la Plana: Sociedad Castellonense de Cultura; 1975, pp. 1-15 y Muro Morales, José Ignacio: «La red eléctrica y el alumbrado público en Barcelona (1894-1922)». *Simposio Internacional Globalización, innovación y construcción de redes técnicas en América y Europa, 1890-1930*, 23-26 de enero de 2012, en https://www.ub.edu/geocrit/Simposio/cMuro_Lared.pdf.

banización, un fenómeno vinculado a la expansión industrial y potenciado por el aluvión de población rural hacia las ciudades, que modificó en poco tiempo tanto el espacio como la sociabilidad urbana. El Estado español pasó de tener 18.594.405 habitantes en 1900 a tener 23.563.867 en 1930. En el mismo período de tiempo Madrid pasó de tener 576.538 habitantes a tener 1.137.943, Barcelona de 544.047 a 1.005.565, Valencia de 213.550 a 320.195, Sevilla de 148.315 a 228.729, Bilbao de 102.845 a 179.570, Zaragoza de 101.315 a 174.055, etcétera. Así, mientras el porcentaje de crecimiento de conjunto de la población española se situó en un 26,72% en el referido intervalo entre 1900 y 1930, en Madrid resultó ser de un 97,37%, en Barcelona de un 84,83%, en Valencia de un 49,93%, en Sevilla de un 54,31%, en Bilbao de un 74,60% y en Zaragoza de un 71,84%.

No obstante, durante esa época «las pocas ciudades *modernas* españolas» eran también «capitales de la miseria física, moral y cultural». El trabajo era duro e inestable, con jornadas laborales de 65 y hasta 70 horas semanales[5], y la esperanza de vida muy corta: apenas 32 años. La hambruna y la insalubridad eran causas decisivas de las altas tasas de mortalidad urbana, y la tuberculosis —entre otras enfermedades— causaba verdaderos estragos. El analfabetismo era abrumador[6], mientras el chabolismo, que se multiplicaba en la periferia de las grandes ciudades, fomentaba la promiscuidad, la delincuencia y la prostitución. Se calcula que por esta época solo en Madrid

5. La Ley del descanso dominical no se aprobó hasta marzo de 1904 y la implantación de la jornada laboral, con carácter generalizado, de ocho horas diarias no se consiguió —al menos en teoría— hasta finales de 1919.
6. Según el Censo de población de 1910, las tasas de analfabetismo oscilaban entre el 26,03% que presentaba la provincia de Santander y el 79,46% que arrojaba la provincia de Málaga.

había unas 17.000 prostitutas. Y en Barcelona, además de las profesionales, muchas obreras jóvenes también ejercían la prostitución de manera ocasional.

En líneas generales, las pésimas condiciones de vida configuraban un paisaje urbano caótico, en el cual la percepción mítica del progreso —sensible, sin embargo, a finales del siglo XIX— quedaba anulada entre la vetustez y la insalubridad desesperante.

Ante este panorama urbano, la sociabilidad, el entretenimiento y, en general, todo aquello que permitía evadirse de una realidad cotidiana tan sórdida y despiadada sufriría una profunda transformación.

Hacia 1900, y por muchos años todavía, el tiempo del ocio se volcaba hacia el exterior y no hacia la vida familiar. La mala calidad de los interiores, la ausencia de confort y la falta de higiene de las viviendas populares no invitan a encerrarse alrededor del núcleo familiar, cuando éste existía, pues buena parte de los recién llegados a las ciudades eran solteros que se apiñaban en pensiones o en las denominadas casas de dormir. Por lo demás, también podía observarse una clara tendencia a las uniones libres, de modo que la calle se configuraba como la única alternativa socio-cultural al trabajo, ofreciendo en las grandes ciudades una gama de distracciones y posibilidades, cada vez más variada, que contribuyó notablemente a la urbanización y la secularización de la mentalidad y formas de la sociedad española.

Cartel de un espectáculo de primeros del siglo XX.

CAPÍTULO 1. POSTRIMERÍAS DEL SIGLO XIX

La oferta de ocio nocturno a finales del siglo XIX en Madrid y Barcelona

La popularización del café en Europa durante el siglo XVIII posibilitó la aparición de nuevos espacios públicos y abiertos, los cafés, que pronto se convirtieron en lugares de reunión de toda clase de personas, hombres y mujeres de las más diversas capas sociales, lugares entre el ocio y la ociosidad, atracción de jugadores y posibles foros de debate y discusión. Debido a esta condición, este tipo de lugares de esparcimiento, y similares, tampoco tardaron en suscitar las sospechas de los poderes públicos, que no dejaron de vigilarlos, sobre todo en momentos de crisis, con la excusa de que podían fomentar la vagancia. Así, el 16 de mayo de 1766, justo después del motín de Esquilache, Carlos III dictó un bando obligando a «tomar alguna honesta ocupación» a «todos los que, no teniendo aplicación, oficio ni servicio, se mantienen con varios pretextos, y concurren con frecuencia a cafés, botillerías, mesas de truco públicas, y otras diversiones aunque sean permitidas, pero solamente para el alivio de los que trabajan, recreo de los que no abusan y no para el fomento del vicio de los ociosos»[7].

En 1789, en pleno reformismo absolutista, su sucesor, Carlos IV, promulgó otro prácticamente en los mismos términos, exponiendo que:

---

7. *Novísima Recopilación de las Leyes de España*, Libro III, Título XIX, Ley XII, en Pérez Samper, María de los Ángeles: «Luces, tertulias, cortejos y refrescos». *Cuadernos de Estudios del Siglo XVIII*, núms. 10-11. Oviedo, Instituto Feijoo de Estudios del Siglo XVIII, Universidad de Oviedo, 2002, pp. 107-153.

> Todos los que no teniendo aplicación, oficio, ni servicio, se mantienen con varios pretextos, y concurren con frecuencia a Cafés, Botillerías, Mesas de Truco, Tabernas y otras diversiones, aunque permitidas, pero solamente para alivio de los que trabajan, recreo de los que no abusan, y no para el fomento de ociosos, se abstengan de semejantes frecuencias y tomen alguna honesta ocupación que los revele de la sospecha, y remueva escándalo, y mal ejemplo de ociosidad que dan a los demás[8].

A pesar de tan regios propósitos, a finales del siglo XIX, la sociabilidad urbana y el ocio, tanto diurno como nocturno, se concentraban en un amplio abanico de lugares públicos, empezando por las propias calles. Aunque el esparcimiento llegaba a todos los rincones del Estado, la vida nocturna mercantilizada, tan vinculada al desarrollo del alumbrado público eléctrico, estaba considerada como un signo de modernidad y cosmopolitismo. En consecuencia, se concentraba en las dos grandes capitales españolas, que pugnaban por mirarse en el espejo de las dos principales urbes europeas de la *belle époque*: París y Viena.

Los espectáculos escénicos eran la forma más habitual de divertirse de los españoles desde hacía muchas décadas, sintiendo una especial predilección por el teatro musical. Tal y como observa el profesor Javier Barreiro, el público que acudía a deleitarse con las representaciones teatrales «especialmente nocherniego, generalmente masculino y amante de la diversidad de las emociones, prefería la heterogeneidad de las obras en que la mujer descocada, la música juguetona y la frase picaresca regocijaban el espíritu»[9]. No olvidemos que en los teatros

8. Citado en García Sánchez, Jesús: *La cerveza, los bares, la poesía. Antología*. Madrid: Visor, 2020, pp. 20-21.
9. Barreiro, Javier: «El Madrid nocturno de finales del siglo XIX (1890)».

españoles se hablaba, se comentaban las escenas y cantables, se gritaba en forma de aprobación o discrepancia y, en muchos de ellos, se comía y bebía y, por supuesto, se fumaba. De hecho, las luces de la sala no se apagaron hasta que, a finales de octubre de 1900, la respetada compañía María Guerrero y Fernando Díaz de Mendoza instauró esta costumbre. Así, en Madrid, considerada por algunos medios como «la ciudad más trasnochadora del mundo»[10], funcionaban, al menos, los siguientes teatros comerciales: Real, Zarzuela, Español, Comedia, Lara, Price, Apolo, Eslava, Madrid (rebautizado en 1894 como Barbieri), Jovellanos, Princesa, Romea, Martín, Alhambra, Eldorado, Calderón, Infantil, Callao, Príncipe Alfonso y Novedades, a los que se sumaban El Jardín del Buen Retiro, Hipódromo, Felipe, Recoletos, Maravillas y los Circos de Colón en periodo veraniego. Como recuerda Barreiro, el vestíbulo del Apolo y otros teatros, al ser lugares de concurrencia pública, era aprovechado por los empresarios para montar en su entrada máquinas tragaperras con dioramas, muñecos automáticos y otros aparatos para gusto y entretenimiento del público. También allí se daban cita vendedores de periódicos y, sobre todo, de publicaciones pornográficas clandestinas, cuyo comercio era apenas perseguido.

El Madrid finisecular era una ciudad con una marcada división social, que se reflejaba en el hábitat: «clases populares en el sur, viviendo en corralas, clase media en el Ensanche, burguesía financiera y comercial en la Castellana, nobleza en los aledaños del Palacio Real». El crítico literario, escritor y periodista de origen guatemalteco Enrique Gómez Carrillo, que

---

Siglo diecinueve (Literatura hispánica), nº 20, Universidad de Austin, Texas, 2014, pp. 113-134.

10. «La semana en Madrid (párrafos sueltos)». *La Época (Hoja literaria de los lunes)*, 5 de septiembre de 1881, p. 1.

recaló en Madrid a finales de 1891, proveniente de París con su joven amante, escribió que era aquel un Madrid sórdido y vulgar, con gentes que daban sensación de pereza y abandono excepto para la juerga[11]. Según otro testigo cualificado, el escritor, periodista y crítico puertorriqueño Antonio Cortón, en el Madrid finisecular «se velaba voluntariamente, se iba a dormir muy tarde y no se dejaban los colchones hasta la hora de las cinco»[12]. Y lo de levantarse a las cinco de la tarde en muchos casos no debía ser una exageración, pues la revista *Vida Galante* también se refería a «los noctámbulos que se levantan a las cinco de la tarde para vestirse el frac[13]». El hábito de trasnochar en la capital del Reino estaba tan arraigado que la tertulia de Francisco Romero Robledo, miembro del Partido Conservador y titular de varios ministerios —incluido el de la Gobernación— durante la Restauración, veía cómo «clareaba el alba en invierno y en verano» y el rey Alfonso XII pasó a la historia como un «madrileño noctámbulo». Por lo demás, se trataba de una costumbre tan generalizada que, según afirmaba el diario *Heraldo de Madrid* a principios del siglo XX, «antes un 75 por 100 de los madrileños no conocían el sol, sino de oídas».

Desde luego, para los próceres morales la noche era la aliada perfecta para el crimen y el vicio. Por ejemplo, así se expresaba el magistrado Manuel Gil Maestre, ex subdirector general de Seguridad, al respecto:

---

11. Gómez Carrillo, Enrique: *Treinta años de mi vida. Libro 3º y último. La miseria de Madrid.* Buenos Aires (Argentina): Vaccaro; 1921, pp. 7 y 19-29.
12. Cortón, Antonio: «Crónica. El día y la noche». *El Liberal,* 26 de octubre de 1912, p. 1 y «Alrededores de Madrid. Cuatro Caminos». *Vida Galante,* 29 de marzo de 1901, p. 6.
13. «Alrededores de Madrid. Cuatro Caminos» *Vida Galante,* 29 de marzo de 1901, p. 6.

> Las calles y paseos de Madrid, al igual de lo que acontece en las demás grandes poblaciones, constituyen de noche un mundo distinto del que constituyen de día. Todos cuantos temen la luz del sol, todos cuantos recelan de la claridad, salen de sus antros, dejan sus guaridas, se desperezan y ejercitan su actividad protegidos por las sombras. Estas son las queridas amigas de los grandes criminales y de los grandes viciosos, las protectoras de cuanto se desprende de las últimas capas sociales. Oficios o industrias que prosperan de día, mueren al llegar la noche. Por el contrario, otras no viven sino con ella. La meretriz, la buscona, la *compraora de la teta*, el jugador, el dronista, son sus hijos. Tan luego como se encienden los faroles, se lanzan a la arena, se cruzan, se miran y siguen su camino[14].

Y no solo los próceres morales cargaban contra la noche y los noctámbulos. Así, por ejemplo, el escritor y médico Pío Baroja, en su «Patología del golfo», asociaba a estos tipos madrileños con los establecimientos más nocherniegos:

> Muchos de ellos, son esos tipos mixtos de chulo y de polizonte, que se ven a las altas horas de la noche en las tabernas, buñolerías, cafetines, chirlatas y garitos de toda clase[15].

Desde luego, en una ciudad donde «se vivía de noche», los cafés proliferaban como setas, hasta el punto de que se podían contar catorce de estos locales sólo en la Puerta del Sol,

---

14. Gil Maestre, Manuel: *Los malhechores de Madrid.* Gerona: Imprenta y Librería de Paciano Torres; 1889, pp. 70-71.
15. Baroja, Doctor: «Patología del golfo». *Revista Nueva,* 15 de febrero de 1889, pp. 145-154.

siempre repletos de un «público alegre y nocherniego». Según advierte el profesor Barreiro, pese a la fama de los cafés parisinos o vieneses, en ninguna ciudad fueron tan protagonistas de la vida cotidiana de sus habitantes como en Madrid. Allí, sus parroquianos bebían, comían, hablaban, escuchaban música y presenciaban representaciones. También, conspiraban, leían los periódicos, escribían cartas y artículos, jugaban, en especial al dominó y al billar, citaban a las amantes, concertaban duelos, pedían dinero prestado, fundaban publicaciones, pero, sobre todo, discutían, pontificaban, daban cauce a esa sociabilidad tan española, a través de las tertulias y, en definitiva, allí se vivía porque la mínima consumición de un café daba derecho a quedarse horas y horas. De hecho, en sus memorias fuera de toda sospecha, Josep Maria de Sagarra, que llegó a Madrid, procedente de Barcelona, como un buen observador y conocedor de las noches del Paralelo y de las Ramblas, destacó en el recinto de la Puerta del Sol, donde «se mezclaba constantemente la más alta distinción con la más baja chusma», el Café Universal, el de Correos, el de Puerto Rico, el de la Montaña, el de Levante y, «después del Café de Fornos, otros como el Regina, la Maison Dorée y el Lyon d'Or, y por encima de todos el Café de Madrid y el Colonial», que «servían sobradamente a la calle de Alcalá para la más fuerte de las actividades madrileñas, que era la de matar las horas en el café»[16]. Por lo demás, entre tabernas y tiendas de vinos, en 1900, había censadas en Madrid un total de 1.437, cifra que no incluía las 277 ubicadas en los arrabales, es decir fuera del casco urbano[17].

16. Sagarra, Josep Maria de: *Memorias*. Barcelona: Anagrama, 1998, pp. 732-733 y 738.
17. Salaün, Serge: *El cuplé (1900-1936)*. Madrid: Espasa Calpe, 1990, p. 73.

Por su parte, en Barcelona funcionaban una treintena de teatros. Los más notables eran el Teatro Principal, ubicado en el número 2 de la plaza del Teatro y con un aforo para 2.200 personas, que venía funcionando desde 1579, por lo que estaba considerado como «el decano de los teatros españoles» y el Gran Teatro del Liceo, inaugurado en el número 2 de la Rambla del Centro en 1847, con una capacidad para 3.600 espectadores[18]. Al igual que sucedía en Madrid, la taberna y el café ocupaban el puesto más destacado en la sociabilidad popular urbana, configurando la versión espontánea del ocio urbano, aunque fuesen patrimonio exclusivo —salvo las tardes de los domingos— de los varones. El número de cafés en Barcelona se situaba entre 170 y 244 y el de tabernas entre 928 y 1.500 y si estas añadimos las botillerías, quioscos de bebidas y bodegas, la cifra se disparaba hasta 2.016[19]. Entre los cafés destacaban por encima de todos y gozaban de un gran éxito social el el café Suizo, abierto en 1859, al que podía accederse desde el número 31 de la Rambla del Centro y también desde el número 17 de la plaza Real; el café Continental-Ribas, en el número 10 de la Rambla Canaletas, que abrió sus puertas en 1884 y el gran café-restaurante Au Lyon d'Or, inaugurado en 1891 en la plaza del Teatro, número 2. El 22 de agosto de 1894 se presentó al público el primer Bar Automático, que resultó todo un acontecimiento. El *Diario de Barcelona* recogió la noticia:

---

18. Villar, Paco: *Historia y leyenda del Barrio Chino (1900-1992). Crónica y documentos de los bajos fondos de Barcelona*. Barcelona: La Campana; 1996, p. 16.

19. López, Guillermo: «Registro de higiene. Cafés de Barcelona I». *La Publicidad*, 26 de agosto de 1901, p. 3; Salaün, Serge: *El cuplé (1900-1936)*. Madrid: Espasa Calpe; 1990, p. 73 y Villar, Paco: *Historia y leyenda del Barrio Chino (1900-1992). Crónica y documentos de los bajos fondos de Barcelona.* Barcelona: La Campana; 1996, p. 16.

> Al principio de la calle Conde del Asalto y casi frente a la puerta de entrada al Crédit Lyonnais, acaba de abrir sus puertas un establecimiento especial de bebidas montado por un sistema enteramente nuevo. En la tienda se hallan distribuidos diez aparatos automáticos construidos en hierro y mármoles, conteniendo cada uno una bebida especial que mana del grifo mediante el peso de una moneda de a diez céntimos que el bebedor deposita en un agujero. El lavado de las copas también es automático, y para ello el bebedor comprime un pitón con el fondo de la copa o vaso y brota el agua con presión hasta dejarla limpia[20].

Unos años más tarde, concretamente en 1897, Pere Romeu inauguró en la calle Montesión una cervecería-cabaret-restaurante —inspirada en Le Chat Noir de París— a la que bautizó Els 4 Gats, y cuyos principales impulsores fueron los pintores Santiago Rusiñol, Ramón Casas, Pompeyo Gener, Joaquín Mir Trinxet y Miquel Utrillo.

También estaba el Salón Árabe, una gran sala de baile ubicada en los números 3 y 5 de la calle Casanova, que comenzó su trayectoria en 1890 y cinco años más tarde cambió su nombre por La Serpentina. Y la prostitución, sin ser una actividad ni mucho menos exclusivamente nocturna, también contribuía lo suyo a estirar los horarios nocturnos. Así, por ejemplo, entre 1890 y 1900 sólo en la angosta y corta calle del Cid se abrieron cuatro burdeles, que funcionaban hasta las 4 de la madrugada[21].

---

20. Citado por Villar, Paco: *Historia y leyenda del Barrio Chino (1900-1992). Crónica y documentos de los bajos fondos de Barcelona*. Barcelona: La Campana; 1996, pp. 16-17.

21. Madrid, Paco: *La Criolla. La puerta dorada del Barrio Chino*. Barcelona: Comanegra–Ajuntament de Barcelona; 2017, p. 29 y Geli,

Con todo, es posible que el principal hito en la vida nocturna barcelonesa fuera la apertura en marzo de 1887 del Edén Concert, en la calle Nueva de la Rambla, 12, donde antes se había ubicado el Café de la Alegría, un antiguo café-cantante, que desde 1877-1878 venía dedicándose exclusivamente al baile y cante flamenco. Superada esta etapa inicial, el Edén Concert se convirtió en un lugar selecto provisto de salón de espectáculos, café-restaurante y sala de juegos, con ruleta y bacará, montado todo con gran lujo. Del Edén Concert se llegaría a hablar en toda España, siendo considerado como la sede del libertinaje y el escándalo y, por tanto, gran un centro de perdición.

Sin embargo, hubo otro acontecimiento, tan importante o más que la inauguración del Edén Concert, que tuvo lugar en la Ciudad Condal antes de cerrarse la centuria decimonónica. Nos referimos a la apertura de la arteria conocida como El Paralelo, que no tardaría en convertirse en la zona de ocio por excelencia de la ciudad, un área de espectáculos heterogénea, multicultural, muy liberal e interclasista, permanentemente animada, sin interrupción. A las primeras edificaciones de madera destinadas a espectáculos, tabernas o barracas de feria, siguieron los cafés, teatros y music-halls, hasta configurar una especie de pequeña ciudad autónoma pensada para el recreo, tanto de obreros y menestrales como de intelectuales bohemios, señoritos calaveras y burgueses ávidos de encanallarse, «dedicada a las diversiones más variadas, a los espectáculos más abigarrados y a todos los vicios». La avenida de dos kilómetros —en realidad, cuatro teniendo en cuenta las dos aceras, sin contar las calles adyacentes—, que Joan Maragall definió como «el paseo de Gracia de los pobres», y con el paso del tiempo llegaría a ser conocida como el Broadway o el Montmartre barcelonés, representaría la mayor concentración europea —¿y

---

Carles: «Mandanga». *El País (Catalunya)*, 14 de julio de 2017.

mundial?— de establecimientos públicos —muchos de los cuales no cerraban nunca— y de oferta cultural, erigiéndose en el escenario de los escenarios y en la manifestación más visible de un profundo cambio en la percepción social del sexo[22].

A título comparativo, cabe señalar que por la misma época la vida nocturna en Valencia, la tercera ciudad española en número de habitantes, era prácticamente inexistente y la cuarta, Sevilla, no tenía más que «6 teatros y cafés cantantes». Por otra parte, la oferta de ocio nocturno en Madrid y en Barcelona se complementaba con innumerables bailes, bares, buñolerías, cervecerías, cafeterías, cafetines, casas de comidas, casinos, chocolaterías, círculos recreativos, colmados, confiterías, figones, fondas, fondines, merenderos, mesones, pastelerías, prostíbulos, restaurantes, tahonas, verbenas, etcétera, que durante la mayor parte del siglo XIX y buena parte del XX, contribuyeron a modelar las costumbres y el ocio de los españoles[23].

Por lo que respecta a los horarios, los teatros debían cerrar como máximo a la una de la madrugada. Sin embargo, para el resto de establecimientos públicos el derecho al libre comercio pesaba más que cualquier otra consideración, de modo que no eran pocos los locales que permanecían abiertos las veinticuatro

---

22. Molner, Eduard i Alberti, Xavier: *Carrer i escena. El Paral·lel. 1892-1939*. Barcelona: Viena Edicions–Ajuntament de Barcelona; 2012 y *El Paral·lel. 1894-1939. Barcelona i l'espectacle de la modernitat*. Barcelona: Centre de Cultura Contemporània de Barcelona (CCCB)–Diputació de Barcelona; 2012 y «El Paralelo de Barcelona», *Barcelona Memory*, 2020.
23. Velasco Zazo, Antonio: *Fondas y mesones*. Madrid: Librería General de Victoriano Suárez; 1947; Díaz, Lorenzo: *Madrid. Bodegones, mesones, fondas y restaurantes*. Madrid: Espasa Calpe; 1991; Rioyo, Javier: *La vida golfa. Historia de las casas de lenocinio, holganza y malvivir*. Madrid: Espasa Calpe; 1991; Aisa, Ferran: *Barcelona balla. Dels salons aristocràtics a les sales de concerts*. Barcelona: Base; 2011 y Bonet Correa, Antonio, *Los cafés históricos*. Madrid: Cátedra, 2012.

horas, día y noche[24]. Por ejemplo, el Café de Correos, en el número 9 de la Puerta del Sol, había sido inaugurado en 1865 y permanecía abierto las veinticuatro horas del día, por lo que se le conocía como «asilo benéfico de golfos»[25], y el famoso Café de Fornos, situado en la esquina de la calle Alcalá con la calle Peligros, que fue el primer local madrileño donde, desde 1881, se disfrutó de luz eléctrica y en el que podía encontrarse desde tertulias literarias, hasta juegos de azar, más o menos consentidos, pasando por prostitución de altura, no había cerrado sus puertas desde su inauguración 21 de julio de 1870. Otro establecimiento muy frecuentado por los nocherniegos a partir de 1894, en que se fundó sobre la antigua Taberna de Lázaro, fue la Chocolatería de San Ginés —todavía existente— en el pasadizo del mismo nombre. Emplazada junto al Teatro Eslava y abierta toda la noche, era otro de los lugares emblemáticos de la noche madrileña. Lo mismo podía decirse de El Paralelo barcelonés, donde muchos locales no cerraban por las noches y algunos ni siquiera tenían puertas[26].

Como resume Javier Barreiro, si la mañana era patrimonio del proletario urbano, mientras los señoritos dormían, descansaban o se entregaban al ocio casero, la tarde era para la sociabilidad y «la noche para la diversión». Ciertamente, a finales del siglo XIX las principales ciudades estaban cambiando, pero «la vida española se hacía en la calle».

---

24. «La cursilada». *El País*, 11 de octubre de 1904, p. 1.
25. Flores Sánchez-Alarcos, José: «El Café de Correos de la Puerta del Sol». *Entre dos amores*. Madrid-Campo de Criptana, última revisión 5 de abril de 2024
26. «El Paralelo de Barcelona», *Barcelona Memory*, 2020.

El café-cantante como epítome de la vida nocturna y canalla

La máxima expresión del ocio nocturno y de la vida canalla en la España del siglo XIX y primeros años del XX tuvo por escenario los cafés-cantantes, denominación que se daba a los establecimientos públicos que complementaban el servicio propio de un café con la puesta en escena de espectáculos populares, bien frívolos o ligeros, aunque en su mayoría de cante, toque y baile flamenco.

Por lo general, los cafés-cantantes eran salones amplios con servicio de mesa, decorados con espejos, cuadros o carteles costumbristas o taurinos, y un pequeño escenario o tablao de madera donde los artistas ofrecían sus espectáculos. Aparte del brebaje amargo del cual tomaban el nombre, la bebida con diferencia más consumida en los cafés-cantantes era el vino. Seguramente, había botellas de aguardientes, anises y otros licores a disposición de los parroquianos, pero la bebida por excelencia era sin duda el morapio peleón. Según Fernando Sánchez Marroyo, en los cafés-cantantes también «era frecuente el consumo de drogas»[27], y aunque no hemos podido corroborarlo en fuentes primarias, no se trata de una afirmación para nada infundada, pues el opio, la morfina, la heroína, el láudano, la cocaína, el hachís, el cloral, el éter y demás drogas consideradas eufóricas fueron sustancias de venta libre en las farmacias españolas hasta 1918[28]. En cualquier caso, lo castizo era beber; embriagarse con vehículos distintos del alcohol era más bien cosa de franceses e ingleses, en definitiva de extranjeros. Pero nada mejor que la

---

27. Sánchez Marroyo, Fernando: *La España del siglo XX. Economía, demografía y sociedad.* Tres Cantos (Madrid): Istmo; 2003, p. 227.

28. Usó, Juan Carlos: *Drogas y cultura de masas (España 1855-1995).* Madrid: Taurus; 1996 y Usó, Juan Carlos: *Drogas, neutralidad y presión mediática.* Santander: El Desvelo; 2019.

descripción de un testigo cualificado de la época para hacernos una idea más precisa de cómo eran estos establecimientos:

> Tenían un sello característico inconfundible. Algo de chirlata con vahos de taberna y ese misterioso escándalo de las casas de prostitución. Su público era híbrido y heterogéneo. El chico matón [...], el jugador ventajista, muchachitos apenas salidos del cascarón, señoritos sinvergüenzas, viejos «verdes» y forasteros. Para las gentes sencillas de pueblos y aldeas, el café cantante era, de la corte, la principal atracción.
>
> Los locales de estos establecimientos eran todos iguales. Una sala, decorada en tonos obscuros, que la daban un tono tristón y soñoliento, sillas desvencijadas, divanes que repelían por sus muelles saltados, que se clavaban sañudamente en las posaderas; cuatro o cinco espejos por las paredes; en el punto más estratégico, un tablado, desde el que se divisaba toda la sala, y un mostrador. [...]
>
> Componíase, por lo general, el cuadro artístico de dos cantaoras, tres *bailaoras*, un tocador de guitarra, un *bailaor* y un *cantaor*. Vestían ellas a la española. Dominaban los trajes de maja, el mantón de Manila imprescindible y muchas flores en la cabeza.
>
> Ellos, chaquetilla corta y pantalón de talle.
>
> En el tablao, y a una altura conveniente, un espejo. [...]
>
> Los sótanos.
>
> Están destinados a juergas.
>
> Terminado el espectáculo en el salón, las personas que gustan disfrutar a solas de los encantos de la flamenquería, piden vinos de marca y disfrutan de todo el cuadro artístico[29].

---

29. El Lazarillo de Tormes: «Lo que eran los cafés cantantes. El local.

Sin duda el éxito de los cafés-cantantes estuvo relacionado con el sentimiento de orgullo racial que impregnó la conciencia de gran parte de la sociedad española tras la denominada Guerra de la Independencia (1808-1812).

En efecto, a finales del siglo XVIII se había desarrollado una corriente literaria, cultural e ideológica, conocida como casticismo, en oposición al pensamiento ilustrado, tildado de afrancesado, que reivindicaba lo castizo, o sea, de las expresiones de todo tipo (culturales, religiosas, vitales, moda, actitudes, habla o incluso de la organización política y social) percibidas como propias de su casta, entendida esta no tanto como la raza o etnia propia, sino más bien como el carácter nacional español. Y con la derrota de Napoleón, la fuerza telúrica del majo, como arquetipo del individualismo, la gracia y el casticismo desplazó al ilustrado afrancesado, y todo lo que éste representaba. En ese ambiente triunfó la moda cañí, pues el casticismo veía en el gitano un modelo ideal de ese individualismo. La eclosión de las escuelas taurinas de Ronda y Sevilla, el auge del bandolerismo y la fascinación por lo andaluz, manifestada por los viajeros románticos europeos, fueron conformando un costumbrismo andaluz que acabó imponiéndose en la corte madrileña. De este modo, el *majismo* o la afición casticista se extendió entre la aristocracia a través del vestuario y las costumbres propias de *manolos*, *manolas*, *majos* y *majas*[30],

---

El público. El cuadro artístico. Las "Igorrotas" y las "Macarronas". En "Naranjeros". "Primos y primas". Algunas coplas. Los sótanos». *El Mundo*, 5 de noviembre de 1913, p. 3.

30. Manolo es una derivación coloquial del nombre Manuel, y desde finales del siglo XVIII, por un famoso sainete de Ramón de la Cruz, pasó a utilizarse como sinónimo de guapo, valiente o chulo, los rasgos con los que se identificaba a las clases populares madrileñas, de un modo equivalente al concepto de majo (para las mujeres, manola y maja) y en relación con los de chulapo y chispero.

incluyendo la música, bailes —sobre todo el fandango— y diversiones populares como la tauromaquia, en oposición a la moda francesa, representada por su contrafigura: el *petimetre* —joven de clase alta, amanerado y ocioso— e incluso los valores de la Ilustración.

Hecho este inciso, no es de extrañar que fueran los cafés-cantantes sevillanos los que marcaran el rumbo. El periodista Manuel Chaves Nogales señala el Café Cabeza del Turco, fundado en torno a 1822 en la calle Sierpes, como el más antiguo[31]. A partir de este momento no pararían de abrirse cafés-cantantes: el de Lombardos, en la calle del mismo nombre, el de Triperas, también denominado así por la calle donde se ubicaba, el Café del Arenal, en la calle La Mar, el Café de los Cagajones, en la plaza de la Paja, el Salón Oriente o Salón Becerra, en la calle de Trajano, donde se acuñó el término «flamenco», y así hasta unos 50 locales de estas características abiertos a finales del siglo XIX, destacando entre todos ellos los regentados por Manuel «el Burrero» y Silverio Franconetti, juntos y por separado, considerados como auténticas cátedras de cante, toque y baile[32].

Gracias a la expansión del ferrocarril, la moda de los cafés-cantantes desde Sevilla se extendió por toda Andalucía y Murcia, proliferando de manera especial en las zonas mineras (Linares, La Carolina, Cartagena, La Unión). En Cádiz sobresalieron los cafés La Jardinera, El Recreo, El Perejil y La Filipina; en el Puerto de Santa María el del Navío, El León de Oro, el del Refugio y el del Carbón; en Jerez de la Frontera el del Conde, La Vera-Cruz, el de Rogelio, La Primera de Jerez, el de Caviedes y el del Palenque; en Málaga, destacaron el del

31. Chaves Nogales, Manuel: *La ciudad. Ensayos.* Córdoba: Editorial Almuzara; 2011.

32. Vega, José Blas: *Los cafés cantantes de Sevilla*. Madrid: Cinterco; 1987.

Turco, el famoso Café de Chinitas, el de Las Siete Revueltas y el de La Loba; en Granada se encontraban el de Cuéllar, el Suizo, el Granadino y el Café del Callejón; en Almería estaban el Santo Domingo y el Lyon D'Or; y en Córdoba el Salón Recreo y el Café del Gran Capitán.

Del mismo modo, el flamenco llegó a Madrid, donde arraigó con fuerza, y desde donde se proyectó al resto del Estado. Gracias al periodista Ramón de Mesonero Romanos sabemos que hacia 1820 ya existía un café-cantante llamado Café-Fonda de la Gran Cruz de Malta, en la calle de Caballero de Gracia, junto al oratorio[33], dato que confirma Ariel Sneeuw en un documentado artículo sobre el flamenco en Madrid durante el siglo XIX. Tras este primer café-cantante, vendrían otros muchos, en donde actuaría lo más granado de los escenarios andaluces: el Café del Gato, que encumbró a un cantador apodado la «Escribanía»; el de Romero, donde se distinguieron las aplaudidas bailadoras conocidas como «Las Borriqueras»; el del Carmen, donde cantó el rey de los cantadores, Silverio Franconetti; El Imparcial, que vio actuar a María la Borrica y África Vázquez; el de Naranjeros, el de la Encomienda, el de La Bolsa, el de San Joaquín, Café de Atocha, El Brillante, La Marina, el de de Las Veneras, el de la calle de La Victoria, el de La Magdalena, La Estrella, el Café de Don Críspulo, etcétera.

Por lo que respecta a Barcelona, según Paco Villar, la costumbre de ofrecer en algunos cafés de la Ciudad Condal pequeñas funciones de canto durante las primeras horas de la noche fue una usanza importada de Francia[34]. Sin embargo, hasta

---

33. Mesonero Romanos, Ramón de: *Memorias de un setentón natural y vecino de Madrid.* Madrid: Renacimiento; 1926.

34. Villar, Paco: *Historia y leyenda del Barrio Chino (1900-1992). Crónica y documentos de los bajos fondos de Barcelona.* Barcelona: La Campana; 1996, pp. 41-42.

una urbe en principio tan alejada geográfica y culturalmente de la cuna del flamenco, como Barcelona, llegó y se impuso la moda flamenca y los aficionados al jaleo contaron con numerosos cafés-cantantes al estilo de los ya existentes. En una guía para forasteros publicada en 1887 se citaban El Café de la Alegría, que —como ya adelantamos— pronto cambiaría su nombre por el afrancesado Edén Concert, el Café-Concierto Barcelonés y el Café Sevillano como los más destacados. Luego surgirían muchos más, hasta rebasar ampliamente el medio centenar a finales de siglo.

Detractores de los cafés-cantantes

El apasionante mundo del flamenco atrajo la atención de escritores como Juan Valera, Serafín Estébanez Calderón, Antonio Machado y Álvarez «Demófilo», que ha quedado plasmada en obras como *Escenas andaluzas* (1847) y *Colección de cantares* (1881). Por otra parte, Benito Pérez Galdós, el gran novelista de la intrahistoria del siglo XIX español, recuerda en *Fortunata y Jacinta* (1887) la temporada de señorito de Juanito Santa Cruz, el botarate protagonista de la historia, en la que le había dado por frecuentar cafés-cantantes e imitar no sólo la vestimenta, sino también el lenguaje y los gestos que allí se gastaban. También Pío Baroja se refirió al café-cantante La Marina en un pasaje de su novela *La busca* (1904). Por lo demás, casi todos los escritores de la llamada Generación del 98 contemplaron el flamenco y su mundo con desdén, considerándolo como bastión de los vicios patrios. Aunque, el escritor que más se significó como un enconado detractor de la tauromaquia, el flamenco y el flamenquismo fue el novelista, ensayista y publicista Eugenio Noel:

> De las plazas de toros salen estos rasgos de la estirpe: la mayor parte de los crímenes de navaja; el chulo, el hombre que pone la prestancia personal sobre toda otra moral; la grosería, la ineducación; el pasodoble y sus derivados; el *cante hondo* y las canalladas del baile flamenco, que tiene por cómplice la guitarra; el odio a la ley; el bandolerismo; esa definición extraña del valor que se concreta en la palabra riñones y que ha sido y será causante de todas nuestras desdichas; ese delirio de risa, de diversión, de asueto, que caracteriza a nuestro pueblo; el endiosamiento del valor físico y el desprecio a lo que significa, duelo, riña, engalle, orgullo, fastuosidad, irreverencia; la libertad de poder hacer lo que le dé la gana; el echar por la boca todas las palabras soeces del idioma o del *caló*; el teatro del género chico; la pornografía sin voluptuosidad, ni arte, ni conciencia; el «apachismo» político; todos, absolutamente todos los aspectos del caciquismo y del compadrazgo, el ningún respeto a la idea pura; el desbordamiento del sentimentalismo sensual, grosero y equívoco, que roe hasta las entrañas de nuestra nación[35].

Y es que los cafés-cantantes siempre fueron lugares de rompe y rasga. A principios de mayo de 1861 el periódico El Contemporáneo ya reseñaba una riña multitudinaria, con el consiguiente escándalo, en el Café Lírico de la calle de Capellanes de Madrid, que se saldó con un individuo con el tobillo dislocado, tres o cuatro heridos leves y una herida bastante considerable del dueño del café-cantante, tras hacer recibido el impacto de una botella en la cara. En noviembre de 1878 en un café cantante madrileño ubicado en la calle del Carmen se

35. Noel, Eugenio: «Miscelánea taurina». *Escritos antitaurinos.* Madrid: Taurus; 1967, págs. 161-162.

registró otra una pelea entre varios concurrentes y dos camareros, resultado herido uno de los clientes de un botellazo en la cabeza. Al año siguiente fue en un café cantante del pueblo malagueño de Coín (Málaga) donde se produjo una riña sangrienta, durante la cual resultó muerta una mujer y gravemente heridos el dueño del establecimiento y otro individuo. Apenas unos meses después un hombre resultó herido grave al recibir un fuerte golpe con un palo en la cabeza en el interior del café-cantante El Imparcial, abierto en la madrileña plaza de Matute. En 1882 en el Café Universal, también de Madrid, fueron detenidos varios individuos que, habiendo hecho 9 pesetas de gasto entre comida y bebida, se negaron a abonar lo consumido, aduciendo que carecían de dinero. Y el año 1885 se saldó en Sevilla con dos sucesos trágicos en dos de sus cafés conciertos: en enero, al salir de uno de estos locales, riñeron cuatro individuos, quedando muerto uno de ellos y los otros tres mortalmente heridos y en agosto el padre de la cantaora «La Rubia de Málaga» apuñaló al cantaor Juan Reyes Osuna «El Canario» dándole muerte en la puerta de otro café-cantante, junto al puente de Triana, un suceso que lastró ya para siempre la reputación de estos locales.

Como puede suponerse, el ambiente que se concentraba en los cafés cantantes tenía poderosos detractores, sobre todo en la capital del Reino. En 1877 Miguel Moya, desde las páginas del diario conservador *La Época*, se despachó a gusto contra los cafés-cantantes. Primero cargaba contra los concurrentes y la pésima calidad del servicio ofertado:

> Hay en las más apartadas calles de Madrid algunos establecimientos que, teniendo mucho de cafés y mucho de tabernas, no son en verdad ni lo uno ni lo otro, sino más bien mezcla de ambas cosas, y en que los concurrentes asiduos, obreros en su mayor parte, si bien no escasean los

vagos y rufianes, encuentran todas las noches un centro de reunión, música, baile, fiesta teatral y una taza de café, por el corto interés de real y medio, salva la propina con que se quiera seducir la actividad y el cariño del mozo.

Con apuntar las variadas diversiones de que en esos cafés se disfruta, y con dejar dicho el mezquino precio que se exige al público a cambio de tantos espectáculos, escusado es añadir que estos han de ser muy malos. ¡No habían de contratarse artistas de primer orden, ni cantantes de reconocida fama, ni actores célebres, ni bailarinas de las que dan tres y falta a la misma Terpsícore! Por eso los parroquianos, que comprenden la excesiva amabilidad del dueño del establecimiento, no se incomodan si el piano desafina, ni si los cantantes dan gallos, ni si los cómicos declaman en tono trágico comedias de costumbres, ni si las bailarinas se dislocan. En cambio se quejan del café: ¡es tan malo! ¡dan tan corta cantidad de azúcar! que los gaznates más democráticos se sublevan contra el negro líquido, nunca con más propiedad llamado veneno, y sienten un intensísimo disgusto cuando, vencidos por la sed, dejan traspasar sus fronteras al falsificado Moka. Verdad es que los parroquianos deben consolarse sabiendo que lo único bueno que allí hay es el café. Si se pide una copa de aguardiente, traen petróleo; si ron, un líquido rojo que no sería capaz de analizar el mismo Lavoisier [...] en fin, que, malo y todo, hay que contentarse con el café, o renunciar a lo demás que en estos establecimientos se expende. Pero ¿quién se fija en el servicio? Nadie, y de esto pueden dar buena cuenta los mozos que sirven agua en vez de leche, sin que nadie lo note, o al menos sin que nadie se dé por aludido. Allí todo se sacrifica al arte[36].

---

36. Moya, Miguel: «El café cantante». *La Época (Diario político)*, 24 de

Luego el redactor de *La Época* dedicaba un breve repaso a los propietarios de este tipo de establecimientos:

> El dueño del café es un *artista* que por nada del mundo abandonaría el mostrador, desde donde su mirada se pasea triunfante cuando ve a la concurrencia que tan satisfactorio resultado le promete, y conmovida cuando se fija en el pequeño teatro, que es el imán a cuyo poder magnético no resiste ningún bolsillo que tenga 12 cuartos.
>
> El dueño del café, hace ya mucho tiempo, viendo que nadie concurría a él, y por consiguiente muy próxima su ruina, pensaba introducir una reforma completa en el modo de ser del que hasta entonces había sido solamente café y soñaba con llegar a café cantante. Cedió a las instancias de algunos cómicos sin ajuste, que todos los días le asediaban para que favoreciese el arte. Comprendió que en esta época, en que tanto puede la competencia, sus intereses exigían un sacrificio, y el sacrificio fue hecho. A los pocos días levantábase en uno de los ángulos del café un raquítico escenario; se aumentaron las mesas, se adornó el local, y este se convirtió en una *enciclopedia artística*, donde el canto, el drama, el baile y la música tenían, si no una cumplida representación, por lo menos representación sobrada, muy suficiente para enternecer y desarrollar los sentimientos artísticos de las criadas de servir, de los aguadores y de los jornaleros de todos los oficios *habitués high life* de tan aristocrático recinto.

Después Moya pasaba a cuestionar la calidad del espectáculo que ofrecían los cafés-cantantes:

---

septiembre de 1877, p. 4.

Porque no vaya a creerse que allí se hace todo por el arte y para el arte. El teatro bien es verdad que es muy pequeño; cierto que apenas si en el escenario caben de pie más de tres personas; cierto también que el vestuario y las decoraciones son muy malas; pero en cambio los cómicos son peores y todo queda remediado. Estos cómicos de café cantante no se sabe si aprendieron en la escuela de la miseria los secretos del arte dramático, o si nacieron ya cómicos. No lo decimos porque interpreten bien sus papeles, sino porque, al decir de ellos, ni Melpómene, ni Talma, ni Máiquez podían comparárseles. Tienen la desgracia de «no haber caído de pie» (son sus palabras); pero tienen fe en el porvenir y en su talento y nada les arredra (esto último es verdad).

¡Quién dijo miedo!

Ellos lo mismo representan un drama francés del género *fuerte* que un sainete de D. Ramón de la Cruz; una tragedia de Tamayo que una comedia da Ayala.

Para ellos no hay en el arte escénico dificultades que no puedan superarse; así es que no se andan con chiquitas.

Una noche representan el drama en diez actos *Pedro el Negro o los bandidos de la Lorena*. Un amigo mío que asistió me contaba después que los mozos del café se desmayaron y que al dueño se le cayó el gorro que cubría su cabeza, desierta así de ideas como de pelos. Otras veces anuncian los dramas de Echegaray. Otras, comedias como *El tejado de vidrio* y *El tanto por ciento*. El repertorio de estos cómicos es todo el teatro del mundo. Que diga el dueño del café o cualquiera de los parroquianos: convendría poner tal drama en escena, y al otro día se representa aquel drama, aunque él apuntador se muera de miedo y el telón se caiga de vergüenza.

¡Qué trajes, qué maneras y qué modo de declamar! Aquello es el absurdo de los absurdos; lo malo llevado al infinito. En las escenas finales de los dramas, que generalmente suelen terminar con alguna muerte, el actor no encuentra espacio para caer, y suele por lo común tropezar en alguno de los bastidores, sublevando risas del público en una escena hecha por el autor para arrancar lágrimas. Las decoraciones son siempre las mismas. En los salones lujosamente amueblados, según prescribe la obra que se presenta, suele no haber ni una sola silla. Los reyes se visten peor que los mozos de café, y los demás actores llevan unos vestidos que denuncian la percalina de lustre a treinta leguas.

Pero el público se divierte. Acostumbrado a no ver nada más que esos espectáculos grasientos, llega a creer que es bueno lo que presencia y aplaude muchas veces. El que habla más fuerte es el mejor actor. Por eso allí no se declama, se grita.

Y eso merecían los actores, que les gritasen.

Mucho significan en los cafés las funciones teatrales, pero no tienen menos importancia el canto y el baile.

En muchos cafés hay *cantarina*. Una mujer, joven casi siempre, que por el día fue costurera, y por la noche, con un vestido de percal, almidonado con exceso, el pelo tan artísticamente peinado que hasta el mismo Compigni estaría orgulloso de aquel laberinto de rizos y sortijillas, y un tiesto de rosas en él, tal es la abundancia que lleva, hace competencia a la Nilsson y a la Lucca, cantando habaneras, malagueñas, jota aragonesa, zarzuelas, y todo lo que a los parroquianos que la hacen la corte se les ocurre pedir.

De manera muy especial, el redactor de *La Época* cargaba contra el plato fuerte —por no decir único— de estos establecimientos: el flamenco:

> Este espectáculo en otras épocas tuvo mucha importancia, pero hoy está eclipsado. En cambio, el que parecía que pasó para no volver y hoy, sin embargo, tiene más importancia que nunca, es el género que se llama «flamenco,» baile y canto andaluz.
>
> Esto sí que arrebata al público. Alguien habrá que no entienda la belleza de las situaciones dramáticas concebidas por Lope de Vega o la armónica sonoridad de los versos de Calderón, y esto es natural si los intérpretes son cómicos de café. Pero ¿quién en este país no se entusiasma con los acordes de una guitarra, a los que los expertos dedos de un consumado tocador arranca las inspiradas y sentidas notas de unas malagueñas? ¿Quién no se sentirá arrebatado por el baile andaluz, aéreo, espiritual y material a la vez, donde cada movimiento es una promesa de felicidad, un abismo de belleza que se descubre para quedar cerrado inmediatamente burlando el deseo, dejando en nuestra imaginación el ardiente recuerdo de un instante de dicha? ¿Quién no ve en el canto andaluz una serie sublime de inspirados acentos que brotan del fondo del alma para expresar todas las penas y todos los deseos? Nadie.
>
> Por eso las mesas de los cafés cantantes donde hay cante andaluz, se llenan completamente desde las primeras horas de la noche de un publicó que no las abandona hasta que el espectáculo termina; por eso a las puertas de esos establecimientos se ve siempre gran concurrencia qué tumultuosamente se agolpa atraída por el peculiar sonido de las castañuelas; por eso hoy como ayer y como siempre, ese género será la vida de los cafés cantantes.

Al final de su artículo, Miguel Moya apostaba por una solución policial para su erradicación:

> Bien se comprende que ese espectáculo casi está reñido con el orden. Así no es extrañó que de cuando en cuando algún concurrente que entró solo en el café salga acompañado de una borrachera o promueva antes de salir de aquel templo del arte un escándalo de deplorables consecuencias.
>
> Pero el espíritu de la época camina al progreso y esos escándalos desaparecerán; sí, desaparecerán... cuando se ponga una pareja de agentes de orden público en cada mesa.

En una línea similar, el citado magistrado Manuel Gil Maestre, ex subdirector general de Seguridad, ofrecía una visión apocalíptica de los cafés cantantes, a los que consideraba como «focos de inmoralidad» y lugares idóneos para «el encubrimiento de ciertos hechos punibles y preparación de otros de mayor trascendencia», por ser sedes del vicio, la prostitución y la delincuencia, en un libro titulado precisamente *Los malhechores de Madrid*[37].

Primeros intentos de poner coto al Madrid nocheriego

«La taberna es el casino del obrero; el círculo del hombre del trabajo, donde puede reunirse con gentes buenas y malas», afirmaba Felipe Ducazcal[38], empresario, periodista y diputado a Cortes por Madrid. O como la ha definido más recientemente el escritor y profesor Javier Barreiro: «el correlato del café en el medio popular». Sin embargo, las tabernas, al igual que los cafés-cantantes, también tenían no pocos detractores, y además

37. Gil Maestre, Manuel: *Los malhechores de Madrid.* Gerona: Imprenta y Librería de Paciano Torres; 1889, pp. 339-351.
38. Ducazcal, Felipe: «Los taberneros». *Heraldo de Madrid*, 29 de octubre de 1890, p. 2.

con gran peso social. De hecho, muchas personas de «ciertas clases acomodadas» contemplaban las tabernas como si «sólo fueran centros de corrupción». Sin ir más lejos, así se expresaba el citado magistrado Gil Maestre, ex subdirector general de Seguridad, con respecto a estos establecimientos, a los que consideraba como refugios nocturnos de malhechores:

> [...] Las tabernas admiten que los parroquianos sean los que quieran, la soledad de las calles facilita de noche el tránsito a los que se ocultan, la mancomunidad de ideas y de ocupaciones depara el auxilio mutuo, el temor de los unos sirve de vigía a los otros, pocos dejan de conocer a los rondeños o polilla, pocos prescinden de filar por la cuenta que les tiene, y los mismos que precisados a vivir en tales sitios no participan de las maldades ni de las costumbres generales, cuidan mucho de no ver ni oír, y mucho menos de hablar, porque miradas, oídos y palabras indiscretas, suelen corregirse con alguna navajada[39].

Las tabernas, casi siempre de carácter familiar, permanecían abiertas prácticamente las veinticuatro horas. Acogían a los noctámbulos hasta las tres de la mañana y abrían para los madrugadores a las seis. Algunas, directamente, ni siquiera cerraban. Tanta nocturnidad sacaba de quicio a las personas de orden y a muchas autoridades. Así, a principios de junio de 1884 el gobernador civil de Madrid, a la sazón Raimundo Fernández Villaverde, adscrito al Partido Conservador, dirigió una circular a los delegados de policía de su jurisdicción marcando horarios de cierre a a determinados establecimientos «con el fin de evitar crímenes y escenas que son consecuencia las más de

39. Gil Maestre, Manuel: *Los malhechores de Madrid.* Gerona: Imprenta y Librería de Paciano Torres; 1889, p. 145.

las veces de la excitación alcohólica, sobre todo a horas avanzadas de la noche»[40].

No obstante, dicha circular contenía una caótica concatenación de horarios de cierre, plagada de excepciones y salvedades, que convertían su interpretación y cumplimiento en un verdadero galimatías. Tanto es así que el periodista y dramaturgo valenciano Manuel Matoses cargó contra las medidas de cierre decretadas por el gobernador civil desde las páginas del diario *El Globo*, en un artículo plagado de ironía:

> Por no ser menos que algunos de sus antecesores, el señor gobernador ha puesto también mano en la cuestión de vinos, licores y otros comestibles.
>
> Las tabernas de las afueras se cerrarán a las doce de la noche.
>
> Las del interior de una a una y media, es decir, a escoger.
>
> Las buñolerías a igual hora.
>
> En cambio, pueden abrirse a las tres y media de la madrugada.
>
> Los cafés y fondas se cerrarán a las dos.
>
> Además se concede una especie de prórroga en clas [sic] de propina, que consiste en media hora.
>
> Vamos a ver si ustedes lo entienden:
>
> Las tabernas del interior se cerrarán a la una, o si se quiere a la una y media, y si se toman la prórroga a las dos.
>
> Es decir, que desde la una pueden empezar a cerrar tomándose dos medias horas si les parece bien.
>
> Esto está claro, por lo menos para el señor gobernador que es después de todo quien lo debe entender; por que

40. «Noticias varias». *El Correo Militar (Diario de la tarde defensor de los intereses del ejército y de la Armada)*, 5 de junio de 1884, p. 3 y «Varias». *El Pabellón Nacional (Diario de la mañana)*, 5 de junio de 1884, p. 3.

está averiguado que las disposiciones no se dan para que los vecinos las entendamos.

Así es que las autoridades de última fila se hacen un lío en cuanto tienen que cumplir una orden de sus superiores.

Lo de establecer diferencia entre las tabernas del interior y las de las afueras, no está más claro que la hora de cerrar.

¿Dónde empiezan las afueras de Madrid y dónde concluyen? ¿Dónde está la muralla que separa la población de sus afueras? ¿Quién de ustedes ha visto cerrar o abrir la puerta de Atocha?

A propósito de esa puerta.

Al final de la calle de Atocha, hay una taberna que tiene una puerta en la calle de dicho nombre, y otra en la Ronda.

Si la Ronda está afuera ¿cómo se las compondrá el tabernero para cumplir la disposición? Supongo que a las doce cerrará la puerta que da a la Ronda y a las dos la que abre hacia la calle.

Es decir, que en un mismo establecimiento, será punible beber el mismo vino, según la puerta por donde se entre y la hora a que se haga.

Esto no es confusión sino barullo.

¿Qué se ha propuesto con esta diversidad de horas señaladas para cerrar los establecimientos?

Eso es un secreto, o por lo menos un inescrutable misterio.

¿Quiere cerrarse las puertas al bebedor?

En este caso también ha errado la puntería el señor gobernador.

Porque un hombre puede pasarse el día bebiendo en las afueras.

A las doce o doce y media se recoje [sic] en cualquier taberna de Madrid.

A la una y media o las dos al café.

A las dos y media se sale del café, se da una vueltecita para hacer tiempo y entre tanto se serena la cabeza.

Una hora después ya están abiertas las buñolerías.

Puede dedicarte al aguardiente, y seguir siendo el borracho más perfecto y más legal que puede verse.

Lo que yo creo es que el señor gobernador está inficionado de los vicios del partido a que pertenece, una de cuyas manías es dar leyes y reglamentos para todo[41].

Como cabía esperar, las disposiciones gubernativas quedaron en agua de borrajas, sin embargo, a principios de 1887, tuvo lugar un suceso luctuoso que determinó que un nuevo gobernador civil de Madrid intentara poner coto a la libertad horaria de los locales públicos que abrían a discreción por las noches. Después de una noche de farra nocheriega, que los había llevado del teatro de la Alhambra, a un café de la Puerta del Sol, a una taberna de la calle de la Montera y, finalmente, a otra establecida en la calle de la Visitación, un joven estudiante de 21 años, hijo de un médico y de «familia respetable», llamado Ramón Rodríguez Puig, acabó con la vida de su amigo Luis Villanueva, de 39 años de edad, empleado del registro del Ministerio de la Gobernación, que era hijo de un policía y sobrino del director del hospital de San Juan de Dios.

A partir de ese episodio de la crónica negra, el periódico *La Unión* inició una «cruzada contra el crimen» cuyo eje central eran los horarios nocturnos de las tabernas y otros establecimientos:

El crimen perpetrado en el joven Villanueva no se hubiera realizado si las tabernas hubiesen estado cerradas a la

41. Corzuelo, Andrés [seud. de Matoses, Manuel]: «Vinos y licores». *El Globo (Diario ilustrado, político, científico y literario)*, 6 de junio de 1884, pp. 1-2.

> hora que determinan las ordenanzas y leyes de policía. Eso de estar abiertos toda la noche los establecimientos públicos, es causa evidente de criminalidad. Los vinos y licores, tomados con exceso, y las orgías y saturnales celebradas a altas horas de la noche en figones, cafés y pastelerías, son un verdadero coeficiente de graves delitos
>
> [...]
>
> ¡Cuánto se ganaría con que los establecimientos públicos estuviesen cerrados a las ocho en el invierno y a las diez en el verano!
>
> [...]
>
> La taberna no es más que el café de los hombres con blusa, mientras que el café no es más que la taberna de los hombres de levita. Y cuenta que el café, lo mismo que la taberna, es un foco de corrupción religiosa y moral, y de la corrupción religiosa y moral —que produce el encallecimiento de la conciencia, la obliteración de los sentimientos y la pérdida de la educación recibida de la Iglesia, de los padres y de los maestros y de una sana comunicación social— a la escuela del escándalo, del insulto y del crimen no hay más que un paso[42].

La culminación de dicha cruzada tuvo lugar al año siguiente, cuando el gobernador civil Alberto Aguilera y Velasco, en este caso miembro del Partido Liberal, cursó una circular a los inspectores de vigilancia instándoles para que «las tabernas, figones y restaurantes donde se sirven bebidas por menor queden cerrados y sin gente a las doce y media en punto de la noche» y «conminando a los dueños de dichos establecimientos con fuertes multas en el caso de ser éstos denunciados»[43].

---

42. «Cruzada contra el crimen». *La Unión*, 12 de enero de 1887, p. 1.

43. «Noticias generales». *La Época*, 28 de septiembre de 1888, p. 3 y

Una Real orden contra los cafés-cantantes

Apenas dos meses después el ministro de la Gobernación, Segismundo Moret y Prendergast, promulgó una Real Orden prescribiendo reglas para la apertura de nuevos cafés-cantantes y para la pervivencia de los ya existentes. Tras su publicación en la *Gaceta de Madrid*[44] y en los boletines oficiales de diversas provincias, la prensa en general se hizo eco de dichas disposiciones. En el preámbulo de dicha orden se hacían las siguientes consideraciones:

> Los establecimientos llamados «cafés cantantes» constituyen un espectáculo, que, no siempre culto, reviste todos los caracteres legales de una diversión pública, por el cual concepto se halla sometida a la legislación que las regula y comprendida en los artículos 22 y 25 de la ley provincial.
>
> El trato familiar que entre actores y espectadores se establece en los citados cafés, la excesiva libertad de lenguaje que delata la licencia de las costumbres, y más que, nada el abuso de las bebidas espirituosas a que dan ocasión, promueven manifestaciones ruidosas de agrado o de reprobación expresivas por exceso, y tras ellas altercados violentos, que son origen de graves escándalos, que reclaman la frecuente intervención de la autoridad.
>
> Por otra parte, el ruido y la algazara propios de dichos establecimientos trascienden al exterior y producen quejas justificadas del vecindario, obligado a soportar las molestias de una fiesta que perturba su reposo en las altas horas de la noche; y si bien los aficionados a tales espectáculos

«Madrid». *El País*, 29 de septiembre de 1888, p. 2.

44. «Ministerio de la Gobernación. Real Orden circular». *Gaceta de Madrid*, 28 de noviembre de 1888, p. 637.

tienen perfecto derecho a disfrutar de aquello que les agrada sin que toque a la administración discutir el buen gusto y la cultura de esas aficiones, dada la forma y ocasión en que lo ejercitan, ese derecho se halla limitado por el no menos legítimo que asiste a las personas pacíficas de disfrutar a su vez de tranquilidad y calma en sus hogares.

Por último, el respeto a la moral y a las buenas costumbres, poco acatadas generalmente en esos establecimientos, reclama la atención de la autoridad.

Lógico es, pues, que los citados espectáculos sean objeto de una reglamentación que responda a las fundadas reclamaciones de la opinión pública, la cual cree atinadamente compatibles sus deseos con la legalidad vigente.

Así, para poner freno al consumo de alcohol, reprimir los frecuentes episodios de violencia, garantizar la seguridad, la tranquilidad y el derecho al descanso del vecindario y mantener «el respeto a la moral y a las buenas costumbres», en la parte propiamente dispositiva, se establecía lo siguiente:

Los cafés o establecimientos de bebidas, cualquiera que sea su denominación, en los cuales se celebren espectáculos de canto, baile o funciones teatrales, se sujetarán en lo sucesivo a las reglas siguientes:

1.ª Será precisa la autorización del gobernador o del alcalde respectivo en los pueblos que no sean capitales de provincia, para la apertura de los cafés destinados a espectáculos, así como para la continuación de los que se hallen funcionando.

2.ª La autorización será concedida o denegada por la autoridad, previo informe del alcalde de barrio, después de oír a los vecinos de la casa en que se encuentre instalado o pretenda instalarse dicho establecimiento.

3.ª La autoridad designará el tiempo de la duración del espectáculo en las diferentes estaciones del año; pero en ningún caso podrá aquél terminar después de las doce de la noche.

4.ª Al dueño del establecimiento que consienta canciones obscenas, bailes lascivos o cualquier otro acto contrario a la moral, le será impuesta la multa que corresponda, con arreglo a lo dispuesto en el art. 22 de la ley provincial.

Igualmente será multado el dueño del establecimiento que no reclame el auxilio de la autoridad para hacer salir del local al concurrente o concurrentes que promuevan escándalo en cualquiera forma que sea.

5.ª La imposición consecutiva de tres multas será motivo para suspender la celebración del espectáculo.

6.ª Los establecimientos de que se trata estarán, además, sujetos a lo que determinan las ordenanzas municipales.

En particular el diario *La Época*, azote de los cafés-cantantes y del ambiente que en ellos se generaba, se felicitó por la iniciativa gubernativa, aunque ponía en duda su cumplimiento:

> Los cafés cantantes, las tabernas y el uso de la navaja influyen poderosamente en el aumento de la criminalidad, según en diversas ocasiones hemos demostrado, apoyados en las cifras mismas de la estadística judicial.
>
> Los cafés cantantes son unos establecimientos que, en general, tal como en España, y sobre todo en Madrid, funcionan, no dan idea de nuestra cultura.
>
> Canciones obscenas y soeces, bailes provocativos e inmorales, representaciones tan reñidas con el arte como con el sentido moral, hacen de esos centros verdaderas antesalas del presidio, como las tabernas lo son del cadalso, aparte de las perturbaciones que al vecindario pacífico ocasionan.
>
> Lo que tiende, pues, a reglamentarlos, ya que supri-

mirlos no quepa en esta época de licencia política y social que atravesamos, tiene que merecer el aplauso de los hombres rectos. No es preciso para divertirse degradarse; no hay necesidad de prostituir al pueblo indocto para proporcionarle esparcimiento.

Hemos visto, de consiguiente, con gusto la circular que el Sr. Ministro de la Gobernación publicó ayer en la *Gaceta* [...] por más que no tenemos seguridad de que se cumplan[45].

Lo mismo podría decirse de *La Semana Católica de Salamanca*, que se congratulaba por la promulgación de la citada Real orden circular, aunque se mostraba tremendamente escéptica al rematar la información sobre el particular con las siguientes palabras: «lo que importa ahora es que esta disposición no sea letra muerta»[46].

Los cafés-cantantes: fuente inagotable de sucesos

En efecto, tal y como se temían *La Época* y *La Semana Católica de Salamanca*, los cafés-cantantes siguieron funcionando sin mayores contratiempos y siendo mayormente frecuentados por aficionados al flamenco, gente del mundo de los toros, golfos, hampones de baja estofa y gente del bronce, es decir, tipos resueltos y pendencieros, señoritos calaveras y toda suerte de noctámbulos por vocación. Por otra parte, y según todos las fuentes consultadas, no parece que fueran establecimientos muy frecuentados por representantes del sexo femenino, si exceptuamos, claro está, a las «profesionales»: artistas, cantaoras,

45. «Cafés cantantes». *La Época*, 29 de noviembre de 1888, p. 2.
46. «Las diócesis de España». *La Semana Católica de Salamanca*, 1 de diciembre de 1888, p. 16.

bailaoras, camareras, prostitutas… En consecuencia, sin llegar a tener la mala fama de los prostíbulos, eran locales de pésima reputación, por lo demás, ganada a pulso. Las trifulcas y los altercados estaban a la orden del día o, mejor dicho, de la noche. Por ejemplo, la riña tumultuosa que se produjo en un café-cantante de Jerez de la Frontera en noviembre de 1892 tuvo tal repercusión que hasta la prensa de Madrid se hizo eco del suceso:

> En un café cantante de Jerez ha ocurrido un escándalo monumental.
>
> El picador de toros conocido por Lanceta y el novillero *Martitos*, trabaron cuestión en dicho local, cuando más animado estaba el espectáculo, propinándose mutuamente buena tunda de cachetes, palos y botellazos.
>
> La concurrencia, que era numerosa, se revolvió contra los contendientes y rodaron por el suelo mesas y servicios, encharcándose el local con el mostagán del despacho, por consecuencia de romperse el fondo de una medida de vino, que había junto al mostrador.
>
> A la algarabía que promovieron los concurrentes, acudieron los serenos, que se vieron y desearon para abrirse paso entre la belicosa concurrencia, logrando por fin echar mano al *Lanceta* y al *Martitos*, promovedores del escándalo, que fueron conducidos a la Casa de Socorro, donde les curaron de primera intención leves heridas que tenían ambos en la cabeza, pasando después a la prevención en calidad de detenidos[47].

Con bastante frecuencia las armas salían a relucir en las disputas, como sucedió en octubre de 1896 en el madrileño Café de San Sebastián:

---

47. «Noticias». *La Iberia*, 3 de noviembre de 1892, p. 3.

Anteanoche a las nueve y media, dentro del café de San Sebastián, se promovió una reyerta entre varios individuos, según parece, por cuestión de faldas.

Los contendientes y sus acompañantes eran gente de coleta.

La reyerta llegó a tomar mal carácter, y uno de ellos, a quien acompañaba una mujer, salió a la calle desafiado con el que en la mesa llevaba la voz cantante.

Al salir, éste se arrojó sobre su contrario, dándole de bofetadas; pero el agredido sacó una faca y asestó a su agresor cinco puñaladas, apelando a la furia.

El herido, auxiliado por sus amigos, fue trasladado a la Casa de Socorro, donde se le reconocieron dos heridas graves, una en una ingle y otra en el pecho.

Interrogado sobre los motivos de la cuestión, se negó a declarar, diciendo que no conocía a su agresor[48].

Y no sólo eran armas blancas las que se esgrimían, sino que en más de una ocasión se hacía uso de armas de fuego. En este sentido, en mayo de 1895 se registró la muerte de un cliente del café-cantante Nueva Iberia, sito en la calle Hortaleza de Madrid, por un disparo de pistola realizado dentro mismo del local[49]. En 1900 fue un picador de toros el que protagonizó otro escándalo «con disparos de arma de fuego» en un café cantante de la calle de la Montera[50].

Los cafés cantantes alimentaban constantemente la sección de sucesos de los periódicos: tan pronto un día era un cliente beodo el que montaba un escándalo monumental en el

48. «Noticias». *Diario Oficial de Avisos de Madrid*, 25 de octubre de 1896, p. 2.
49. «Crimen en un café». *El Liberal*, 11 de mayo de 1895, p. 3.
50. «Sucesos. Escándalo en un café». *El Día*, 17 de enero de 1901, p. 2.

citado café-cantante de La Marina, ubicado en el número 21 de calle de los Jardines, como otro un parroquiano denunciaba la sustracción de dos sortijas de oro en el café-cantante del Banco, sito en la misma calle. Muchos de estos locales tenían sus propios matones a sueldo. Conocidos popularmente conocidos como pinchos, que eran los supuestos encargados de mantener el orden dentro de los establecimientos. Algunos de ellos llegaron a ser muy conocidos, y sus desafíos muy sonados[51]. Como el dirimido a punta de navaja por el «Nelo» y el «Aragonés» a punta de navaja en la calle de las Arrepentidas de Barcelona, que fue muy comentado en la época.

Ante esta situación, Eduardo Dato Iradier, que entonces ocupaba el Ministerio de la Gobernación, buscó una solución desempolvando la antigua Real orden circular de 27 de noviembre de 1888 y promulgando otra el 12 de marzo de 1900… ¡exactamente en los mismos términos de la anterior!… repitiéndose el eco mediático que ya se había producido doce años antes: periódicos de todo el Estado dieron puntualmente la noticia, muchos de ellos en su primera plana, después de que la citada disposición se hubiera publicado en la *Gaceta de Madrid* y también en los boletines oficiales provinciales.

El periódico *El Pueblo Católico* bendijo la medida, aunque no podía dejar de mostrarse escéptico al recordar la ineficacia en la aplicación de las distintas disposiciones promulgadas hasta la fecha:

> Todo cuanto se haga con esos centros de corrupción será poco y merecerá el aplauso y el apoyo de la gente sensata. Mucho nos alegraremos que esta Real Orden no sea

51. Cfr. Villar, Paco: *Historia y leyenda del Barrio Chino (1900-1992). Crónica y documentos de los bajos fondos de Barcelona.* Barcelona: Edicions La Campana; 1996, pp. 48-54.

> agua de borrajas como tantas otras, y termine con esos malditos cafés, causa de muchos crímenes y focos de enfermedades vergonzosas; azote mortal de los pueblos corrompidos y origen poderosísimo de tantas calamidades como nos agobian y entristecen[52].

Según ha apuntado algún observador actual, la perorata apuntaba en una dirección:

> La relación que muchos hacían entre flamenco y «enfermedad», un foco ideal para la miasma y la podredumbre moral y física, lo que llevó a criminalizar y estereotipar los bajos fondos de ciudades como Madrid o Barcelona. En Barcelona, que contaba con el barrio Chino, paradigma absoluto de los barrios bajos de media Europa y lugar de atracción irresistible para muchos turistas, acusaron a los inmigrantes andaluces de «corromper» el catalanismo, trayendo tradiciones que aseguraban no tenía nada que ver con la esencia del pueblo catalán. Médicos e higienistas hasta publicaron artículos e informes que relacionaban el aumento de ciertas enfermedades con los cafés cantantes y el inmigrante.

52. Eureka: «La Brigada del Vicio: cuando España «abolió» la noche», en *El Agente Provocador*, http://www.agenteprovocador.es/publicaciones/cuando-espana-abolio-la-noche

CAPÍTULO 2. SIGLO XX (HASTA LA PRIMERA GUERRA MUNDIAL)

El problema enquistado de los cafés-cantantes

A principios de siglo los autores de un estudio psicosociológico sobre la mala vida en Madrid vinculaban el alcoholismo con la vida nocturna:

> El cuadro de la noche alcohólica en la población es característico. A una hora determinada, todo el elemento trasnochador se halla en disposición de beber, porque en todos los lugares abiertos hay despacho de bebidas que se consumen con mayor o menor desenfado[53].

Por otra parte, y como cabía esperar, ni el cambio de siglo ni la Real orden circular promulgada por Eduardo Dato impidieron que los cafés-cantantes continuaran siendo un foco de problemas. De tal manera, el cúmulo de sucesos acontecidos en este tipo de establecimientos determinó que a principios del siglo XX las críticas y quejas contra ellos, en efecto, calaran también en Barcelona. Así, Guillermo López, después de realzar la importancia de la institución de los cafés en la historia, como centros de esparcimiento, que se encontraban en el origen de no pocos movimientos políticos, se lamentaba de la transformación que habían sufrido, dejando de ser un «lugar de honesto pasatiempo, sitio de relación social y agradable tertulia», para convertirse en «locales propios para facilitar al

---

53. Bernaldo de Quirós, Constancio y Llamas de Aguilaniedo, José Mª: *La mala vida en Madrid. Estudio psicosociológico con dibujos y fotografías del natural.* Madrid: B. Rodríguez Serra; 1901, p. 94.

hombre sus tres vicios principales: mujeres, vino y juego»:

> De 244 cafés que en la actualidad existen en Barcelona ¡74! son cafés cantantes que hieren mortalmente la vida de familia, el progreso intelectual y la salud de Barcelona. De estos 74 antros no ha de salir jamás un artista, ni literato, ni hombre de provecho a la sociedad. Estudiantes suspensos convertidos en ridículos chulapones y toreros de afición; casados que prefieren el calor del alcohol y de la meretriz al del santo hogar y allí derrochan el dinero destinado a la educación de sus hijos; solteros que en lugar de procurar la felicidad de una joven honrada, malgastan su patrimonio intelectual y físico en medio de mujerzuelas, naipes y borracheras, y, una vez agotadas sus energías, contraen nupcias con una mujer que, en la flor de su hermosura, únicamente podrá servirles de enfermera, o si, por desgracia, llegan a tener hijos utilizarlos tan sólo el médico como material clínico.
>
> La despoblación por falta de matrimonios, por aumento de tuberculosos, cancerosos, sifilíticos y alcohólicos, tiene su primordial fuente en esos cafés cantantes, vergüenza y ludibrio de las ciudades modernas[54].

El periodista veía la moda de los cafés-cantantes, y el flamenquismo que la alimentaba, como algo totalmente exógeno y hostil a la esencia del espíritu catalán:

> Al penetrar en esas mazmorras del vicio, uno se siente despojado de la dignidad humana, ahogado por una pena horrible y más cuando toca y palpa que en Cataluña, en

54. López, Guillermo: «Registro de higiene. Cafés de Barcelona I». *La Publicidad*, 26 de agosto de 1901, p. 3. .

> Barcelona, concurre a estos sitios nuestro comerciante, tendero, viajante, dependiente que prestan culto, se deshonran y llegan algunos hasta la muerte civil, obcecados con ese flamenquismo tan exótico en nuestra querida tierra.

Guillermo López no escatimaba adjetivos para describir una realidad por completo indeseable:

> En medio de un marco raquítico que llaman escenario, se mueven bailaoras y cantaoras, cuya gracia consiste en la obscenidad de sus movimientos y canciones, y hombres bailaores, en quienes su mérito artístico estriba solamente en el sastre que les confecciona los pantalones. En un rincón de un palco se destacan, no pocas veces, caras fruncidas y concentradas en los azares de una fuerte y empeñada partida de juego; en otro rincón el imberbe pollo dominado por el magnetismo, puramente animal, de una chulapona que le chupa la sangre, le inocula su virus y mata de dolor a su madre; más allá se pueden observar las extravagancias de un viejo, disfrazado de joven, que caricaturiza sus venerables canas enlutándolas en holocausto de una de las de la troupe; no muy lejos uno, dos o más sujetos demacrados, de tez lívida, con tos de hervidero, respiración anhelosa, casi agónicos, que no quieren abandonar la causa de su próximo fin; como si quisieran entregar allí su alma…; y mezclados con éstos, otros de mejillas rubicundas, que bañan su cerebro en colorados amílicos, y descubren, en sus abotargadas fisonomías, las manchas de una ignominia morbosa.
>
> […]
>
> Nada digamos de las condiciones higiénicas de esos lugares de corrupción. Mugrientos, lóbregos y en donde en lugar de oxígeno se respira aguardiente y alientos de

cloaca, precipitando la muerte de muchísimos que obran mal sin remordimientos y que viven enterrados en esa fosa común.

Tan acérrimo enemigo de los cafés-cantantes aprovechaba su tribuna en el diario de ideología republicana *La Publicidad* para presentarlos como auténticos centros de explotación y perversión de menores:

> En estos cafés cantantes se comete otro espectáculo que crispa los nervios y pone los pelos de punta: encima de un tablado se ven niñas de seis y ocho años bailar y cantar obscenidades que acompaña un pianero anémico, símbolo de la miseria. Esas infelices niñas se exhiben en medio de mujerzuelas y hombres viciosos que contemplan las precocidades de un ser a quien se le ha robado impunemente la hermosura más encantadora de la niñez: el candor y la inocencia, sustituyéndolas por la deshonestidad y la depravación más refinada para exteriorizarlas, con desparpajado encanallamiento, a la vista del público, a modo de reclamo del establecimiento y en presencia de los agentes de la autoridad que pasean por enfrente con la misión de guardar el orden, evitar los escándalos y garantir la paz pública…

Y llevaba su discurso radical por derroteros políticos, haciendo de las autoridades civiles y eclesiásticas del momento la diana de sus diatribas:

> Quien conozca a Froebel y sus hermosos jardines de la infancia, sepa que existen asociaciones que se titulan de Caridad Cristiana y de Padres de Familia y vea a esas criaturas lanzadas al burdel de la vía pública, como son

muchos de esos cafés cantantes, ha de entrarle el convencimiento de que las tales asociaciones cristianas, el obispo, el gobernador, el alcalde y todas las autoridades, son mentidos desinfectantes, farsa pura y que la tan decantada regeneración y reorganización de servicios otro de tantos embustes y engañifas con que entretienen a los españoles los que nos desvalijan los bolsillos con el propósito de que no nos apercibamos del próximo fin de España y de que no están a tiempo más que remedios radicalísimos.

El redactor de *La Publicidad* afirmaba que los países que no extirpaban de raíz, «con la cuchilla [...] como en cirugía se extirpa el cáncer» —precisaba Guillermo López— esos «viveros malignos del vicio», no eran dignos de considerarse «civilizados». Para finalizar, sugería la creación de una especie de frente común contra esos antros que, en su opinión, medraban gracias a la «corrompida centralización madrileña»:

> Ese cuadro repugnante de los cafés cantantes, se reproduce diariamente en 74 locales diseminados por toda la ciudad, en donde concurren miles de ciudadanos. Constituyen focos de inmoralidad, de infección, de miseria y de crímenes que deben extinguirse sin contemplaciones porque destruye la juventud barcelonesa que no se preocupa de la grave situación de este país. Para ella mientras no se perturben las corridas de toros, pueda llevar sombrero cordobés, codearse con algún matador o banderillero, aguantar la capa a los toreros, en el redondel, y sentarse con ellos a la puerta de alguna taberna o botillería, lo demás le importa un comino.
>
> ¿Por qué los hombres honrados y la prensa en masa no emprende una batida contra esa ignominia de cafés cantantes que amenazan destruir por completo los principales

fundamentos de la moralidad pública? ¿Qué misión tienen esas autoridades que emanan de la corrompida centralización madrileña, esa prensa y los hombres de bien? ¿Ver impávidos como la Justicia histórica carga de cadenas o conduce al suplicio al autor material de un crimen cuyo verdadero delincuente es esa sociedad que sólo castiga el síntoma, jamás la causa de la criminalidad?

Lo cierto es que, si no todas, algunas autoridades de Madrid sí tomaron medidas de seguridad, como los cacheos ordenados por el delegado del distrito de la Inclusa a los concurrentes del café-cantante de la Encomienda y otros locales, en los que se requisaron un buen número de armas. Con motivo de dicha acción, el gobernador civil Antonio Barroso llegó a manifestar a los periodistas que convocaría a los dueños de cafés-cantantes para notificarles que aquellos que tuvieran los expedientes en regla podrían funcionar hasta las doce[55]. Pero en muchos casos, los propietarios desoían los requerimientos legales. Así, por ejemplo, el dueño de un café-cantante ubicado en el número 14 de la calle de Echegaray de Madrid se resistió a cumplir la orden de cierre acordada por el teniente alcalde interino, en vista de las quejas que recibía de los vecinos, por los continuos escándalos que se promovían, por lo que fue denunciado ante el juzgado[56].

De modo que los desmanes en los cafés-cantantes prosiguieron. Así, en marzo de 1902 el propietario de un café-can-

55. «Los cacheos». *La Correspondencia de España (Diario político independiente y de noticias)*, 15 de septiembre de 1901, p. 3 y «Medida acertada. Los cacheos». *El Globo (Diario independiente)*, 15 de septiembre de 1901, p. 2

56. «Notas municipales». *El Globo (Diario independiente)*, 24 de agosto de 1898, p. 3.

tante de Jaén fue asesinado a la salida del establecimiento por un hijo suyo[57]. Y a finales de ese mismo año un sujeto que se dedicaba a la reventa de entradas de teatro, después de protagonizar una disputa con el dueño del café-cantante La Marina de Madrid, realizó un disparo al aire dentro del local, produciéndose un gran alboroto[58]. Al año siguiente dos individuos que habían estado de juerga en un café-cantante de la madrileña calle del Gato promovieron un escándalo que obligó a intervenir a una pareja de Orden público, siendo agredido uno de los guardias municipales por los dos juerguistas[59].

Medidas horarias del conde de San Luis y resistencia de los parroquianos del Café de Fornos

A finales de 1903 accedió al poder el Partido Conservador liderado por Antonio Maura, quien intentó llevar a cabo una «revolución desde arriba» —expresión acuñada por él mismo— con la que pretendía resumir su programa político de reforma desde el Gobierno. Como parte del paquete de reformas, a principios de octubre de 1904 el entonces gobernador civil de Madrid, Fernando Sartorius Chacón, conde de San Luis, dio la orden de que los cafés de la Villa y Corte cerraran a las dos de la madrugada.

El viernes 7 de octubre, día que entró en vigor el cumplimiento de la disposición gubernativa, en todos los cafés madrileños se acató la referida orden, a excepción de los ha-

---

57. «Noticias generales». *El Correo Español (Diario tradicionalista)*, 22 de marzo de 1902, p. 3.

58. «Sucesos de Madrid. En un café cantante». *La Época (Últimos telegramas y noticias de la tarde)*, 27 de noviembre de 1902, p. 3.

59. «En un café cantante. Municipal apaleado». *El Liberal*, 7 de octubre de 1903, p. 2.

bituales concurrentes al Café de Fornos, que recibieron con grandes muestras de desagrado la invitación hecha por el personal del café para que abandonaran el local cuando se hizo la hora señalada. Según calculaba el diario independiente *El Día*, en aquellos momentos «pasaría de 400 el número de los concurrentes que cenaban en las mesas del café»[60], si bien el periódico *El Liberal* rebajaba esta cifra a un «centenar de personas», entre las cuales se encontraban desde el conde de Ribagorza[61] hasta otros conspicuos noctámbulos como Ramón del Valle-Inclán. En cualquier caso, parece ser que «casi todas las personas que ocupaban el café eran literatos, periodistas, autores dramáticos y actores». No obstante, según informaba el *Heraldo de Madrid* en las aceras de las calles de Alcalá y Peligros, en las inmediaciones del establecimiento, se había congregado «un gentío inmenso», curioso y expectante, además de numerosas dotaciones policiales[62]. Ante las protestas generalizadas y las negativas a abandonar el local, el dueño del establecimiento dio instrucciones para que se apagaran las luces. La respuesta de los parroquianos fue encender un gran número de velas —seguramente llevadas ex profeso— y seguir ocupando el café, haciendo caso omiso de la orden del gobernador[63]. Los concurrentes empezaron a entonar y corear «cantos religiosos», y por todos los rincones del café podían escucharse «frases zumbonas» y «chistes alusivos». Después de montarse

60. «El cierre de los cafés». *El Día (Diario independiente)*, 8 de octubre de 1904, p. 2.

61. «Madrid en el siglo XX. Los cirios de San Luis. Las letanías de Fornos». *El Liberal*, 8 de octubre de 1904, p. 2.

62. «El cierre de los cafés. Lo sucedido en Fornos». *Heraldo de Madrid*, 8 de octubre de 1904, p. 1.

63. «La orden de clausura de los cafés». *El Siglo Futuro (Diario católico)*, 7 de octubre de 1904, p. 1.

un «alboroto mayúsculo»[64], y tras un tira y afloja con los agentes de policía desplazados para vigilar el cumplimiento de la orden, resultaron detenidos y conducidos a dependencias del Gobierno civil el dramaturgo Jacinto Benavente, los redactores del periódico *El Liberal* Antonio Palomero y Antonio Martínez Viérgol, el maestro Montilla, el también periodista y escritor Alfonso Hernández Cata, Julio Rodríguez, Enrique Martínez, Juan Andrés, Ángel Álvarez Mayora, un hijo del vizconde de los Asilos y un conocido pintor[65]. Los once detenidos fueron puestos en libertad después de haber sido sancionados con multas de 50 pesetas.

En el Café Colonial, ubicado en el número 3 de la calle de Alcalá, junto a la Puerta del Sol, donde era corriente prorrogar la velada mientras hubiera parroquianos, también se produjeron algunos «incidentes imprevistos»[66]. Por lo que a la mañana siguiente fue requerida la presencia de los propietarios de ambos establecimientos en la sede del Gobierno civil. La prensa informó de que «ambos industriales lamentaron lo ocurrido y se mostraron conformes con la medida gubernativa, porque, según el de Fornos, no consigue ventaja ninguna con tener el establecimiento funcionando por las noches, pagando luz y otros

---

64. «Protestas y detenciones. Para el gobernador». *El Globo (Diario independiente)*, 8 de octubre de 1904, p. 2.

65. «El cierre de los cafés». *El Día (Diario independiente)*, 8 de octubre de 1904, p. 2; «Madrid en el siglo XX. Los cirios de San Luis. Las letanías de Fornos». *El Liberal*, 8 de octubre de 1904, p. 2; «El cierre de los cafés. Lo sucedido en Fornos». *Heraldo de Madrid*, 8 de octubre de 1904, p. 1 y «El suceso de anoche. El gobernador y los cafés». *La Correspondencia de España (Diario político independiente y de noticias)*, ed. de la mañana, 8 de octubre de 1904, p. 3

66. «En el Gobierno civil. Los cafés y el gobernador». *Heraldo de Madrid*, 7 de octubre de 1904, p. 3.

servicios que cuestan doble a aquellas horas extraordinarias»[67]. El conde de San Luis se mostró inflexible en cuanto al cumplimiento de la orden de cierre y amenazó con la imposición de multas, tanto a los dueños de los cafés como a los clientes, en el caso de que se reprodujeran los incidentes de la víspera[68].

La medida fue aplaudida por algunos medios, como el diario independiente *El Día*:

> No cabe duda, las buenas costumbres no hay más remedio que imponerlas poco a poco y con algunas molestias y quebrantos.
>
> España, y sobre todo Madrid, está poco acostumbrada a esa moralización, que cuida de las energías de la raza, de la salud, del descanso, de la limitación en los vicios de trasnochar, en los de comer a deshora, en los de emborracharse, en los de la prostitución escandalosa de café y de acera, y cuando un gobernador enérgico, de buen sentido, con conocimiento de sus deberes, trata de reformar un poquito nada más, y esto en sentido progresivo, las gentes se soliviantan, desobedecen, chillan y nos hablan de la reacción, del obscurantismo, de la falta de libertad y de otra porción de cosas nuevas, totalmente ayunas de sentido, y que no representan nada positivo ni práctico.
>
> Spencer, que no tenía, por cierto, nada de reaccionario, habla en varias de sus obras de los delitos contra la especie, y de ellos no sólo culpa a los individuos que los cometen, sino también a los gobernantes que tienen obligación de velar por la conservación de la raza, porque no se debilite,

67. «En el Gobierno civil. Los cafés y el gobernador». *Heraldo de Madrid*, 7 de octubre de 1904, p. 3.
68. «El conde de San Luis. Moralización gubernativa». *El Día (Diario independiente)*, 8 de octubre de 1904, p. 1.

porque la criminalidad disminuya, porque el alcoholismo no siga envenenando a los seres, porque el dinero que ha de cubrir necesidades del hogar, sagradas, imperiosas, no tome la dirección de la taberna, de la casa de juego, del café, del lupanar, y vaya adonde debe ir, para que la escasez, el *déficit*, la necesidad ocasionada por la depravación no produzca estados de conciencia dolorosos, que traen consigo el suicidio, la desesperación, la pérdida de dignidad y de la vergüenza, la trampa, el sablazo, el desahucio y toda una cohorte de males y desdichas derivadas de las malas costumbres.

¿Se enteran los intelectuales los que por serlo precisamente debieran dar ejemplo, de que en el cierre de los cafés y tabernas a las dos de la madrugada, la retirada de los tranvías a la una, y el término de las funciones teatrales a las doce y media, no tiene parte ni arte la reacción, sino la sociología, la verdadera sociología, la que mira más al fondo de las cosas que a la forma?

España es un país ineducado y es preciso que deje de serlo.

El que ha de trabajar al día siguiente, con los brazos o con la inteligencia, en una oficina o en un andamio, necesita horas de descanso, reposición de fuerzas perdidas, y es ridículo, de mal gusto, de una supina ignorancia, atribuir al gobernador ideas reaccionarias porque se interese por la moral pública, por que reduzca la ocasión, que es tanto como reducir el peligro.

¿No son horas bastantes hasta las dos de la madrugada, lo mismo para charlar que para comer, beber y perder el tiempo?

Si los vagos profesionales no tienen donde pasar el rato y se aburren, si las rameras quieren a última hora una Bolsa de contratación, que se resignen a no tenerla. Las gentes honradas, las gentes que trabajan, que necesitan descanso,

> los hijos de familia que tienen que estudiar a que ocuparse en algo, no pueden estar sometidos a la voluntad y al capricho de las gentes maleantes.
>
> Aquí tenemos todavía costumbres de villorrio, y unos cuantos caballeros, que se creen con más notoriedad e importancia de la que realmente tienen, piensan que ellos son los que han de dar la nota y la norma, hasta a las autoridades, y eso no puede ser, ni tiene razón de ser ni puede consentirse.
>
> Ríase el conde de San Luis de los cirios y de los salmos, y continúe en su empresa moralizadora.

De hecho, el citado periódico todavía se mostraba más estricto en materia de horarios nocturnos que el propio gobernador civil:

> No a las dos, a la una, debieran cerrarse todos los cafés y todas las tabernas. Hasta esa hora, hay tiempo sobrado de pervertirse y de gastar lo que no se tiene.
>
> Va siendo hora de que Madrid pierda ese sello característico que tiene de población de vagos, de desocupados y de gentes de modos de vivir poco claros y definidos.
>
> El conde de San Luis puede decirles a quienes en su ignorancia le tachen de reaccionario, que el gran Herbert Spencer, el más sabio de los filósofos modernos, el sociólogo de la libre Inglaterra, no haría otra cosa respecto de las costumbres si viviera y se encontrara de gobernador de Madrid.

El del periódico *El Día* no fue el único apoyo que recibió el conde de San Luis en su propósito. En el Senado el marqués de Ibarra, que por lo visto profesaba a los cafés y establecimientos «un horror incomprensible», felicitó al gobernador civil de

Madrid por el «acorralamiento de trasnochadores», e incluso «pidió que se cerrase todo, y que se cachease sin duelo a cualesquiera paseantes o circulantes nocturnos». Al redactor del diario *El Liberal* le extrañó que nadie «rechazase, ni siquiera que se riese, de proposición tan desmedida». Pero lo cierto es que acto seguido conde de Casa Valencia exigió que «cesasen los espectáculos de todo género al punto exacto y preciso de la media noche». A lo que Joaquín Sánchez de Toca, a la sazón ministro de Gracia y Justicia, aseguró que el Gobierno se preocupaba de «reformar las costumbres», aunque reconocía que no se trataba de una «tarea fácil»[69].

En cualquier caso, y a pesar de las advertencias del gobernador civil, durante la madrugada del domingo 9 de octubre los incidentes en el Café de Fornos no sólo se reprodujeron, sino que se recrudecieron, derivando en auténticos disturbios. Para empezar, el episodio vivido en las primeras horas del sábado «envalentonó a las turbas de calaveras en ejercicio» y, según los diarios *El Imparcial* y *El Siglo Futuro*, a la una de la madrugada «ocuparían el local de Fornos unas dos mil personas»[70], que el diario *El País* elevaba a «unas tres mil», sumando a la clientela propiamente dicha del establecimiento todos los curiosos que se habían congregado en las inmediaciones, en las calles de Peligros, Sevilla y Alcalá, entre las que figuraban un hijo del diputado por Madrid y líder republicano Miguel Morayta y un sobrino del propio gobernador civil[71].

---

69. «Todo se andará». *El Liberal*, 9 de octubre de 1904, p. 1.

70. «Alborotos en los cafés. La madrugada del domingo». *El Imparcial (Diario liberal)*, 10 de octubre de 1904, p. 1 y «Alborotos en los cafés. La madrugada del domingo». *El Siglo Futuro (Diario católico)*, 10 de octubre de 1904, p. 2.

71. «Congreso. Sesión del día 10 de Octubre de 1904». *El Imparcial (Diario liberal)*, 11 de octubre de 1904, p. 2; «Congreso. Sesión del día 10

Según el mencionado diario republicano, el gobernador civil envió para controlar la situación a «un capitán, dos tenientes y treinta soldados de orden público», más «unos doscientos guardias en las aceras de la calle de Peligros, una nutrida reserva en el portal de la Peña y fuerzas de la Guardia civil de a caballo, en el Ministerio de la Gobernación»[72]. En un momento dado, las fuerzas del orden realizaron varias cargas, «garrotazo por aquí, sablazo por allá»[73], hasta conseguir dispersar a todos los que se habían concentrado en el interior y alrededores del Café de Fornos.

Por lo que respecta al Café Colonial, el dueño del citado establecimiento mandó bajar los cierres metálicos de las puertas y ventanales a la hora prevista, «quedando dentro del local los parroquianos en considerable número». De hecho, a las dos y media «aún quedaba más de la mitad del café lleno»[74].

Por lo demás, en el Café de Cervantes, ubicado en la calle de Alcalá, también se registró alguna resistencia para desalojar el local, «pues a dicho establecimiento acudieron muchos de los concurrentes a Fornos y al Colonial»[75].

---

de Octubre de 1904». *La Época (Últimos telegramas y noticias de la tarde)*, 10 de octubre de 1904, p. 2 y «La cursilada». *El País (Diario republicano)*, 11 de octubre de 1904, p. 1.

72. «Sitio y toma de Fornos. Por el conde de San Luis». *El País (Diario republicano)*, 10 de octubre de 1904, p. 2.

73. «Alborotos en los cafés. La madrugada del domingo». *El Imparcial (Diario liberal)*, 10 de octubre de 1904, p. 1 y «Alborotos en los cafés. La madrugada del domingo». *El Siglo Futuro (Diario católico)*, 10 de octubre de 1904, p. 2.

74. Íbid.

75. «Los cafés». *El Siglo Futuro (Diario católico)*, 11 de octubre de 1904, p. 2.

Las razones de los reformistas
frente a los motivos de los trasnochadores

Buena parte de la prensa se cebó con el conde de San Luis y su disposición. El periódico *El Globo* no dudo en afirmar que había «desafinado notablemente» con una medida que consideraba «arbitraria». Dicho diario independiente veía tintes de ucase, o edicto zarista, a su decisión autoritaria sin apelación posible, de ahí que lo acusara de actuar «sugestionado por aficiones rusófilas» y llegara a decir de su circular que, «si no fuera torpe, sería ridícula»[76]. También de «ridículo» calificó el *Heraldo de Madrid* al gobernador y de «risible disposición» su circular[77]. Por su parte, el periódico *El Liberal* comparaba la intervención del gobernador civil con otras «arbitrariedades del género chico» y hablaba del conde de San Luis en términos de »desgobernador»[78]. El diario *La Época* recordaba que «en todas las grandes capitales de Europa reina libertad absoluta» en materia de horarios y veía en la actuación de Fernando Sartorius Chacón una manifestación más del «reaccionarismo del Gobierno» presidido por Maura[79]. Por último, el rotativo republicano *El País* era quizás el que se mostraba más duro al censurar el «cierre caprichoso de cafés y tabernas» como «una mamarrachada, una necedad, una cursilería propia de gobernadores vanos y vacíos»[80], propia, en definitiva, de los

76. «El cierre de Fornos». *El Globo (Diario independiente)*, 9 de octubre de 1904, p. 2.
77. «Los cafés. Para esta noche y mañana». *Heraldo de Madrid*, 8 de octubre de 1904, p. 2.
78. «Madrid en el siglo XX. Los cirios de San Luis. Las letanías de Fornos». *El Liberal*, 8 de octubre de 1904, p. 2.
79. «La juventud dorada». *La Época (Últimos telegramas y noticias de la tarde)*, 8 de octubre de 1904, p. 1.
80. «La cursilada». *El País (Diario republicano)*, 11 de octubre de 1904, p. 1.

que calificaba como «gobernadores mauro-jesuíticos»[81].

A favor del gobernador civil de Madrid se mostraba el periódico *El Día*, el cual afirmaba que su actuación contaba con «gran aplauso de las personas sensatas». Sin embargo, en opinión del diario republicano *El País* los que aplaudían «la campaña moralizadora de los fariseos con mando» podían contarse con los dedos de las manos[82].

Fuere como fuere, lo cierto es que los acontecimientos que se desarrollaron en el Café de Fornos llegaron al Congreso de los diputados, donde los reformistas y los que se oponían a la reforma de la costumbres nocheriegas expusieron sus razones.

En efecto, Miguel Morayta, «declarándose francamente partidario del servicio permanente en los cafés», pidió explicaciones al Gobierno acerca de lo ocurrido, al tiempo que censuró la orden del gobernador civil Madrid, por considerarla arbitraria y un asunto «atentatorio a las costumbres y a la libertad de los ciudadanos»[83]. El diputado republicano acusó a las autoridades de haber provocado un «verdadero motín en las puertas del café de Fornos» y un auténtico «desaguisado», además de perjudicar al citado establecimiento «cerrando a la hora en que acude más parroquia». Morayta recordó a todos los presentes en el hemiciclo que «el café de Fornos no se ha cerrado nunca desde su fundación», pues desde entonces viene siendo «un refugio para cuantos trabajan de noche» y que el propietario de dicho establecimiento «no tiene la culpa de que vaya gente después de las doce de la noche»[84].

---

81. «El cierre de los cafés». *El País (Diario republicano)*, 8 de octubre de 1904, p. 2.
82. «Los moralistas». *El País (Diario republicano)*, 11 de octubre de 1904, p. 1.
83. «Congreso. Sesión del día 10 de Octubre de 1904». *El Globo (Diario independiente)*, ed. de la mañana, 11 de octubre de 1904, p. 2.
84. «Congreso. Sesión del día 10 de Octubre de 1904». *La Época (Últimos*

Por su parte, José Sánchez Guerra, ministro de la Gobernación, manifestó que el gobernador civil de Madrid no se había excedido en el cumplimiento de su deber, que su actuación obedecía a «medidas de policía y buen gobierno» y apeló con astucia parlamentaria a su experiencia anterior como gobernador civil y al ideario del insigne jurista Gumersindo Azcárate, presidente del Instituto de Reformas Sociales y miembro del Partido Democrático Republicano Federal, quien se había pronunciado en más de una ocasión favorablemente al adelanto de los horarios de cierre de los establecimientos públicos, en el sentido de que «la criminalidad disminuye en relación con el más pronto cierre de las tabernas». Desde luego, el Café de Fornos no era una simple taberna más, pero a juicio de las autoridades competentes el Gobierno debía actuar movido por un principio de equidad, no consintiendo diferencias o preferencias, ni ningún tipo de excepción, ni privilegio[85].

Pero si era verdad que algunos propietarios de tabernas y de otros cafés se habían quejado ante las autoridades por no medir a todos con el mismo rasero y verse obligados a cerrar sus establecimientos a una hora determinada, mientras se toleraban horarios mucho más laxos y permisivos en el caso del Café de Fornos y del Café Colonial[86], no era menos cierto que los asiduos al Café de Fornos también habían manifestado agravios comparativos con respecto al horario que disfrutaban otros centros elitistas y elegantes de recreo, como el Círculo de La Gran Peña y el Casino de Madrid, «que no se cierran», donde

telegramas y noticias de la tarde), 10 de octubre de 1904, p. 2.

85. «El cierre de los cafés». *El País (Diario republicano)*, 8 de octubre de 1904, p. 2.

86. «Los cafés. Para esta noche y mañana». *Heraldo de Madrid*, 8 de octubre de 1904, p. 2; «El cierre de Fornos». *El Globo (Diario independiente)*, 9 de octubre de 1904, p. 2; «Congreso». *El Liberal*, 11 de octubre de 1904, p. 2 y «Congreso». *El País (Diario republicano)*, 11 de octubre de 1904, p. 3.

los socios «pueden cenar a la hora que les plazca» y, de hecho, «permanecían reunidos hasta que les daba la gana». Además, algún cliente del Café de Fornos también denunció que el cierre de las tabernas a la hora decretada por las autoridades gubernativas era «solo aparente, por lo menos en algunas, pues aquellas se abren a los parroquianos dando el *santo y seña*»[87].

En cualquier caso, si bien los partidarios de anticipar el cierre horario invocaban los precedentes legales que habían supuesto la circular de junio de 1884 del gobernador civil Raimundo Fernández Villaverde y la circular de septiembre de 1888 del también gobernador civil Alberto Aguilera y Velasco[88], ya reseñadas en el capítulo anterior, los que se oponían a la medida adoptada por el conde de San Luis esgrimían otras razones.

Más allá del debate parlamentario, en la calle los que se oponían a la medida gubernativa también esgrimían sus motivos. Por una parte, invocaban la necesidad de acudir a los cafés —para ingerir algún alimento— después de la hora reglamentaria por motivos profesionales, como era el caso de muchos periodistas. Y no era la única profesión que generaba «noctámbulos a la fuerza», pues también había muchos serenos, camareros, maquinistas, conductores de tranvías, campaneros, vigilantes, policías, telegrafistas, panaderos, sanitarios, vendedores de localidades y aposentadores de los teatros, etcétera, que, en efecto, se veían obligados a trasnochar por exigencias de su actividad profesional[89].

Desde luego, la insistencia en presentar el hábito de trasnochar como una necesidad no era una ocurrencia de los pa-

87. «El suceso de Fornos. Los detenidos y el gobernador. Multa de 50 pesetas. En libertad». *El Imparcial*, 9 de octubre de 1904, p. 1.
88. «El cierre de los cafés. Orden cumplida». *La Época (Últimos telegramas y noticias de la tarde)*, 11 de octubre de 1904, p. 4 y «El gobernador y los cafés». *La Época*, 12 de octubre de 1904, p. 2.
89. Rúas, M. Enrique: «Los noctámbulos a la fuerza». *Caras y Caretas*, 1 de enero de 1906, pp. 89-90.

rroquianos del Cafés de Fornos, y además venía de lejos. De hecho, el fecundo e ingenioso escritor, periodista, poeta y dramaturgo Eusebio Blasco ya había dado sus argumentos al respecto, comparando las personas que a su juicio estaban condenadas a madrugar por exigencias de su profesión y aquellas que debían trasnochar por idéntico motivo:

> […] No es necesario ni conduce a nada madrugar cuando se ha pasado la noche trabajando directa o indirectamente, es decir, viviendo la vida intelectual, que es la que pide más horas de reposo.
>
> El hombre del campo, en todos los países de la tierra, se acuesta temprano y se levanta ante lucem, como dice el Salmista, porque no ha tenido que pensar, ni que discurrir. Trabaja materialmente y se acuesta rendido, ni lee ni escribe, vive y come y duerme como las bestias. Al cantar del gallo se despierta y vuelve a empezar.
>
> El hombre de la gran capital, el que vive de la vida espiritual o intelectual, vive de noche en todas partes. […]
>
> Pero si no trasnocharan los que crean, producen, propagan, inventan, reinan, sueñan despiertos, ¿que sería del mundo? […]
>
> La mañana es para los barrenderos, los soldados, los carteros y las buñoleras.
>
> Si se hiciera un recuento de los trasnochadores madrileños se vería que casi todos ellos son personas ilustradas. Salvo los jugadores y los borrachos que trasnochan por vicio y por costumbre adquirida, en cafés, Ateneos y Casinos, puede encontrar el curioso poetas, literatos, oradores, generales, magistrados, banqueros, bolsistas, publicistas, de doce a cinco de la mañana[90].

90. Blasco, Eusebio: «Trasnochadores». *Alrededor del Mundo*, 19 de abril

Por otra parte, quienes se mostraban contrarios a la aplicación de la circular del gobernador civil también basaban su resistencia a la reforma de costumbres reivindicando las suyas propias. En este sentido, no resulta extraño que denunciaran «el afán del Gobierno en resucitar las costumbres antiguas a costa de las modernas», ni que hablaran de «defender nuestras costumbres, amenazadas de muerte por los conservadores». Unas costumbres vinculadas al ocio nocturno que, en su opinión, nada tenían de «inmorales ni perturbadoras»[91].

Pero, por encima de todo, quienes reivindicaban el derecho a trasnochar en los cafés y otros establecimientos públicos frente a las restricciones gubernativas en materia de horarios nocturnos, se consideraban a sí mismos como unos paladines del respeto a la libertad individual. Y para ello no dudaban en invocar el derecho a la libertad de movimientos y a manifestar que se sentían amparados por la propia Constitución y las leyes subsidiarias que de la Carta Magna emanaban y que no podían contradecirla ni entrar en conflicto con ella[92]. De ahí que se refirieran a la circular del conde de San Luis y otras disposiciones dictadas por el gobierno conservador de Antonio Maura como «Legislación del capricho», opuesta a «los legítimos derechos»[93].

Cabe decir que pocos días después de tener lugar los acontecimientos descritos, algún medio informó que los cafés Co-

---

de 1900, p. 15.

91. «El cierre de Fornos». *El Globo (Diario independiente)*, 9 de octubre de 1904, p. 2.

92. «El suceso de anoche. El gobernador y los cafés». *La Correspondencia de España (Diario político independiente y de noticias)*, ed. de la mañana, 8 de octubre de 1904, p. 3 y «Todo se andará». *El Liberal*, 9 de octubre de 1904, p. 1.

93. El Sastre del Campillo [seudónimo de Martínez Viérgol, Antonio]: «¡Ni las ratas!». *El Liberal*, 14 de octubre de 1904, p. 3.

lonial y Fornos volvían a funcionar de madrugada, como venía siendo habitual antes de la aplicación de la circular del gobernador civil. Al día siguiente, a la hora estipulada, «fueron cerrados, por orden superior», ambos cafés, «siendo colocadas a sus puertas parejas de Orden público, que impedían entrar en dichos locales a todos los que lo pretendían»[94]. El secretario del Gobierno civil en rueda de prensa manifestó que «no es cierto, como se ha dicho, que haya entrado público en los cafés de Fornos y Colonial después de las dos de la madrugada» e incluso los responsables de los referidos establecimientos se vieron obligados a desmentir la información publicada, «negando que haya entrado público en sus establecimientos después de las dos de la madrugada»[95].

Sin embargo, al primer gobierno de Maura le quedaban apenas dos meses de mandato y la pretendida reforma de las costumbres hubo de quedar aplazada hasta una nueva ocasión.

Noches de Madrid y noches de Barcelona

En efecto, un año después de que el conde de San Luis intentara poner coto a la vida nocheriega madrileña el diario *Heraldo de Madrid*, de ideología liberal, se ufanaba del cambio de Gobierno y de que los habitantes de la Villa y corte se hubieran librado, «al fin, de la presión sacristanesca de los mauristas»[96].

El rotativo madrileño reconocía la tendencia trasnochadora

94. «Noticias generales». *El Globo (Diario independiente)*, 13 de octubre de 1904, p. 3.
95. «Del Gobierno Civil». *El Imparcial (Diario liberal)*, 13 de octubre de 1904, p. 2; «Ni Fornos, ni el Colonial». *El Liberal*, 13 de octubre de 1904, p. 3 y «Noticias generales». *La Época (Últimos telegramas y noticias de la tarde)*, 13 de octubre de 1904, p. 5.
96. «Las horas de los teatros». *Heraldo de Madrid*, 21 de septiembre de 1905, p. 1.

de la gente de la capital y advertía la imposibilidad de reformar por la fuerza un hábito tan arraigado:

> No hay fuerza dictatorial capaz de variar en meses, ni siquiera en años, lo que la costumbre consagró de padres a hijos. En Madrid se come o se cena tarde —para el caso es igual llamar comida o cena al yantar nocturno—, y claro es que en tales condiciones la gente se echa a la calle para llenar los teatros a diferente hora, muy a diferente hora que en París, en Berlín, en Viena, en Londres, en otras capitales europeas.

Y a pesar de «la fama de trasnochador que tiene Madrid», se lamentaba de que Barcelona gozara en aquellos momentos de una mayor vitalidad nocturna:

> Hoy existe mayor animación; mucha mayor animación, en las ramblas de Barcelona a las tres o a las cuatro de la madrugada que en la calle de Alcalá y Puerta del Sol de Madrid a la una y media de la madrugada. Allá en Barcelona hay tranvías que circulan durante toda la noche y luz eléctrica en los puntos céntricos a esas horas, y aquí en Madrid, antes de las dos, el transeúnte va por el corazón de la villa a tientas y a obscuras. Cuando así ocurre, es que hay vida y gentes que no duermen; y cuando la luz se apaga, forzosamente o voluntariamente los noctámbulos se meten en la cama.

Todo ello servía de argumento al *Heraldo de Madrid* para ratificarse en la idea de que la pretendida reforma de las costumbres por la fuerza estaba fuera de lugar y que los horarios debían ser fijados la dirección de los propios establecimientos, y no por los poderes públicos, apostando decididamente por el derecho a la libertad de comercio y una injerencia mínima por parte del Estado:

> No hace falta, pues, apelar a medidas arbitrarias para regularizar las costumbres madrileñas, que no tienen nada de escandalosas.
>
> [...]
>
> la hora de las funciones la debe marcar la Empresa, no la autoridad, porque lo contrario sería extremar las cosas, querer resucitar los dos años mauristas de sacristanescas oficiosidades.

El declive de los cafés-cantantes

El año 1906 resultó trágicamente pródigo en episodios sangrientos acontecidos en el ámbito de los cafés-cantantes y otros locales de ocio nocturno. En enero un profesor de baile mató a cuchilladas en Barcelona a la joven Rafaela Iribarren Sant Miquel, de 22 años, artista de café-cantante conocida como «Rosita del Oro»[97]. Al mes siguiente, durante las fiestas de Carnaval, en el café-cantante Novedades de Sevilla, un indi-

97. «Notas locales». *La Vanguardia*, 14 de enero de 1906, p. 3; «Tribunales de Barcelona. El crimen último». *La Vanguardia*, 16 de enero de 1906, p. 8; «Notas locales». *La Vanguardia*, 18 de enero de 1906, pp. 3-4; «De provincias. Captura de un criminal». *La Vanguardia*, 18 de enero de 1906, p. 9; «Tribunales de Barcelona. Diligencias». *La Vanguardia*, 19 de enero de 1906, p. 4; «Tribunales de Barcelona. Diligencias». *La Vanguardia*, 20 de enero de 1906, p. 8; «Tribunales de Barcelona. Visitas, sumario y suplicatorio». *La Vanguardia*, 11 de febrero de 1906, p. 4; «Cotidianas». *La Vanguardia*, 2 de marzo de 1906, p. 6; «Notas locales». *La Vanguardia*, 18 de agosto de 1906, p. 2; «Tribunales de Barcelona». *La Vanguardia*, 26 de agosto de 1906, p. 3; «Tribunales de Barcelona». *La Vanguardia*, 19 de noviembre de 1906, p. 5 y «Tribunales de Barcelona. El día de ayer». *La Vanguardia*, 22 de noviembre de 1906, p. 9.

viduo ofendido por una broma infirió cinco puñaladas al autor de la misma. Apenas un par de días después el hermano de la artista conocida como «La Czarina» asestó dos puñaladas mortales a la artista Teresa Conesa, de tan sólo 16 años, en el Edén Concert de Barcelona, resultando también heridas y lesionadas otras personas en el lance. En julio un amante despechado asestó tres puñaladas mortales a María Tejuelo Pérez, camarera de un café-cantante establecido en el núm. 5 de la calle de las Veneras de Madrid[98]. Por último, en el mes de septiembre de ese mismo año un joven de 24 años de edad mató de dos disparos a María Suárez González, de 22 años, en el Edén Concert de Barcelona, donde estaba contratada desde hacía un par de meses. Por esa misma época, aunque incapaces de consignar la fecha exacta, también se originó una trifulca en el café-cantante de San Miguel en la que perdió la vida un tipo conocido en los bajos fondos madrileños como Paco «el Legaña»[99].

Por lo demás, a esas alturas, la mala fama de los cafés-cantantes incluso había rebasado el marco peninsular. Así, a mediados de septiembre de ese miso año Abd-El-Biad, desde Tánger, denunciaba a través de las páginas del diario republicano *El País* la corrupción de Marruecos «con las poco edificantes

98. «Camarera asesinada». *ABC* (Madrid), 14 de julio de 1906, pp. 17-18; «Camarera asesinada». *ABC* (Madrid), 15 de julio de 1906, pp. 11-12; «El crimen de ayer. En un café cantante. Una camarera asesinada». *El Liberal*, 15 de julio de 1906, p. 2; «Tribunales. La vista de hoy. El crimen de un matón. El cariño a la fuerza». *El País (Diario republicano)*, 17 de junio de 1907, p. 5; «Tribunales. Crimen en la calle de las Veneras». *ABC* (Madrid), 14 de octubre de 1907, p. 7; «Tribunales. Los crímenes del vicio. Camarera muerta por su amante. ¡¡Por fin!! Suspensiones del juicio». *El País (Diario republicano)*, 15 de octubre de 1907, p. 2 y «La tarde en las Salesas. Los matadores de mujeres. Segunda sesión. Última declaración». *Heraldo de Madrid*, 16 de octubre de 1907, p. 3.

99. «Madrileñerías. Los cafés cantantes». *El Globo (Diario independiente)*. 3 de octubre de 1908, p. 2.

escenas de los cafés cantantes», que también funcionaban en las posesiones españolas del norte de África y en la Zona de Protectorado[100].

A principios de 1908 el influyente diario *ABC* aprovechó la detención de un juerguista de 25 años, de profesión carretero, por no abonar una consumición de 80 pesetas, para recordar que en la calle de la Encomienda existía un café cantante, «de esos de tango y puñalada», puntualizaba el diario conservador, que «no cumple las órdenes que se han dictado respecto a la hora en que se deben cerrar tales establecimientos».

Algunos meses más tarde el diario *El Globo* confirmaba que los cafés-cantantes de algunos distritos cesaban su actividad a las doce de la noche, tal y como determinaba la legislación por la que se regían, pero denunciaba que en los del distrito de La Latina «el cante, la guitarra y el taconeo sobre los tablados» no concluían hasta la una y media de la madrugada, mientras se preguntaba a qué obedecía esa diferencia[101].

La presión mediática dio sus frutos, y unos días después *El Globo* y otros periódicos como *El Correo Español*, *La Correspondencia de España* y *El Siglo Futuro* anunciaban la inminente condena de muerte de los cafés-cantantes[102]. En efecto, al día siguiente José Martos O'Neale, gobernador civil interino de Madrid, de acuerdo con lo anunciado, ordenó la clausura del Café de Naranjeros y del citado café-cantante de la calle de Veneras, así como de «todas las casas de malvivir» establecidas en las calles de la Aduana y Jardines. En declaraciones al diario

---

100. «Verdades sobre Marruecos». *El País (Diario republicano)*. 13 de septiembre de 1908, p. 3.
101. «Notas de Policía». *El Globo (Diario independiente)*, 18 de septiembre de 1908, p. 2.
102. «Madrid. Que se cierren». *El Correo Español (Diario tradicionalista)*, 29 de septiembre de 1908, p. 3.

ABC, Martos O'Neale justificó sus medidas en base a «reclamaciones del vecindario» y a la existencia de «preceptos legales» hasta ese momento incumplidos[103].

Esos preceptos a los que se refería Martos O'Neale no eran otros que los comprendidos en la antigua Real orden de 1888 y otra Real orden de Gobernación posterior, firmada por Eduardo Dato, que coincidían en establecer el cese de los espectáculos de música y baile a las doce de la noche, en exigir la conformidad de la mayoría de los vecinos de las casas colindantes y de enfrente de los locales en cuestión para permitir su funcionamiento y en que, a la tercera denuncia por faltas, la autoridad quedaba facultada para decretar el cierre de del establecimiento infractor. Por no mencionar las disposiciones de adoptadas en su día por el ex gobernador civil Antonio Barroso y Castillo, el cual «ordenó que en los cafés cantantes de Madrid no hubiera camareras, y esto obligó a los dueños de los mismos a suprimir por completo el espectáculo de bailes y *jipíos*».

Algunos medios, como el diario *El Liberal*, mostraban cierta ansiedad a la hora de poner en evidencia las contradicciones que encerraba la política de mano dura aplicada por el gobernador civil interino:

> El Sr. Martos se propone que acaben los teatros a las doce y media en punto, y cuando no, los balda a multas. Muchos de esos teatros no cultivan sino el cante y el baile. Pues el Sr. Martos, que tan a rajatabla los manda cerrar a las doce y media, deja que los cafés cantantes sigan abiertos una hora más. Me parece que es clara la paradoja[104].

---

103. «Las medidas gubernativas», *ABC* (Madrid), 2 de octubre de 1908, p. 10.

104. «Noches de Madrid. Las paradojas de O'Neale», *El Liberal*, 1 de octubre de 1908, p. 1.

Finalmente, el 2 de octubre de 1908 se comunicó a los nueve cafés-cantantes existentes entonces en Madrid el escrito gubernativo ordenando que cesara el espectáculo. El diario *El Globo* calculó que en virtud de esa orden se quedaban sin trabajo «de setenta a ochenta personas entre tocadores de guitarra, cantadores, bailadores de flamenco, boleras y cupletistas». Algunos autores han apuntado al cierre de los cafés-cantantes madrileños como la puntilla para este tipo de establecimientos. Pero Martos O'Neale era un agente de seguros que, según el diario republicano *El País*, había llegado a ser gobernador civil interino de Madrid por «esos misterios inexplicables de la política», al tiempo que lo señalaba por sus «arbitrariedades», calificándolo de «espantajo»[105]. Con el retorno del marqués de Vadillo, titular del Gobierno civil, la situación cambió. Así, tras comprobar «el número crecidísimo de artistas del género andaluz que habían quedado sin sustento», y recibir en audiencia a una comisión de camareras y artistas de cafés-cantantes, desde el Gobierno civil se autorizó la reapertura de estos locales[106]. De tal manera, el 22 de octubre se confirmó la autorización al café cantante del Gato y al de la calle de las Veneras a reanudar su actividad, «por hallarse los expedientes formados al efecto dentro de las reglas que fija la Real Orden por que se rigen esos establecimientos». De modo que no tardaron en registrarse de nuevo horarios «desde las nueve de la noche hasta amanecido».

Las protestas por la invasión de los cafés-cantantes, y la vida noctámbula que llevaban pareja, se extenderían incluso a medios rurales. Así, por esas mismas fechas, Cayetano Molina se quejaba de que en un pueblo como Valdepeñas (Ciudad

105. «Fuera espantajo. Tejer y destejer dañino». *El País (Diario republicano)*, 5 de octubre de 1908, p. 1.

106. «Los cafés cantantes». *El Globo (Diario independiente)*, 7 de octubre de 1908, p. 3.

Real) se cerraran escuelas y que «la clase acomodada» permaneciera «cruzada de brazos» ante la apertura de «multitud de cafés cantantes, cafés abiertos toda la noche»[107].

En muchos casos, los cafés-cantantes venían a simbolizar —en contraposición a otros establecimientos— la jerarquización cultural y sexual en función de la clase social de los clientes. Así, por ejemplo, en Málaga en el Café de Chinitas, local popular por excelencia, según informaba *La Unión Mercantil* a principios de 1909, «el vino se derrocha, las caricias se compran a bajo precio y la carne prostituida goza en aquel torbellino de obscenidades [...]. La fiesta es un placer como cualquiera a que se entrega la clase baja que no puede aspirar a otros mejores. Dejémosla gozar». En cambio, la retórica del citado periódico local se convertía en un ejemplo de flexibilidad al hablar del Club Gimnástico, reservado a la flor y nata de la capital malagueña, donde «las caricias se pagan más caras [...], se peca, pero más venialmente [...]. Los moralistas encontrarían la ocasión oportuna para filosofar sobre este período lúbrico [...]. Nosotros no; conocemos el mundo, sabemos que todos fuimos jóvenes y gozamos con esos livianos placeres».

En cualquier caso, lo cierto es que el imparable declive de los cafés-cantantes había comenzado. Un declive que en Madrid se confirmaría poco tiempo después, cuando Ramón Méndez Alanis, director general de Seguridad, ordenó que se quitasen las puertas de los cuartos reservados y prohibió que las juergas se prolongaran más allá de las dos de la madrugada. Por lo demás, a la decadencia de los cafés-cantantes contribuyó la propia evolución del flamenco, que estaba empezando a ganar los escenarios de los grandes teatros, abriendo paso a su particular Edad de Oro.

107. Molina, Cayetano: «Por La Mancha. En vísperas de un juicio». *El Globo (Diario independiente)*, 18 de octubre de 1908, p. 1.

La obra del ministro Juan de la Cierva durante el gobierno largo de Maura

A pesar del pulso mantenido con los cafés cantantes, el segundo gobierno o gobierno largo de Maura, entre el 25 de enero de 1907 y octubre de 1909, se caracterizó por un nuevo intento de reforma de las costumbres. El encargado de abordar esta reforma fue Juan de la Cierva y Peñafiel, titular del Ministerio de la Gobernación.

El escritor José Martínez Ruiz, más conocido por su seudónimo Azorín, destacó de Juan de la Cierva su «carrera muy rápida en política», siempre bajo «la inspiración» y «la influencia espiritual del señor Maura», así como una larga serie de cualidades personales: visión rápida de las cosas, fina y pronta intuición, gran resistencia para el trabajo, firme serenidad en los momentos críticos, espíritu de orden y de clasificación, visión intelectual clara y definida, gran fortaleza y vigor físico, pasión por el orden, habilidad suprema para decir cosas que no pueden ser dichas ostensible y abiertamente, dominio de la persona y de la expresión[108], etcétera. Si bien, a juicio del diario republicano *El País* todas sus virtudes se podían resumir en una premisa: «es hombre que no se rinde a la fuerza de los hechos; mejor se entrega a la de la violencia».

Fuera como fuera, su obra durante los «treinta y tres meses» que permaneció al frente del Ministerio de la Gobernación abarcó desde asuntos de higiene y sanidad hasta temas de edificio y publicaciones, pasando por cuestiones de acción social y leyes obreras, beneficencia y comunicaciones, aunque sería especialmente recordado por su ahínco en la reforma de las costumbres.

En este sentido, Azorín destacaría en primer lugar la «co-

---

108. Azorín: «La obra de un ministro (1910)», *Obras completas*. Madrid: Aguilar; 1947, v. III, pp. 33-36.

rrección y represión de antiguas corruptelas»[109]. Luego señalaría la reorganización del Cuerpo de Policía; la vigilancia de las fondas y los alojamientos; la estrecha reglamentación del uso de armas, con una fuerte persecución del «uso y venta de navajas y de cuchillos», que se tradujo en una «disminución considerable de la criminalidad»; la regulación de los cinematógrafos[110]; la prohibición de la reventa «tremendamente molesta y escandalosa» de las entradas a los teatros; la supresión de capeas de vacas y novillos en los pueblos; la persecución de las «inveteradas e ignominiosas explotaciones» de mujeres que ejercían la prostitución; la reglamentación del servicio de camareras en los colmados y café-cantantes, con lo cual «se acabó con un modo subrepticio de prostitución, que beneficiaba a costa de infelices mujeres, a los patronos y dueños de tales establecimientos»; la implantación del descanso dominical; y el cierre de las tabernas en domingo, considerado como una gran contribución a la represión del alcoholismo, «origen de tantos males y calamidades sociales».

Por supuesto, bajo el ministerio de Juan de la Cierva también «se marcaron horas precisas para el cierre de cafés colmados y tabernas». Según Azorín, ante las medidas gubernativas adelantando el horario de cierre nocturno «protestó indignada, exaltada, la intelectualidad nocheriega», como ya había ocurrido anteriormente, llegándose a decir en «crónicas brillantes y lacrimatorias que Madrid había perdido su tradicional alegría»[111].

Sin duda, uno de los más cualificados representantes de esa «intelectualidad nocheriega» que señalaba Azorín era Félix

---

109. Ibid.

110. Según Azorín, el incendio declarado en la madrugada del 2 de enero de 1908 del cinematógrafo Ena Victoria, que era de madera y quedó completamente destruido en breve espacio de tiempo, «demostró la urgencia» de esta reforma.

111. Azorín, op. cit., p. 39.

Azzati, quien llegó a preguntarse públicamente: «¿Es síntoma de perdición trasnochar?». Ante el adelanto del horario de cierre decretado por La Cierva, el conocido periodista y político republicano no se limitó a escribir una crónica lacrimógena sobre la aparente defunción de la vida nocturna madrileña, sino que criticó y ridiculizó la medida gubernativa:

> Se juega a los prohibidos de día, precisamente, más que de noche. El bebedor se emborracha durante el día; el usurero devora a la víctima a la luz del sol: la prostituta siembra durante el día, luciendo sus bajos y sus colorines y sus voluptuosidades, lo que ha de recoger, quizás, en las primeras horas de la noche; el ratero aprovecha la aglomeración diurna para sustraer del bolsillo ajeno lo que no es suyo; el cacique, durante la jornada, sobre todo, en la electoral, roba el voto, estafa la voluntad del país y violenta las conciencias; el ministro, durante la mañana, la tarde y las primeras horas de la noche, firma negocios en forma de decretos; durante el día, el joven vicioso, calculador, persigue a la decrépita vieja ricachona para contraer matrimonio con un bolsillo que alimente sus depravaciones; durante el día explota el burgués a sus obreros y dice el cura misa para continuar la historia universal de la universal embaucación, y durante el día se practican los agios más asquerosos y se perpetran las mayores infamias.

Azzati, que consideraba la reforma horaria decretada por el gobierno de Maura como un «atentado contra la libertad de las gentes», no se andaba por las ramas al afirmar:

> Cada cual es libre de ir a su casa cuando le venga en gana, de disponer de las horas del día y de la noche a su antojo.
>
> […] No hay nadie que deba pedir permiso al ministro

de la Gobernación para entrar y salir allí donde las puertas deben abrirse para todos, y ni el día ni la noche tienen portazgo ni hay ministro capaz de crearlo.

Y todavía iba más lejos al denunciar lo que él consideraba era la auténtica génesis del clima de inmoralidad que intentaba erradicar el ministro de la Gobernación:

> Las malas costumbres, los torpes hábitos, Sr. La Cierva, tienen su origen en esa llamada moral universal aceptada y defendida por los actuales mantenedores de una sociedad que vive sobre un tremendo engaño, sobre la mutua explotación, sobre los horrores de la más execrable desigualdad; sociedad que trasforma los ideales en mercancía, que con el honor de la mujer confecciona manufacturas de placeres, que convierte la religión, la muerte, la vida, el matrimonio, las bulas, la hostia, encarnación de un redentor, en artículos de escaparate, de explotación. ¡Ahí, ahí están las malas costumbres, Sr. La Cierva! ¡Ahí está la bancarrota de la educación social![112]

En cualquier caso, hasta los diarios de provincias se hicieron eco del supuesto parte de defunción de la célebre vida nocturna madrileña:

> No se halla, a la presente, la corte tan animada como otros años por esta época.
>
> Hay teatros que se ven, diariamente, desiertos, o poco menos. También los *restaurants* y cafés se quejan de la falta de clientes.

---

112. Azzati, F.: «Las buenas costumbres». *El Pueblo (Diario republicano de Valencia)*, 5 de octubre de 1907, p. 1.

> Y de la vida de noche no hablemos: el Madrid trasnochador, ha pasado a la historia.
>
> Ello se debe, aparte algunas otras causas, a dos principales e importantísimas: a la ausencia del dinero y a la presencia de La Cierva[113].

Y a lo más que alcanzaban aquellos que se consideraban «súbditos de un reino superior, donde las gentes se acuestan cuando tienen sueño y sobre todo cuando se cansan de soñar», y se sentían deseosos de contrariar al ministro de la Gobernación, mostrándose «soñadores y rebeldes», era publicar evocaciones nostálgicas y costumbristas de aquel Madrid trasnochador que Juan de la Cierva parecía haber borrado para siempre de la faz de la tierra[114].

En otro orden de cosas, al igual que había sucedido en 1905, cuando el *Heraldo de Madrid* se lamentaba de la mayor vitalidad nocturna que había cobrado Barcelona sobre la capital del Reino, durante el segundo gobierno o gobierno largo de Maura el diario republicano *El País* se quejaba del perjuicio que suponían las «draconianas disposiciones contra las tabernas», consistentes en la imposición del —cierre dominical y el de las doce y media de la noche en los días laborables— y que no regían en Barcelona, «donde la vida nocturna ha ganado en intensidad cuanto ha perdido la de Madrid». Sin embargo, no existía ningún privilegio que beneficiara a los establecimientos barceloneses. Lo sucedido fue que los taberneros de la Ciudad Condal, sin duda mucho más avispados, supieron transformar a tiempo sus locales en casas de comida, con lo cual pudieron

113. «Cartas madrileñas». *Heraldo Alavés (Diario independiente)*, 8 de diciembre de 1908, p. 2.

114. Antón del Olmet, Luis: «El Madrid trasnochador». *El Noroeste*, 25 de marzo de 1909, p. 1.

sortear felizmente las restricciones horarias impuestas desde el Ministerio de la Gobernación.

De Madrid a la Luna

Pese a los esfuerzos del ministro Juan de la Cierva, apenas unos meses después de caer el gobierno de Maura, como consecuencia de la crisis desatada por la Semana Trágica de Barcelona, los hábitos noctámbulos volvieron a enseñorearse de Madrid. No obstante, la calidad de «la vida madrileña, en la alta noche», a juicio de Justo Huete y Ordóñez, dejaba mucho que desear[115].

En efecto, Huete y Ordóñez, conocido por ser el autor de una humorada lírica en un acto, titulada *Tenorio en el siglo XX* y coautor, junto con el poeta bohemio y noctámbulo recalcitrante Emilio Carrere, de la zarzuela *El Bachiller Medina*, se mostraba nostálgico de la Villa y corte descrita por Mesonero Romanos, y pintaba un Madrid nocturno bastante más sórdido:

> Las costumbres han cambiado mucho. Pocas familias permanecen en el hogar después de la cena, en apacible plática, respirando ese ambiente de suave y amorosa poesía. Tanto en la aristocracia, como en las otras clases sociales, las gentes se lanzan a la calle buscando deleite para sus espíritus agobiados de vulgaridad, y se pierden en la masa amorfa, confusa, de cafés y teatros. El alma moderna gusta poco del placer íntimo y sosegado, del idilio oculto; necesita fundirse en la oleada bulliciosa y ambigua, hablar de sucesos múltiples, incoherentes y escuchar ruidos diversos, vagos, aturdidores, ninguna emoción honda, sólo frívolas sensaciones que apenas rocen la epidermis.

---

115. Huete y Ordóñez, J.: «Madrid nocturno». *Eco Artístico*, 15 de julio de 1910, p. 6.

[...] También tienen una fisonomía genuina los cafés de los barrios de la chulería, formada por flamencas de pañolón y deslumbradoras arracadas, con sus mozos majos y fanfarriosos; parejas jóvenes de chulillos madrileños y obreras endomingadas, hembritas pasionales, románticas, influidas malignamente por las novelas de folletín.

La vida nocturna del centro de la población empieza ya muy avanzada la noche. Los cafés más céntricos son invadidos por la bohemia madrileña vulgar y sin esprit, bohemia en el sentido del desorden, más bien burguesía libertina, compuesta por cómicos, autores de género chico, señoritos calaveras, tahúres y vividores de todos jaeces.

[...] Las tabernas y colmados siempre están llenos de parroquianos juerguistas, que en compañía de mujeres de íntima galantería y de flamencos asalariados, se pasan las horas cantando tanguitos y emborrachándose estúpidamente. Esta diversión, parece más bien ansia perversa de aturdirse, enfermándose las almas con el sopor de libaciones heterogéneas y las amarguras enfermizas de la musa andaluza, con sus tangos y sus coplas, en los que palpita el crimen pasional[116].

Durante 1911 el tira y afloja entre autoridades y hosteleros a propósito del horario de cierre de cafés, tabernas y otros establecimientos públicos en Madrid siguió trayendo cola[117].

A finales de junio de ese año el diario *La Época* se congra-

116. En su libro de relatos *La copa de Verlaine* (1918), Carrere definía a «la Musa de la Noche» como «la suprema aristocracia» y «una dama misteriosa».

117. «El cierre de las tabernas». *El Imparcial (Diario liberal)*, 22 de enero de 1911, p. 1; «El cierre de las tabernas». *El País (Diario republicano)*, 7 de marzo de 1911, p. 1; «Los cafés y las tabernas». *La Época (Últimos telegramas y noticias de la tarde)*, 9 de mayo de 1911, p. 1 y «El cierre de los cafés». *La Mañana*, 10 de mayo de 1911, p. 2.

tulaba de los logros en este sentido conseguidos por el jefe superior de Policía, con la consiguiente aflicción de los noctámbulos más contumaces:

> Hace algún tiempo que el jefe superior de Policía se propuso hacer cumplir las disposiciones vigentes sobre la hora a que deben cerrar los establecimientos públicos.
>
> Con este motivo impuso varias multas a los contraventores, y consiguió, al fin, que a la una y media se cerraran los cafés y restaurants.
>
> No hay que decir el disgusto que esto produciría a los jóvenes alegres que precisamente a esa hora es cuando dan comienzo a sus correrías por los *restaurants* y tabernas de la Bombilla.

El mismo periódico también se felicitaba por el acuerdo alcanzado «entre la autoridad y los trasnochadores», si bien se atrevía a profetizar las consecuencias que dicho acuerdo podía comportar en un futuro a corto plazo:

> En vez de cerrar a la una y media, los restaurants, cafés y chocolaterías cerrarán en lo sucesivo una hora más tarde.
>
> Es de esperar que pronto se les conceda también autorización para cerrar a las tres y media, en vez de las dos y media, y así, de concesión en concesión, irán ganando horas los que gustan de convertir en día la noche, hasta llegar a los dichosos tiempos de la *juerga* permanente, en que los *restaurants* y las tabernas sólo apagaban las luces cuando los iluminaba la del sol[118].

118. «El cierre de establecimientos». *La Época (Últimos telegramas y noticias de la tarde)*, 29 de junio de 1911, p. 3.

No se debió cumplir tal profecía, porque un par de meses más tarde un concejal de Madrid presentó una proposición, tomada en consideración por el Ayuntamiento de la Villa y corte, en el sentido de que «Madrid no acabe de perder su aspecto característico de población europea» con el argumento de que «la inmoralidad no nace ni se desarrolla en los locales cerrados, locales honestos, que, como los bares, las chocolaterías, los cafés y los restaurants, sirven precisamente de refugio contra la grosería callejera, a las personas decentes»[119].

El diario político independiente *La Correspondencia de España* se sumó a la iniciativa, llamando la atención de Antonio Barroso Castillo, nuevo ministro de la Gobernación, sobre —el esplendor y la riqueza que da a las poblaciones la vida nocturna—, mientras lo invitaba «a recoger los deseos del pueblo de Madrid, injustamente postergado» y las «aspiraciones del vecindario». Porque, «¿se sabe de algún feliz mortal que pueda meterse en la cama a las once de la noche y dormir tranquilamente?» «¿Es que [los recalcitrantes moralistas] no sentirán sed y apetito a las dos de la madrugada, cómo todos los mortales?», se preguntaba el citado periódico.

Sin embargo, el Madrid de la juerga permanente y de las noches sin fin parecía ya cosa del pasado. Al menos, así lo certificaba el escritor, periodista y crítico de origen puertorriqueño Antonio Cortón unos meses antes de morir:

> Una de las diferencias que existen y se notan entre el Madrid de antaño y el de hoy, es que el gusto de la vida nocturna ha empezado a hacer sitio a las costumbres matinales.[120]

---

119. «El Ayuntamiento y el cierre». *La Correspondencia de España (Diario político independiente y de noticias)*, 13 de agosto de 1911, p. 1.
120. Cortón, Antonio: «Crónica. El día y la noche». *El Liberal*, 26 de

Con todo, nada pudo impedir que justo ese mismo año el escritor y periodista Ramón Gómez de la Serna instaurara en Pombo —una de las botillerías más antiguas de Madrid junto con la Canosa— una tertulia nocturna que se convertiría en uno de los principales referentes literarios y artísticos de la vanguardia y la modernidad hasta 1936, cuando el clima bélico desatado con la guerra civil motivó el exilio de Gómez de la Serna, convirtiendo aquel ilustre cenáculo en una velada imposible[121]. La reunión se celebraba la noche de los sábados y se prolongaba hasta las tres de la madrugada. Pero luego, los contertulios daban «cinco vueltas a la Puerta del Sol, y muchas noches otras dos o tres a la Plaza Mayor», hasta contemplar «los ojos claros del alba a través de los quevedos de la Puerta de Alcalá»[122].

Trasnochar en Barcelona en el recuerdo de Josep Maria Sagarra

A diferencia de lo que sucedía en la capital, en Barcelona había dos grandes zonas bien delimitadas para el disfrute del ocio nocturno, donde la permisividad en materia erótica estaba a años luz del ambiente que se vivía en Madrid. Descendiente de una antigua familia de la aristocracia catalana, Josep Maria de Sagarra, que entonces era un estudiante de bachillerato y

---

octubre de 1912, p. 1.

121. Gómez de la Serna, Ramón: *Pombo. Biografía del célebre café y de otros cafés famosos.* Buenos Aires: Juventud Argentina; 1941; Gómez de la Serna, Ramón: *Cosas de Pombo.* Barcelona: Almacenes Generales de Papel; 1976; Gómez de la Serna, Ramón: *La sagrada cripta de Pombo.* Madrid: Trieste; 1986; Cansinos Asséns, Rafael: *La novela de un literato.* Madrid: Alianza; 1996, 3 v. y Buñuel, Luis: *Mi último suspiro.* Esplugues de Llobregat (Barcelona): Plaza & Janés; 1982.

122. Gómez de la Serna, Ramón: *Automoribundia, 1888-1948.* Madrid: Marenostrum; 2008, p. 556.

luego universitario, ofrece en sus memorias, publicadas originalmente en 1954, unas pinceladas personales muy certeras sobre estas dos áreas urbanas durante los años previos al estallido de la Primera Guerra Mundial:

> El Paralelo [...] era un lugar más delimitado y más investido de personalidad propia y de color escandaloso [...].
>
> Nosotros descubrimos el Paralelo con toda la voracidad de los quince, dieciséis y diecisiete años. El primer encuentro nos produjo una cierta impresión. Las gorras proletarias nos parecían objetos satánicos, y una copita de ron, bebida en cualquier mostrador o en cualquier local donde se practicase la más depauperada pornografía, nos la llevábamos a los labios con un vergonzoso respeto, con miedo de contagiarnos la lepra.
>
> Después todo aquello nos pareció natural, incluso familiar y hasta lo convertimos en una especie de oficina de nuestra inocente y atolondrada sensualidad.
>
> [...]
>
> Yo viví el Paralelo con bastante entusiasmo durante mi época de estudiante.
>
> [...]
>
> En mis primeros cursos universitarios, ninguno de los teatros ni barracas del Paralelo tuvo secretos para mi curiosidad poética. En pocas temporadas vi allí brotar, florecer y desaparecer tiernas o decrépitas figuras explotadas con la más cruel y estúpida de las mezquindades.
>
> [...]
>
> La barraca que frecuentábamos más, por la ferocidad de su público, por la ferocidad de su espectáculo y por el ínfimo coste de las consumiciones, era el llamado teatro Gayarre. Desde el proscenio de este local y por sesenta céntimos, uno podía sentirse un sultán de mentirijillas,

vestido con mondaduras de naranja y telarañas inconfesables. Pero la pornografía con música de chotis o de habanera no era la que tenía más eficacia académica, por nuestros pocos años. Porque la pornografía es siempre ajada, gastada, monótona y vieja como el mundo. La lección nos venía más bien del público. Allí se reunía una masa vociferante y coreadora de las peores ignominias, que seguía las tonadas del escenario con letras inventadas *ad hoc*. Estas letras, sencillamente bestiales, y los bramidos que las acompañaban era a veces como una explosión de lujuria cósmica. Entre los proletarios de gorra y camiseta, los marineros y personal del muelle, se veía siempre algún gitano vestido de señor o algún personaje distinguido que iba a escondidas y se pasaba el rato sufriendo y echando ojeadas a izquierda y derecha. Pero la parte más ácida de los espectadores la constituía un puñado de viejos libertinos, aparentemente pobres de solemnidad, aunque algunos de ellos gozasen de una rentita, y que ocupaban las primeras filas. Entre ellos había algunos populares a quienes todo el mundo conocía, eran increpados por el público y recibían de las artistas particulares atenciones. Hoy día, y pasando lista de sensaciones desagradables, quizá no encuentro nada en el mundo que dé tanta pena como una senectud completamente impúdica que, con sombrero de paja u hongo, se deja caer por la pendiente de las lúbricas mojigangas, exhibiendo un bigotito blanco teñido de nicotina, unos ojos sanguinolentos y llorosos, un temblor en las manos o flojedad en las piernas. Posiblemente entonces no me daba cuenta exacta de esto y de muchas otras cosas que se producían en la vileza de esos locales, porque el espectáculo era fuerte y mis diecisiete años iban a lo suyo, pero estoy seguro de que lo adivinaba a medias y lo presentía y todo junto no me daba risa. Es decir, no era como

> otros compañeros míos que lo admitían íntegramente y se encontraban allí como pez en el agua. Yo, lo confieso, en la obscenidad a precios populares he advertido siempre un husmo intolerable al que jamás he sabido adaptarme[123].

También evocaba recuerdos estudiantiles acerca de sus excursiones con otros compañeros al final de las Ramblas y a la que ya era la arteria principal del Raval, que dentro de unos años sería conocido como barrio chino. Aunque citaba varios locales, Sagarra ponía especial énfasis en el cabaret La Buena Sombra, cuya historia venía de lejos, pues se remontaba a principios de los años 80 del siglo XIX, cuando fue inaugurado como café-cantante, con el nombre de Café Sevillano, toda vez que en 1886 pasó a denominarse Alcázar Français y en mayo de 1888 reabrió como Palais de Cristal:

> Además de un Paralelo multicolor, pero monorrítmico, existía el final de las Ramblas y las calles de San Pablo y la Unión, y sobre todo esa densísima calle Nueva que, por sí sola, y en unos cincuenta años, podría dar tema para un grueso volumen. En todas estas zonas habíamos ido a mordisquear una brizna de hierba, como si fuésemos cabras inexpertas que pacen en los magros pastos de la libertad e incluso de la clandestinidad.
>
> En la calle de San Pablo bullía un enorme establecimiento angustioso y alfombrado de cáscaras de cacahuete, que se llamaba Odeón. Allí había reunidos espectáculos de gran audacia y se habían organizado magníficas refriegas [...]. En la calle de la Unión fuimos clientes del Alcázar, que en mis buenos tiempos pasaba por escandaloso, agrietado y democrático, y después, cuando llegaron la guerra

123. Sagarra, Josep Maria de: op. cit., pp. 459-461.

del catorce y el juego, se fue refinando y se convirtió en una viciosa cueva de lujo [...].

Un lugar de los más antiguos y acreditados [...] fue La Buena Sombra, de la calle de Gínjol [...]. Allí unos compañeros míos, que disponían de más dinero que yo, tuvieron un palco fijo, al cual fui debidamente invitado. El espectáculo de La Buena Sombra y la manera de pasar allí el tiempo eran, poco más o menos, como en todos los lugares similares. Pero el público acudía mejor vestido, y la burguesía y una bien alimentada vagancia juvenil sustituían esa sinceridad y rudeza proletarias que constituían el meollo de las barracas del Paralelo más cargadas de pólvora.

En La Buena Sombra se exhibieron algunas francesas notables; citaré entre ellas, por su gran valor artístico y la delicia de su cara de pato, a la famosísima Nita Jo, que pertenece a la primavera de Raquel Meller, y que imagino que fue la primera que familiarizó entre los eruditos de la frivolidad el repertorio de Mayol y de Mistinguet, que entonces privaba.

Pero el local que más tinta mereció por parte de Josep Maria de Sagarra fue el famoso Edén Concert:

Pero sin menospreciar a la clientela ni a los espectadores de La Buena Sombra, ni el conocimiento de la vida que allí se exponía uno a adquirir, he de afirmar que el lugar donde la galantería llegó a las máximas posibilidades del país fue en aquel local, a la misma entrada de la calle Nueva de la Rambla, que ostentaba la pomposa muestra de Edén Concert.

El Edén era el único local prohibido que se citaba en las conversaciones de las personas timoratas, y, poco más o menos, todos estaban al cabo de la calle. Es decir, cuando se quería significar que un hombre de prestigio era un perdis, se decía que había sido visto en el Edén o que frecuentaba el Edén, y ya no había que insistir más.

Allí había siempre selectas artistas nacionales y extranjeras, y alguna de las más famosas y rutilantes entretenidas de mi época de estudiante había sido pescada en el escenario del Edén, por la pericia y fortuna de algún notable calaverón. En el Edén, además del espectáculo, había un *foyer* que era peligroso y de trucos escondidos, y los acreditados palcos y antepalcos en los que se servían espléndidas cenas. De estas cenas de madrugada se contaban sutiles anécdotas, y los nombres de los protagonistas pertenecían a la frívola aristocracia, a la industria de peso o a la más escandalosa política radical.

[...] Porque aunque en el Edén todo estaba brillante y sin legañas, la dura miseria y la secreta ignominia se dejaban notar con mayor fuerza que en otros lugares de husmos y telarañas, donde el vicio no se manifestaba con tantos cumplidos.

Me arriesgaría a decir que la más importante de las artistas que en nuestra época universitaria resplandeció ante la batería del Edén como la rosa más fresca de la frivolidad española, fue, sin ningún género de duda, la Bella Chelito.

[...] El Edén Concert resultaba un lugar demasiado caro y de caras demasiado conocidas para que muchachos como yo lo frecuentaran. De hecho no íbamos nunca a meter la nariz ni a hacer el chulito, sino modestamente a contemplar a una artista de mérito de quien en el claustro de la universidad se nos había hecho la propaganda.

El Edén, para chicos cortos de bolsillo, era un lugar que si no se iba con cuidado podía precipitarnos a situaciones desagradables.

Creación de la Dirección General de Seguridad y aprobación de un Reglamento de policía de espectáculos

El asesinato del presidente del Consejo de Ministros, José Canalejas, en plena Puerta del Sol de Madrid, el 12 de noviembre de 1912, trajo como inmediata consecuencia la adopción de medidas correctoras encaminadas a reorganizar los Cuerpos de Vigilancia y Seguridad y, de manera especial, todo lo concerniente a la captación, análisis y evaluación de información.

La reforma, que trajo aparejada la nueva creación de la Dirección General de Seguridad, tras los intentos fallidos de 1858 y 1886, sirvió para crear un organismo con capacidad para manejar la información procedente de todo el territorio nacional, así como para coordinar la actuación de las fuerzas policiales —Guardia Civil incluida— en el territorio de Madrid.

La realidad de este organismo se vio plasmada en un Real Decreto de 27 de noviembre de 1912 por el que se creó la citada Dirección General de Seguridad, cuyo artículo 4º, en su punto 6º, facultaba al Director general:

> Para reprimir los actos contrarios a la moral o a la decencia pública, y las faltas de obediencia o respeto a su Autoridad; pudiendo imponer con este motivo multas que no excedan de 500 pesetas, y en defecto de pago de la multa, el arresto legal correspondiente hasta el máximum de quince días. Por último, el director general de Seguridad, asumirá el mando directo y único de los Cuerpos de Vigilancia y Seguridad en Madrid[124].

---

124. Ministerio de la Gobernación: «Real decreto creando la Dirección General de Seguridad». *Gaceta de Madrid*, 28 de noviembre de 1912, p. 549.

Algo que a la larga daría amplios poderes al titular de la recién creada Dirección General de Seguridad para someter a un régimen de control a muchos antros nocturnos.

Fiel a ese espíritu de control y de defensa de la moral y las instituciones, al año siguiente, mientras ocupaba el Ministerio de la Gobernación el conservador José Sánchez Guerra, se publicó el Reglamento de Policía de Espectáculos públicos y de construcción, reforma y condiciones de los locales destinados a los mismos[125], que había sido aprobado por una Real orden anterior, firmada por su predecesor en el cargo, el liberal Santiago Alba Bonifaz.

El Reglamento en cuestión, que contenía 172 artículos, más dos disposiciones comunes y cuatro transitorias. Tras una prolija enumeración de disposiciones generales que componían el primer capítulo, el referido reglamento intentaba abarcar todos los aspectos regulables del mundo del espectáculo: las obras dramáticas (cap. II); los cinematógrafos y variedades (cap. III)[126]; los cafés cantantes o de concierto y otros establecimientos análogos (cap. IV); los bailes públicos (cap. V); las corridas de toros, novillas y becerros (cap. VI); la expendición de billetes para espectáculos públicos (cap. VII); el público en general (cap. VIII); los actores (cap. IX) y las empresas (cap. X). La segunda parte del Reglamento estaba dedicada íntegramente a la Junta consultiva e inspectora de teatros (cap. XI). Por último, la tercera parte regulaba la construcción, reforma, clasificación

125. «Real orden. Reglamento de Policía de Espectáculos, de construcción, reforma y condiciones de los locales destinados a los mismos». *Gaceta de Madrid*, 31 de octubre de 1913, pp. 347-355.

126. Si el incendio del cine Ena Victoria en Madrid a principios de 1908 fue determinante para que se acometiera la regulación del cinematógrafo, es indudable que la tragedia acontecida en el cine La Luz de Vila-real (Castellón), donde se registraron 69 muertes, resultó decisiva para la aprobación de este Reglamento.

y condiciones de los teatros y demás locales de espectáculos: las obras de nueva planta y de reforma (cap. XII); la clasificación de los edificios y locales destinados a espectáculos y recreos públicos (cap. XIII); los edificios cubiertos: emplazamiento y comunicaciones con la vía pública, disposición general de los edificios y construcción (cap. XIV); los locales para espectáculos al aire libre (cap. XV); el alumbrado, la calefacción y la ventilación (cap. XVI) y, por último, las precauciones y servicios contra incendios (cap. XVII).

En su articulado se contemplaba la reserva en permanencia de asientos para las autoridades, la prohibición de caricaturizar a las instituciones y a determinadas personas, la prohibición a los artistas de alternar o de hablar con el público, la prohibición de los «reservados» en los establecimientos públicos, etcétera. Por lo que respecta al horario nocturno lo sustancial estaba contenido en el artículo 10, que establecía lo siguiente:

> Todos los espectáculos públicos deberán terminar antes de la una de la noche.

Algo de lo que se hicieron eco la mayoría de los periódicos del momento. Pero que los espectáculos debieran terminar antes de la una de la madrugada no implicaba necesariamente que los locales tuvieran que cerrar a esa hora.

Por lo demás, el capítulo IV estaba íntegramente dedicado a los cafés cantantes o de concierto y otros establecimientos análogos, y su articulado presentaba pocas novedades con respecto a lo ya legislado en 1888 y 1900, sin tener en cuenta que los cafés cantantes eran ya prácticamente reliquias del pasado y estaban a punto de ser desplazados por otro tipo de locales más modernos, concretamente por los cabarets y music-halls.

En cualquier caso, debemos constatar que la ola moral que impulsó la creación de la Dirección General de Seguridad y la aprobación del citado Reglamento de policía de espectáculos, así como la consiguiente represión policial, fue determinante —junto con la proliferación de ligas antipornográficas y la eclosión del denominado cuplé sentimental— para terminar con la sicalipsis, ingrediente habitual del teatro español desde finales del siglo XIX, cuyas osadías frívolas no reaparecerían hasta finales de los años 20.

CAPÍTULO 3. PRIMERA GUERRA MUNDIAL (1914-1918)

Algunas reflexiones en torno a los hábitos de ocio nocturnos

El contenido de la revista *Eco Artístico*[127], que venía publicándose ininterrumpidamente desde octubre 1909 —y continuaría editándose hasta mayo de 1923— sugiere que el ocio nocturno en España no solo se circunscribía a Madrid y Barcelona, sino que otras muchas ciudades y pueblos de la geografía peninsular gozaban de una intensa vida nocturna.

En vísperas del estallido de la Primera Guerra Mundial la costumbre de trasnochar en España seguía siendo objeto de polémica. El doctor Juan López de Rego se resistía a llamar «noctívagos» a los trasnochadores, «para no despertar susceptibilidades ni sospechosas insidias», pero no tenía inconveniente en censurarlos con dureza, invocando argumentos fisiológicos y filosóficos:

> Con el disfraz de una laboriosidad extraordinaria, no puede pasar por virtuoso y trabajador el que trasnocha.
>
> […] A los que trasnochan por placer, para prolongar la vida (como ellos dicen) a esos, los compadezco de todo corazón y los castigaría de buena gana.

---

127. Revista de espectáculos, de carácter útil y práctica, dirigida a empresas y agentes del sector, artistas, especialmente de varietés, y a actores y actrices, y al público en general, con profusión de retratos fotográficos y algunas caricaturas de las y los profesionales de este sector. Comenzó apareciendo tres veces al mes, para convertirse finalmente en mensual, a la vez que amplió su paginación de las 14 hasta las 40 páginas. Hemeroteca Digital de la Biblioteca Nacional de España, en https://hemerotecadigital.bne.es/hd/es/card?sid=3331946

> ¡Prolongando sus noches acortan sus días! Duermen cuando el sol sale precisamente para mantener despiertas todas las energías de la naturaleza y comienzan a vivir ¡cuando todo duerme en rededor de ellos![128]

Justo el día después de iniciarse el conflicto, el periodista, jurista y escritor Antonio Zozaya elucubraba acerca del noctambulismo mostrando algunas contradicciones existentes, incluso entre los propios médicos:

> [...] El hombre nocherniego, el noctámbulo, el trasnochador impenitente, ignora el valor de la luz; no consulta a su médico y, si lo hace, éste aparenta ignorar también la acción de los rayos solares sobre el cuerpo humano, si es quo no se halla en tal orden de conocimientos a la altura de su cliente. Son pocos los galenos cuya primera y más imperiosa ordenanza consiste en instalar al enfermo en lugar ventilado y claro. La mayoría pulsa, diagnostica, recela, prescribe y deja al paciente en el más tenebroso de los tugurios. En cuanto a la acción terapéutica de la luz se olvida o se desconoce totalmente. Entretanto, las Revistas modernas de higiene y de patología claman en vano. Inútil es que digan que de doscientos tuberculosos sometidos a la acción de los rayos del sol han podido curarse los doscientos En vano insisten en citar experiencias acerca de la curación del cáncer y aun de la gangrena por la aplicación de los rayos solares directos. Nadie les hace caso. Quien de ningún modo colocaría un tiesto en lugar obscuro, convencido de que a las pocas horas desfallecería y enfermaría gravemente la planta, no vacila en permanecer

128. López de Rego, Juan: «Los trasnochadores». *La Unión Ilustrada*, 8 de febrero de 1914, p. 6.

encerrado toda la mañana en una alcoba tétrica y en salir por la noche a divertirse entre sombras o iluminaciones malsanas que solo pueden parecer espléndidas a quien no las ha visto ser ensayadas en pleno día y ha observado su contraste con la iluminación natural[129].

Zozaya destacaba la atracción que la iluminación de las grandes urbes ejercía sobre los noctámbulos:

> Es el deslumbramiento de la retina por muchos focos luminosos aislados, que no dejan ver nada bien pero que, sobre un fondo de obscuridad, producen la sacudida emotiva necesaria a las sensibilidades mediocres. «¡Qué bonita es la población de noche!», les oiréis decir.

Y de alguna manera se las apañaba para conectar esta cuestión con otras aparentemente ajenas a la misma, como el gusto por la algarabía, la pasión taurina y el incipiente éxito del cinematógrafo:

> Por eso al pueblo trasnochador le agradan los gritos y las algazaras. Es el mismo fenómeno. Un cuarteto de Beethoven o de Mendelshon no está hecho para todos los apéndices auriculares; un grito desgarrado sí, porque es más simple y sobre todo, más enérgico. El Partenón puede no despertar a un cerebro embrionario o dormido; un foco rojo o una llamarada de magnesio es un latigazo a que pocos sesos resisten. El pueblo trasnochador será siempre alborotador como será taurófilo; obedece todo a la misma causa. Se dirá que hay artistas noctámbulos; lo

129. Zozaya, Antonio: «Noctambulismo». *Mundo Gráfico*, 29 de julio de 1914, p. 3.

son temporalmente y en épocas de verdadera turbación producida por la amargura o por el alcohol o por un ambiente de necedad. En estado normal nunca.

¿Es preciso decir que en esta ley estriba en gran parte el éxito del cinematógrafo? [...]

Y así ¿para qué hablar ni de los toros, ni del noctambulismo, ni del cinematógrafo de melodrama, ni de los gritos de los trasnochadores? El problema es el mismo y muy hondo. No se resuelve con sermones. Es preciso que la raza se perfeccione muy poco a poco; es casi una cuestión de zootecnia. Entretanto la misma poesía tendrá que adaptarse a lo actual y ser un poco pedantesca y burda, con apariencias de cosa sublime y dislocante. Paciencia, amigos: todo se arreglará por ley de orgánica evolución; acaso dentro de algunos siglos.

El impacto en Barcelona de la neutralidad ante la Primera Guerra Mundial

Dejando de lado estas elucubraciones, la neutralidad observada por el gobierno español, mientras Europa se configuraba como un inmenso campo de batalla, determinó que el hecho de trasnochar en los grandes núcleos de población se convirtiera en un hábito compartido, tanto por la aristocracia y la alta burguesía, como por el lumpenproletariado.

En concreto, el estallido de la guerra en Europa y sus consecuencias inmediatas transformaron el paisaje urbano de Barcelona en apenas unas semanas. Detentadora del puerto más activo y de la industria más floreciente del Estado, y bastante alejada de los servicios centrales de información y vigilancia, en poco tiempo la capital catalana se vio inundada por una verdadera avalancha humana, que la convirtieron en una urbe cosmopolita de casi 700.000 habitantes. Muchas personas acudieron por razones de patriotismo militante, pero la mayoría vinieron huyendo de las matanzas de los frentes: repatriados, refugiados, prófugos, desertores, espías, saboteadores, aventureros, bellezas profesionales, prostitutas, proxenetas, matones, tahúres y jugadores de ventaja, contrabandistas, delincuentes, hampones y otros malhechores, pitonisas y echadoras de cartas, nigromantes, corresponsales de prensa y toda suerte de buscavidas.[130]

El comercio y la floreciente industria local empezaron a abastecer a los países beligerantes de todo aquello que requerían y la actividad portuaria era frenética. Los negocios fabulosos, reales e imaginarios, se sucedían a ritmo vertiginoso, tanto de día como de noche. De hecho, los más ventajosos tenían lugar al socaire de la noche, en esas noches que maravillaban a propios y extraños y que estaban encumbrado a una nueva estirpe social: los nuevos ricos. Se vivía en una incesante explosión de júbilo y entusiasmo, y los pequeños matices provincianos, aun bien visibles para el forastero poco tiempo atrás, se iban quedando difuminados a pasos agigantados. No pocos lamentaban que el proverbial afán de ahorro catalán hubiera sido desplazado por una fiebre del lucro de signo mundano. Y aunque no fuera consciente de todos los entresijos y cambios

---

130. Además del contingente de extranjeros, también debemos tener en cuenta a todos los españoles que, desde varios países europeos, regresaron por el mismo motivo. Por ejemplo, según una estadística hecha pública por la Prefectura de Policía de París en febrero de 1916, la colonia española establecida en la capital francesa, que en agosto de 1914 estaba compuesta por unas 50.000 personas, en apenas año y medio se vio reducida a 8.000. No es de extrañar que, a finales del verano de 1914, el número de repatriados en Barcelona alcanzara la cifra de 58.000. Cfr. Villar, Paco: *Historia y leyenda del Barrio Chino (1900-1992). Crónica y documentos de los bajos fondos de Barcelona*. Barcelona: La Campana; 1996, p. 67.

operados en el escenario urbano, el recién llegado no tardaba en percibir que se hallaba en una ciudad engrandecida, congestionada de riqueza y henchida en deseos.

El tipógrafo y dirigente obrero Adolfo Bueso tenía 25 años cuando se desataron las hostilidades. Gracias a los vívidos recuerdos de quien fuera redactor durante años del periódico *Solidaridad Obrera* y participara de manera activa en la huelga general revolucionaria de 1917 podemos hacernos una idea todavía más aproximada de la situación en aquellos momentos:

> La guerra, lejos de representar miseria para la industria catalana, fue el período de las vacas gordas. El dinero entraba a raudales y la fiebre de adquirirlo abarcó a una gran parte de la población. Ningún sector de la vida cotidiana se vio libre de tener en su seno a logreros y especuladores. Unos en la industria, otros en el comercio, muchos en la prensa y los libros, y un buen número en los servicios de espionaje.
>
> Al socaire de la neutralidad, florecieron por todas partes las flores del mal. Infinidad de aventureros de todo el mundo se instalaron en Cataluña (como ocurrió durante y después de la Segunda Guerra Mundial), a sueldo de las embajadas. Pero, en honor a la verdad, hay que decir que también los hijos del país participaron en el maldito trabajo.
>
> Toda la costa catalana, desde Vinaroz hasta Portbou, vio aparecer una serie de tipos sin trabajo aparente, que vivían bien, se hospedaban en hoteles y se paseaban a diario por las playas. Todos ellos tenían magníficas relaciones con los carabineros y con las autoridades, y éstas, aparentemente, no se preocupaban por saber qué hacían aquellos señores que vestían tan bien y tanto gastaban.
>
> Se trataba, lisa y llanamente, de los espías alemanes y aliados (mejor dicho, al servicio de unos y de otros) que

hacían cuanto podían por sorprender submarinos alemanes que era del dominio público que recibían todos sus suministros en las costas españolas, y los otros por saber cuántos y cuáles eran los barcos que cargaban y trasladaban a Francia sus aprovisionamientos. Todo este trabajo se efectuaba calladamente, casi elegantemente. No había nada de eso que describen las novelas de aventuras y espionaje. Si había consecuencias dramáticas debidas a los informes que pudieran adquirir y facilitar los espías, tenían lugar mar adentro y no perturbaban en lo más mínimo la tranquilidad de las playas. Todo lo más, alguna vez, una tormenta hacía llegar a la arena restos de algún naufragio, que, tras ser rigurosamente examinados por los espías, eran aprovechados por los pescadores. Las autoridades marítimas y terrestres ignoraban siempre estos casos. Había que ser neutrales en todo [...].

El material que usaban los agentes de los bandos contendientes era bien sencillo. Se trataba de disponer de un teléfono seguro y de unos prismáticos de buena calidad.

En el puerto de Barcelona nadie se podía fiar de nadie. Se decía entonces que no quedaba un hombre portuario que no estuviese comprado, y de varios se afirmaba que hacían el doble juego. La actividad en los muelles era intensísima. Jamás se había visto tanto movimiento. Llegaban y salían barcos continuamente y de todas las matrículas del mundo, cargando y descargando las más variadas mercancías, aunque, a decir verdad, la inmensa mayoría del flete eran fardos muy bien hechos o cajas muy bien construidas, que impedían saber, a simple vista, lo que en realidad contenían.

[...]

Los cafés, restaurantes, bares y tabernas de la Barceloneta, la plaza de Palacio y el paseo de la Aduana, estaban continuamente llenos de parroquianos, día y noche, y gastando sin contar. Un buen observador podía ver que, además de la gente de mar, había siempre por allí muchos tipos extraños, cuyas actividades nadie conocía[131].

Apenas cinco años más joven que Bueso, aunque de distinta extracción social, Josep Maria de Sagarra aporta más detalles en otro testimonio excepcional:

> Barcelona estaba adquiriendo unos aires de depravación enjoyada, a expensas de las tragedias que pasaban en el mundo. Ya he dicho que aquí el Edén Concert era lo mejor que podía presentarse en el carácter del viejo music-hall. Pero el cabaret, tal como funcionaba en Europa, con la pista central para que bailasen los clientes, alternándolo con atracciones picantes y escogidas, no se conocía todavía en Barcelona. Fue entonces cuando comenzó esa clase de diversión; el primero que rompió el fuego fue el Excelsior, después Maxim's y otros. Los antiguos music-halls se modernizaron. El bar más o menos americano se estableció por todas partes y se inauguró la combinación alcohólica, denominada cóctel, que quiere decir cola de gallo, y no puede negarse que es un nombre bonito. Junto con esta bebida, entraron en nuestro país todas las mejores marcas de whisky y comenzamos a beberlo como habíamos bebido sinalco, didón y otros líquidos más inocentes. De los vinos generosos de Andalucía, también se incrementó el consumo de una manera abusiva, y como la cosa más natural del mundo, en cualquiera de los nuevos cabarets se

131. Bueso, Adolfo: *Recuerdos de un cenetista. De la Semana Trágica (1909) a la Segunda República (1931)*. Esplugues de Llobregat (Barcelona): Ariel; 1976 v. I, pp. 68-71.

destapaban en una noche centenares de botellas de champán francés, especialmente de las dos marcas de más prestigio: Pomery y de la viuda Cliquot. Una botella legítima de estas marcas no valía más de treinta pesetas.

Todo eso trajo como consecuencia, entre las clases más solventes del país, la costumbre de emborracharse porque sí y sin motivo que lo justificara.

Antes en Barcelona se emborrachaban poquísimas personas de esas que son como Dios manda, pero los beneficios extraordinarios de la guerra crearon esta estúpida necesidad, sin la cual un chico o un padre de familia se consideraban defraudados ante sí mismos. Cualquier hortera, cualquier muchacho modestísimo que había intervenido en una operación comercial más o menos lícita de las que se presentaban entonces y le había correspondido una comisión respetable, se creía obligado a invitar a los amigos y acababan todos con su cogorza. [...]

Las nuevas bebidas y los nuevos refinamientos del bar trajeron aquí a técnicos que la guerra había dejado sin clientes en países más adelantados que el nuestro. El primer barman científico y total que ejerció en Barcelona su oficio fue el famoso Irven de Mónico, llamado familiarmente Jack. Este hombre «debutó» tras el mostrador del Excelsior a finales de 1915. [...]

En el Excelsior pasó un par de años; después actuó como chef en el Grill Room de la calle de Escudillers; allá pilló la época del pistolerismo y las bacanales mórbidas. Aquella casa, magnífica en todos los conceptos, tanto por la buena cocina como por el material humano que concentraba, vivía su momento explosivo de tres a seis de la mañana. A veces las escenas superaban todo lo previsto. En el interior tomaba la sopa de queso el espeso capitalismo, acompañado de la prostitución de altura, pero en el

> bar, y en el lugar más cercano a la calle, era posible toda clase de clientela; desde el asesino que, llevando en el bolsillo una pistola que echaba todavía humo, se refrescaba allí los labios, hasta el chulo que en la calle de Carabassa tenía a dos narbonesas hechas y rehechas que le defendían el jornal, o el triste corrector de pruebas que salía de la imprenta de *El Diluvio*, o el poeta transparente de hambre dedicado a las ciencias ocultas. Era un mundo que quien no lo ha conocido no puede imaginarlo. Yo había llevado allí a algunos amigos míos que saltaban el Pirineo atraídos por una Barcelona negra —como el novelista Francis Carco— para que se hicieran cargo del espectáculo del Grill Room, y aunque hubiesen visto muchas cosas, no dejaban de quedarse un poco sorprendidos. Aquel mundo lo dominaba Jack como un encantador de serpientes, sin más flauta que su ojo clínico y sin que ni las borracheras, ni los cristales rotos, y hasta una bala inexperta, produjesen la más pequeña alteración en su impecable esmoquin[132].

Sagarra, que en aquellos momentos había finalizado sus estudios universitarios y había visto publicado su primer libro de poemas, con el que iniciaría una brillante trayectoria que lo llevaría a ser considerado como uno de los hombres de letras más completos y prolíficos de su tiempo, también destacaba el auge alcanzado por la prostitución en la Barcelona neutral:

> Aumentó fabulosamente en número, elegancia, arabesco y ferocidad, el contingente inmigratorio de las profesionales de la galantería. En los restaurantes de moda, y sobre todo en los locales nocturnos, hicieron su aparición las

132. Sagarra, Josep Maria: op. cit., pp. 697-699.

alemanas, las escandinavas, las austríacas, las húngaras, las rumanas, las búlgaras, las croatas, las rusas blancas y negras y sobre todo las francesas de todos los departamentos, las italianas y las inglesas; de éstas pocas por cuenta propia y la mayoría formando parte de números artísticos y espectáculos determinados. La internacional femenina luciendo toda clase de pieles, desde el gato y sencillo cordero hasta el castor, la nutria, el astracán, la marta cebellina, el visón, la chinchilla y el armiño, con las variantes y trampas que añadía la industria, produjo el mayor desquiciamiento de las articulaciones morales que conoce la historia de la burguesía de este país. Aquello que solamente se lo permitían una cincuentena de hombres, se lo atribuyó el anonimato. ¡La tentación estaba tan extendida, el procedimiento era tan fácil y el negocio llenaba los bolsillos de una forma tan sencilla y tan inesperada! ¡El trabajo que tuvo la gente poniendo pisos y comprando gramolas y armarios de luna!

Esta gran prostitución descarnada y cínica, o disimulada con sonatas de Beethoven y tazas de té, tenía útiles vínculos con el espionaje y contraespionaje de ambos bandos beligerantes, y muchas veces sirvió de pieza decisiva en la misteriosa maquinaria de los negocios.

Con ellas llegaron ellos, y algunos recortándose el bigote gris de la corrección más engominada. Fue el momento de los Alcibíades, los Leónidas, los Agamenón y otros griegos fastuosos; de esos que comenzaron situándose a las puertas de los Bancos y acababan con los dedos en la caja, como lo demostró la quiebra y defunción del Banco de Barcelona, la más sólida y de mayor confianza de todas las instituciones bancarias del país.

Yo y los muchachos de mis principios y mis sentimientos contemplábamos la gran feria de la descomposición sin comprender exactamente la trama e ignorando en absoluto adónde iría a parar aquel desbarajuste. El espectáculo era brillantísimo, y nuestro paladar moral se acostumbraba de una manera insensible a la morbosidad de nuestros pastos.

Pero no hay duda de que aquello era brillante y mágico. ¡Y vivíamos solamente el principio! No tardaría en producirse una corrupción más agria. Llegaría la cazuela plateada de los treinta y seis números y la bolita del diablo y se implantaría en todas partes, en todos los casinos y en todos los lugares de diversión públicos y privados; y finalmente, en cada esquina, la ruleta sin entrañas estaría a disposición de todo el mundo; de criaturas de doce y trece años, que robaban dos pesetas del armario de casa e iban a probar fortuna.

Tal era la demanda de sexo de pago y tanto floreció la prostitución en Barcelona durante los años de la Primera Guerra Mundial que en 1918 se imprimió una *Guía nocturna* «para caballeros»[133], similar a algunas guías francesas y al *Blue Book*, de Tom Anderson, que se publicaba en Nueva Orleans[134], con un listado de las trabajadoras sexuales más notorias de la ciudad, con indicación del domicilio donde ejercían su actividad, la disponibilidad —«tarde», «tarde y noche», «siempre»— y los precios que cobraban por sus servicios: 1 peseta, 2 pesetas, 3 pesetas, 5 pesetas, 10 pesetas, 15 pesetas y 25 pesetas.

---

133. Galant, Ivanne: «Ocio nocturno y turismo en la España del siglo XX. Barcelona y Sevilla», en *Asociación de Historia Contemporánea. Actas del XIV Congreso. Del siglo XIX al XXI. Tendencias y debates.* Alicante, 20-22 de septiembre de 2018.

134. Rag Cuter: *Historia social del jazz primitivo. 1. Del pantano de la esclavitud al blues de la segregación.* Granada: Corazones Blindados – La Carbonería – Centro Europeo para la Difusión de Ciencias Sociales (CEDCS) – Biblioteca Afroamericana Madrid (BAAM); 2023, pp. 402-406.

Al margen de la prostitución, de todos los locales que se inauguraron en Barcelona durante aquellos años, en opinión de Sagarra, el que más simbolizó aquellos años desmadrados fue el cabaret Excelsior, que abrió sus puertas al público en abril de 1915 en el número 34 de la Rambla del Centro:

> Aquella primavera de 1916 vimos esto y muchas cosas más que requerirían un volumen de más páginas que el que estoy escribiendo. Si los golfos nacionales e internacionales vestían desde el frac impecable a la camiseta rayada de los melodramas y ocupaban desde los locales de terciopelo al cementerio de los gatos y las guitarras sin cuerdas, puede decirse que el lugar clásico para probar la temperatura del momento era el famoso Excelsior. Allí vi, reincidiendo en una misma mesa, al torero Rafael Gómez, llamado el Gallo, al ex campeón mundial de todos los pesos, Jack Johnson, y al ex sultán de Marruecos Muley Hafid. Estos tres personajes quizá tuvieron un poco más de carácter y un poco más de prestigio que muchos otros, fabulosamente espectaculares, que se reunían allí. Quiero decir que no llamaban excesivamente la atención, y los cito porque los tres han pasado a la historia. [...]
>
> En aquellos días dorados del Excelsior, si las industrias conocieron las horas extraordinarias para fabricar a todo gas y de la peor manera unos productos que encontraban comprador rápido y al precio que fuera, donde se acentuaron escandalosamente los beneficios que proporcionaba la guerra fue en el ramo de transportes, y muy especialmente en el transporte marítimo. Aquí el que tenía un leño más o menos podrido, más o menos navegable, para cargarlo de alpargatas o de tripas de cordero y jugárselo a cara o cruz con los submarinos alemanes, con sólo que le favoreciera un poco la suerte, se hacía millonario en un par de meses.

Por este motivo algunos navieros que antes de la guerra no podían hacer otra cosa que bostezar, se situaron inmediatamente con sus decrépitas embarcaciones en la primera fila de los poderosos. Había señores de estos que en un solo viaje se hinchaban materialmente de dinero, y esto repercutía en las reservas de champán de los locales nocturnos y era causa de que más de una noche, de la misma manera que un ex campeón de boxeo y un ex sultán fueron vistos por mí entregados en la contemplación del cogote de una sirena del Mar Negro, se presentó también a mi consideración un caballero conocido y, dirigiéndose al encargado del Excelsior, le ordenó que sirviera un par de botellas de Pomery a cada una de las mesas del local y que le presentaran la cuenta. Uno de los caballeros que solía pagar esta clase de rondas vive todavía, y no tengo por qué decir su nombre. Lo único que puedo señalar es que los millones se le volaron después como si hubiesen sido una bandada de esas golondrinas que no vuelven. Porque lo más curioso que se observó en la conducta de algunos poderosos de aquellos días fue que, si trabajaban para los aliados y procuraban no figurar en las listas negras de los aliados, compraban moneda alemana y valores alemanes, dándoselas de listos y pensando que los imperios centrales ganarían la guerra.

Gran parte de ese potente sector dedicado al ocio nocturno se concentraba en el Raval y Distrito V de Barcelona, que a partir de mediados de la década de los años 20 pasaría a ser conocido como Barrio Chino. Según el periodista Mario Aguilar, en pleno verano de 1917 poseía una amplia y variada oferta, que incluía casi una docena de farmacias libérrimas en la dispensación de drogas:

Sólo en el barrio encuadrado entre la derecha de la

Rambla y el Paralelo, a las doce de la noche, como a la hora del alba, hay 355 establecimientos abiertos. De ellos, 105 tabernas, 19 cafés, 24 Sociedades recreativas, 12 barberías, 12 colmados, 13 lecherías, 24 fondas, 16 casas de dormir, ocho mercerías, cuatro buñolerías, 11 farmacias —las terribles farmacias bandefeurianas [sic], donde la cocaína, el éter y la morfina componen la trinidad de la religión de la droga— y estancos y limpiabotas y quioscos[135].

El resto de locales públicos hasta sumar la cifra de 355 establecimientos, que no detallaba Aguilar en su relación, eran con toda seguridad prostíbulos, mancebías y otros negocios en torno al sexo de pago, que en dicho perímetro urbano podían contarse por decenas[136].

En definitiva, no es de extrañar que el periodista Lluís Permanyer, gran conocedor de la historia de la capital catalana y cronista oficial durante muchos años de la misma, se refiriera a Barcelona como «la ciudad que no dormía», reconociendo que sus años más brillantes dieron comienzo con el estallido de la Primera Guerra Mundial[137].

Un nuevo aliciente para prolongar las veladas: la cocaína

Las drogas eufóricas, que recibían la misma consideración que cualquier otro medicamento, eran productos de venta libre, es decir, se vendían al por menor y sin receta en las farmacias

135. Aguilar, Mario: «Cartas catalanas. Bajo la Luna». *El Imparcial (Diario liberal)*, 2 de julio de 1917, p. 1.

136. Villar, Paco: *Historia y leyenda del Barrio Chino (1900-1992). Crónica y documentos de los bajos fondos de Barcelona.* Barcelona: La Campana; 1996.

137. Permanyer, Lluís: *Barcelona nocturna.* Barcelona: Efadós–Ajuntament de Barcelona; 2016, p. 4 y ss.

y al por mayor en las droguerías. Aunque en España se conocían casos puntuales de abuso, sobre todo de morfina[138], su empleo solía circunscribirse a usos terapéuticos convencionales.

Sin embargo, coincidiendo con el desarrollo de la Primera Guerra Mundial, y a medida que la sociabilidad urbana empezó a sufrir profundos cambios, las sustancias psicoactivas —en especial la cocaína—, hasta entonces prácticamente recluidas en los botiquines, abandonaron las boticas para ganar terreno en la calle[139].

La expansión inicial de estos consumos ya con fines lúdicos o recreativos comenzó en Barcelona y, según muchos testigos cualificados de la época, estuvo estrechamente vinculada al espionaje y a la prostitución, dos actividades en cierto modo propiciadas por la mencionada política de neutralidad decretada por el Gobierno español.

La nómina de testigos de este proceso es tan extensa como cualificada. En plena contienda, el escritor y charlista Federico García Sanchiz ya dejó constancia de su encuentro con «un camarada que se lamentaba de la invasión extranjera, profetizando el contagio de todas las cadencias del cosmopolitismo de antes de la guerra universal»[140]. Por su parte, el citado Josep Maria de Sagarra recordaba la llegada a Barcelona de los primeros camellos:

> Entre los técnicos de la depravación que llegaron por los alrededores de 1915, no todos eran del valor moral de

138. Llorens y Gallard, Ignacio: *Un vicio fin de siglo. El morfinismo.* Barcelona: Imprenta de la Casa Provincial de Caridad; 1894.
139. Usó, Juan Carlos: *Drogas, neutralidad y presión mediática.* Santander: El Desvelo, 2019.
140. García Sanchiz, Federico: «Perfil del día. Los paraísos artificiales». *El Imparcial (Diario liberal)*, 5 de marzo de 1918, p. 1.

Jack. Vinieron los científicos de la droga y sobre todo las múltiples manifestaciones del proxenetismo. En los bares germánicos de las Ramblas comían grandes raciones de pie de cerdo con remolacha unos tipos adiposos, exhibicionistas de brillantes y cicatrices equívocas, más que de mediana edad, muy correctos y amables ante el desconocido, que con los ojos blandos y turbios del bribón insensible y con unos agujereados dientes de bacalao contemplaban los mosquitos en el aire. Este personal era hez de la más fina; escupidos del Pireo, de Alejandría y de Marsella, habían escogido la Rambla como campo de operaciones, y ahí no se privaban de nada. La policía vivía al corriente de muchas cosas. Pero la neutralidad era una ubre pródiga, y el comercio, si puede llamarse comercio, había caído en un chapoteo tan complicado de materia putrefacta, que lo más prudente era hacer la vista gorda[141].

Elvira Reyna, coincidía con Sagarra en señalar el boom del consumo de drogas en Barcelona en el «año terrible de 1915»[142]. Y el polifacético Álvaro Retana, que sumaba 24 años de edad en el momento del estallido de la Gran Guerra, evocaba su impacto en Barcelona a través de estos recuerdos:

> En 1914 dio comienzo en Barcelona la danza de los millones, como una consecuencia del conflicto europeo. La guerra europea desencadenó sobre la ciudad condal una tormenta de oro. El dinero llovía materialmente en el mundo artístico y galante, y tahúres y estrellas, empresarios y agentes saboreaban la alegría de vivir principes-

141. Sagarra, Josep Maria: op. cit., pp. 700-701.
142. Reyna, Elvira: «Cocaína». *El Escándalo*, 19 de noviembre de 1925, p. 25.

camente. Los nuevos ricos, ordinarios en su esplendidez, prodigaban los billetes y aceptaban cualquier negocio, por turbio que apareciera, donde mediase una mujer.

[…] En pintoresca promiscuidad abarrotaban los bares […] meretrices y tahúres, marineros y policías, ladrones e invertidos, traficantes en cocaína, tozudos de la curiosidad, grandes cocotas y hasta señoras honorables que a la salida de los teatros querían horrorizarse contemplando «de cerca» a los ángeles de la mangancia, a los maleantes de suave aspecto, a la delincuencia decorativa[143].

Tanto el escritor Lluís Capdevila i Vilallonga, como el dibujante, caricaturista y periodista Jaume Passarell i Ribó, que en los años de la Primera Guerra Mundial llevaban una existencia bohemia, coinciden en señalar al Bar del Centro —que durante una temporada se llamó Café Río de la Plata— como el primer local de Barcelona —y con toda probabilidad del Estado español— en resultar contaminado por la cocaína[144]. Dicho establecimiento estaba ubicado en las Ramblas, junto a la Librería Francesa, muy cerca del Liceo, y en sus bajos se inauguró el primer cabaret que existió en Barcelona: Au Cabaret du Tango, que pronto mudó su nombre por Au Fond de la Mer, y donde se reunía una buena representación de la flor y nata de la noche barcelonesa.

El también periodista Francisco Madrid Alier, en cambio, situaba el foco contaminante en el gran café-restaurante Au

143. Fortuny, Carlos [seudónimo de Retana, Álvaro]: «Evocaciones. Recuerdos pintorescos de la España galante y teatral de hace veinte años». *Heraldo de Madrid*, 14 de marzo de 1935, p. 5.

144. Capdevila, Lluís: *Barcelona, cor de Catalunya.* Barcelona: Antonio López; 1926, p. 49 y Passarell, Jaume: «El primer cabaret de Barcelona. Història del bar del Centro». *Mirador (Setmanari de literatura, art i plítica)*, 12 de septiembre de 1929, p. 2.

Lion d'Or, ubicado no muy lejos de allí, en el número 2 de la plaza del Teatro:

> Alrededor de las mesas del Lion aposentábanse unas mujeres gordas y enormes que hablaban en francés y que además de leer *Le Matin* todos los días procuraban estrechar los lazos franco-españoles lo más que podían... Estas mujeres importaron la cocaína en Barcelona. Acaso antes de la guerra había alguno que otro cocainómano en Barcelona, como había algún morfinómano; pero eran pocos, tan pocos, que no significaban una preocupación policíaca.
>
> La guerra trajo consigo en Barcelona el pistolerismo como arma social y la cocaína. Si en España hubiera la hipersensibilidad patriótica de Francia, existirían unos escritores nacionalistas que cogerían el tranquillo de las fuerzas internacionales contra España, como algunos que cuando necesitan diez duros escriben un artículo contra el Estatuto de Cataluña, que en cualquier momento o en cualquier circunstancia es un medio cómodo y fácil de tener dinero. Si hubiera escritores de ese tipo hubieran dicho que las potencias aliadas envenenaban la juventud española, intoxicándola para inutilizarla en «su cometido histórico e imperial», etcétera, etcétera. En Francia creen a cada momento que el doctor Caligari se traslada a París todas las noches y redistribuye por los «cabarets» unos cientos de botellitas de cocaína para destruir la juventud francesa [...].
>
> Llegaba a Barcelona la cocaína como vicio cotidiano y permanente por medio de la banda de vividoras internacionales que no hallando negocio en ningún país beligerante se establecieron en la ciudad mediterránea [...].
>
> Fue la gran época de la noche barcelonesa. Todavía hoy se vive de aquel recuerdo. Mauricio Chevalier traba-

jaba en Barcelona por trescientos francos, y Mistinguette, entonces en plena madurez, ganaba seiscientos francos y estaba encantada del mundo. A los industriales catalanes, acostumbrados a tomar por amigas chicas caídas en desgracia, a las que ponían un piso económico y les regalaban una máquina de coser a plazos, la guerra les presentó una serie de supuestas mujeres fatales que eran la delicia del Edén Concert, del Excelsior, del Principal Palace y de las cenas del Suizo... La Bertini, la Leda Gys, Za La Mort eran las heroínas cinematográficas... Mujeres de Francia, de Austria, de Italia, de Suiza, de Bélgica, de Inglaterra, cayeron sobre Barcelona, y allí se han quedado muchas de ellas para seguir siendo la jaca de algún señor o propietarias de alguna discreta casa de huéspedes. La cocaína entró en aquel momento [...].

—¿Qué es eso de la cocaína?

Y ellas lo contaban e inducían a sus nuevos amigos, que chapurraban un francés macarrónico o hablaban un italiano de abonado a la Opera, y que por ser ricos recientemente querían tener con el nuevo dinero el lustre de un señorío que no le iba bien a la vieja y acomodada menestralía catalana.

No había ningún impedimento para vender cocaína. Y en las farmacias de entonces se despachaba la cocaína como si fuese pastillas de goma para la tos... No hay vicio que más guste de ser compartido que el de la cocaína, y aquellas mujeres que en la lívida madrugada, antes de acostarse, necesitaban entrar en cualquier farmacia de las que circundan las ramblas donde vendían cocaína y se llevaban a la pensión lo que Tomás de Quincey denominó el éxtasis portátil para aspirarlo ellas y darlo a aspirar a cualquier hijo de fabricante de Sabadell o de Tarrasa, elemento social que entonces se puso de moda [...].

> Al año podía hacerse un buen censo de cocainómanos, y poco después, la toxicomanía pasaba a ser un nuevo negocio de la vida nocturna; un nuevo gran negocio, sobre el que se han cimentado algunas grandes fortunas. Marión, una chica que ayudó en sus miserias a cierto literato, vendía cocaína casi al por mayor; Garriga Cuyás, uno de los pistoleros de Koenig, dejó la pistola por la venta del tóxico. Le daba más y era menos expuesto. Una noche lo encontraron asesinado en la calle de la Riereta, y la llegada de los guardias no permitió que desvalijaran el cadáver. Al registrarlo le hallaron más de cuarenta botellitas Merck repartidas en los bolsillos del gabán.
>
> [...]
>
> Entonces, el contrabando era fácil. [...] Llegaban el tabaco, la cocaína y las órdenes confidenciales por la Costa Brava. Las playas de Gerona no estaban entonces tan habitadas como ahora. Nosotros íbamos a Rosas o a San Felíu, a Tossa o a L'Estartit, de noche. Un falucho misterioso se acercaba a una cala convenida, y allí nos daba lo que habíamos pedido, lo metíamos en un «auto», y ¡hala! para Barcelona... Al día siguiente, las mujeres de la época, Mitzi, Marión, Dolores, tenían nueva mercancía y la pagaban sin regatear [...][145].

Testimonios como el de Paco Madrid resultarían determinantes para que el periodista y político republicano Carlos

145. Madrid, Francisco: «Los vicios de nuestros días. Los traficantes de cocaína. III. "Hoy los negocios no son como ayer". Cómo se filtraron en Barcelona el pistolerismo social y la cocaína. El espionaje alemán y las cortesanas internacionales en el Lion d'Or. Toxicómanos ilustres. La banda del barón de Koenig y el servicio de Antonio Nait», *La Voz*, 5 de septiembre de 1934, pp. 3-4.

Esplá no dudara en afirmar que «España importa los vicios de Francia»[146].

Por su parte, el insigne médico y toxicólogo Antonio Pagador explicaba el impacto de la Primera Guerra Mundial sobre la sociedad española en materia de consumo de drogas con estas palabras:

> No se conocen en España, afortunadamente, los fumaderos de opio, ni es fácil encontrar siquiera un fumadero, aunque ya, por desgracia, en la actualidad y como salpicaduras de la guerra europea, empezamos a ver aumentado enormemente el número de sujetos empeñados en disfrutar las delicias de esas dos sirenas, morfina y cocaína, que hacen estragos en todas las clases sociales.
>
> Madrid y Barcelona, las dos grandes capitales españolas están presas del medio ambiente de cafés conciertos, cabarets repletos de profesionales del amor, que como un aluvión han inmigrado desde 1914, francesas, alemanas e italianas, que han difundido entre la juventud asidua a la vida nocturna el placer mortal de esos dos alcaloides.
>
> Antes no conocíamos más que enfermos de morfina o cocaína cuyo origen estaba en un dolor físico; ahora vamos conociendo al intoxicado por sí y ante sí, al que seducido por una mujer que le relata ensueños fantásticos o por el contagio del ejemplo o por la lectura de una novela pornográfica que de un tiempo a esta parte inunda en cantidad enorme los escaparates de kioscos y librerías, coge la jeringuilla o compra la cajita de cocaína perfectamente preparada por comisionistas sin conciencia.
>
> Y estos son los peores enfermos, los que han sido antes

146. Esplá, Carlos: «No es un peligro muy grande». *El Pueblo (Diario republicano de Valencia)*, 13 de julio de 1921, p. 1.

enfermos del espíritu que del cuerpo, los más difíciles de tratar médicamente, los que acaso no curarán jamás.

En España, antes de la guerra europea, la morfina y la cocaína eran cosas exóticas, que no habían traspasado los Pirineos y apenas tocado los puertos de nuestro litoral. En la diaria labor médica, raramente se presentaban enfermos de estas intoxicaciones y, los pocos que se conocían, eran considerados socialmente como seres extraordinarios, que ocultaban vergonzosamente su veneno y que silenciosamente cruzaban la frontera e iban en busca de alivio y curación a los Sanatorios de Francia y Alemania.

Con la guerra llegó a España una caravana de gentes extrañas, aventureros, bellezas profesionales, apaches, que en esta bendita Nación «alegre y confiada», según Benavente, y «de los tristes destinos», según el gran Pérez Galdós, encontró campo libre, abierto y generoso para su vida incierta, trayendo consigo no las virtudes de sus países de origen sino los vicios[147].

Por otra parte, en un artículo titulado de manera significativa «El uso de drogas heroicas empieza a hacer prosélitos en España al estallar la guerra», el diario *Heraldo de Madrid* también consideraba que el uso de drogas, muy vinculado a la población de aporte —a la que calificaba de auténtica «invasión»— y sobre todo a la llegada de prostitutas francesas, comenzó a extenderse en España tras desatarse en Europa las primeras hostilidades:

> En España, ¡quién lo duda! —como en todos los países del mundo— había narcómanos; pero su flaqueza tenía siempre una piadosa exculpación. Eran las víctimas

147. Pagador, Antonio: *Los venenos sociales. Opio. Morfina. Psicopatología de los intoxicados y tratamiento de la intoxicación.* Barcelona: Antonio López; 1923, pp. 33-34 y 192-193.

propiciatorias de un tratamiento de la terapéutica a base de alcaloides. Tampoco era en absoluto desconocido el narcómano por degeneración; pero tratábase de casos rarísimos y de una psicología extraña. La afición al uso de las drogas estupefacientes no empieza en España a hacer prosélitos hasta el año 1915. Se refugió entonces en nuestro país lo peor de cada una de las naciones en guerra: delincuentes de todas las layas, viciosos, degenerados, seres abyectos en cuyos corazones secos por la fiebre crapulosa no palpitaba el sentimiento patriótico, mujeres fáciles, meretrices de gustos depravados capaces de todas las aberraciones, de los más criminales desvaríos… Los invasores —que de una invasión se trata, y bien funesta por cierto— sentaron sus reales, preferentemente, en Madrid y en Barcelona, y muy pronto en la capital de Cataluña como en la capital de España florecían los refinamientos del vicio francés en todos sus aspectos…

[…] Al amparo de la inmensa población flotante que en aquella época había en España se instalaron muchos de esos círculos recreativos, exóticos y funestos, que se denominan «cabarets», porque en España no se conoce título adecuado para ellos. […]

Las mujeres fáciles españolas y las meretrices francesas, más conocedoras de los refinamientos del vicio, fueron el elemento principal de estos lugares de perversión. Las francesas, al ver la imposibilidad de obtener el tanto por ciento que obtenían en su país con el consumo de champaña, vino cuyo precio no está en relación con la modestia del bolsillo de los españoles, se dieron buena maña para contagiar a las españolas de los vicios originarios franceses e iniciarlas en el uso de la morfina, la cocaína y el éter.

[…] El éter fue el veneno adoptado primeramente en los «cabarets» españoles; pero las autoridades lo descubrían con facilidad, y las viciosas desistieron de su uso y se dedicaron con preferencia a la morfina, como inyectable. En el año 1917 se extendió ya de tal modo el empleo de sustancias tóxicas, que, prevenidas las autoridades, y especialmente la Dirección general de Seguridad, promulgóse la primera disposición de carácter oficial en que se restringía el uso de alcaloides, sobre todo de aquellos que pudieran ser adquiridos con facilidad en farmacias, droguerías, etcétera[148]. Esta disposición trajo como consecuencia la denuncia de diferentes farmacias, y entonces surgió la clandestinidad. Vino un momento en que, a causa de la guerra, escasearon estas sustancias de fabricación extranjera, principalmente alemana, y alcanzaron precios fabulosos. Entonces se importaron otras materias; pero en pequeña escala. Volvió también a adoptarse el éter; pero al terminar la guerra empezó descaradamente el tráfico de drogas, que entraban por el puerto de Barcelona, procedentes de Francia y América[149].

En su libro *Los venenos eufóricos* el sexólogo Ángel Martín de Lucenay también insistía en el papel que la Primera Guerra Mundial desempeñó —vía prostitución— en la expansión de las toxicomanías:

> España fue un pueblo de costumbres morigeradas al menos en la generalidad de las expresiones superficiales. La prostituta española, que casi siempre gozó fama

148. En realidad esa primera disposición a la que aludía el *Heraldo de Madrid* no se promulgó en 1917, sino al año siguiente. Ver «Real orden». *Gaceta de Madrid*, 1 de marzo de 1918, p. 626.
149. «El uso de drogas heroicas empieza a hacer prosélitos en España al Estallar la guerra». *Heraldo de Madrid*, 13 de mayo de 1924, p. 3.

de «honesta» comparada con sus colegas de otros países, honestidad limitada al ejercicio de su profesión sin refinamientos ni extralimitaciones de la fantasía, es decir, «como Dios manda»; y atenta, a pesar de todo, a las tradiciones ascéticas que imponían la suciedad del cuerpo a modo de coraza para el alma, no se «europeizó» ni aprendió a realizar su higiene íntima hasta que la Gran Guerra no arrojó a nuestro país a las cocottes que como un aluvión cayeron de las cumbres de los Pirineos.

Barcelona, más próxima a la frontera, acogió en su hospitalario seno a estas muestras del mundanismo, elemento exótico que bien pronto se extendió por toda Iberia dedicándose a las más diversas actividades en un ambiente propicio a la expresión de unos encantos que resultaban poco menos que inéditos para los indígenas del país conquistado.

No pretendemos afirmar que antes de la citada guerra fuesen desconocidas en España las toxicomanías; no estábamos tan atrasados. Pero no cabe duda que la difusión de estos vicios fue debida a la inmensa legión de aventureros que vivieron del robo, del espionaje y de la prostitución, sin contar con los grandes negocios de contrabando que producían fácilmente fabulosas ganancias, dando lugar al tipo social del «nuevo rico», a cuya sombra parasitaban las mujeres galantes de los países en guerra que por entonces alcanzaron las máximas cotizaciones en la bolsa del amor de encrucijada.

Uno de los principales rasgos de distinción de esas hetairas estaba en el sello especial que imprime el uso de los estupefacientes. La ola extranjera, desechada por las autoridades de los pueblos beligerantes de Europa, traficó en todo género de productos de precio porque necesitaba recursos para vivir, y las mujeres propagaron la «cocó» y la morfina seguras de que, una vez adquirido el hábito, el narcómano que carece de medios para adquirir la droga roba y mata si es necesario con tal de no verse privado de esos deleites de que las sagaces prostitutas hacían los más vivos elogios.

Ante esta competencia tan bien organizada, el prestigio de la prostituta indígena se vino por los suelos: en Barcelona, Madrid, Valencia, Sevilla, Bilbao y otras poblaciones de importancia, el mercado galante arboló pabellones extranjeros que durante mucho tiempo parecieron inarriables. Las chicas españolas de mal vivir se replegaron hacia las poblaciones de último orden, donde no hacían más que vegetar… Hasta que dieron con el secreto: todo consistía en saberse lavar y en hacer uso de los eufóricos de importación, amén de otros refinamientos eróticos para los cuales el estómago y la mentalidad de las españolas no estaban preparados.

El cabaret, el «music-hall», el «americain-bar» y otros establecimientos parecidos hicieron su aparición en España desterrando el anacrónico y honesto café-cantante e incluso a las cervecerías servidas por camareras.

[…]

Todo lo exótico y despreciable se aclimató en nuestro país, y así se difundió a los tóxicos. La prostituta española, saltando por encima de las tradiciones seculares de la institución, se inyectó morfina y tomó cocaína. Los hombres ya encontraron algún agradable elemento de exotismo en mujeres que, por hablar el mismo idioma y ser más asequibles, ocuparon de nuevo el lugar de preferencia. El día que en un paseo de Valencia apareció una bella prostituta completamente desnuda, como muerta, pero que solamente estaba bajo los efectos de una fuerte dosis de morfina, las mujeres galantes vieron en ella un símbolo, y las drogas eufóricas subieron de precio. Aquella narcómana era española, y por si ello fuera poco, «cantaora» de flamenco...

Algún vate tradicionalista protestó de aquella tremenda injuria inferida a la más medular de las costumbres nacionales: pero el hecho no tenía ya remedio, y la sugestión, vigorosa energía que ha promovido siempre los hechos más extraños, hizo su obra entre todas [las] alegres chicas de la mala vida. En aquella época, la prostituta que no era narcómana, o aparentaba serlo, perdía todo interés por la falta de atractivos[150].

En última instancia, la prueba definitiva de que el consumo lúdico de cocaína y otras drogas consideradas eufóricas se desató en Barcelona durante los años de la Primera Guerra Mundial fueron las dos primeras campañas de prensa denunciando estos usos recreativos y presionando a las autoridades para que tomaran cartas en el asunto. La primera estuvo abanderada por Mateo Santos Cantero desde las páginas del diario radical *Germinal* en noviembre de 1915[151] y la segunda estuvo capitaneada por Albino Juste García, quien firmaba sus artículos con el seudónimo de Fray Gerundio en el diario republicano *El Diluvio*, justo dos años más tarde[152].

---

150. Martín de Lucenay, Ángel: *Los venenos eufóricos*. Barcelona: Cisne; 1936, pp. 53-55.

151. Santos, Mateo: «Los que envenenan. La felicidad está en un tarro de farmacia». *Germinal (Diario radical de la mañana)*, 3 de noviembre de 1915, pp. 1-2

152. Fray Gerundio [seud. de Albino Juste García]: «Cómo se envenena al público. La cocaína en Barcelona». *El Diluvio (Diario republicano)*, 20 de septiembre de 1917, pp. 12-13.

También en San Sebastián

Cuando estalló la Primera Guerra Mundial, San Sebastián hacía apenas un siglo que había resurgido —de manera literal— de sus propias cenizas. En ese tiempo se había convertido no sólo en un modelo de ciudad burguesa[153], sino en uno de los centros de veraneo más importantes del mundo.

Así, en cuanto los donostiarras, ligados de modo ancestral al juego con apuestas, tuvieron oportunidad de plantear el desarrollo de su ciudad, libre de los conflictos bélicos que la habían asolado durante buena parte del siglo XIX, apostaron sin reservas por el modelo más alejado a cuanto habían conocido hasta el momento: una ciudad festiva, dedicada al turismo.

La presencia de la Corte durante la temporada estival desde 1845 había marcado el destino de la población, que quedó sellado en el verano de 1887, cuando la reina María Cristina la declaró Playa Real y se inauguró el Gran Casino Municipal, con el que llegaron los refinados modos de jugar de los casinos europeos y años de esplendor para la capital donostiarra, coincidiendo con el auge de la Belle Époque.

Considerado como uno de los más importantes de Europa, el Gran Casino constituía el principal aliciente del veraneo en la ciudad, imán de todas las miradas, foco de animación, punto de encuentro, de reunión y de cita de las gentes más variadas, procedentes de los lugares más apartados del mundo. En su lujoso vestíbulo alternaban sin problemas uniformes japoneses, con jaiques morunos y fracs de cola de golondrina. Todos los visitantes ilustres y privilegiados de la ciudad acudían al Gran Casino: el Sha de Persia; el rey Leopoldo II de Bélgica; la archiduquesa Isabel de Austria, el príncipe Pío de Saboya; el millo-

153. Fernández Cuesta, Gaspar: «San Sebastián, un modelo de construcción de la ciudad burguesa en España». *Ería*, 2012, pp. 101-128.

nario barón Edmond Rothschild, patrocinador de la primera oleada de inmigración judía en Palestina; el pintor Henri Toulouse-Lautrec; la actriz Sarah Bernhardt; el compositor Maurice Ravel; el presidente cubano general Mario García Menocal; el pianista Arthur Rubinstein; el crítico literario, escritor, periodista, diplomático y dandy Enrique Gómez Carrillo, famoso por sus conquistas amorosas; infantas de varias Cortes europeas; aristócratas y banqueros; políticos como Sagasta, Cánovas, Montero Ríos, Romero Robledo, Silvela, Canalejas y Dato; toreros famosos y artistas tan aclamadas como Margarita Xirgu, Pastora Imperio o La Argentinita se dejaron ver por sus suntuosos salones.

El dinamismo de la sociedad donostiarra y de sus clases dirigentes, hábiles gestoras del tiempo libre, completaron la atractiva oferta de ocio que suponía aquel soberbio centro de recreo con la inauguración en años sucesivos de otros establecimientos públicos, cuyas instalaciones podían colmar el gusto de la gente más exigente. El año 1912 fue el más esplendoroso en este sentido, y tanto los vecinos como la colonia de veraneantes pudieron gozar aquella temporada estival con la puesta de largo de varios lugares de esparcimiento deslumbrantes, todos ellos de notable calidad arquitectónica: el Hotel María Cristina y el Teatro Victoria Eugenia, en pleno centro urbano, el Gran Balneario La Perla del Océano, sobre la misma playa de La Concha, y el Parque de Atracciones que, desde la cima de Monte Igueldo, ofrecía magníficas vistas panorámicas de la ciudad. Además, desde hacía años funcionaban la Plaza de Toros, el Real Club Náutico, el Real Club de Tenis y el Real Aeroclub. Además, sobre el velódromo existente desde antaño, se inauguró el Estadio Municipal de Atocha; después se fundó Real Moto Club de Guipúzcoa y más tarde se abrió el Hipódromo Municipal, construido en terrenos de Zubieta. También estaban el Club de Golf de Lasarte y el Tiro de Pichón, en el Monte Ulía, por no mencionar las partidas del tradicional juego de pelota que se disputaban en el Frontón Jai Alai de Ategorrieta, en el Frontón Moderno y en el Frontón de Atocha. Los teatros Principal, Bellas Artes y Colón, más el Cine Miramar y el Salón Novedades, complementaban la oferta de espectáculos. Por otra parte, la Bella Easo fue pionera en la instalación y puesta en funcionamiento de servicios públicos como el tranvía, el alumbrado eléctrico y la telefonía, lo cual hizo que la ciudad llegara a ser conocida con el sobrenombre de la «Pequeña París».

La capital donostiarra, que apenas rozaba los 50.000 habitantes censados, en los meses de junio, julio, agosto y septiembre registraba un incremento de hasta un 45%, gracias a la población flotante. Además del citado Hotel María Cristina, los hoteles La Paz, Europa, Continental, Inglés, Londres, París, Biarritz, Niza, Albéniz, Berdejo, Fombellida, etcétera, rebosaban de huéspedes. Además, en La Urbana, Pollitena, Nicolasa, Casa Bartolo y otros muchos restaurantes se servían exquisitas comidas y cenas. Y en temporada alta los cafés y salones de té (Novelty, del Norte, Oriental, Rhin, Lion D'Or, de la Marina, Royalty, con sus 400 metros de planta, etcétera) se llenaban todos los días. De tal manera, la que había sido concebida como casa de juegos de la realeza y la aristocracia, se había convertido en un impresionante centro de veraneo de élite:

> El Gran Casino es el verdadero barómetro de la vida veraniega y por los siguientes datos estadísticos, ajustados en todo a la realidad y que de pecar pecan antes de menos que de más podrá darse cuenta el lector de la animación que ha reinado en Sebastián estos dos últimos días.
>
> La noche del 14 de Agosto, el número de entradas de pago fue de 1.300, calculándose con los abonados y so-

cios que el número total de los asistentes al Gran Casino durante la noche llegaron a 2.800. En la noche de ayer se despacharon 1.700 entradas, siendo el de 3.200 el número de personas que acudieron a dicho centro de recreo.

Durante las dos noches y con motivo de los fuegos artificiales se quemaron 204 marrones, 140 docenas de cohetes, 100 bombas reales, 50 luces de magnesio, 14 piezas mayores y 160 bengalas de colores.

El día 14 de Agosto se sirvieron 120 almuerzos y 210 comidas y el día de ayer 210 almuerzos y 324 comidas.

Durante los dos días se han consumido 2.000 cafés, 1.700 litros de cerveza de varias marcas, 170 botellas de champagne Pommery, 97 Mumm Cordon Rouge, 52 Viuda Clicquot y 35 Moët & Chandon.

Entre vinos de Burdeos, Borgoña y del país, las botellas consumidas se calculan en 723.

Para los menús se han empleado aparte de otros comestibles 220 pollos, 500 kilos de carne y 150 de frutas; 10 salmones de gran tamaño, 24 merluzas, 54 langostas y 28 kilos de lenguados.

Ha habido que emplear para diversas aplicaciones 3.000 kilos de hielo y debido a las condiciones del local, fue necesario anunciar que no podían servirse más comidas. En el restaurant del Club Cantábrico se sirvieron ayer 400 comidas. En el Hotel Continental 800.

En la Urbana 504 almuerzos y mayor número aun de comidas.

En el Hotel du Palais 300 almuerzos; en Ulía 260 y en el Hotel de Londres 292.

En el restaurant del café Oriental se agotaron los comestibles para las nueve de la noche.

Si a esto se agrega el número de los otros restaurants, hoteles y cafés, se podrá juzgar aproximadamente de la extraordinaria animación que reinó durante el día clásico de San Sebastián[154].

El estallido de la Primera Guerra Mundial determinó un descenso de la tradicional colonia de veraneantes extranjeros. Sin embargo, al amparo de la neutralidad decretada, llegaron otro tipo de personajes, como el barón de König, conocido el aventurero y estafador internacional, y espías como Mata-Hari y Bolo Pachá, quienes no pudieron sustraerse al imán que representó la ciudad durante los años que duró la contienda. Para paliar la falta de turistas extranjeros, los medios se encargaron de estimular las vacaciones estivales en la capital donostiarra del turismo de interior. En concreto, el periódico madrileño *El Día* publicó un número monográfico dedicado a «la temporada de verano en San Sebastián» de 1917 y el diario *La Época*, también publicado en Madrid, decía lo siguiente sobre los preparativos del veraneo de la citada temporada:

> Pintores y decoradores dan la última mano a las casas en que se hospedarán las familias madrileñas durante los meses de Julio, Agosto y Septiembre: la época de mayor movimiento en la Bella Easo, cuya supremacía en vano tratan de disputarle otras poblaciones de España.
>
> San Sebastián, como punto de veraneo, tiene bien cimentada su fama.
>
> Su hermosa campiña, su Concha sin igual, su proximidad a la frontera, la variedad de puntos que puede visitar el excursionista, por soberbias y bien cuidadas carreteras, por tranvías, por ferrocarril, confirman su éxito y la preferencia de que goza.

154. «La temporada de verano en San Sebastián». *El Día (Diario de la noche)*, 7 de julio de 1917, p. 1.

¿Quién no se ha hecho lenguas alguna vez del aspecto elegante, limpísimo, práctico, de la capital guipuzcoana?

En su elogio puede decirse, sin exageración, que por sus calles puede cruzar la más pulcra dama luciendo calzado de baile en día de lluvia, sin que apenas quede huella del barro ni del agua en sus zapatos[155].

A pesar del impacto negativo de la Gran Guerra sobre el turismo, San Sebastián mantuvo el listón muy alto. León Trotski, que estuvo de paso en la ciudad, justo en 1917, durante el periplo que habría de conducirlo hasta América, dejó constancia de una elocuente impresión sobre la ciudad en su cuaderno de viaje:

> San Sebastián es una playa de moda, y los precios, dignos de la misma. Hay que ponerse a salvo[156].

La denominada Perla del Cantábrico, considerada por algunos medios locales como «la ciudad libre, la ciudad del sibaritismo, de la crápula, de la orgía [...], la ciudad del lujo, del placer, del deleite, del gozar»[157], contaba asimismo con una interesante y animada oferta de ocio nocturno, cuya máxima expresión de modernidad estaba simbolizada por dos cabarets de moda: Maxim's y Tabarín.

Ambos locales se encontraba en los bajos del Teatro Reina Victoria. En concreto, Maxim's se ubicaba junto al Lion D'Or

155. «San Sebastián. Los preparativos del veraneo». *La Época (Últimos telegramas y noticias de la tarde)*, 18 de junio de 1917, p. 3.
156. Trotski, León: *En España*. Madrid: Akal; 1975, p. 15 y Trotski, León: *Mis peripecias en España*. Madrid: Reino de Cordelia; 2012, p. 34.
157. «Lágrimas de cocodrilo». *La Constancia (Diario íntegro-fuerista)*, 21 de septiembre de 1917, p. 1.

y Tabarín en el sótano de este selecto café, justo en el mismo local que hasta entonces había albergado la sede del centenario Club Amaikak Bat.

En principio, se trataba de dos restaurantes de noche, elegantes y bien servidos, con música en vivo y donde se podía bailar, siguiendo las tendencias de la moda parisina. Para facilitar las cosas, los propietarios de Tabarín, señores Arrieta y Garagorri, mandaron instalar grandes ventiladores y dotar al sótano de un moderno sistema para la extracción del aire viciado. Además, el local contaba con un «magnífico sexteto de señoritas», que en opinión de *La Voz de Guipúzcoa*, hacía mucho «más agradable la estancia» en el mismo. La dirección del establecimiento se encargaba de anunciar «souper dansant», «diners artísticos» y «bailes modernos» como principales atractivos. Una oferta amenizada por dos orquestas, que también incluía algún que otro «concurso de belleza», la convocatoria de «batalla de serpentinas» y reparto de «regalos a las señoritas»[158], amén de otros divertimentos:

> Todo a estilo puro francés, y como en el «Tabarín» de París, habrá concurso de danzas, de escotes, de caras bonitas y de pies pequeñitos.

En opinión del diario republicano *La Voz de Guipúzcoa*, que publicó varios anuncios de Tabarín y cubrió la noticia de su inauguración, la existencia de cabarets en San Sebastián respondía a «necesidades a las que es forzoso atender debidamente»[159]. Sin embargo, el resto de la prensa donostiarra, conformada por periódicos tradicionalistas y dinásticos, no

---

158. *La Voz de Guipúzcoa (Diario republicano)*, 10 de agosto de 1917, p. 1.
159. «Una inauguración». *La Voz de Guipúzcoa (Diario republicano)*, 10 de agosto de 1917, p. 5.

dispensó la misma acogida la existencia de este tipo de locales.

La prensa tradicionalista se posicionó en las antípodas. Así, según *El Diario Vasco*, órgano oficial del partido carlista, dichos cabarets no eran sino «centros que, pareciendo de recreo, son de orgía y desenfreno [...], de lascivia, embriaguez y demás excesos de la bestia humana [...], focos de corrupción y desorden [...], antros disfrazados de restaurants», es decir, «refugios, mejor o peor disimulados, que sirven de solaz y escandalosa distracción [...], focos de verdadera inmoralidad [...], tugurios». Por su parte, el periódico integrista *La Constancia* los consideraba como lugares «donde se atropella impunemente la moralidad y se cometen repugnantes escándalos, verdaderas orgías, en que la liviandad corre pareja con la borrachera»[160] y, por tanto, locales «corrompidos y corruptores [...], centros de corrupción disolventes de toda sociedad honrada, laboriosa y cristiana»[161].

El diario *La Información*, que a pesar de autoproclamarse «independiente», se alineaba con los postulados del Partido Liberal-Conservador de Cánovas del Castillo, Silvela, Maura y Dato, tampoco escatimaba expresiones peyorativas para los que definía como «lugares preparados para la vida disoluta [...] donde se rinde culto a la frivolidad, al placer, al sensualismo», y también como «centros de disipación con sus correspondientes escándalos, libaciones excesivas, liviandades intolerables, etcétera», como locales, en definitiva, que «sirven de refugio a los disolutos [...], antros [...] preparados para dar culto al desenfreno de la carne»[162].

---

160. «El suceso de ayer. Un joven aristócrata muere en la Casa de socorro». *La Constancia (Diario íntegro-fuerista)*, 19 de septiembre de 1917, pp. 1-2.
161. «Lágrimas de cocodrilo». *La Constancia (Diario íntegro-fuerista)*, 21 de septiembre de 1917, p. 1.
162. «Del saneamiento. Sin apasionamientos». *La Información (Diario independiente)*, 22 de septiembre de 1917, p. 1.

Por su parte, el influyente diario *El Pueblo Vasco*, de tendencia conservadora, pero al mismo tiempo abierta y moderna, dirigido a una clase social alta y media de ideas más «avanzadas» y cultivadas, y muy vinculado al industrial y financiero Rafael Picavea Leguía, un «hombre conservador y católico, de ideas democráticas y filo-nacionalistas», fue más ambivalente en la calificación de los cabarets. Si bien por una parte, los condenaba sin paliativo como «antros del vicio» y «centros de perdición» ; por otra, también se refería a estos locales nocturnos como «centros de recreo» e incluso «patrimonio de toda población de recreo a la moderna»[163].

Con estos antecedentes, el fallecimiento por sobredosis del conde de Villanueva del Soto, de apenas 21 años de edad, en la madrugada del 18 de septiembre de 1917 a la salida de uno de estos cabarets provocó una campaña coral en la que participó toda la prensa donostiarra[164], temerosa de que sucesos de este calibre pudieran dar al traste con la gallina de los huevos de oro.

Consecuencias de la Primera Guerra Mundial y de la política de neutralidad en Madrid

Según recuerda Josep Maria de Sagarra, que se trasladó a Madrid «a primeros de octubre de 1916», ya en sus primeros días de estancia percibió inmediatamente «la gran diferencia de proyección que con la guerra europea marcaba a la capital de España y a nuestra ciudad de Barcelona»:

---

163. «Los escándalos del día. Se impone una represión enérgica». *El Pueblo Vasco (Diario independiente)*, 20 de septiembre de 1917, p. 1.

164. Usó, Juan Carlos: «San Sebastián (Donostia), 1917: la sobredosis que cambió la historia de las drogas en el estado español», *Norte de Salud Mental*, vol. XII, nº 50, noviembre de 2014, pp. 101-115 y Usó, Juan Carlos: *Drogas, neutralidad y presión mediática.* Santander: El Desvelo; 2019, pp. 203-234.

Así como en aquellos dos años Barcelona liquidaba su siglo XIX con una oleada de brillantez crepitante de explosiva vitalidad nocturna, de industrialismo alocado, de internacional maremágnum de negocios, piraterías, espionajes, arriesgadas aventuras de juego y sobre todo con un esfuerzo muscular exagerado, y con una hinchazón de energías para multiplicar el humo de las fábricas y las posibilidades de la dentadura del comercio, a fin de echarle el diente a un espeluznante volumen monetario, Madrid, aparentemente, se pasaba las noches medio a oscuras, y la vida de la calle y el aspecto de la ciudad no se habían decidido aún a romper el hielo y continuaba viviendo en el más orgulloso, más holgazán y más irreductible siglo XIX.

En opinión de Sagarra, esa diferencia de proyección entre las dos principales ciudades tenía que ver con la condición portuaria e industrial de Barcelona:

> En aquellos días de 1915, 1916 y 1917 teníamos [en Barcelona] un puerto, pequeño [...], pero que trabajaba de una manera fabulosa, y sacábamos de él un rendimiento casi imposible. La actividad del puerto se extendía por toda la costa hasta Portbou, y la historia dramática y secreta del litoral de Cataluña en aquellos días [...] pondría los pelos de punta.
>
> Al lado del puerto las fábricas vivieron su momento, y el hecho de que nuestra región tenga un gran coeficiente agrícola y un gran coeficiente industrial [...] precipitó las cosas. En Barcelona funcionaban los consulados generales, y los cincuenta mil negocios que provocaba la guerra [...] aquí era donde echaban lumbre, y aquí repercutían en fastuoso escándalo y en unas ansias de comer bien y digerir voluptuosamente en compañía

de unas señoritas adornadas con brillantes y con cachupinadas magnánimas.

Desde luego, Madrid seguía contando con locales como el Café de Fornos, que ponían una nota de color e imprimían carácter a la noche madrileña, mereciendo sabrosos comentarios por parte de Sagarra:

> En el lugar, entre Alcalá y Peligros [...] abría su boca cordial y un poco escandalosa el Café de Fornos. Porque esta calle de Peligros [...] era entonces una auténtica «calle de peligros», con mucha picaresca y galantería a precio fijo, que como un intestino delgado y acompañada de calles de la misma tónica, iba a parar a la bifurcación de la calle de la Montera hacia las de Fuencarral y Hortaleza; es decir, el punto de las aventuras dudosas. La calle de Peligros, como la del Caballero de Gracia, tenía sus noches de biología turbia, y el Café de Fornos era el lugar donde se reunían el Madrid pintoresco y pacífico que bajaba por la calle de Alcalá, con el Madrid de la chulería y la prostitución, que venía de la calle de Peligros. El Café de Fornos era, por lo tanto, un forúnculo moral que le había salido a la calle de Alcalá y que no acababa de resolverse. Pero ¡qué tufillo más histórico se respiraba en aquel café. Era de los más grandes de Madrid, y puede decirse que su terciopelo sudaba infidelidades e intimidades de gente muy inocua y de mucho postín. La bohemia y ola frivolidad de aquellos barrios se dirigían a él [...] el tono del local lo daban las mujeres.

Sin embargo, Madrid se había quedado rezagada con respecto a Barcelona en aquellos aspectos que nutrían el ocio nocturno, y así lo constataba Sagarra en sus memorias:

Madrid, al lado de la exuberancia barcelonesa en el ramo de la frivolidad, resultaba más que pobre. Allí estas cosas funcionaban de una manera rupestre; los dos únicos lugares de escándalo eran un local de la calle de la Aduana, llamado Edén Concert, piojoso como el último barracón de nuestro Paralelo, y otra covacha donde toda la bestialidad era posible, y donde el público se quedaba como dentro de una jaula y como atado con cadenas para que no saltase al escenario. Aquello lo llamaban Chantecler, y estaba situado en la plaza del Carmen.

[...]

La pobreza de manifestaciones artístico-sensuales me extrañó en una población como Madrid, afectada por zonas positivamente impúdicas. Además, advertía y observaba entre mis amigos y compañeros que en Madrid se daba más importancia a la cuestión sexual que en Barcelona y que la sequedad y altura de la meseta central mantenía, más que en nuestros climas húmedos y mediterráneos, una preocupación fisiológica. Esta preocupación la veía traducida, sin ninguna clase de cumplidos, en un vocabulario desnudo y salvaje, pero a medida que iba adelantando en el trato de la juventud madrileña, me asaltó la duda de que su imaginación al servicio de la obscenidad y la escatología no fuese una simple filigrana del buen humor y que en el fondo no tuviera nada de trágico.

De todas maneras, en las expansiones de la vida proterva, veía hechos de una tristeza incontestable muy difíciles de justificar. En Barcelona hemos vivido momentos en los cuales la lubricidad cancerosa se ha soltado el pelo, pero actuando siempre en barrios determinados y zonas que de tan contaminadas han obtenido categoría internacional; pero me extrañó mucho que en el Madrid de mis primeros tiempos, en el lugar más excelso de la capital, y uno de los centros urbanos más finos y elegantes de Europa —me refiero al espacio que va de la Cibeles a Neptuno, flanqueado por el Banco de España, el palacio del marqués de Esquilache, y limitado por el museo del Prado, el Ritz y el Palace— a partir de las diez de la noche, hasta la salida del sol, se produjeran cotidianamente cierta clase de espectáculos de tan lamentable animalidad que la más simple corrección se niega a admitir la referencia.

Por su parte, la escritora y aristócrata Emilia Pardo Bazán confirmaba la inclinación noctámbula de la sociedad madrileña:

> Aquí la tendencia ha sido, por largos años, a vivir tarde, a hacer tarde todas las cosas. Los teatros se acababan a las mil quinientas; los cafés, abiertos indefinidamente, rebosan de parroquianos trasnochadores. De algún tiempo a esta parte, sin embargo, la vida, al menos la madrileña, ha subido, se ha recogido, se ha hecho más madrugadora. Son síntomas bien visibles de este cambio las funciones conocidas por «vermouth» —yo diría, en castellano, «aperitivo»— y el favor creciente de las funciones por la tarde.
>
> [...]
>
> Siempre dije yo, cuando se hablaba de las babilónicas costumbres de París, que estas costumbres eran harto más arregladas, en conjunto, que las de nuestra capital. Allí trasnochaban solamente los trasnochadores de oficio, los «fetards», juerguistas diríamos nosotros; pero aquí sucede que trasnocharon por sistema hasta las personas más formales[165].

Sin embargo, si hemos de dar crédito a las impresiones re-

165. La Condesa de Pardo Bazán: «El cierre a las ocho. Más vale tarde que nunca». *El Noroeste*, 1 de enero de 1917, p. 1.

gistradas por la condesa de Pardo Bazán, a principios de 1917 se hacía evidente una acusada «tendencia del parrandero Madrid a trasnochar menos».

No obstante, el propio Sagarra reconocía que la modernidad también empezó a introducirse poco a poco en aquel Madrid castizo, gracias a la política de neutralidad decretada por el Gobierno ante la Primera Guerra Mundial:

> Pero cuando se abrió [el 10 de octubre de 1917], durante mi estancia en Madrid, a cuatro pasos de la Puerta del Sol y en la vecindad de los viejos edificios, el primer cabaret con pretensiones de *dancing* y de galantería internacional, al cual, para acabar de arreglarlo, le pusieron el nombre de Maxim's, la calle de Alcalá debió sentir algo así como una puñalada en el hipocondrio. Pocos años más tarde se inauguró otro cabaret de lujo, llamado Alcázar, forrado de terciopelo rojo y relleno de música sincopada.

El periodista Enrique Fajardo Fernández, más conocido por el seudónimo de Fabián Vidal, también era concluyente al afirmar que «la gran guerra transformó en Madrid la vida nocturna» y añoraba el Madrid de antaño:

> ¿Qué se había hecho de aquel Madrid de la cuarta de Apolo, de las tertulias en Gobernación a la una de la madrugada y de los chocolates de doña Mariquita? Hasta poco antes de la guerra, Madrid, de noche, era tranquilo, seguro y sosegado. Tenía sus noctámbulos, que, cuando más, permitíanse una juerga modestísima en «Los Gabrieles», sus bohemios gritadores que declamaban versos, a la luz de la luna, en los altos del Hipódromo, sus horizontales callejeras, constantemente perseguidas por los guardias. Pero era, en realidad, una buena y honrada capital de

provincia, de vicios y virtudes algo primitivos y normales, sin cosmopolitismos, sin paraísos artificiales, sin hampa de «smoking»[166].

Si Fabián Vidal se pronunciaba en estos términos era porque entre finales de 1917 y principios de 1918 también se hicieron visibles en Madrid los consumos de cocaína, morfina y otras drogas con fines lúdicos o recreativos, especialmente vinculados al ocio nocturno.

Así, en el otoño de 1917 el periodista Jesús J. Gabaldón, autor de las crónicas teatrales del diario de la mañana *La Nación*, hacía balance del renovado ambiente noctámbulo madrileño, a imitación del que ofrecía el París de antes de la guerra:

> «Souper-montmartroises» en el Palace; «Bal Tabarin» en el Reina Victoria; «Souper-fox trot» en Maxim's y en el Ideal Room [...]. Una nube de mujeres cosmopolitas, aficionadas al Pommery y a la cocaína, muy degeneradas, muy pintarrajeadas, muy envenenadas de pseudo-literatura afrodisíaca [...][167].

El citado Fabián Vidal, apuntaba a los «centenares de mundanas» con «ardientes aficiones al opio y a la cocaína» que se refugiaron en Madrid durante la Gran Guerra, y a los rufianes que «vinieron en pos de ellas», como las principales responsables de la extensión del vicio en la capital del reino. Otro testigo del momento, el prolífico conferenciante y escritor Federico García Sanchiz aportaba otro testimonio cualificado sobre

166. Vidal, Fabián: «El ambiente del cabaret». *La Voz de Menorca (Diario republicano)*, 8 de mayo de 1924, p. 1

167. Gabaldón, Jesus J.: «Panorama de Madrid. Noctámbulos y peripatéticas». *La Nación*, 14 de octubre de 1917, p. 13.

la extensión de los consumos de drogas en los locales nocturnos de Madrid a través del diario liberal *El Imparcial*:

> En los señalados «cabarets» encontramos espectros que caminan sonambulescamente por los laberintos del paraíso artificial. La crónica dramática registra intoxicaciones de adolescentes no expertos en la dosificación. Por las calles, ya de madrugada, se deslizan sombras de la noche y de sí mismos antiguos Cresos arruinados que limosnean en demanda de unos reales, que se invertirán en la suprema caridad de las ponzoñas del olvido y la magia. Si no como en un espejo, cuando menos como en una charca, el París aquel se refleja este Madrid[168].

Por esos mismos días, el también escritor Cristóbal de Castro, desde las páginas de la revista *Nuevo Mundo*, explicaba el origen de las toxicomanías en la capital en base a la facilidad para la adquisición de drogas y por influencias relacionadas con la Primera Guerra Mundial:

> Estas sustancias se venden no sólo en farmacias y droguerías, sino en Casinos, Círculos, bares, restaurantes y otros centros de recreo. Puedo agregar que en varios hoteles y en bastantes casas galantes. Y asentar, asimismo, que la zona infectada por esta epidemia radica en cierto mundo irregular, extranjero y extranjerizado, donde el señorito ocioso y el cocotismo extravagante operan audazmente con los tres elementos decorativos del baile, el juego y los deportes.
>
> ¿Cómo han llegado hasta Madrid los paraísos artificiales? Los trajo el viento de la guerra, con sus aventureras y

168. García Sanchiz, Federico: «Perfil del día. Los paraísos artificiales». *El Imparcial (Diario liberal)*, 5 de marzo de 1918, p. 1.

sus caballeros de industria, expulsados violentamente por el arcángel del Sacrificio. No vinieron entre un cortejo de poetas y artistas como los que, en 1850, presididos por Carlos Baudelaire, hicieron del famoso Hotel Pimodan un Olimpo de dioses narcotizados. Ni siquiera como los que hace pocos años se congregaban en la «Villa de los Narcóticos» en torno de las elegancias decadentes de Liana de Pongy.

Los «paraísos artificiales» del Madrid actual no tienen linaje literario. Son desechos sociales, sin rango ni categoría sentimental[169].

Hemos de pensar que esos consumos llegaron a manifestarse con tanta visibilidad que una «comisión de caballeros de buena fe» llegó a solicitar audiencia con José Bahamonde y de Lanz, ministro de la Gobernación, para ponerle al corriente del asunto y exigirle que tomara medidas al respecto como autoridad competente[170]. No sabemos cuántos ni quiénes conformaban este selecto grupo de «señores», ni tampoco a quién representaban, y suponemos que no eran una versión masculina de las actuales Madres contra la Droga, es decir, que no pertenecían a ninguna entidad organizada, pero debían de tener bastante peso e influencia cuando fueron recibidos por el ministro y consiguieron que algunos medios madrileños se hicieran eco de su profundo malestar.

En efecto, durante el mes de febrero de 1918 algunos rotativos publicados en Madrid expresaron su desazón por el

169. Castro, Cristóbal de: «El ideal y el fastidio. Los paraísos artificiales en Madrid». *Nuevo Mundo*, 8 de marzo de 1918, p. 5.
170. «Los paraísos artificiales. Madrid se envenena y la autoridad se inhibe». *El Sol (Diario independiente)*, 1 de febrero de1918, p. 1; «Policía de costumbres. Lo que nos importan». *La Acción (Diario de la noche)*, 3 de febrero de 1918, p. 1 y Ciges Aparicio, Manuel: «Por la Raza. Un grito de alarma». *El Imparcial (Diario liberal)*, 7 de febrero de 1918, p. 1.

incremento del uso de drogas en la Villa y Corte y por la inhibición de las autoridades competentes ante dicho aumento. El primer medio en denunciar la situación fue el diario *El Sol*, que había sido fundado hacía apenas dos meses por el empresario y periodista Nicolás María de Urgoiti:

> En poco tiempo se ha desarrollado en Madrid, hasta límites alarmantes, un peligrosísimo vicio en que nunca diera el sencillo pueblo madrileño: la morfina. Son cada día más numerosos los jóvenes de uno y otro sexo que minan su salud entregados a esta pasión.
>
> En cualquier parte (grandes hoteles, cafés céntricos, lugares de reunión de gente joven, etcétera) puede verse a estos desgraciados haciendo alarde de su manía. Proceden sin recato a sus disparatadas prácticas, y los accidentes consecutivos son más frecuentes cada vez. Es imposible acusar desconocimiento del vicio, puesto que se desenvuelve a la vista de todos y, muy a menudo, en sitios donde las autoridades deben tener vigilancia establecida.
>
> La morfina (igual que la cocaína y el éter, que también cuentan con sus aficionados) se expande por Madrid como la más necesaria e inocente mercancía. Quien se queja de no encontrar carbón pudiera encontrar morfina a litros, en la seguridad, además, de que si la Policía no le amparaba en lo primero, en lo segundo no le opondría la dificultad más pequeña. Rara es la farmacia en la que no despachan este tóxico con la misma facilidad que pastillas de goma, cohonestando la imprudencia con decir que es un específico, afirmación que apoyan en el hecho de vender el producto, preparado en unos tubitos de cristal[171].

171. «Los paraísos artificiales. Madrid se envenena y la autoridad se inhibe». *El Sol (Diario independiente)*, 1 de febrero de1918, p. 1.

De carácter ilustrado, liberal y regeneracionista, *El Sol*, que se autoproclamaba «independiente», no se limitó a denunciar el consumo que consideraba abusivo, y la facilidad del acceso a las drogas, sino que cargó contra el ministro de la Gobernación:

> Hemos dicho antes que las autoridades no pueden ignorar estos hechos y vamos ahora a afirmar que no los ignoran. Para quejarse de lo que dejamos denunciado nos han visitado varios señores, después de visitar, con la misma queja, al ministro de la Gobernación. El ministro *se ha inhibido*, para no quebrantar su única virtud política. El mal está tan extendido —ha venido a decir el ministro— que es inútil adoptar medida ninguna; explicación que nos pinta al Sr. Bahamonde como hombre dispuesto a acabar solamente con los males que no existen. Por razón análoga, sin duda, *se ha inhibido* también de la cuestión del juego (se juega en tantos sitios como se usa morfina) y en todos los problemas que tiene la obligación de resolver. ¡Cómodo procedimiento este de inhibirse! Los ministros venideros tendrán que agradecer al Sr. Bahamonde el haber inventado una fórmula para calificar dulcemente a los ministros que no sirven para nada[172].

Por su parte, el diario de la noche *La Acción* se sumó a las denuncias realizadas por *El Sol*, ante lo que consideraba un «hecho gravísimo»:

> Madrid se europeiza en estos instantes con todos los vicios de que hasta aquí fueron sede las grandes urbes del continente. A las fiestas ruidosas, humedecidas con el vino

172. Ibid.

> de la tierra y aletargadas con el humo del tabaco, en las que el vicio, con todo lo que es reprobable, tenía mucho de gallardo y varonil, van sustituyendo otros vicios de procedencia extraña, en los que lentamente se deslíen todas las energías y características de la raza. Los morfinómanos son legión en Madrid. Son también numerosos los fumadores de opio y los bebedores de éter. Estragados con tales extravíos la sensibilidad y el gusto, siguen a estas aberraciones otras y otras que no es éste el lugar de enumerar. Y este culto a la morbosidad, digno de la pluma de Jean Lorrain, que al principio debió esconderse en los más recónditos cubículos, se expande ya por la ciudad y encuentra su escenario adecuado en los grandes hoteles, en los restaurantes de moda, en todos los centros de placer, a la luz cegadora de las bombillas eléctricas. Nadie se preocupa de atajar el daño. Como nutritiva menestra o como medicina salvadora, el veneno del opio, de la morfina, del éter, se vende en todas partes en no limitadas cantidades y a cualquiera[173].

Al igual que *El Sol*, el diario *La Acción* también censuraba la actitud del ministro Bahamonde, dejando entrever las consabidas preocupaciones eugenésicas tantas veces manifestadas por unos y por otros:

> Y cuando alguien, advirtiendo todo el peligro que semejante abandono significa para el porvenir de la raza y de España, recurre a la función tutelar del Estado en solicitud de remedio, el señor ministro de la Gobernación se inhibe, oye el relato, duda un poco allá en el fondo de

173. «Policía de costumbres. Lo que nos importan». *La Acción (Diario de la noche)*, 3 de febrero de 1918, p. 1.

su alma de que tales aberraciones puedan cometerse, y por toda solución se encoge de hombros[174].

Incluso el afamado caricaturista Francisco López Rubio publicó en dicho rotativo una viñeta cómica a costa del propio José Bahamonde, en la que podía verse al atribulado ministro junto a su mesa de trabajo y leerse el siguiente pie:

> ¡Válgame Dios! Ahora resulta que para ser ministro de la Gobernación hace falta trasnochar y enterarse de las juegas, de la morfina y de la cocaína[175].

Además, el prestigioso neurólogo y psiquiatra Gonzalo Rodríguez Lafora también intervino desde las páginas de *El Sol*, destacando la proliferación de las personas que calificaba de «morfinistas inducidos»:

> Son espíritus débiles, neuróticos o psicopáticos, que a la menor sugestión de otro morfinómano caen en el vicio del morfinismo. Este es el morfinómano que está ahora constituyendo una preocupación social en Madrid.

Por lo demás, ambos medios —*El Sol* y *La Acción*— eran muy conscientes de que estaban censurando la actitud de «un ministro de la Gobernación en vísperas de elecciones».

Las mismas preocupaciones eugenésicas por el porvenir de la raza manifestadas por *La Acción* y otros medios, a propósito del consumo de drogas y de la pasividad de las autoridades gubernativas, fueron reiteradas en las páginas del diario liberal *El Imparcial*, en este caso a través de la pluma del escritor y

174. Ibid.

175. *La Acción (Diario de la noche)*, 4 de febrero de 1918, p. 3.

periodista Manuel Aparicio Ciges. Además, el *Diario Universal* también se unió a los periódicos ya citados en su denuncia del «aumento alarmante que se advierte en Madrid de aficionados a envenenarse lentamente con morfina, y las facilidades que estos infelices encuentran para entregarse a su loco capricho».

Finalmente, después de las campañas de prensa en Barcelona y San Sebastián, de tanta sangre azul intoxicada con resultado de muerte y de la consiguiente conmoción en las altas esferas[176], de las opiniones vertidas por de médicos y otros empresarios morales, y de la presión mediática ejercida por algunos rotativos madrileños, tuvo lugar la primera intervención del gobierno español en materia de drogas.

En efecto, en respuesta a esa presión mediática y a la alarma desatada entre las «gentes sensatas» y las «Autoridades sanitarias», el gobierno presidido por Manuel García Prieto, del Partido Liberal Demócrata, dio luz verde a una Real Orden Circular del Ministerio de la Gobernación, publicada el 1 de marzo de 1918. En su preámbulo se invocaba el mencionado Convenio Internacional de La Haya sobre Restricción en el empleo y tráfico de opio, morfina, cocaína y sus sales, suscrito por el ejecutivo español. También se asumían las preocupaciones eugenésicas por «el vigor de la raza» manifestadas por tantas voces ante el incremento del consumo de «la cocaína y sus derivados, el opio y sus alcaloides, singularmente la morfina, el éter, el cloral y otros narcóticos y anestesiantes análogos». El Gobierno intentaba, de este modo, frenar su avance

176. Además del fallecimiento del conde de Villanueva del Soto, durante los años de la Primera Guerra Mundial se registró la muerte por sobredosis de cocaína o morfina de al menos otros tres aristócratas españoles en la flor de la vida: los marqueses de Casa Montalvo y de Lozoya y el príncipe Pignatelli de Aragón. Cfr. Usó, Juan Carlos: *Drogas, neutralidad y presión mediática*. Santander: El Desvelo; 2019, pp. 197-203.

«no sólo en boticas y droguerías, sino en cafés, casinos, bares y otros centros de recreo». En la parte dispositiva, la Real Orden establecía lo siguiente:

> 1º Que por las Autoridades sanitarias y los funcionarios de la Policía se vigile de una manera constante y eficaz el cumplimiento de lo prescrito en el capítulo 5º de las Ordenanzas de Farmacia, sobre la venta de productos medicinales y substancias venenosas en las droguerías y fábricas de productos químicos.
>
> 2º Que igualmente sean vigiladas cuidadosamente por los Subdelegados las Farmacias para que no se expendan en ellas medicamentos, narcóticos, anestesiantes y cuantos contengan substancias venenosas sin receta escrita y firmada por un Médico, quedando la receta en poder del Farmacéutico y debiendo ser renovada por aquél tantas veces como haya de ser repetido el medicamento.
>
> 3º Que asimismo no se despachen sin receta, escrita y firmada por un Médico, paquetes, cajas de píldoras, pastillas, comprimidos, sellos, papeles, polvos estornutatorios, tubos preparados para inyecciones, pociones o bebidas, o cualquier otro preparado, constituya o no especialidad farmacéutica, siempre que contengan dichas substancias narcóticas, anestésicas y en general tóxicas.
>
> 4º Que por la Policía gubernativa sean perseguidos con todo rigor las casas de lenocinio, cafés, bares y demás sitios de reunión en que haya sospecha de que se proporcionan dichas substancias a los clientes para el mantenimiento del vicio.
>
> 5º Que se castigue a los infractores de esta disposición, aplicándoles las penalidades señaladas en el capítulo 8º de las Ordenanzas de Farmacia, y se pase sin demora el tanto de culpa a los Tribunales de justicia cuando el hecho

constituya delito o falta de los castigados por el Código Penal[177].

Los noctámbulos de Barcelona en pie de guerra

A finales de 1915, poco después de acceder el conde de Romanones a la presidencia del Consejo de Ministros, una comisión de la Unión General de Trabajadores solicitó y obtuvo audiencia para «pedir al gobierno la pronta aprobación de determinadas leyes sociales», entre ellas la abolición del trabajo nocturno.

Algunos medios católicos veían con buenos ojos esta aspiración del sindicato UGT, sobre todo, porque suponían que, con la abolición del trabajo nocturno, desaparecería también el ocio nocturno:

> A la abolición no se llegará. Aunque parece, y así es en efecto, que el trabajo nocturno va contra la misma naturaleza, la evolución sufrida por las cosas, la vida moderna tan agitada, tan febril, tan continua que no admite alto alguno, ha desvirtuado la noche, convirtiéndola en una prolongación del día.
>
> Claro está que la abolición del trabajo nocturno nos parecería muy bien. Traería la desaparición de la vida nocturna de casinos, de cafés y de teatros, y la pureza de las costumbres y la moralidad pública ganarían enormemente. Los periódicos matutinos igual podían aparecer por la tarde. El pan lo mismo se podría cocer habiendo luz solar. En el trabajo nocturno sólo una excepción cabría para policías y serenos[178]

---

177. «Ministerio de la Gobernación. Real orden». *Gaceta de Madrid*, 1 de marzo de 1918, p. 626.

178. «Crónica social española». *Revista Católica de las Cuestiones Sociales*,

Por supuesto, ni se consiguió acabar con el trabajo nocturno, ni mucho menos con el ocio nocturno, aunque intentos —todos ellos frustrados— no faltaron por parte de las autoridades gubernativas de poner coto a este último, apelando a distintas razones, sobre todo en Barcelona, cuya vida nocturna gozaba de gran fama y predicamento, «no ya en España, sino incluso en el extranjero, por el libertinaje existente»[179].

En este sentido, debemos mencionar en primer lugar la iniciativa llevada a cabo por el gobernador civil Félix Suárez Inclán, haciendo servir como pretexto el juego de azar, y que, salvando lógicas diferencias, recuerda mucho a lo sucedido en Madrid en 1904 con el Café de Fornos.

Tipificado como delito en el Código Penal de 1870, todo lo que hacía referencia al juego se hallaba a merced de la voluntad —por no decir capricho— de los ministros de la Gobernación y de los gobernadores civiles. Según Paco Villar, «cada uno de ellos determinaba a su antojo el grado de tolerancia que para el juego debía otorgarse»[180]. Como es natural, esta situación se prestaba a todo tipo de corruptelas: lo que en unas partes se consideraba lícito, en otras se tenía como ilegal, y la tolerancia dispensada a unos, se les negaba a otros.

El clima de tranquilidad que se respiraba en Barcelona al respecto se quebró a principios de julio de 1916, cuando el marqués de Camps, diputado de la Lliga Regionalista, denunció ante el Congreso de los diputados la impunidad con la que se transgredía el Código Penal en Barcelona en materia

---

enero de 1916, p. 63.

179. «El gobernador y los music-halls». *El Diluvio (Diario republicano)*, edición de la mañana, 14 de octubre de 1917, p. 8.

180. Villar, Paco: *Historia y leyenda del Barrio Chino (1900-1992). Crónica y documentos de los bajos fondos de Barcelona.* Barcelona: La Campana; 1996, p. 85.

de juegos de azar. El gobernador civil Suárez Inclán se vio ante una disyuntiva de difícil solución. Por una parte, el juego que se practicaba en cafés, tabernas y music-halls no estaba estrictamente fuera de la ley, pero era el que el marqués de Camps incitaba a perseguir. Por otra parte, el juego que tenía lugar en casinos y círculos privados, perfectamente punible, parecía intocable.

Suárez Inclán optó por dar órdenes terminantes a la policía para que «se cerraran a la una y media todos los establecimientos donde se hace vida nocturna»[181]. La actuación policial tuvo como resultado que «mozos, cocineros, músicos y demás empleados echados a la calle a consecuencia de dicha orden se organizaron en manifestación y dieron no poco quehacer a la policía», montando un gran tumulto en la parte final de las Ramblas y el comienzo de El Paralelo, un espectáculo espontáneo que hizo las delicias de «los numerosos noctámbulos que en Barcelona, como en toda gran ciudad, existen».

El diario republicano *El Diluvio*, abiertamente partidario de la reglamentación del juego, calificó la intervención policial contra los «refugios de trasnochadores», y la consiguiente respuesta de las personas afectadas, como un «acontecimiento memorable», al tiempo que se pronunciaba con sorna acerca de una medida que consideraba a todas luces ineficaz:

> Si el escándalo está en las reuniones nocturnas de «ambos sexos», el señor gobernador puede ufanarse de haber promovido el escándalo mayor que Barcelona ha visto, aglomerando en alborotada confusión a los que si pecaban, era en discretos y retirados aposentos.
>
> [...]

181. «Gacetilla». *El Diluvio (Diario republicano)*, edición de la tarde, 7 de julio de 1916, p. 2.

> La algarada de la Rambla no ha curado nada; carece de eficacia. Si en realidad se han cerrado salas de juego, se volverán a abrir [...]
>
> Y como, entretanto, el juego y los recreos nocturnos no han de extinguirse con procedimientos coercitivos[182].

Por la mañana, los propietarios de los establecimientos obligados a cerrar a la una y media de la madrugada, recorrieron en comisión El Raval o Distrito V, pidiendo solidaridad. A mediodía, el cierre era general. En las puertas había letreros que avisaban: «cerrado por causas ajenas a la empresa».

Según Paco Villar, en algunos cafés, sin puertas porque su servicio era permanente, un mozo apostado en la entrada comunicaba a la clientela la interrupción de toda actividad. Mientras tanto, crupiers, «camareros y camareras, músicos, acomodadores, "botones", porteros, bailadoras y cupletistas» se iban congregando en las aceras de la calle Nou de la Rambla. Poco faltó para que no fuesen aprovechados como tribunas los bancos y «se organizase el más pintoresco de los mítines», en palabras de *El Diluvio*. Se tomó la resolución de celebrar una manifestación en la Rambla a medianoche y acto seguido partió una comitiva hacia «La Bombilla, La Suerte Loca, el Pay-Pay, La Hechicera y La Patria Chica» en busca de adhesiones. Reunidos en La Hechicera, la protesta adquirió cariz político, profiriéndose gritos contra el gobernador civil y contra el marqués de Camps. Un teniente de seguridad puso fin al vocerío[183].

Al avanzar la noche la aglomeración en la Rambla del Centro era impresionante. Sobre la una de la madrugada la singular

182. «Crónica diaria. El encargado del cierre». *El Diluvio (Diario republicano)*, edición de la mañana, 8 de julio de 1916, p. 6.
183. «Alboroto de varietés». *El Diluvio (Diario republicano)*, ed. de la mañana, 8 de julio de 1916, pp. 6-7.

manifestación inició la marcha sin ser molestada por la policía, apostada en las bocacalles. Por seguridad, se habían apostado varias parejas de agentes de policía cerca del palacio del marqués de Camps y un retén frente a la sede de la Lliga Regionalista. Según la prensa barcelonesa, unos cuatrocientos individuos, «dando mueras a determinados elementos políticos», enfilaron la calle Canuda, donde tenía su domicilio el citado aristócrata y diputado de la Lliga, pero antes de llegar a su objetivo sonaron varios disparos y, tras un toque de atención de corneta de las fuerzas de seguridad, varios policías cargaron contra los manifestantes, que se desperdigaron en varias direcciones[184].

No se practicó ninguna detención, ni se registró ningún herido, pero aquel acto sin precedentes en Barcelona tuvo sus secuelas. Los industriales cafeteros y otras personas afectados por las disposiciones gubernativas, hasta un total de 200, se reunieron en uno de los salones del Café Australia[185] y tomaron la decisión de remitir un escrito al ministro de la Gobernación en el que rechazaban «las falsas imputaciones de que han sido objeto las autoridades gubernativas de esta capital y sus agentes y los industriales cafeteros de Barcelona al afirmarse por varios diputados en pleno Congreso que en los establecimientos pú-

184. «Noticias generales». *Diario de Barcelona (de avisos y noticias)*, edición de la mañana, 8 de julio de 1916, pp. 11-12 ó 8745-8746; «Una manifestación. Disparos de arma de fuego. Desbandada de manifestantes. Explosión de un petardo». *La Publicidad (Eco de la industria y del comercio. Diario de anuncios, avisos y noticias)*, 8 de julio de 1916, p. 5; Aguilar, Mario: «Cartas catalanas. Tangópolis». *El Imparcial (Diario liberal)*, 15 de julio de 1916, p. 3 y Villar, Paco: *Historia y leyenda del Barrio Chino (1900-1992). Crónica y documentos de los bajos fondos de Barcelona.* Barcelona: La Campana; 1996, p. 86.
185. «Reunión de industriales cafeteros y similares». *La Publicidad (Eco de la industria y del comercio. Diario de anuncios, avisos y noticias)*, 8 de julio de 1916, p. 5.

blicos e industriales de esta se jugaba a juegos ilícitos». Y en el que terminaban suplicando que «teniendo por formulada la presente protesta, se sirva acordar queden sin efecto las órdenes del excelentísimo señor gobernador de Barcelona respecto al régimen seguido en los cafés y establecimientos similares, volviendo las cosas en el ser y estado que hasta ayer habían tenido, consintiéndose en consecuencia, en los establecimientos los juegos lícitos que durante tres años, sin protesta de nadie, habían sido objeto de honrada tolerancia». Además, también enviaron telegramas de protesta al presidente del Consejo y a los diputados señores Plaja, marqués de Camps, Lerroux, Giner de los Ríos, Cambó, Ventosa y Bertrán Musitù. La instancia y los telegramas llevan ochenta y seis firmas.

El diario republicano *El Diluvio*, que se lamentaba de que el gobernador civil no se pusiera «a tono con las costumbres de una ciudad europea como Barcelona»[186], no tenía inconveniente en reconocer que «una gran masa de barceloneses se esparce de noche por sitios abiertos a la vigilancia policiaca, donde [...] no se comete infracción alguna de leyes y reglamentos», como tampoco se andaba por las ramas a la hora de cuestionar las disposiciones coercitivas del gobernador civil Suárez Inclán y apostar por otro tipo de soluciones:

> Que esa afluencia de gente acredita o desacredita el decoro de la ciudad, ¿y qué? Por la educación, la persuasión [...] y el ejemplo, influyan los que de verdad sientan que ha de mejorarse, ennoblecerse y purificarse la vida de una gran parte de nuestra clase media[187].

186. «Gacetilla». *El Diluvio (Diario republicano)*, ed. de la tarde, 8 de julio de 1916, p. 2.
187. «Crónica diaria. Blanqueadores de sepulcros». *El Diluvio (Diario republicano)*, edición de la mañana, 9 de julio de 1916, p. 7.

Finalmente, a principios de 1917 dimitía Suárez Inclán, y algunos días después el Senado nombraba una Comisión que debía sacar adelante un hipotético proyecto de reglamentación del juego. Como concluye Paco Villar, dicho proyecto «nunca se llevó a cabo».

En el otoño de ese mismo año tuvo lugar otro episodio similar al descrito que también tenía como objetivo asestar un golpe de muerte al ocio nocturno en la Ciudad Condal. En esta ocasión, las autoridades competentes no agitaron el señuelo del juego, sino que fueron directamente a por los music-halls.

A finales del mes de septiembre, nada más ser nombrado gobernador civil de Barcelona, Eduardo Sanz Escartín declaró que iba a llevar a cabo una profunda campaña moralizadora y que se proponía «ser inexorable con los espectáculos en los que se prescinda del decoro más elemental». Y para que sus intenciones no quedaran en meras palabras prohibió una «obra de carácter obsceno», considerada por otros medios directamente como «pornográfica», que se estaba representando en el Moulin Rouge e impuso una sanción de 500 pesetas a la empresa responsable, una acción ejemplarizante de la se hicieron eco incluso periódicos madrileños y valencianos[188].

La siguiente medida adoptada por Sanz Escartín fue decretar el cierre de los establecimientos públicos a partir de las tres de la madrugada. Una comisión de propietarios de los locales afectados visitó la sede del *El Diluvio* para exponer en la Redacción del diario republicano el perjuicio que tal medida ocasionaría, no sólo a los dueños sino que dejaría sin trabajo a «numerosas artistas, músicos y un sinnúmero de empleados que viven actualmente del trabajo que prestan en los music-halls». Responsables del periódico, conscientes de que la deci-

188. «El Día en Barcelona. Obra moralizadora». *El Día (Diario de la noche)*, 26 de septiembre de 1917, p. 2.

sión del gobernador «podría ocasionar un conflicto de orden público», como ya había ocurrido el año anterior, visitaron a Sanz Escartín, pero el nuevo gobernador civil de Barcelona se mostró inflexible. Las razones argüidas se basaban en que a partir de la hora de cierre señalada el volumen de negocio que podía realizarse en este tipo de establecimientos era «insignificante», que era preciso ir «moralizando esta ciudad» habida cuenta de su «fama, no ya en España, sino incluso en el extranjero, por el libertinaje existente—, que no se podía tolerar —el servicio de niños en los referidos lugares— y, por último, que tampoco eran admisibles —ciertas escenas que en la madrugada se desarrollan en los foyers».

Ante la intransigencia del gobernador civil, fue a visitarle una comisión, presidida por el teniente de alcalde señor Grañé, para que concediera «alguna mayor libertad a los cafés conciertos y «music-halls»», pues de lo contrario podían verse obligados a cerrar, «quedando sin ocupación más de 4.000 personas»[189].

Ningún argumento conseguía ablandar a Sanz Escartín en su empeño en imponer el cierre a las tres de la madrugada de todos los establecimientos, incluidos «music-halls, bars, cafés, peluquerías y demás establecimientos similares», por lo que el diario *El Diluvio* emprendió una activa campaña de prensa contra esta medida, invocando los consabidos razonamientos y poniendo un énfasis especial en el carácter cosmopolita de la Ciudad Condal:

> El señor Sanz Escartín, al tomar tal resolución, demuestra que desconoce nuestra capital.
>
> Barcelona, señor gobernador, no es un villorrio.

189. «De Barcelona». *El Pueblo (Diario republicano de Valencia)*, 14 de octubre de 1917, p. 14 y «Provincias españolas. En Barcelona». *La Nación*, 14 de octubre de 1917, p. 14.

> Barcelona, ciudad de más de 700.000 almas, tiene sus usos, sus costumbres, y contra el parecer del gobernador, afirmamos que no es nuestra ciudad de las que se distingan por el vicio desenfrenado.
>
> La vida nocturna aquí transcurre plácidamente, no hay broncas, ni se ve por las calles el repugnante espectáculo de los beodos.
>
> Los ciudadanos, después de su trabajo diurno, salen por la noche y buscan en los sitios de recreo algo que los distraiga, algo que les alegre, algo que les haga olvidar durante unas horas la febril nerviosidad de los negocios.
>
> Esa gente, que no es viciosa, acude a los conciertos, frecuenta los cafés, bars y restaurantes y allí en alegre tertulia pasa la velada, sin atentar contra la moralidad ni causar daño a nadie.
>
> Nosotros no concebimos Barcelona sin esa vida nocturna, sin esos bars abiertos toda la noche, sin esos conciertos y cabarets en los cuales no se presentan escenas tan repugnantes y atentadoras a la moral como ha hecho creer el gobernador.
>
> No concebimos que una capital moderna, en pleno siglo XX, por orden gubernativa tenga que cerrar las puertas de sus establecimientos a las tres de la madrugada[190].

El diario republicano, que no tenía inconveniente en calificar la orden de Sanz Escartín de «ridícula [...], reaccionaria, estúpida y antibarcelonesa», defendía la vida nocturna de la capital catalana, más allá de las tres de la madrugada, insistiendo en su carácter pacífico:

190. «¿El gobernador contra Barcelona?». *El Diluvio (Diario republicano)*, edición de la mañana, 15 de octubre de 1917, p. 6

Uno de sus mayores encantos es la vida de noche, por la placidez y la tranquilidad con que transcurre y por el número relativamente elevado de aficionados que tiene.

Y esta vida de noche, señor gobernador, no quita ni añade moral a Barcelona. Que no interrumpa la vida nocturna a las tres de la madrugada o que esta vida se empalme con la diurna, nada gana la señora moral, ni el orden ni ninguna otra de las cosas sagradas por las cuales tanto se desvela el gobernador.

Esta vida nocturna de Barcelona es una de las características más agradables de nuestra ciudad.

La medida de cierre adoptada por el gobernador civil de Barcelona fue aplaudida por algunos medios, incluso de fuera de Barcelona, pero chocó con la oposición frontal de *El Diluvio*. Curiosamente el diario republicano barcelonés, al igual que había sucedido en Madrid con el periódico *El Globo* a propósito de la acción similar emprendida en 1904 por el entonces gobernador civil de Madrid, conde de San Luis, también calificó de ucase o edicto zarista aquella orden de Sanz Escartín que entendía como «anacrónica e impropia de Barcelona»[191].

La presión mediática ejercida por *El Diluvio* no tardó en dar frutos, pues la disposición de cierre dictada por el gobernador con carácter general no tardó en quedar limitada a los cabarets, music-halls y bares de camareras. Lo cual no impidió que el diario republicano prosiguiera con una campaña que consideraba justa:

¿Qué daño causa a nadie que los bares, cervecerías y restaurantes estén abiertos toda la noche?

191. «¿El gobernador contra Barcelona?». *El Diluvio (Diario republicano)*, edición de la mañana, 16 de octubre de 1917, p. 7.

> En ellos no se atenta a la moral y constituyen un buen servicio para los ciudadanos, lo mismo para los noctámbulos que para los que por sus ocupaciones tienen que madrugar.
>
> Todo esto el gobernador supo entenderlo a tiempo y evitó que se consumara la orden.
>
> Pues bien; así como ha rectificado en parte, esperamos que acabará haciéndolo totalmente. Porque tampoco es justo, señor Sanz Escartín, que se obligue a cerrar a los music-halls y a los cabarets a las tres de la madrugada. Y no lo es porque en aquellos establecimientos de diversión no se causa tampoco daño a nadie, ni se dan en los mismos espectáculos inmorales que ofendan ni ultrajen el pudor. Si fuera así, nosotros seríamos los primeros en combatirlos y aplaudiríamos la orden del gobernador[192].

Ante el apremio de *El Diluvio*, el gobernador civil introdujo en el debate un nuevo argumento, manifestando que la orden obedecía en parte a quejas que había recibido de los empleados de algunos de los referidos establecimientos, «en varios de los cuales se les obliga a trabajar catorce horas diarias». El motivo esgrimido por Sanz Escartín invocando «el exceso de trabajo que pesaba sobre los empleados» obtuvo rápida respuesta por el diario republicano, que sugirió como solución «la conveniencia de que los empresarios distribuyeran el servicio en turnos»[193].

Dicho y hecho, una representación de empleados del Edén Concert visitó al señor gobernador civil para manifestarle que «el personal de este music-hall presta ya servicio distribuido en

192. «El cierre a las tres de la madrugada». *El Diluvio (Diario republicano)*, edición de la mañana, 17 de octubre de 1917, p. 7.
193. Ibid.

turnos, lo cual le permite disfrutar del necesario descanso, por muchas que sean las horas que aquél permanezca abierto al público». No fue la única comisión de trabajadores nocturnos que acudió al Gobierno civil en demanda de un trato más equitativo. También las camareras del cabaret Excelsior y del music-hall Monte Carlo visitaron a Sanz Escartín para comunicarle que «en sus respectivos establecimientos ha quedado distribuido el trabajo en turnos, lo cual les permite reservarse las necesarias horas para el descanso». Por su parte, los músicos que amenizaban las veladas en el Café Río de la Plata, ubicado en el número 12 de la Rambla del Centre, y cuyo sótano albergaba Au Cabaret du Tango, le expusieron sus cuitas particulares, que difícilmente podían solucionarse implantando turnos:

> […] En este establecimiento el concierto empieza a la una de la madrugada. El local no tiene reservados y la orquesta desde que empieza hasta que amanece no ejecuta más baile que el tango argentino. Los músicos no trabajan más allá que de tres a cuatro horas.

A Sanz Escartín parecía que no le podían salir peor las cosas, y el periódico *El Diluvio* proseguía con su insistente campaña:

> Barcelona no es un villorrio sino una ciudad cosmopolita, de más de 700.000 habitantes, en la que es ridículo limitar a los ciudadanos la hora en que [se] han de retirar.
>
> ¿Cuándo se acabará de convencer de ello el señor Sanz Escartín?[194]

194. «Esquellots». *L'Esquella de la Torratxa (Periódic humorístic)*, 19 d'octubre de 1917, p. 12.

Para colmo de males del gobernador, el semanario satírico, de ideología republicana y anticlerical *L'Esquella de la Torratxa* se jactaba de que Sanz Escartín hubiera tenido que recular en su propósito inicial de cerrar determinados locales a las tres de la madrugada, mientras afirmaba que era algo de prever pues en caso contrario dónde hubieran pasado el rato la mayoría de inspectores de policía se preguntaba con sorna el periódico humorístico[195].

No obstante, el gobernador civil se mantenía inamovible en lo tocante al horario de cierre de los cabarets y music-halls. Mientras *El Diluvio* anunciaba la previsible derrota de tal medida:

> [...] Esto del cierre a las tres pronto será «un mito».
>
> Lo que dijimos, señor San Escartín. Esta disposición se había intentado otras veces en Barcelona, pero siempre, como ahora, ha fracasado, y siempre, como ahora, fracasará.
>
> ¿Ya está plenamente convencido de ello el gobernador?

Quizá para ganar tiempo, pues el Gobierno presidido por el conservador Eduardo Dato tenía los días contados, el gobernador civil se mostró tolerante, demorando por unos días el cumplimiento de su orden de cierre nocturno, algo que celebró *El Diluvio* como una victoria propia:

> Esta madrugada última los empresarios de music-halls han tenido los establecimientos abiertos hasta la hora de costumbre. ¿Y se ha enterado el señor Sanz y Escartín de cómo no ha ocurrido ningún incidente ni nota desagradable?
>
> No podía ser, señor gobernador, cerrar a las tres los establecimientos que durante años y más años han perma-

195. «El cierre a las tres de la madrugada». *El Diluvio (Diario republicano)*, edición de la mañana, 19 de octubre de 1917, p. 7.

necido abiertos hasta altas horas de la madrugada. Se lo dijimos varias veces y celebramos que, por fin, le hayamos convencido.

Por su parte, periódicos como el *Heraldo de Gerona* ironizaban a propósito del «arrechucho de moralidad» de Sanz Escartín. Sin embargo, los integrantes de la Unión de Empresarios de Music-halls, ante la amenaza de verse obligados a cerrar sus establecimientos a las tres de la madrugada, mientras se permitía que determinados círculos recreativos de casinos privados abrieran sin límites horarios, no estaban para ironías. Así, convocaron una reunión en la Gran Peña, a la que asistieron unas 1.500 personas, entre empresarios, «coupletistas, camareros, acomodadores y demás empleados», que por aclamación acordaron «ir todos en manifestación hasta el Gobierno civil, para poner al corriente al gobernador del conflicto que está a punto estallar», figurando en dicha exteriorización pública «gran número de artistas»[196].

La manifestación tuvo que ser disuelta por la policía en dos tentativas, pero el asunto no quedó definitivamente zanjado hasta que Sanz Escartín presentó la dimisión como gobernador civil de Barcelona, que no se hizo efectiva hasta publicarse en la *Gaceta de Madrid* del 27 de noviembre de 1917.

El diario *La Época* lamentó que con la dimisión de Sanz Escartín quedara interrumpida su obra moralizadora:

> Había comenzado una represión efectiva de las publicaciones obscenas y espectáculos del mismo jaez, que aquí abundan escandalosamente, así como una campaña de protección a la niñez contra los abusos de la codicia y prohi-

196. «La manifestación de ayer». *El Diluvio (Diario republicano)*, edición de la mañana, 3 de noviembre de 1917, pp. 7-8.

bición de emplear adolescentes, como en la actualidad está ocurriendo, en los music halls y otros lugares semejantes.

En cualquier caso, era la segunda vez, en menos de año y medio, que el mundo de la noche barcelonesa se manifestaba por las Ramblas defendiendo precisamente el derecho a la vida nocturna en contra de las pretensiones gubernativas.

Tiempo de apagones

El ocio nocturno en esta época contaba con otros enemigos aparte de ciertos ministros con ínfulas reformadoras y de gobernadores civiles ávidos de moralizar las provincias sometidas a su autoridad. Nos referimos a los nada infrecuentes cortes de fluido eléctrico.

Por ejemplo, en septiembre de 1918, un inoportuno apagón del alumbrado público —y a juzgar por los comentarios de la prensa local no era el primero que se producía— dejó a oscuras al «gran gentío» que había acudido a la Feria de Soria[197].

Ese mismo mes, el diario republicano alicantino El Luchador se quejaba de que «todas las noches, a la misma hora aproximadamente» se vieran sorprendidos por «el cotidiano apagón de la luz». Lo que más chocaba a los responsables de este periódico es que, sobre ser cortes de electricidad que se producían a diario, tan sólo afectaran a «algunas líneas nada más». Por eso exhortaban al alcalde de la ciudad para que se informara del motivo de la deficiencia y procediera a su corrección.

Pero el corte de fluido eléctrico de mayor trascendencia durante el mes señalado tuvo como escenario la propia capital del Reino, anunciándose la víspera en la *Gaceta de Madrid*, a través de una Real orden firmada por el ministro de Abasteci-

197. «Noticias». *El Noticiero de Soria*, 20 de septiembre de 1918, p. 2.

mientos. En el preámbulo de la referida orden se invocaba la «propuesta formulada por el Comité provincial de productores y consumidores de fluido eléctrico» y se justificaba la anunciada interrupción de dicho fluido en base a «las restricciones que en el consumo del mismo se impone por el prolongado estiaje que dificulta el normal funcionamiento de las Centrales hidráulicas que sostienen en Madrid el servicio de alumbrado y energía para motores». Y en virtud de la cual se dispuso lo siguiente:

> 1.º Que desde el día 19 del mes corriente se interrumpirá diariamente el suministro de fluido eléctrico en todas las líneas de baja tensión de Madrid desde las siete a las nueve de la mañana y desde las doce a la una de la tarde, y los días festivos desde las siete a las once de la mañana.
>
> 2.º Los comercios cerrarán sus puertas y escaparates a las ocho de la noche, excepto las farmacias, ultramarinos, estancos y demás establecimientos análogos, los cuales podrán tener abierto hasta las nueve, pero procurando tener sólo la mitad de lámparas de las que usualmente utilicen, distribuyéndolas entre el exterior y el interior, según en cada caso especial convenga. El Comité provincial de consumidores y productores informará sobre las demás excepciones que procedan.
>
> 3.º Los espectáculos públicos deberán terminar a las doce y media de la noche, y los cafés, casinos, restaurantes y tabernas, sólo podrán estar abiertos hasta la una y media.
>
> 4.º El último servicio de tranvías se realizará a las dos de la madrugada, saliendo a esta hora el último tranvía de la Puerta del Sol o de la Carrera de san Jerónimo para los extremos de línea donde hayan de encerrarse los coches, y no reanudarán el servicio hasta las seis de la mañana.
>
> 5.º Sólo se permitirán los anuncios luminosos desde las ocho y media a las nueve de la noche.

> 6.º Los Agentes de la Autoridad vigilarán con la mayor atención el cumplimiento de estas órdenes[198].

El apagón, anunciado también por algunos periódicos, trastocó por completo la vida nocturna madrileña. El periódico *La Correspondencia de España* hizo el siguiente esbozo de la situación vivida:

> Madrid ofreció anteanoche un aspecto lamentable. Los teatros debieron terminar sus representaciones a las doce y media. A la una y media se quedaron sin luz los cafés, tupis, restaurantes, colmados, etc.
>
> Hubo que improvisar en ellos iluminaciones de todo género.
>
> El quinqué, el velón, la bujía hueca y el acetileno sustituyeron al gas y la electricidad.
>
> Pero lo más desagradable fue que los tranvías suspendieron su servicio a las doce y media en algunas líneas, a la una en otras, y a la una y media en las demás. Y como se había dicho oficialmente que los últimos tranvías saldrían a las dos de la madrugada de la Puerta del Sol, y como de noche no hay carruajes de punto, fueron infinitas las personas que debieron dirigirse a sus domicilios a pie y lloviendo[199].

Por su parte, el diario *El País* también ofreció unas pinceladas en términos parecidos:

> A la hora indicada por el ministro, comenzó anoche el

198. «Ministerio de Abastecimiento. Reales órdenes». *Gaceta de Madrid*, nº 261, 19 de septiembre de 1918, p. 766.
199. «El apagón». *La Correspondencia de España*, 21 de septiembre de 1918, p. 4.

apagón y el cierre de establecimientos. Los cafés se habían provisto de lámparas de petróleo y acetileno, para el momento en que las Compañías dejaran sin luz a los clientes. Y fue gracioso ver cómo en muchos cafés, Fornos por ejemplo, la gente se resistía a dejar su sitio, promoviéndose verdaderos conflictos.

A las dos se habían cerrado todos los cafés del centro, y las grandes calles ofrecían un deplorable aspecto.

Los «bares», que alegraban la vida de las últimas horas de la noche, se cerraron también, y el público que salía de los teatros hubo de sufrir ese antipático espectáculo[200].

Si bien el periódico republicano reflejaba algunas excepciones en virtud del clasismo reinante:

> Los casinos aristocráticos también cerraron por fuera, pero por dentro, no se alteró nada. Siguió la luz, siguieron las tertulias, siguió el juego. Decimos esto porque lo hemos visto. Uno de nuestros redactores subió a un casino de esos y pudo darse perfecta cuenta de la poca equidad con que la orden se ha cumplido y de la siempre molesta distinción de clases al ponerse en práctica tales procedimientos ministeriales.
>
> Algunos establecimientos de bebidas no cerraron, iluminándose también con bujías y lámparas de acetileno.

Por lo demás, *El País*, que no se recataba a la hora de calificar como «deplorable» el efecto del apagón, cargaba las tintas contra el titular del Ministerio de Abastecimientos, a quien hacía único responsable de ese torpedo en la línea de flotación

200. «Cierre y apagón. Ventosa contra Madrid. A la una y media...». *El País (Diario republicano)*, 20 de septiembre de 1918, p. 2.

de la capital española, quizá en parte por ser catalán y, además, miembro fundador de la Lliga Regionalista:

> El Sr. Ventosa ha dictado sencillamente una disposición contra Madrid. Es intolerable. A causa, de ella sufren una merma, considerable en sus intereses, muchos miles de ciudadanos. Se explica el anuncio de huelga general.
>
> Se explica todo.
>
> El Sr. Ventosa se ha igualado a Cierva en lo de ir contra la corriente y buscar mayores conflictos de los que se pretenden resolver; pero es mucho más majadero todavía.
>
> El fracaso es enorme. Ni un solo periódico ha disculpado sus grandes equivocaciones. Se le ha recibido con protesta y cencerrada. Por eso el pequeño ministro [...] se ha vengado de mil modos distintos; primero de los ataques de la Prensa, haciendo a los periódicos todo el daño que ha podido —y cuentan que hará mucho más, si puede— y luego de la antipatía que ha merecido su persona ministerial al público, dejándolo sin luz y sin diversiones, convirtiendo Madrid en un pueblecito.
>
> ¡Es mucho Ventosa ese! ¡Mucho Ventosa!

No es de extrañar, pues, que *La Correspondencia de España*, en un arranque de pesimismo, se apresurara a dar por liquidado el ocio nocturno en la Villa y Corte:

> La vida nocturna ha muerto en Madrid. Sépanlo los dueños de espectáculos y de establecimientos con clientela nocherniega[201].

201. «El apagón». *La Correspondencia de España*, 21 de septiembre de 1918, p. 4.

Tal y como afirma Rag Cuter en su historia social del jazz primitivo[202], a lo largo del siglo XIX la música fue convirtiéndose en el principal entretenimiento, tanto dentro del hogar como fuera, en locales o amplios salones, donde su cometido era acompañar el baile, meneo popularmente preferido a las compuestas salas de recitales concertísticos; de igual modo, la música podía constituir la principal afición de uno o varios miembros de una familia.

A la carta de bailes dominada por valses, polcas, mazurcas, machichas, chotis y pasodobles, durante los años de la Primera Guerra Mundial e inmediatamente posteriores irrumpieron dos nuevos ritmos que habrían de revolucionar el contoneo de los cuerpos durante los años 20. Nos referimos, cómo no, al tango y al jazz.

En realidad, el tango desembarcó en España a principios del siglo XX. Según el docente y escritor Rogelio Alaniz, «ya en 1904 el sello Odeón divulgaba en la tierra de la pandereta los tangos del Tano Genaro»[203]. Por su parte, el también profesor y escritor Javier Barreiro sitúa su llegada dos años más tarde, concretamente «a finales de 1906, cuando una pareja que se hacía llamar Las Argentinas, compuesta por la bonaerense María Cores y la italiana Olimpia d'Avigny, que luego triunfaría como cupletista, importó el tango criollo y dio también motivo a toda suerte de reprobaciones»[204].

---

202. Rag Cuter: *Historia social del jazz primitivo. 1. Del pantano de la esclavitud al blues de la segregación.* Granada: Corazones Blindados–La Carbonería–Centro Europeo para la Difusión de Ciencias Sociales (CEDCS)–Biblioteca Afroamericana Madrid (BAAM); 2023, pp. 222-223.
203. Alaniz, Rogelio: «El tango y España», *Rogelio Alaniz*, 4 de marzo de 2016, https://rogelioalaniz.com.ar/2016/03/04/el-tango-y-espana/
204. Barreiro, Javier: «El tango en Zaragoza», *Javier Barreiro*, 11 de junio

Buena parte de esas reprobaciones tenían que ven con el hecho de que el tango era un baile considerado indecoroso y obsceno por la Iglesia católica. Repudiado y condenado por muchos sacerdotes, el Papa Pío XI pidió ver con sus propios ojos una representación de aquel baile que tanto escandalizaba y que ante él escenificaron una pareja de hermanos[205].

Sin embargo, nos consta que en 1915 la Banda Municipal de Barcelona interpretaba tangos de manera habitual en sus presentaciones públicas y Juan Manuel Peña asegura que incluso llegó a grabar algunos tangos[206]. Lo cual quiere decir que el nuevo ritmo llegado de Argentina ya estaba muy asentado en España en plena Primera Guerra Mundial. Al menos, en Barcelona causaba auténtico furor:

> [...] Lo bailan los horteras y los «lyons», los estudiantes, los profesionales amorosos, y subiendo a nuestros contados salones, enlaza a las damiselas y a los petrimetres, que lo aprendieron de las «cocottes» educadoras. No desconfiemos de que el patriotismo se lo haga suyo, y así como hay «La comparsa catalana de danzantes», folklórica, aparezca la «Unión catalana de tanguistas».
>
> Tango en La Buena Sombra, tango en el Alcázar, y en el Royal, y en Novelty, y en todos los «foyers» de todos los cafés-conciertos recientes y tradicionales. Tango en el Lyon d'Or, tango en las pulidas tabernas de la Rambla, tango en los restaurantes de las calles droláticas, tango en nuestra catedral coreográfica, en ese Edén-Concert fabuloso,

---

de 2014, https://javierbarreiro.wordpress.com/tag/francisco-spaventa/

205. Di Fazio, Gerardo: «El tango y la religión: cómo pasó de ser repudiado por los curas a ser bailado frente a los Papas», *Infobae*, 8 de enero de 2022.

206. Peña, Juan Manuel: «El tango en España», *Todo Tango*, https://www.todotango.com/historias/cronica/355/El-tango-en-Espana/

> que otra vez vuelve a renacer de sus cenizas. Cuando repican las campanas la misa primera, los cíngaros siguen invitando a los retorcidos balanceos, y anuncian más la llegada del Sol los violines tanguistas que los de la aurora. Entonces, las cuarenta camareras de La Bohemia, y las cincuenta de La Cibeles, y las sesenta de La Suerte Loca, y las setenta del Pay-Pay o la Bombilla, las de todos los-rincones estrafalarios y el ejército de Citerea que maniobra en los «bars» y en las reuniones clandestinas, deja la labor de velar por la alegría de la noche barcelonesa, entregándose a la danza sagrada. Y por ellas, en el aire matinal barcelonés, se escucha, más que la armonía de las esferas pitagóricas, la de los violines de los cíngaros tanguistas...[207]

El tango, sin duda, se bailaba de noche, más bien a altas horas de la noche. Por eso, a mediados de 1916, el periodista Mario Aguilar lanzaba a los cuatro vientos la pregunta del millón: «Pero, ¿dónde podéis meteros a estas horas?». Para, acto seguido, sugerir él mismo la respuesta a sus lectores y lectoras:

> Estas horas, para las madres, para las esposas, para las hermanas, para las amigas ingenuas, para las patronas maternales barcelonesas, son las dos, las tres de la mañana [...], ¿en qué pecaminosos aprisionamientos no pensaran estas feminidades tutelares? Ellas ignoran que, como ninguna ciudad del mundo, Barcelona es digna de tener relojes de luna, relojes de viciosos y galloferos, de traviatas y alocados. A las doce se sale de los «cines»; a la una, de los teatros; a las dos, de los cafés y «music-halls»; pero dadas las tres, ¿de dónde pueden salir los lunáticos que aman la

207. Aguilar, Mario: «Cartas catalanas. Tangópolis». *El Imparcial (Diario liberal)*, 15 de julio de 1916, p. 3.

danza y el vino, la luz de los voltaicos, las caras maquilladas y la inefable dulzura de las horas mañaneras y solitarias?

Finalmente, era el propio Aguilar quien se respondía a sí mismo:

> Todos estos hombres, madre, esposa, amiga, pupilera barcelonesas, vienen del tango. Porque esta danza desterrada de París, rechazada de Londres, abominada en Berlín, se ha refugiado en Barcelona, que la devolverá a Europa para celebrar la paz. El tango ha tenido aquí su Covadonga.

Por lo demás, si bien durante los años de la Primera Guerra Mundial la Ciudad Condal se convirtió en depositaria de ese baile cargado de técnica y sensualidad, con las actuaciones en diversos escenarios españoles de Francisco Spaventa en 1922, al que secundó Carlos Gardel al año siguiente, la alianza entre el tango y España quedaría definitivamente sellada para siempre.

En otro orden de cosas, junto con esa pasión por el tango, se desató también una auténtica locura por *lo negro*. Dos sentimientos vehementes que en algún caso llegaron a manifestarse a través de la misma persona, como sucedió con el bailarín y profesor de tango mulato El Príncipe de Cuba, que cosechó grandes éxitos con sus exhibiciones, no sólo en Barcelona (Excelsior, Plaza de Toros Monumental, Edén Concert, La Bohemia Modernista, Plaza de Toros Las Arenas, Iris Park, etcétera), sino también en Madrid (El Cabaret del Amor), además de ser uno de los artistas que encabezaron la manifestación por las Ramblas contra el marqués de Camps y el gobernador civil Suárez Inclán en julio de 1916.

Esa fascinación por *lo negro* ya se había vivido en Barcelona en abril de ese mismo año con motivo de la presencia del campeón del mundo de boxeo de los pesos pesados Jack Johnson, quien disputó un memorable combate contra Arthur Cravan en la Plaza de Toros Monumental y durante un tiempo se dejó ver por los cabarets más afamados de las Ramblas.

Y, sin ninguna duda, ese mismo sentimiento fue terreno abonado para que penetrara el jazz, con sus planteamientos reeducativos del oído, el movimiento y la comunicación.

Cabe decir, en este sentido, que el jazz llegó a Europa durante la Primera Guerra Mundial de la mano del teniente James Reese Europe, pianista, violinista y director de la banda de música del 369 Regimiento de Infantería del ejército estadounidense, la famosa Hell Fighters Band, que se prodigó ante las audiencias de Francia, Italia y Gran Bretaña, donde causó asombro a su paso, dejando diseminada la simiente de un jazz primitivo, cuyo carácter anómico se derivaba de la ausencia de normas musicales asimiladas y mantenidas tradicionalmente.

Así, aquella nueva música inconformista, que rompía con los cánones establecidos por la música reglada a la europea, no tardaría en irrumpir en España como una contestación jubilosa y terrenal a ese orden. En concreto, la primera actuación de «una orquesta negra auténtica de jazz» de la que se tiene noticia tuvo lugar en 1919[208] en las «instalaciones suntuosas, mezcla de cabaret y de gran casino» de Parisiana, que entonces se anunciaba como «el mayor atractivo del Madrid estival»[209].

---

208. García Martínez, José María: *Del fox-trot al jazz flamenco. El jazz en España: 1919-1996*. Madrid: Alianza; 1996, pp. 15 y 59.
209. «Parisiana». *Mundo Gráfico*, 25 de junio de 1919, p. 20.

CAPÍTULO 4. LOS AÑOS 20

Los años en que se rebelaron las masas

La segunda década del siglo XX es probablemente la que más calificativos ha recibido a lo largo de la historia de la humanidad. Se ha hablado de años dorados, felices, locos, rugientes, salvajes (*roaring twenties* o *happy twenties*, en inglés; *années folles*, en francés; *goldene zwanziger jahre* o *glückliche zwanziger jahre*, en alemán), etcétera. Apelativos, todos ellos, que hacen referencia al período de prosperidad que se abrió tras la finalización de la Primera Guerra Mundial y a las consecuencias culturales y socioeconómicas derivadas de dicha bonanza económica, que cesó abruptamente con el llamado Crack del 29 y la posterior Gran Depresión.

En verdad, tal y como intuía el doctor Antonio Pagador[210], toda guerra impone cierta revisión de conductas, acelerando o retardando los procesos de cambio. Y, en este caso, puede decirse que la Primera Guerra Mundial los aceleró, originando fuertes contrastes y una gran confusión. Además, la denominada Gran Guerra vino a coincidir con la entrada del capitalismo en una fase de plenitud, lo que redundó en el enriquecimiento súbito de muchos industriales, comerciantes, hombres de negocios y especuladores en general, al tiempo que se introdujo el concepto de caducidad y un sentimiento de fugacidad, el culto a la moda, a lo nuevo por el simple hecho de serlo. Tan pronto causaba furor el tango, como se desataba la locura por lo negro o se abría paso la fascinación por todo lo

210. Recordemos que, coincidiendo con la miseria posbélica, se desató un fuerte consumo y que, junto a un emergente socialismo, apareció un no menos pujante fascismo.

oriental y exótico en general o se asistía al redescubrimiento de la antigüedad clásica a través del movimiento olímpico[211].

Se extendió un aura de tolerancia y modernidad transgresora, el fulgor de vivir, como si la existencia fuese un carnaval de lujo, y un deseo de que el mundo no fuera un valle de lágrimas, sino un edén de pecados fáciles y gratos. La alegría era un fundamento y la libertad una bandera que apenas admitía exclusiones. Todo era aparente júbilo, diversión, ocio elegante, euforizante hedonismo, frivolidad y la fascinación por el denominado *American way of life*.[212]

Mucha gente joven se mostraba contraria a la aburrida sociedad burguesa de sus padres, apegada a la vieja moral cristiana, y pensaba que ya iba siendo hora de que la España negra se pusiera a bailar el charlestón o cualquiera de los ritmos importados desde Estados Unidos: *cake-walk*, *one step*, *black bottom*, *shimmy*, *fox-trot*, *camel-trot*, *fox-ling*, etcétera. De tal manera, el espíritu del momento parecía exigir una frenética e incesante búsqueda del tiempo perdido. Por lo demás, el desarrollo de los medios de comunicación de masas y los nuevos medios de transporte y locomoción determinaron que el concepto contagio social adquiriera una dimensión hasta entonces insospechada.

Con todo, los cambios que mayor impacto produjeron en los próceres morales de la época fue el izamiento de la bandera de la libertad sexual —con las primeras manifestaciones públicas de formas alternativas de entender la sexualidad— y la redefinición del rol de la mujer en la sociedad occidental. En efecto,

211. Sobre todo, tras los primeros Juegos Olímpicos modernos, celebrados en Atenas (1896), a los que siguieron los de París (1900), St. Louis (1904), Londres (1908), Estocolmo (1912), etcétera.

212. Fuentes, Juan Francisco: *Bienvenido Mister Chaplin: La americanización del ocio y la cultura en la España de entreguerras.* Madrid: Taurus; 2024.

el patriarcado y su visión machista de la sociedad, que habían imperado durante el siglo XIX y habían persistido con el cambio de centuria, se vieron cuestionados por primera vez por una ola de feminismo selecto y decidido, propiciada por la pérdida demográfica de efectivos masculinos y el excedente de mujeres en edad fértil resultantes de la Primera Guerra Mundial.

Hasta entonces, la imagen de la mujer había oscilado entre dos extremos opuestos: «la normalidad encuadrada en una domesticidad respetuosa, representada por la virtuosa ama de casa, y la desviación o contranorma, representada por la peligrosa seductora, la perdida»[213]. La primera respondía al feliz y casto modelo de la sociedad tradicional. Desde esta perspectiva, a la segunda se la consideraba como una mujer depravada y caída en pecado. Respondían a este perfil: prostitutas, actrices, cupletistas, tanguistas, camareras, bailarinas, etcétera, pero también las incipientes activistas feministas y las trabajadoras solteras «pues todas por igual, cada cual a su manera, presentaban un claro desafío contra la inmutable perseverancia de las «virtuosas» en seguir siendo sometidas». Lógicamente el abanico de entretenimientos de las segundas superaba con creces al de las primeras, cuyo colmo del solaz consistía en tés sociales en los que se departía y se jugaba a las cartas, como mucho con la música de un gramófono de fondo.

Así, tras el armisticio se registró una modificación en la actitud —no tanto en la mentalidad— dominante con respecto a la mujer. La sumisión sexual de la mujer —antes sometida a la autoridad del padre y del marido— dejó de estar de moda. La escala de símbolos y valores de femineidad se vio alterada.

213. Rag Cuter: *Historia social del jazz primitivo. 1. Del pantano de la esclavitud al blues de la segregación.* Granada: Corazones Blindados–La Carbonería–Centro Europeo para la Difusión de Ciencias Sociales (CEDCS)–Biblioteca Afroamericana Madrid (BAAM); 2023, p. 514.

Así, objetos antaño tan femeninos, como por ejemplo el corsé y la sombrilla, quedaron relegados a la categoría de reliquias; en cambio, actividades hasta entonces vedadas a las mujeres, como broncearse en la playa, fumar, conducir o practicar deportes, pasaron a ser afirmaciones de independencia femenina.

El nuevo modelo femenino pasó a identificarse con una imagen fría, espontánea, autosuficiente y, sobre todo, dinámica de la mujer. Antes, su atractivo erótico se expresaba en una actitud pasiva, inmóvil; a partir de la Primera Guerra Mundial, la acción se constituiría en elemento indispensable del nuevo prototipo de belleza femenina. Hasta cierto punto, puede decirse que las diversas manías —entre ellas la de consumir cocaína— y la pasión por el baile fueron expresiones de ese espíritu inquieto.

El prototipo de chica flapper *o la irrupción en la vida nocturna de la mujer liberada*

Antes de la aparición en las pantallas de los cinematógrafos de la actriz Clara Bow, a quien el diario La Libertad calificaba de «muchacha de fuego, muchacha jazz, reina de las *flappers*, símbolo de la juventud presente»[214], la fugaz estrella de cine mudo Olive Thomas —fallecida prematuramente a la edad de 25 años— ya había fijado el cliché en una comedia titulada precisamente *The Flapper* (1920), término que a partir de ese momento se convirtió en sinónimo de mujer joven que intentaba romper las reglas de las convenciones sociales.

En 1922 la también actriz Dorothy Gish se encontraba rodando la película *The country flapper*, circunstancia que era aprovechada por la revista *Caras y Caretas* para ocuparse de la

---

214. Aragón Leiva, Agustín: «Los ojos multiformes de Dolores del Río», *La Libertad*, 11 de julio de 1928, p. 6.

«palabrita que en Nueva York se ha puesto de moda, se aplica a las mujeres en general y en particular a las *girls*, mitad *vamps* y mitad ingenuas», para llegar a la conclusión de que la expresión «tobilleras» era la que más se aproximaba a la «traducción convencional» en castellano[215].

El origen del término tobillera, aplicado a una joven, designaba a la chica que por su edad dejaba de vestir de niña, aunque todavía no se había puesto de largo. Sin embargo, el prototipo de *flapper* resultaba más complejo y exótico en un país como España. En plena dictadura Juan de Arteaga lo presentaba como un modelo femenino rigurosamente novedoso:

> *Flapper*; ese nombre designa a la muchacha atrevida, ágil, flexible como un adolescente griego, con el cigarrillo entre los labios, el cabello cortado, los ojos rodeados de kohl, y con un montón de libros debajo del brazo.
>
> La «*flapper*» es un ser nuevo, de rara ambigüedad, producto de una extraña perversión sobre los libros graves y ante el espejito confidente[216].

Por su parte, la *Revista de Oro* al ofrecer una información sobre la actriz Colleen Moore identificaba a la *flapper* con la «muchacha traviesa, revolucionaria, presumida, impertinente». Pero agregaba que la «palabrota» tenía «un sentido muy despectivo», por lo que se decantaba por denominarlas simplemente «modernas»[217].

---

215. Robledal, Narciso: «*Flapper*», *Caras y Caretas,* 9 de septiembre de 1922, p. 1.249.
216. Arteaga, Juan de: «Desde Nueva York. Las estudiantes», *La Libertad,* 17 de noviembre de 1923, p. 4.
217. «Los niños y Colleen Moore. Una aturdida sentimental», *Revista de Oro,* nº 1, 1 de abril de 1926, p. 60.

El diario *El Imparcial* se refería a la *flapper girl* como «tobillera traviesa», pero en su carácter desenvuelto y su conducta decidida muchos veían algo más que una simple pose traviesa. En la actitud de estas mujeres de nuevo cuño había algo que excedía de las imposiciones de la moda, de lo meramente estético, que atentaba contra el moralismo decimonónico basado en el orden y la decencia y que desafiaba no pocas convenciones establecidas. En efecto, esas primeras mujeres independientes retaban abiertamente las reglas sociales que todavía preconizaban una sumisa y decorosa represión de los impulsos. Para la mentalidad católica tradicional, la el concepto del sexo estaba indisolublemente asociado al peligro sexual y remitía a la proliferación de prácticas sexuales fuera de la santidad del hogar. Si bien los varones disponían del burdel, verdadera institución de la masculinidad rancia y de doble moral que allí se satisfacía, en cambio, a las mujeres se les negaba todo deseo erótico autónomo y toda sexualidad no reproductiva. De ahí que las mujeres desviadas del matrimonio y la procreación fueran símbolos inequívocos de pecaminosidad, perversidad o depravación sexual. Una condición que el diario *El Sol* atribuía a la *flapper*, a la que consideraba como la «hermana extranjera de nuestra *niña bien*»:

> La norteamericana se enorgullece de su intrepidez y piensa que hay tal grandeza en el impulso generoso y espontáneo de su alma, que todas las consecuencias, por funestas que sean, deben perdonarse. Cultiva el movimiento y primitivo del corazón, pero —aquí lo grave— odia las consecuencias del corazón. Le aterra la fidelidad, le aterra la maternidad. Como alma primitiva detesta esos conceptos elaborados por la civilización. A veces llego al extremo de creer que aborrece todas las palabras que en español terminan en «dad»: caballerosidad, generosidad, caridad,

piedad, sentimentalidad. Todas son trabas para su violencia[218].

Esos signos de independencia, que el colaborador de *El Sol* identificaba con «violencia», vinculados a ese nuevo ideal de belleza femenino en el mundo del ocio nocturno produjo un enorme impacto. Y así lo atestiguaba el escritor y charlista Federico García Sanchiz:

> Se ha llegado a estilizar tanto la figura humana, se nace ya de un modo tan artificial —de mujercitas sin caderas y sin instinto de maternidad— y corrompe la vida nocturna y saturada de alcohol y de drogas a un extremo, que casi no parecen de carne las bellezas que admiramos en el «restaurant», en el teatro, en el té[219].

Por su parte, el periódico *La Libertad* describió a la perfección la entrada en la capital de este nuevo modelo femenino, que pocos años antes simplemente brillaba por su ausencia:

> Antes de la guerra funcionaban en Madrid, y en forma vergonzante, unos cuantos «cabarets». No tenían nombres típicos, ni estaban preparados para esa clase de fiestas. Eran más bien unos «restaurantes de noche», como el Salón Madrid, como el viejo Ideal, como el de la Perla, que sólo vivió unos cuantos días en un entresuelo de la Carrera de San Jerónimo. Acudían sólo una docena de trasnochadores, más atraídos por la curiosidad que por el deseo

---

218. Moreno Villa, J.: «Retales de Nueva York. La niña violenta», *El Sol*, 22 de julio de 1927, p. 1.
219. García Sanchiz, Federico: «El amor y la historia natural», *La Correspondencia de España*, 7 de abril de 1920, pp. 9-10.

de divertirse. Faltaba, en realidad, lo que era más esencial para el «cabaret»: la mujer[220].

Un prototipo femenino que, desde luego, ya existía en las principales ciudades europeas y estadounidenses:

> En París, en Berlín, en Londres, y mucho más en todas las grandes capitales de la libre América, la mujer, que no acudía a los colmados, ni a las freidurías, ni a los reservados de los cafés, porque tenían otro concepto más elevado de lo que debe ser una fiesta galante, pusieron en moda las danzas y los bailes de salón en los honestos y lujosos «cabarets» más en boga.
>
> Esto las permitía cultivar todas sus aficiones, que eran: lucir sus joyas y sus vestidos, ejercitarse en el baile, «flirtear» amablemente con las personas de su agrado y gozar, sobre todo, a su legítimo derecho a ser libres, con esa libertad que da el buen tono entre gentes educadas y respetuosas con la nueva costumbre.

El diario *La Libertad*, como no podía ser de otra forma, valoraba de manera positiva el papel desempeñado por la Gran Guerra y la política de neutralidad observada por el Gobierno español para la llegada masiva de mujeres extranjeras, que hoy no tendríamos ningún inconveniente en calificar de modernas y liberadas:

> Fue la guerra, precisamente la guerra, quién empujó primero a San Sebastián, en época de verano; después a Madrid, en días de invierno, a esas lindas mujercitas de

220. «Madrid de noche. Las alegres chicas de Maxim's». *La Libertad*, 2 de mayo de 1920, p. 4.

todas castas y de todas clases, que traían el último detalle de la moda, el gesto elegante y frívolo, el secreto de saber divertirse sin aquella grosera chocarrería del tabernáculo, entre chatos de Montilla y rasgueos de guitarra.

El rotativo madrileño reconocía el shock inicial que provocaron estas atractivas damiselas a la moda, tan interesantes como pizpiretas:

> Al principio, estas lindas muchachas, alegres, desenvueltas, gráciles, asustan un poco, porque sus trajes resultaban demasiado cortos; sus posturas tenían demasiado desenfado y sus bailes no parecían exentos de picardía.

Pero, acto seguido, afirmaba que aquella conmoción no había tardado en disiparse:

> Pero ello fue muy poco tiempo. Porque como se trataba de algo aceptado unánimemente en todo el mundo; porque como era una moda que a todas las mujeres iba bien; porque como se trataba de una reivindicación de la mujer, que la permitía divertirse con lo que más le gusta divertirse, que es con el baile (medio de lucir todos los encantos naturales y hasta los del modisto), pues que triunfó el intento. Y ya no se bailó el tango, ni el «fox-trot», ni los danzones; en el «cabaret» ya pasó el baile a los tés aristocráticos del Palace y del Ritz. Y hasta la vieja pavana, la cuadrilla, el rigodón, desapareció de los salones de la rancia nobleza para dar paso a la falda corta y al chin-chin de los exóticos «tziganes».
>
> Y sucedió entonces qué el vestido, el peinado, los gestos, la sonrisa y hasta el modo de andar de aquellas gentiles extranjeras que inundaron en un buen día Madrid, se

confundían ya con las costumbres y los usos de nuestras más tradicionales damas de corte.

De hecho, la asimilación por contagio social de aquellos nuevos modelos de belleza femenina era de tal calibre y se había producido de una manera tan rápida entre muchas chicas autóctonas que, según el diario *La Libertad*, resultaban ya bien visibles en los establecimientos más chic de la capital del Estado:

> Las alegres chicas de Maxim's ya no son francesas, ni italianas, ni siamesas; son también españolas. Todas visten con el mismo encanto, con la misma suprema gracia, con la misma distinción.

Ángel Falquina Bartolomé se posicionaba en el polo opuesto, pues en opinión de este crítico de cine, guionista, historiador y actor ocasional el tipo *flapper*, que identificaba con la «chiquilla traviesa y alocada», era un modelo «exclusivamente neoyorquino», surgido, por lo demás, a partir de un extravagante ensamblaje:

> [...] La «*flapper*» es un producto híbrido, intermedio entre la mujer traviesa y el hombre, ¡ay!, afeminado. Es frívola, de banal, y ajena al dolor y al placer, y este tipo de mujer no es posible encontrarlo más que en la desenfrenada vida estadounidense[221].

Quizá por eso al diario *El Sol* le dolía calificar de ingenuas a «las que acaso poseen todos los encantos, menos el de la ingenuidad». En cualquier caso, ser una *flapper* no estaba al alcance

221. Falquina Bartolomé, Ángel: «Las mujeres del cinema: Clara Bow», *Muchas Gracias*, nº 305, 14 de diciembre de 1929, pp. 20-21.

de cualquier mujer joven, mucho menos en un país como España, que pugnaba por recuperarse de antiguos reveses económicos. Y así lo manifestaba dicho periódico:

> [...] La jomada de la «*flapper*» incluye deportes, obligaciones de trabajo o estudio, diversiones, etcétera.

En efecto, la aparente felicidad que emanaba de cualquier émula de Olive Thomas, Clara Bow, Dorothy Gish, Colleen Moore o cualquier otro icono *flapper* costaba lo suyo, pues pasaba por vestirse y maquillarse a la última moda y la independencia que desprendían viajaba en automóvil, se traducía en viajes caros, fiestas regadas con champagne y otros dispendios fuera de las posibilidades de la inmensa mayoría de las jóvenes españolas de la época.

Por otra parte, el destino supuestamente independiente de la resuelta y desinhibida *flapper* no escapaba —salvo contadísimas excepciones— al patriarcado y a su visión del ideal de belleza femenino. Y su supuesta libertad sexual era a menudo superficial, ya que no dejaba de acatar el modelo heteronormativo, mostrándose habitualmente preocupada por resultar atractiva al elemento masculino. Sin embargo, en una época en que una notable parte del consumo correspondía a las mujeres, debido a las consecuencias demográficas de Primera Guerra Mundial antes señaladas, no resulta extraño que esa principiante liberación femenina se presentara sublimada a través de la moda, los bailes más o menos despendolados, la conducción de automóviles, su presencia en bares, cabarets y otros espacios públicos sin tener que ir obligatoriamente acompañadas de una pareja masculina y su incorporación a ciertos hábitos sociales, como la práctica deportiva y el consumo de drogas, incluidas el alcohol y el tabaco. En este sentido, el prototipo de chica *flapper* podría ser contemplado como el paradigma femenino de la incipiente sociedad de consumo: jóvenes atractivas e impetuosas que salían en busca de una forma de recreo mundano hasta entonces impensable para las mujeres, que frecuentaban los clubs nocturnos y otros lugares de ocio, incluso solas, donde fumaban y bebían abiertamente enfundadas en ajustados vestidos de lentejuelas y abrigos de plumas, soñando con ser artistas y bailarinas, ya no esposas y madres.

Por lo demás, no podemos olvidar que, más allá de las chicas *flapper*, la modernidad femenina alternativa también estaba integrada por muchas mujeres jóvenes españolas pertenecientes a clases populares urbanas, que comenzaron a verse libres de la reclusión doméstica impuesta por el patriarcado y su visión machista de la sociedad: lavanderas, telefonistas, operarias de fábrica, costureras a domicilio o de taller, etcétera, ni tan siquiera las dedicadas a ser madres y esposas, pues «incluso estas en su rutina cotidiana estaban obligadas a una constante vida callejera y participaban de la vida política en protestas y luchas esenciales»[222].

Maxim's y el final del Madrid decimonónico

Ciertamente, la inauguración de Maxim's supuso todo un acontecimiento en la capital, del cual se hicieron eco los principales medios de la época. El diario *ABC*, por ejemplo, saludó la apertura del nuevo establecimiento con la publicación de un par de fotografías, acompañadas de estas palabras:

> Hace pocos días se ha inaugurado en Madrid, en el sitio más céntrico de la calle de Alcalá, al lado del Casino de

222. Pedro Álvarez, Cristina de y Pallol Trigueros, Rubén: «Chicas modernas y de barrio. La modernidad femenina alternativa de las jóvenes de clases populares urbanas en el período de entreguerras». *Feminismo/s*, nº 37, 2021, pp 187-2010.

Madrid, este elegante *restaurant*, y ya se ve favorecido por un público selecto, que llena sus salones a toda hora.

La instalación de los locales, *bar*, *restaurant* y gabinetes del piso entresuelo, es muy lujosa, advirtiéndose en toda ella ese *chic* especial, esa elegante frivolidad que hasta ahora parecía patrimonio exclusivo de los grandes *restaurants* del extranjero. En cuanto a la riqueza y buen gusto del decorado, en el que la tapicería, molduras, bronces *appliques*, etc., son la última palabra de supremo arte y elegancia, basta decir que los dueños no han omitido gasto ni sacrificio alguno y que todos los trabajos han sido ejecutados por la casa Climent Hermanos, tan experta en esta clase de obras.

Por las tardes, a la hora del té, y por la noche, a la salida de los teatros, es tan numerosa la concurrencia, que muchas personas tienen que permanecer de pie, advirtiéndose en ese público un marcado carácter cosmopolita y elegantísimo. Los que han visto el Maxim's, de París; el de Viena y otros restaurants de análoga índole, no vacilan en afirmar que este Maxim's, de Madrid, supera con exceso a los extranjeros.

Las fotografías que insertamos darán idea al lector de la artística fachada que da acceso al *bar* y del suntuoso *restaurant*, en el cual pueden bailar cómodamente infinidad de parejas. La gente bien de Madrid, los alegres mundanos de la corte están de enhorabuena: ya tienen su casa. Los dueños merecen plácemes por haber dado realidad a lo que para el público elegante madrileño y para los extranjeros que vienen a la corte era una necesidad[223].

Por su parte, el diario independiente *La Mañana* se desha-

223. «El restaurant Maxim's». *ABC* (Madrid), 24 de octubre de 1917.

cía en elogios y parabienes con el establecimiento que durante un tiempo se convertiría en el lugar de moda, para «orgullo y encanto de la gente de buen tono madrileña»:

> La hermosa calle de Alcalá, esa arteria madrileña tan pletórica de vida, y en la que toma carta de naturaleza cuanto simboliza actividad y fuerza nacional, ofrece al mundo del coquetismo y de la elegancia un templo de animación y de alegría en el que se deslizan las horas con la rapidez del minuto y se disipan como por arte mágico todas las tristezas.
>
> Don Luis Mediero y D. José García, que son los propietarios del Restaurant Patisserie Maxim's que es el moderno establecimiento a que nos referimos, han hecho un verdadero derroche de ingenio y de exquisito gusto en todos los detalles de los diversos departamentos. Ya antes de entrar en ellos llama la atención la magnífica portada del edificio, estilo Luis XVI, adornada con dos majestuosas farolas de igual época. La planta baja del Maxim's está formada por dos grandes salones, destinados, el principal, a Patisserie, decorado en estilo inglés, con frisos de caoba y paredes forradas de riquísimo damasco color salmón, de las que penden magníficos espejos; el otro salón está habilitado para Restaurant y baile; lleva también el sello del estilo Luis XVI, y toda su ornamentación responde a la elegancia y delicadeza artística del conjunto. En tan bello decorado forma un contraste realmente maravilloso el color blanco de las paredes y el techo con el azul de los recuadros de aquéllas, realzado todo ello por la suave luz que esparcen por toda la estancia los «plafoniéres» y «apliqués» de las pilastras. Tiene el Restaurant un valioso mobiliario, en el que figuran 40 mesitas y 200 sillas del gusto más refinado.

Mientras, se sirve el té ejecuta piezas escogidísimas una brillante orquesta, que con sus melodiosas notas va preparando los ánimos para los placeres del baile, siendo en este caso la música como el arrullo de otro arrullo aún más grato y melódico: el de los coloquios íntimos.

La corte madrileña, que, cual gigantesco émbolo aspirante, atrae a infinidad de forasteros ávidos de admirar la codiciada riqueza artística de sus museos y el movimiento febril de sus principales vías, adolecía de la falta de un recurso contra las horas de tedio, en las que el espíritu parece vivir solamente dentro de los estrechos límites de su envoltura; pero tal vacío ha desaparecido por completo desde que el Maxim's abrió sus puertas al público, ofreciendo con sus tertulias, comidas y bailes el esparcimiento y solaz más sugestivos y confortables, pudiendo asegurarse con el testimonio de cuantas personas conocen los países extranjeros, que Maxim's ha compendiado y perfeccionado todas las características que deben reunirse en un centro de esta naturaleza.

La escogida concurrencia que acude al Maxim's en la hora de los «tés danzants» pasa ratos que exceden a toda ponderación, por lo agradables, con el «fox-trot», el «onstep», la machicha brasileña y cuantos tangos han sabido conquistar los aplausos del mundo elegante.

Todos los madrileños elegantes conocen el Maxim's, y a él acuden en número cada día mayor, siendo de esperar que al venir a la corte los provincianos seguirán el ejemplo de aquellos y que reincidirán en sus visitas al establecimiento de referencia[224].

224. «El restaurant patisserie Maxim's». *La Mañana (Diario independiente)*, 23 de enero de 1918, p. 13.

Según el periodista Samuel Leví, Maxim's era un «cabaret suntuoso, cosmopolita y amable», y sus noches era las que permitían homologar el ocio matritense con «la vida bien de Londres, de Berlin, de Viena o de París»[225]. Y el diario *La Acción* no tenía ningún inconveniente en ensalzar «el encanto de sus noches alegres» y en certificar que cerraba sus puertas «a altas horas de la madrugada». Sin embargo, Maxim's no era sólo un complejo que albergaba bar, restaurante y una serie de gabinetes elegantes. Según el testimonio cualificado de un joven César González-Ruano, el establecimiento ubicado en el número 17 de la calle de Alcalá también ofrecía otros servicios que, desde luego, no eran publicitados en la prensa:

> Por aquel tiempo, aunque los sábados por la noche hacía el literato en la citada tertulia, [en el café de Platerías, en la calle Mayor,] frecuentaba también lo que a mí me parecía un mundo peligroso y elegante. Acababan de abrir en la calle de Alcalá, junto al Hotel Regina, esto es, entre Fornos y el Casino de Madrid, *Maxim's*, el primer bar americano que tuvo Madrid. La puerta la guardaba un negro gigante vestido con una librea aparatosa y que vendía cocaína en unos frasquitos de cristal marrón que contenían un gramo y era de la casa Merck. A la entrada de *Maxim's* estaba el bar americano y el guardarropa. Al fondo, el *the-danzant* con una orquesta moderna, y arriba, en el primer piso, al que se subía desde el bar, la sala de juego con ruleta, la primera que vi en mi vida.
>
> Tenía amigos extraliterarios: dos muy elegantes y muy golfos, Luis Ballesteros y Eloy González [...] Ballesteros y González tomaban cocaína y hacían de «macarras» de postín

225. Leví, Samuel: «Del Madrid que ríe. Las noches de Maxim's». *El Mundo*, suplemento extraordinario, 13 de marzo de 1920, p. 3.

> por verdadera vocación, porque eran de buenas familias.
>
> [...]
>
> Era el momento de mayor auge de las *cocottes* francesas venidas a España con la guerra. Aquí les fue bien. Eran mucho más finas y más mundanas que las nacionales y mucho menos bestias. La prueba fue lo de la cocaína. La cocaína se trajo a España por las francesas y ellas la empleaban como un arma más de combate para emborrachar al buen cliente. Las españolas fueron tan burras que empezaron a tomar cocaína ellas, lo que era una estupidez y una ruina de su negocio[226].

Tan interesante o más que el testimonio de González-Ruano eran las impresiones sobre el Madrid de 1920 legadas por el político, periodista, diplomático y crítico literario João Pinheiro Chagas, que había llegado a presidir el Consejo del Gobierno de Portugal en 1911. En una carta confidencial el político luso certificaba la muerte del viejo Madrid decimonónico y, en gran medida, la vinculaba a la existencia de Maxim's:

> De aquel Madrid de hace treinta años, de sus cafés de tertulia, sus manubrios callejeros, sus chulas de mantón, sus toreros típicos, que hacían la tertulia en la acera del Suizo o del Inglés; sus políticos revolucionarios del viejo Fornos; su «cuarta» de Apolo, ya no queda nada. El Madrid de ahora parece trasplantado al corazón del mismo París. La calle de Alcalá, donde se reconcentra toda la vida, está llena de terrazas, como en cualquier boulevard parisino.
>
> [...]

226. González-Ruano, César: *Memorias. Mi medio siglo se confiesa a medias.* Madrid: Tebas; 1979, pp. 69-70.

> Y apenas se encienden las luces es el triunfo en los «cabarets», estos «cabarets» que mejoran a los más refinados de París, porque a más del buen tono, del lujo con que se presentan, tienen ese gracioso y desenvuelto empaque españolista, que es su mayor prestigio. Te escribo precisamente desde un «cabaret» a la hora honesta del mediodía. Este «cabaret» es Maxim's. A mi lado hay damas inglesas que beben «whisky», lindas francesas que beben ajenjo y algún alemán «kaiseriano» que se consuela ante un doble de cerveza. Este Maxim's encierra por la noche toda la leyenda mundana y divertida de la gente elegante de Madrid. La aristocracia lo ha consagrado como lugar de cita, y sus hombres acuden allí convencidos de que ya no es necesario atravesar la frontera para encontrar un sitio que nada tiene que envidiar a los que más se envidien.

Puede que, en efecto, el prohombre portugués escribiera aquella carta a mediodía, y que en aquella hora tan honesta el establecimiento ya estuviera tomado por una clientela internacional y cosmopolita, pero cuando Maxim's alcanzaba su momento cumbre era, sin duda, por la noche, bien entrada la madrugada:

> El baile dura en Maxim's hasta más de las cuatro. Al baile acuden, no los juerguistas que empalman las noches con los días, sino los que gustan de estas horas de misterio, de calma, de recogimiento, para gozar de estas supremas horas que brinda la madrugada.
>
> A las cuatro da comienzo el desfile de los automóviles y los coches, que aguardan a la puerta, del «cabaret».
>
> A las cinco ya no queda nadie en salón. Allá en el bar, y de codos en el mostrador, algún rezagado noctámbulo palmotea pidiendo el último «whisky».

El periodista vallisoletano José Luis Salado fue quien quizá mejor sintetizó lo que significó Maxim's para la vida nocturna de la capital del Estado:

> Maxim's le quitó casticismo a Madrid. Mejor dicho: lo afrancesó. Mejor dicho aún: lo «parisianizó». En Maxim's todo tenía un fragante aire parisiense: desde el nombre hasta la mayor parte de la clientela femenina[227].

Ciertamente, el ocio nocturno en la capital de España salió reforzado con la inauguración de Maxim's, pero, al igual que sucedía en Barcelona, en Madrid seguían existiendo establecimientos públicos que ofrecían servicio las veinticuatro horas del día, los trescientos sesenta y cinco días del año, y así lo denunciaban algunos medios:

> [...] Existen hoy tugurios y garitos, con nombres y apariencias más o menos «bien», que no cierran sus puertas jamás y en los cuales se degrada y se aniquila una buena parte de nuestro pueblo[228].

En concreto, el diario *La Acción* lamentaba que «Madrid esté convertido en un burdel nocturno», mientras insistía en una antigua distinción: «una cosa son los noctámbulos por necesidad y otra los noctámbulos por vicio»[229]. A juicio de la

227. Salado, José Luis: «Nuevo estilo de Madrid. Las lecherías, que eran antes un negocio modesto, tienen ahora una abundante clientela juvenil. Sólo han fracasado las lecherías en un sitio: en la calle de Echegaray. Los noctámbulos y las muchachas solas». *La Voz (Diario independiente de la noche)*, 28 de mayo de 1934, p. 4.
228. «Reforma de las costumbres. La vida nocturna». *La Acción (Diario de la noche)*, 25 de mayo de 1921, p. 1.
229. Ibid.

Redacción del diario nocturno madrileño ese ocio nocturno por vicio era una de las peores lacras que se cernían sobre la vida de la capital:

> En esa vida nocturna, de crápula, de refinamiento de todas las perversiones se agota, se enferma y se envilece nuestra juventud, que cree de buen gusto no acostarse, hasta que ha visto salir el sol y no levantarse hasta que haya obscurecido. Por consiguiente, no trabaja, ni se preocupa de cosa alguna que no sea la «juerga», el vivir anormal, pendiente de la fortuna en las salas de juego, cuando no de medios más reprobables. Peor aún es que los que hayan de trabajar por el día se pasen en claro la noche.

Por eso abogaba por una inaplazable reforma de las costumbres, «una empresa que ha de influir en la moralización y en el progreso de Madrid», que debía comenzar por el inmediato cumplimiento a rajatabla de los preceptos dictados en 1908 «y que estaban escandalosamente infringidos».

La Acción no era el único periódico que denunciaba el desmadre nocturno en el que se habían instalado algunos locales madrileños y exigía una solución drástica y definitiva, pues las sanciones económicas impuestas —seguramente en virtud de los invocados preceptos de 1908— resultaban tan ridículas como ineficaces:

> Los Gabrieles y Los Burgaleses vienen haciendo lo que les viene en gana con la hora del cierre.
>
> ¿Cuántas multas les han sido impuestas?
>
> ¿No será eso la martingala multa?
>
> Las multas deben ponerse hasta la segunda vez… y a la tercera al Juzgado de guardia por… por lo que debe hacerse,

> pues es muy cómodo pagar —hablemos de pagar— 100 pesetas, y ganarse 500 o 1.000.
>
> ¡Eso debe cesar!

En cambio, otros medios se mostraban extremadamente amables y complacientes con el disfrute del ocio nocturno en aquellos locales cuya oferta podía prolongarse hasta el alba. Así, por ejemplo, describía el diario independiente de la mañana La Opinión las veladas del «aristocrático» teatro y cabaret Ideal Rosales, conocido como el «palacio de la diversión», donde a medianoche su casino se convertía en sala de conciertos y espectáculos calificados de frívolos por las autoridades:

> En la madrugada, las acacias en flor del paseo de Rosales vierten su aroma sobre los aromas femeninos del Ideal, y bajo las luces múltiples, y las flores, y las notas de «fox», impregnadas de reminiscencias de «jazz», de la orquesta, se baila, se adora a Venus y rasga el cielo la luz verdeamarilla del amanecer; entonces se piensa haber pasado en este lugar las horas mejores de una noche y, a veces, de una vida[230].

A la luna de Valencia

Como hemos ido viendo, desde finales del siglo XIX, el bullicio de la vida nocturna en España se concentraba sobre todo en Madrid y Barcelona. Sin embargo, no era patrimonio exclusivo de estas dos capitales. Por ejemplo, sabemos que en el paseo de Pere III del municipio de Manresa, con unos 25.000 habitantes censados a principios de los años 20, estaba el café La Alhambra —conocido popularmente como La Gàbia—, que

230. «El Ideal Rosales, teatro y cabaret, bajo las acacias del paseo Rosales». *La Opinión (Diario independiente de la mañana)*, 28 de julio de 1923, p. 6.

«no cerraba nunca, de hecho no tenía ni puertas». Abierto por Miguel Guayadol Masclans, un jugador profesional de naipes, «en su interior había una ruleta y se jugaba al póquer», aunque «también se proyectaban películas», que atraían a un numeroso público infantil[231]. Un establecimiento que alcanzaría notoriedad a nivel estatal durante los denominados años del pistolerismo (1917-1923), tras producirse un atentado que dejó heridos a varios individuos pertenecientes al Sindicato Libre[232].

En cualquier caso, con la llegada de los años 20 la tercera ciudad más poblada del Estado también se sumó a la fiesta nocheriega. Así lo certificaba a principios de 1921 el escritor, periodista y poeta Julio Hoyos, tras reconocer que pocas ciudades españolas habían cambiado tanto como la capital del Turia durante la última década:

> [...] La Valencia nocturna rebulle, se agita y vive alegremente. El actual trasnochador valenciano, con el cortejo halagador de los espectáculos que se le ofrecen [...].
>
> Y siguiendo esta propia orientación, ya han comenzado a aparecer los primeros cabarets con orquestas uniformadas de rojo, y supertangos de última hora.
>
> Antes, después de las salidas de los teatros, la gente se iba resignadamente a dormir; si existían trasnochadores, peor para ellos; no tenían otro hospedaje para sus recreos nocturnos que las ermitas galantes que tuviesen sacerdotisas ociosas. Hoy se ha montado todo un programa. La guerra ha arrojado hacia aquellas playas algo del productivo botín que recogieron las gentes afortunadas y despiertas;

231. Briongos, Ana Mª: *Mi cuaderno morado. El viaje más largo.* Barcelona: Laertes; 2023, p. 61.

232. «Barcelona al día. Nuevos atentados. Un muerto y cinco heridos». *Diario de la Marina (Periódico independiente)*, 7 de abril de 1923, p. 2.

pero como el día es necesario para los negocios, ha venido a ser la noche la creadora de un paraíso artificial en donde gozar de algo de lo azarosamente ganado.

Y bajo el intenso azul del cielo levantino, a la blanca claridad de los focos eléctricos, hoy se desenvuelve un nocturno valenciano, armonizado con risas femeninas, algazaras de vinos generosos y tintineo metálico de moneda nueva, muy recientemente acuñada, esa que se ha dado en llamar «de los nuevos ricos»[233].

Curiosamente, a juicio de Hoyos, los noctámbulos valencianos no se miraban en el espejo de la noche barcelonesa, sino que se decantaban por el aire de la noche madrileña:

> Pero este gran pueblo levantino ha experimentado otra evolución —para mí más interesante, porque afecta a su parte espiritual—, que por la noche se acusa con mayor relieve. Es una cierta influencia madrileñista que, sin eclipsar el propio carácter, le ha modificado notablemente.
>
> [...]
>
> Valencia, de noche, recuerda mucho al Madrid de hace diez años, al de la cuarta de Apolo, al de la Bombilla y Fornos, al de la Flor y la Costanilla. Lo que se ha perdido del Madrid de entonces lo ha recogido la Valencia de ahora[234].

En principio, las condiciones no eran demasiado favorables, pues el impacto de la Primera Guerra Mundial sobre la economía valenciana resultó calamitoso. La guerra supuso el hundimiento de las exportaciones de los productos agrícolas

---

233. Hoyos, Julio: «Nocturno valenciano», *La Esfera (Ilustración mundial)*, 29 de enero de 1921, p. 22.
234. Ibid.

(pasas, vino y, sobre todo cítricos), al adquirir la condición de bienes de lujo. La dificultad de los transportes, sobre todo marítimos, por el asedio de los submarinos alemanes, y el consiguiente encarecimiento de los fletes hizo el resto. Sin embargo, tras el armisticio, y a pesar de la profunda crisis económica y gran tensión social[235] esos nuevos ricos a los que aludía Julio Hoyos propiciaron que el sector del espectáculo en Valencia viviera un notable auge y de manera muy especial el género de variedades. El flujo de dinero fruto de la especulación supuso un caudaloso río para empresarios, modistos, joyeros, cantantes, bailarinas, coristas, músicos, etcétera. De tal manera, también llegaron a Valencia los cabarets a la moda francesa y los music-halls al estilo inglés para imponer sus dictados en el ocio nocturno. Fueron años de gran libertad escénica, en los que las mujeres se exhibían ligeras de ropa e interpretaban canciones con letras muy atrevidas.

Valencia fue un auténtico vivero de artistas de este género. Un género que, desde luego no era del agrado de todos. Así, a principios de 1921, en una sesión del Ayuntamiento de Valencia, el concejal señor Llagaria recordó la denuncia «referente a las estampas y folletos pornográficos que se venden en algunos kioscos», haciéndola extensible al espectáculo «repugnante por lo inmoral, que se da en algunos music-halls y cabarets»[236]. En cambio, a otras autoridades, como el gobernador civil, lo único que parecía importarles de los cabarets era la impunidad con la que trabajaban en su interior ladrones y carteristas. Aunque en ningún momento saldrían a colación en julio de ese mismo

235. Por una parte, los beneficios empresariales se doblaron y el precio de la vida aumentó un 37%, pero los salarios tan sólo experimentaron un incremento del 16%.

236. «Ayuntamiento. La sesión de ayer». *La Correspondencia de Valencia (Diario de Información)*, 1 de enero de 1921, p. 1.

año, cuando el doctor José Sanchís Bergón, presidente del Colegio de Médicos de Valencia, y el diario *Las Provincias* presionaron al gobernador civil para que atajara el escandaloso tráfico y consumo de cocaína y morfina en los cabarets y music-halls[237].

Cabe decir que en aquel momento tan sólo había cuatro locales de estas características en Valencia: el Ba-ta-clan, antes Teatro Martí, que se ubicaba en la calle Pi y Margall, más conocida como Ruzafa; el Edén Concert, que inicialmente fue inaugurado con el nombre de Gran Salón Kursaal, en la calle de las Barcas y el Madrid Concert, que se encontraba en la calle de Ribera. Además de estos tres establecimientos, que se anunciaban en la revista Eco Artístico, también estaba el Doré Concert, en el número 12 de la calle de las Almas, que se publicitaba como el «music-hall de moda».

Por lo demás, tan significativa, o más, que la campaña emprendida conjuntamente por el presidente del Colegio de Médicos y el diario Las Provincias fue la cumplida réplica a la misma que dio el periodista y político republicano Carlos Esplá, quien, ante la referida «obra de moralización», se despachó con dos irónicos artículos en defensa de «la vida pecadora, amable y literaria de los alegres refugios nocturnos»[238].

En realidad, nada de esto debe extrañarnos, pues a comienzos de la década de los años 20 nocturnidad y drogas ya conformaban un perfecto e indisoluble maridaje, gracias al tálamo del cabaret. Prueba de ello es una viñeta cómica publicada en el diario *El Debate* en la que puede leerse el siguiente

237. «Cómo se envenena a la juventud valenciana. La morfina y la cocaína en 21 los cabarets y music-halls. El Colegio Médico lo ha denunciado por dos veces a la autoridad y ayer, por escrito, al gobernador civil», *Las Provincias (Diario de Valencia)*, 5 de julio de 1921, p. 1.

238. C. E.: «No es un peligro muy grande». *El Pueblo (Diario republicano de Valencia)*, 13 de julio de 1921, p. 1 y C. E.: «Otra dosis de cocaína». *El Pueblo (Diario republicano de Valencia)*, 14 de julio de 1921, p. 1.

diálogo entre un paciente y el médico que acaba de extenderle una receta:

> —¿Cocaína, morfina y éter me manda usted doctor? El caso es que ya habrán cerrado la farmacia de la esquina.
> —Sí, pero el «cabaret» de enfrente está abierto toda la noche[239].

Nuevos tiempos, nuevas costumbres, antiguas soluciones

La hispalense Alameda de Hércules era otro de los lugares donde la noche se estiraba al máximo y las juergas al aire libre y los escándalos podían prolongarse de madrugada, «hasta las ocho o las diez de la mañana». Por eso, ante las denuncias de ciertos medios, Guillermo Elío, gobernador civil de Sevilla, dispuso que los espectáculos que allí se celebraban cesaran a la una en punto de la madrugada». Sin embargo, de poco sirvieron las medidas adoptadas por el gobernador Elío, pues apenas unos meses después A. Rodríguez de León se expresaba en los siguientes términos:

> [...] La populachera y popular Alameda de Hércules, cuna que fue de la torería, alcazaba de la flor postinera y gitana de los mozos y mozas del flamenquismo en sazón. Hoy, la Alameda, perdido todo su carácter, no es más que un refugio de «cines» al aire libre y refugio de una epidemia de tómbolas, donde se rifa la inmoralidad y donde se deja sus dineros el pueblo necesitado.
> La antigua Alameda, con sus quioscos policromados, con su expansión sin obstáculos, ha degenerado en un

239. «Hoy las ciencias adelantan». *El Debate*, el 26 de septiembre de 1922, p. 2.

aduar hurdano, donde la miseria reina y donde la plebeyez más absurda tiene su imperio. Nosotros votamos por que la Alameda de Hércules sea única y exclusivamente, un paseo de Sevilla, sin barracones inmundos de circo ni tenderetes de tómbolas inmorales, ni tabladillos de murgas groseras...

> Pero [...] nuestras autoridades no entienden una palabra del sentido estético de los lugares.
>
> [...][240]

Por lo que respecta a Barcelona, a principios de 1922, el periodista y dramaturgo Adolfo Marsillach y Costa firmó una crónica en el diario madrileño *El Imparcial* en la que describía para sus lectores el advenimiento de nuevas costumbres en la Ciudad Condal:

> La vida de café, tan intensa en Madrid, va desapareciendo de Barcelona La ciudad sufre una gran transformación en sus costumbres. La influencia francesa se deja sentir más cada día. Las señoritas leen a Huymans, y las modistillas y dactilógrafas van por la calle del brazo de sus novios sin recato alguno. Las señoras casadas asisten con sus maridos a las revistas del Principal Palace, donde cien mujeres más o menos hermosas, mejor o peor formadas, hallan, la mayoría, casi sin ropa, y algunas como era los tiempos del Paraíso, salvo el maquillaje.
>
> La afición al «foot-ball», que más que de afición puede calificarse de locura, ha alejado a los mozos de los bailes populares, de las mesas de dominó, de los billares y paseos públicos, Parque y muelles, y puesto fin al su buena e in-

240. Rodríguez de León, A.: «Crónicas sevillanas. La emoción de los contrastes...». *El Sol*, 20 de julio de 1922, p. 3.

veterada costumbre de expansionarse los domingos por los bellos alrededores da la ciudad. Los «sports», el «football», en primer término, constituyen casi la única preocupación de la juventud masculina. La influencia de estos ejercicios violentos se deja sentir en las librerías y gabinetes de lectura, huérfanos de compradores y de lectores, y en una falta de cortesía para con las señoras y de respeto para con los ancianos de parte del sexo fuerte que, prevalido de su superioridad muscular, atropella a los débiles allí donde le sale a cuenta atropellarlos, como en los tranvías, cuyo interior y plataformas hay que ganarlos a puño[241].

A un Marsillach próximo a entrar en la sesentena le molestaba tanto la falta de modales a la antigua usanza como el bullicio reinante, tanto al aire libre como en los establecimientos orientados al ocio nocturno:

> Los paseos, los teatros, los tranvías, los «cabarets», los «music-halls» rebosan de gente que habla a gritos, alborota, ríe sin motivo y estorba en todas partes.

El periodista y dramaturgo, sin duda hombre de café, lamentaba la paulatina desaparición de este tipo de locales en Barcelona y los nuevos hábitos horarios que en ellos imperaban:

> Los cafés no podrán sustraerse a la evolución de las costumbres. Los grandes cafés van desapareciendo. Apenas quedan algunos. En las Ramblas del centro sólo hay cuatro. En la de Cataluña, tan larga y tan hermosa, no hay ningu-

241. Marsillach, Adolfo: «Cartas catalanas. De nuestro redactor en Barcelona. Transformación de las costumbres». *El Imparcial (Diario liberal)*, 27 de enero de 1922, p. 3.

no. Ninguno tampoco en el paseo de Gracia ni en la calle de Cortes, con sus cinco kilómetros de longitud. De cuatro de la plaza Real han cerrado tres. En la de la Universidad hay uno; ninguno decoroso en las Rondas, y tres en la plaza de Cataluña, dos veces mayor que la Puerta del Sol.

Estos cafés sólo se ven concurridos de dos a cuatro de la tarde y de nueve a once de la noche. En las demás horas la soledad es casi completa.

Finalmente, todo parecía indicar que Marsillach no terminaba de acostumbrarse a la febril locura propia de los años 20:

> [...] El antiguo aficionado al café y la mocería se refugian en los «cines», atraídos por su oscuridad, y en los mil «cabarets», con lindas camareras y pintadas peripatéticas. La juventud que no concurre a esos sitios de dulce perdición es que se entrena en los campos de «sport».
>
> También el teatro sufre las consecuencias de este cambio de costumbres.
>
> [...]
>
> Pero la más notable transformación se nota en la moral. El feminismo, el sindicalismo, la falda al ras de la rodilla, la media calada, el escote subversivo, la transparencia de los tules, el «cine», el «cabaret» y los bailes modernos han relajado de tal manera las costumbres que, de las que fueron buenas, apenas quedan vestigios. En este respecto, todo aquí va manga por hombro, y los más pacatos ya no se admiran de nada[242].

---

242. Marsillach, Adolfo: «Cartas catalanas. De nuestro redactor en Barcelona. Transformación de las costumbres». *El Imparcial (Diario Liberal)*, 27 de enero de 1922, p. 3.

Desde luego, algunas ciudades intentaron blindarse ante esta relajación de las costumbres. Así, por ejemplo, Vitoria estableció unas ordenanzas municipales, cuyo lenguaje, así como su espíritu, recordaban a ciertas disposiciones decimonónicas contra los cafés-cantantes:

> Artículo 37. Las empresas de bailes no tolerarán en los mismos actos alguno ofensivo a la moral y a las buenas costumbres, y harán que sean expulsados quienes faltaren a estos preceptos, originen escándalos o se hallen en estado de embriaguez.
>
> Artículo 38. La autorización para establecer bailes públicos u otros espectáculos análogos sólo podrá otorgarse, previo reconocimiento del local por el Arquitecto Municipal e Inspector de Sanidad Provincial, por el señor Alcalde, quien podrá denegar el permiso si no considerase el punto adecuado o existieran motivos racionales para creer que con ellos se habrían de causar perjuicios a los vecinos.
>
> Artículo 39. Los dueños de estos establecimientos, juntamente con los infractores de estas disposiciones, serán responsables de las correcciones que se impongan por escándalo, bailes lascivos, canciones obscenas o cualquier otro acto contrario a la moral y a estas Ordenanzas.
>
> No se permite la entrada en los bailes a personas menores de quince años.
>
> Artículo 40. La imposición de tres multas será motivo para suspender la continuación del espectáculo.

Y, así como el artículo 2 de las citadas ordenanzas reconocía a «todos los habitantes del término municipal» el derecho a «denunciar a la autoridad local o a sus agentes cualquier infracción de estas ordenanzas, especialmente cuando se refiere al orden público, moralidad, seguridad, salubridad, ornato y propiedad», el artículo 6 de las mismas obligaba a «todos los vecinos a denunciar las infracciones enumeradas que presenciaren o de que tuvieren noticia».

A pesar de estos esfuerzos por parte de las autoridades, la tendencia a perpetuar hábitos nocturnos no solo se mantenía firmemente arraigada, sino que se manifestaba en iniciativas de lo más singulares. En este sentido, no podemos dejar de consignar la decisión de vivir una «noche toledana» —caracterizada por un absoluto desvelo[243]— tomada por un grupo de «treinta literatos y artistas», encabezado por su promotor José Ortega Munilla, padre del filósofo José Ortega y Gasset. Según Ramón Gómez de la Serna, uno de los concurrentes a la referida excursión, «aquella noche fue célebre en su tiempo»[244].

Todavía más relevante que aquel «acto audaz de la bohemia literaria» celebrado el 30 de abril de 1922, fue la no menos bohemia existencia de la famosa Orden de Toledo, fundada el día de San José de 1923 por un jovencísimo Luis Buñuel. El secretario de dicha hermandad era Pepín Bello y en un segundo nivel jerárquico se encontraban los fundadores de entre los que destacaban Federico García Lorca y su hermano Paquito, Pedro Garfias, Augusto Casteno, José Uzelay y Ernestina González. Luego venían los caballeros, entre los que figuraban Salvador Dalí, Rafael Alberti, Antonio Solalinde, Hernando Viñes, Lulu Viñes, Ricardo Urgoiti, María Teresa León, René Crével, Pierre Unik, José María Hinojosa y Jeanne, la esposa de Buñuel. Por debajo de estos se encontraban los escuderos, los invitados de los escuderos y los invitados de los invitados de los escuderos, hasta congregar a lo

243. «Qué significa la expresión «una noche toledana» y de dónde viene». *El Mundo*, 30 de septiembre de 2022, en https://www.elmundo.es/como/2022/09/29/633458d621efa0ab3f8b459b.html

244. Gómez de la Serna, Ramón: *Automoribundia*, 1888-1948. Madrid: Marenostrum; 2008, p. 293.

más granado de la generación del 27 con Toledo como fuente de inspiración y lugar de reunión. El rango alcanzado en la Orden dependía del grado de cumplimiento de las reglas, entre las que se exigía «emborracharse por lo menos durante toda una noche» y después «vagar por las calles» de la capital castellano-manchega y la salvedad de que «los que preferían acostarse temprano no podían optar más que al título de escudero»[245].

El golpe de Estado del general Primo de Rivera y sus consecuencias

En la noche del 12 al 13 de septiembre de 1923, Miguel Primo de Rivera, capitán general de Cataluña, encabezó un pronunciamiento militar que dio lugar a la instauración de una Dictadura que duraría hasta el 28 de enero de 1930. Atrás quedaba una de las etapas políticas más extensas de la historia de España: la Restauración, y con ella se desvanecía también la alternancia pacífica entre conservadores y liberales que había caracterizado políticamente este periodo.

Tras el golpe de Estado asumió el poder un Directorio militar integrado por ocho generales y un contralmirante, que se trazaron como principales objetivos dar una solución digna, pronta y eficaz al problema de Marruecos y restablecer el orden público en Cataluña. Sin embargo, entre los puntos del programa hecho público por el directorio militar también figuraba «la moralización de las costumbres y de la vida en general». Y,

245. Buñuel, Luis: *Mi último suspiro*. Esplugues de Llobregat (Barcelona): Plaza & Janés; 1982; Sánchez Vidal, Agustín: *Buñuel, Lorca, Dalí. El enigma sin fin*. Barcelona: Planeta; 1988; «La Orden de Toledo», en https://es.wikipedia.org/wiki/La_Orden_de_Toledo y «La Orden de Toledo». Toledo Olvidado, 28 de septiembre de 2008, en https://toledoolvidado.blogspot.com/2008/09/la-orden-de-toledo.html. Ver también Venta de Aires, https://www.ventadeaires.com/historia-de-la-orden-de-toledo/

como era de esperar, ese nuevo intento de moralizar las costumbres llevaba implícita una restricción del ocio nocturno en cualquiera de sus manifestaciones.

Así, a las noches locas de la Primera Guerra Mundial y los primeros años de la década de los años 20 siguieron veladas mucho más tristes y menos rumbosas. Al menos, eso mismo se deduce de las impresiones del periodista Emilio Pisón Peña, quien a finales de ese mes de septiembre llegaba a calificar al cabaret de «lamentable ficción de orgía, que no tiene la correcta elegancia de un baile aristocrático ni la desenfrenada locura de una bacanal»:

> [...] Hay siempre en él un algo más sombrío y más patético, una melancolía indefinible, lamentable y absurda, de petenera dramática, de tango fatal...

De hecho, apenas hubo de pasar un mes del golpe de Estado para que el polifacético intelectual Cipriano Rivas Cherif diera cuenta en un semanario madrileño de los efectos de la mencionada moralización de las costumbres en la vida nocturna de la capital del Reino:

> [...] El terrible azote que amenaza a Madrid [...] se cierne sobre la vida, antes risueña y de suyo trasnochadora, de la Corte y Villa. Madrid se duerme [...], las nuevas disposiciones del Directorio Militar hieren sin remedio la vida nocturna de Madrid[246].

La amenaza que se cernía sobre el ocio nocturno madrileño

---

246. Tito Liviano [seud. de Rivas Cherif, Cipriano]: «Anales de ocho días. La enfermedad del sueño». *España (Semanario de la vida nacional)*, 13 de octubre de 1923, p. 4.

se materializó el 11 de diciembre, cuando se vieron obligados a cerrar a las tres de la madrugada todos los establecimientos públicos «que tenían la costumbre de permanecer abiertos toda la noche»:

> Colonial, Universal, Castilla, Fornos Palace, Maxim's, Los Burgaleses, Los Gabrieles, Villa Rosa, Los Claveles, Casa Sergio, La Favorita, La India, La Perla, Casa Cándido, Casa Pascual, Parisiana, Totó, La Sevillana y El Racimo de Oro[247].

Según constataban los periódicos, los parroquianos desalojaron contrariados y a regañadientes los locales señalados, varios de los cuales se concentraban en el que sería conocido como «barrio de la copla» (calles de Echegaray, Visitación, Ventura de la Vega, etcétera)[248], formándose «pequeños grupos de trasnochadores» en la Puerta del Sol y la calle de Alcalá que se encargó de disolver la Policía obligándoles «a meterse prontito en la cama».

Pocos días después el periodista y escritor Juan Ferragut se lamentaba con amargura del cambio que se había operado en la capital del Estado:

247. «La actuación del Directorio militar. El cierre general de esta madrugada de los cafés, bares, tabernas y cabarets». *Ejército y Armada (Diario militar de la tarde)*, 12 de diciembre de 1923, p. 2; «La noche para dormir. A las tres de la madrugada se cierran los restaurantes y cafés». *La Correspondencia de España*, 12 de diciembre de 1923, p. 1 y «La actuación del Directorio militar. El cierre general de esta madrugada de los cafés, bares, tabernas y cabarets». *La Publicidad (Diario africanista)*, 12 de diciembre de 1923, p. 1.

248. Ardila, Luis: «Así era la pálida señorita Bohemia. Cuando la noche se desvelaba». *Pueblo*, 24 de abril de 1951, p. 12.

> Madrid ha perdido de pronto su pintoresca jerarquía de la capital más trasnochadora de Europa [...], la leyenda pecaminosa del Madrid castizo, trasnochador y juerguista.
>
> Una medida de Policía ha roto la tradición, y órdenes severas obligan a cerrarlo todo a las tres en punto de la madrugada. Del Madrid nocturno de hace un año al de hoy media un abismo que han llenado el tedio y la mojigatería[249].

A pesar del régimen militar recién instaurado Ferragut no tenía ningún inconveniente en romper una lanza en favor de aquella vida nocturna que había dado justa fama a Madrid en toda Europa:

> Madrid perdió su apariencia libertina de gran ciudad cosmopolita. Y ahora, al cerrar a las tres de la madrugada todos los lugares de esparcimiento, Madrid torna a ser lo que en realidad es: un pueblo castellano un poco triste. Centro y Corte de la Nación, fue siempre campo de lucha, de intrigas, absorbente estómago, cerebro rutinario de España. Quitarle el placer es reducirlo a su significado cruel de palestra donde las batallas por el dinero y por la fama se libran en un ambiente de egoísmo hostil. La vida nocturna, más libre, desenfrenada y galante, era como el perfume y la sonrisa, la tentación y el lujo de Madrid. En quinientos metros alrededor de la Puerta del Sol, unos centenares de mujeres y hombres, en cabarets y colmados, vivían su noche, que para muchos era «vivir su vida». ¿Qué mal hacía a Madrid esa pequeña tolerancia, ese margen de libertad?

249. Ferragut, Juan: «La ciudad trasnochadora». *Mundo Gráfico (Revista popular ilustrada)*, 26 de diciembre de 1923, p. 3.

Hay que pensar que el prohibir la diversión en público es estimular la falta en privado. ¿Y a título de qué la mujercita aventurera y el muchacho estudiante y el hombre de buen humor no van a poder divertirse de madrugada?

Dejémosle al día su afán, que es el trabajo, el negocio, la lucha. La noche es el placer, la dulce intimidad del amor, el amable pecado de que la sombra es galeote y cómplice.

Ni un hombre ni un pueblo son fuertes si no tienen alegría. No creo que se aspire a que nos convirtamos en un pueblo huraño, ceñudo siempre por grandes preocupaciones.

A principios de 1924 un «nocherniego empedernido» trazaba una crónica desoladora de los cabarets madrileños, mientras añoraba otros tiempos:

> [...] Aquellas noches de orgía, con cortesanas de belleza espléndida; aquellas bacanales con danzarinas y reinas del cuplé que, momentos antes, causaran la admiración de todos por su arte, por su hermosura, por sus toaletas lujosas; aquellas horas de locura, en que el champán corrió a raudales merced a los favores de la diosa Fortuna...[250]

A su juicio, el declive de la vida nocturna en general y de los cabarets en particular tenía que ver con «la abolición del juego» decretada por el Directorio militar, pero también con otras causas:

> [...] La postguerra, con la paralización de los negocios,

250. Fernández-Conde, M. : «De la vida frívola. Los cabarets se van». *La Libertad*, 20 de febrero de 1924, pp. 5-6.

con la evaporación de fabulosas ganancias, con el encarecimiento de la vida.

[...] Los mismos propietarios de «cabaret», que aumentan los precios y disminuyen las raciones, empeorando la calidad de los géneros.

[...] Las mismas «papillones» contratadas allí para servir de anzuelo a los incautos con las promesas de un amor que no entregan sino a cambio de grandes sacrificios, para halagar su orgullo, y grandes desembolsos, para satisfacer sus múltiples necesidades, y extraordinarias dilapidaciones, para saciar su vanidad.

[...] La juventud de ahora, dueña de menos numerario, más práctica en sus devaneos amorosos, más aficionada al trabajo...

Si bien concluía dictaminando que el adelantamiento del cierre horario había supuesto «el golpe de gracia».

Incluso otro reputado noctámbulo como Ramón Gómez de la Serna[251], con su particular sentido del humor, escribiría alguna crónica más o menos afortunada sobre las transformaciones que —a la fuerza— se habían producido en los otrora noctámbulos madrileños.

A pesar de la contención que el Directorio militar había impuesto sobre el ocio nocturno de la capital, sucesos como el crimen del expreso de Andalucía todavía sirvieron de pretexto para que algunos medios reaccionarios como el diario católico *El Siglo Futuro* exigieran más mano dura:

251. De hecho, el creador del género de las greguerías llegaría a utilizar para su correspondencia particular un papel con membrete en el que podía leerse la siguiente advertencia: «después de las 3 de la tarde». Ver Flórez, Rafael: *Ramón de Ramones*. San Fernando de Henares (Madrid): Bitácora; 1988, p. 306.

¿A qué estado de corrupción se ha llegado? ¿A qué relajación moral se ha descendido? ¿A qué degradación llegan algunas gentes, y cómo es posible que se consienta por más tiempo cuanto contribuye a formar un ambiente en el que perecen el honor, la dignidad, el decoro, creando seres repulsivos de que la sociedad se horroriza y se abochorna?

[...] Es esto cuestión de higiene social, de higiene pública, que urge resolver de frente, sin contemplaciones y con energía militar, de un solo golpe que cercene el mal de raíz, y el no hacerlo equivaldrá a rehuir acabar con las causas que determinan delitos como el que hoy es pasto de tantos comentarios de indignación, de repulsa y de asco.

Se está dejando podrir a las gentes en una cloaca de vicios que jamás tuvieron carta de naturaleza en España; se está consintiendo una obra de perversión moral que necesariamente tiene que dar el fruto podrido que corresponde a la semilla; y por falta de energía, por una tolerancia incalificable, se está consintiendo la existencia de lugares donde, con menguadas trabas fácilmente rotas, encuentra la juventud el camino del precipicio.

Hace días, en las vísperas casi del hecho criminal que ha conmovido a España entera, un periódico clamaba contra la licencia que se observa, contra el cáncer que corroe a una parte de la sociedad, y que se va extendiendo gracias a una indiferencia culpable, que dimana de la laxitud de las conciencias.

Cinematógrafos, cabarets, restaurantes de noche, los llamados super-tango, tantos y tantos otros centros de molicie, de vicio y de degeneración, envuelven en sus redes a las gentes, que allí dejan desgarrones de cuantos atributos ennoblecen al hombre. Y entre la pornografía, las drogas venenosas, las películas truculentas y las publicaciones obscenas, el gravísimo daño social de que nos dolemos, no sólo produce seres de la condición moral que el proceso que hoy despierta la curiosidad malsana dibuja con tan negros trazos, sino que es causa de la perturbación general que se traduce en la ausencia de todo temor, en la falta de todo respeto y en el exceso de animalidad, de sensualidad, de afán de goces, con olvido absoluto do todo deber, do todo espíritu de sacrificio, y, por do contado, de todo cuanto tiende a cultivar el alma y ennoblecer la inteligencia.

Madrid, y como Madrid otras grandes ciudades, dan idea menguada de las costumbres. No se ven más que grandes y suntuosos edificios dedicados a la frívola diversión o al refinamiento de toda concupiscencia, y no parece sino que el fin de la vida no es otro que el de malversarla en el placer, como si no hubiera que dar estrecha cuenta de ella ante Dios, en terrible día.

[...] Hay que cerrar todos los establecimientos, que la Policía conoce de sobra, en los que se está tolerando lo que no puede tolerarse; hay que perseguir con saña el comercio ilícito que con drogas infernales y con la pornografía se ejerce; hay que perseguir con dureza implacable y sostenida el vicio del juego; hay que prohibir que los espectáculos públicos y el cinematógrafo especialmente, vayan poco a poco influyendo en el espíritu de los niños con la segura influencia que ejercen escenas que viven en la pantalla, sobre la inteligencia infantil. Y con cuánta gente maleante vive de explotar el vicio, hay que hacer una cuerda de galeotes y enviarla a sanear los territorios españoles del Muni y Fernando Poo, reduciéndolos como apestados, para que su contacto ni manche ni contagie al cuerpo social, que tiene innato derecho a la salud[252].

252. «El suceso del día. Las causas y los efectos». *El Siglo Futuro (Diario*

Puede que el general Primo de Rivera fuera un moralista, pero desde luego no era un mojigato, y aunque prohibió el juego y limitó los horarios nocturnos, su *affaire* con *La Caoba*, una bellísima bailarina andaluza de vida muy azarosa, ocasional participante en sus distracciones y dedicada por entonces al tráfico de drogas era vox populi, al menos, en Madrid. Por eso no es de extrañar que, transcurrido un tiempo y calmados los ánimos, el periodista, escritor y humorista Julio Camba —a pesar de la censura decretada— reivindicara públicamente el disfrute de «las claras y hermosas noches de Madrid» en la primera plana del diario *El Sol*:

> No hay que confundir el continente con el contenido. La Noche habrá contenido hasta ahora muchos horrores; pero esto no quiere decir que sea horrible ni que sólo pueda contener actos horribles. El acto, por ejemplo, de tomarse un bocadillo de jamón con un bock de cerveza, ese acto «en sí», independientemente de la idea del tiempo, ¿es un acto horrible? No lo creo. ¿Lo es si se realiza a las cinco da la tarde? Tampoco lo creo. Y, ¿por qué, entonces, hemos de considerar un calavera y un perdido al hombre que lo ejecuta a las cinco de la madrugada? ¿Qué horror es el que pone la Noche en el bock de cerveza o en el bocadillo de jamón? Si el acto más inocente resulta pecaminoso a las cinco de la madrugada y por el solo hecho de verificarse a las cinco de la madrugada, el acto más pecaminoso tiene que resultar inocente a las cinco de la tarde, y por el solo hecho de verificarse a las cinco de la tarde. Y, si a las cinco de la madrugada se nos prohíbe tomar un bocadillo con un bock de cerveza, que se nos permita, a las cinco de la tarde,

católico), 24 de abril de 1924, p. 1.

> ingerir un bistec de ciudadano, con sus derechos políticos a modo de patatas fritas [...]
>
> Claro que algo dice en contra de la Noche el hecho de que en ella se hayan cometido tantos crímenes; pero esto obedece, en mi sentir, al espíritu romántico de los criminales y a su crasa ignorancia que no distingue de latitudes. Los criminales creen que la Noche es negra, lóbrega, tenebrosa y que les protege con su manto lo que hasta la invención de la luz eléctrica, quizá no haya sido completamente falso en Inglaterra o en Alemania, pero lo que siempre ha carecido de exactitud en Madrid. En realidad la noche de Madrid es más clara y más tibia que el día de Londres. Si los ingleses pudieran tener en Londres, a las doce del día, una de estas lunas madrileñas del mes de junio ¡qué sol más espléndido el que harían con ella! [...]
>
> En Madrid la noche carece de misterio, de horror y de frío. Yo proponía ayer que, durante el verano, toda la vida de Madrid fuese una vida nocturna, a lo que alguien me opuso el consabido argumento de los extranjeros. ¿Qué dirían los extranjeros?
>
> Pero yo creo que, probablemente, los extranjeros no notarían que vivíamos de noche, y que no dirían nada[253].

No contento con esta reivindicación, pocos días después el mismo Camba se hacía eco —con su particular retranca— de los argumentos esgrimidos por la gente de orden frente a los noctámbulos, para proponer el proyecto de un «Madrid exclusivamente nocturno», como solución ideal para acabar de una vez por todas con la conflictiva tendencia al noctambulismo de los madrileños:

253. Camba, Julio: «Crónicas de Camba. Las claras y hermosas noches de Madrid». *El Sol (Diario independiente)*, 27 de junio de 1924, p. 1.

> Actualmente existe en Madrid una mayoría de personas que tienen que vivir de día, y una minoría que puede vivir de noche. Esta minoría reclama espectáculos, bocadillos, tranvías, refrescos, etc., y es justo que no se atiendan sus reclamaciones porque ello supondría un gran despilfarro. Hay que ahorrar energía eléctrica. Hay que ahorrar carbón, luz, fuerza motriz. El «metro» no va a estar circulando contantemente. Los establecimientos no van a permanecer abiertos veinticuatro horas… Hoy por hoy los trasnochadores constituyen un núcleo antisocial, y de ahí la mala opinión en que se los [sic] tiene; pero sería absurdo el que esta opinión predispusiera los ánimos contra mi proyecto de un Madrid exclusivamente nocturno. Cuando todo Madrid viviese de noche, no habría despilfarro posible, ya que todos los intereses serían comunes, ni el hecho de trasnochar implicaría anormalidad ninguna[254].

En 1925 se volvería a hablar de Madrid en letras de molde como «la ciudad más trasnochadora del mundo», destacando por encima de todo «el atractivo magnífico de sus noches estivales». Sin embargo, en opinión de Miguel de Castro, el ocio nocturno madrileño había sufrido una profunda transformación y apenas era una caricatura de lo que había sido a principios de siglo:

> El Madrid trasnochador de hace cinco lustros, si no ha desaparecido por completo, sí ha disminuido de modo que puede apreciarlo cualquiera, aunque no presuma de psicólogo[255].

---

254. Camba, Julio: «La vida de noche en Madrid». *Diario de la Marina*, 26 de julio de 1924, p. 2.

255. Castro, Miguel de: «Madrid-Valencia. Del mantón de la China al

Desde luego, tras el golpe de Estado de Primo de Rivera tampoco Barcelona se libró de la imposición de límites horarios, si bien en la Ciudad Condal siguió habiendo una bulliciosa vida nocturna, quizá porque existía la teoría de que convenía para mantener la paz social en sus calles:

> Era opinión extendida más de lo justo, que para pacificar ciudades como Barcelona eran necesarias armas tan contraproducentes como el vicio y la inmoralidad. Y sostenían los que de tal opinión participaban que los lugares del vicio eran recintos donde se aislaban y entretenían sus peligrosas actividades las gentes maleantes[256].

En principio, el general Carlos de Losada y Canterac, nombrado gobernador civil por el Directorio militar, ordenó que las tabernas cerraran a las doce de la noche, que las funciones en cines, teatros y demás espectáculos públicos terminaran a la una de la madrugada y que los bares, cafés, cafés-concierto, cabarets y music-halls cesaran su actividad a las dos de la madrugada. En cambió autorizó a las chocolaterías «situadas cerca de las estaciones» para que permanecieran abiertas toda la noche. En los sábados y vísperas de festivos los horarios señalados podían prorrogarse hasta media hora. Para asegurarse de que sus órdenes serían rigurosamente cumplidas, el gobernador dispuso un visible incremento del aparato policial, dispuesto en lugares estratégicos:

---

collar del chino». *Las Provincias (Diario de Valencia)*, 28 de noviembre de 1925, p. 4.

256. «No habrá más tolerancia en Barcelona. Se intensificará la campaña contra la pornografía y la inmoralidad». *El Debate*, 1 de septiembre de 1923, p. 2.

> [...] En el Paralelo, en las calles del Conde del Asalto y de San Pablo y especialmente en las Ramblas se observó inusitada concurrencia, debida a la aglomeración de la gente que acostumbraba frecuentar los indicados establecimientos y que el cierre de éstos había echado a la calle antes de la hora habitual.
>
> Con motivo de la implantación de la indicada orden se adoptaron algunas precauciones, observándose en la calle la presencia de mayor número de agentes de la autoridad que de ordinario, pero afortunadamente no tuvieron que intervenir en ningún incidente ya que las disposiciones gubernativas fueron acatadas, sin protestas ostensibles por todos[257].

Sin embargo, ante «algunas reclamaciones formuladas» al día siguiente el general Losada quiso mostrarse magnánimo con los propietarios de cabarets y music-halls y transigió, autorizando que permanecieran abiertos hasta las cuatro de la madrugada, siempre y cuando cesara la música a las dos de la madrugada, «a fin de evitar molestias al vecindario»[258].

En cualquier caso, los nuevos horarios impuestos por el gobernador civil provocaron que los noctámbulos y las personas que terminaban su jornada laboral después de las tres de la madrugada» se refugiaran en las chocolaterías y que «las lecherías de la calle del Conde del Asalto, autorizadas para no cerrar», se pusieran a rebosar de público, igual que Las Ramblas, que se vieron «animadísimas».

Vista la situación, el general Losada tomó la decisión de que los restaurantes y cafés pudieran permanecer abiertos hasta

257. «Últimas noticias». *La Vanguardia*, 26 de octubre de 1923, p. 18.
258. «El gobierno de los militares en Barcelona. El cierre de los y cabarets». *El Diluvio (Diario republicano)*, 27 de octubre de 1923.

las tres de la madrugada, hora hasta la cual también autorizó la música en los «cabarets» y music-halls. Asimismo, permitió que los restaurantes y cafés de las estaciones pudieran abrir una hora antes de la salida del primer tren, con lo cual resultaba que alguno de estos establecimientos ni siquiera se veían obligados a cerrar.

Las sucesivas disposiciones del gobernador civil de Barcelona y las consecuencias generadas no vinieron sino a agravar la «crisis honda» por la que atravesaba el célebre Paralelo, hasta el punto que un cronista de la época vaticinaba que las diversiones públicas que ofrecían los locales allí establecidos quedarían circunscritas a «los domingos y días festivos», mientras certificaba que «El Paralelo languidece y se muere»[259].

En realidad, Madrid y Barcelona, dada su condición de grandes urbes, fueron las dos capitales españolas cuya vida nocturna se vio menos afectada por las medidas adoptadas por las autoridades militares. También en San Sebastián, seguramente por ser una ciudad orientada al turismo de élite, donde se trasladaba la Corte todos los veranos, se permitió que los *cabarets*, las «casas de noche» y el Kursaal funcionaran con carácter excepcional hasta las cuatro de la madrugada. En el resto de España las restricciones horarias se hicieron sentir todavía más.

En Valencia, por ejemplo, además de recortarse los horarios nocturnos de los establecimientos públicos, el gobernador civil, general Mariano de la Revilla, dio órdenes severas a la Policía para que persiguiera con todo rigor el juego, la inmoralidad y la pornografía, hasta el punto de situar a la «gente de mal vivir» en la disyuntiva de tener que enmendarse o verse obligada a emigrar. Para imprimir fuerza a la «hermosa labor regeneradora emprendida», el citado militar impuso «fuertes multas a varios

259. Fuertes, Ricardo F.: «Crónica barcelonesa. El Paralelo». *La Opinión (Diario independiente de la mañana)*, 16 de diciembre de 1923, p. 6.

dueños y artistas de cabarets», destacando las 150 pesetas con las que sancionó a la empresa del Salón Madrid Concert, por «tolerar que las artistas ofendan a la moral»[260]. También prohibió a las camareras de los cabarets «alternar con el público», limitando su función «a servir exclusivamente la consumación que sea solicitada». Finalmente, en un gesto de magnanimidad, dio su autorización para que los cabarets ampliaran el horario de cierre y pudieran funcionar hasta las tres de la madrugada.

Mención especial merece el caso de Sevilla, donde el general Francisco Perales Vallejo, en cuanto se hizo cargo del Gobierno civil, hizo públicas sus intenciones de implantar en la provincia su lema personal de «orden, moralidad y justicia»[261]. Como parte de su campaña de moralización de las costumbres, Perales Vallejo ordenó algunas medidas que afectaron directamente a la vida nocturna de la ciudad, como la finalización de los espectáculos teatrales a la una de la madrugada y la clausura de todos los establecimientos (cafés, cervecerías, bares, cabarets, etcétera) una hora más tarde. Consciente de que se ganaría las antipatías de los trasnochadores y de «los taberneros y dueños de bailes o cabarets», ni siquiera transigió ante los restaurantes que abrían toda la noche, por considerarlos «*borracherías* disfrazadas». Para las poblaciones de la provincia que superaban los 20.000 habitantes decretó la una de la madrugada como hora

---

260. «En Valencia. Contra el juego y la inmoralidad». *El Sol*, 19 de septiembre de 1923, p. 3; «Contra el juego y la pornografía. La enmienda o la emigración». *El Debate*, Madrid, 19 de septiembre de 1923, p. 3; «Noticias del Gobierno civil». Las Provincias, 19 de septiembre de 1923, 2 y «Contra el juego y la inmoralidad». *El Progreso (Diario republicano autonomista. Decano de la prensa de Tenerife)*, 28 de septiembre de 1923, p. 1.

261. «Gobierno civil. El general habla poco, pero muy claro. ¡A cerrar! Los teatros, a la una.—Los establecimientos públicos, a las dos.—En los pueblos, a las doce y a la una». *El Liberal*, 19 de septiembre de 1923, p. 1.

de cierre de todos los establecimientos públicos y en los municipios cuyo padrón no alcanzaba esa cifra estableció como hora de clausura las doce de la noche. Además, prohibió todos los espectáculos que atentaran contra la moral.

Mientras algunos periódicos aplaudieron entusiásticamente estas medidas, el periódico *El Liberal*, atento al «clamor público», advirtió del gran perjuicio económico que dichas medidas provocarían a un gran número de empresarios y de trabajadores, haciéndose eco en primer lugar de las quejas del sector de los automóviles de alquiler:

> La vida de este negocio, su principal ingreso, lo da la noche. Esto lo ignoran las autoridades y nosotros tenemos que decirlo. De noche y de madrugada se arriendan muchos «autos» para llevar viajeros a los pueblos, gente que ha pasado la noche en Sevilla, y al amanecer están en sus fincas de campo, en sus casas. Con el cierre a las dos, ese ingreso se ha perdido totalmente[262].

El Liberal también reflejaba el descontento de la popular agrupación de los cocheros:

> El gremio de los cocheros se encuentra en el mismo caso. A los dueños de carruajes se les exige una licencia por cada coche, y tienen que pagar dos hombres: uno de día y otro de noche, para de esa forma poder vivir.
>
> Con el cierre a las dos —nos dicen— las paradas de coches están muertas, y muy pronto desaparecerán los vehículos, quedando cesantes un puñado de hombres.
>
> Durante la noche hay en las paradas de Sevilla más de

262. «Cierre a las dos. Un ramillete de quejas». *El Liberal*, 21 de septiembre de 1923, p. 2.

cien carruajes, cuyo principal trabajo era de madrugada.

La orden estará muy bien —nos dicen—, pero arruina a un puñado de familias.

El gremio de los camareros constituía, según *El Liberal*, otro de los sectores más perjudicados por las medidas de cierre adoptadas por el general Perales Vallejo:

> Hay en Sevilla ocho o diez salones de bailes, que emplearán para servir al público a un centenar de camareros, que desde que se dio la orden ganan la mitad de lo que ganaban; algunos no se estrenan y otros han ido despedidos, para que los que trabajan de día vayan viviendo. Ahí están otras cien familias perjudicadas.

Por último, el diario *El Liberal* citaba el caso de los músicos:

> Las distintas orquestas, bandas y orquestinas que amenizan los bailes, suman más de cincuenta hombres, acaso lleguen a cien, que cobran buenos sueldos cuando su trabajo dura hasta las cinco, y que ahora baja o se reducen los músicos por no poder el dueño del negocio subvenir a los gastos.

Incluso recurriendo a una fórmula lo más delicada y elegante y lo menos ofensiva posible *El Liberal* se atrevía a romper una lanza en favor de las profesionales del sexo:

> Y no queremos hablar de lo que según San Agustín: «es un mal necesario en toda República bien organizada». ¡Qué dirían!

En definitiva, *El Liberal* consideraba que tenían perfecto derecho a quejarse todas las familias afectadas de una ciudad que entonces ya superaba los 200.000 habitantes:

> Sevilla no es Cuenca, ni Soria, ni Ávila, ni Teruel, ni Guadalajara, ni Tarragona, ni Huesca. ¡Sevilla es Sevilla! ¡Es mucha Sevilla! Y como en Madrid y otras grandes poblaciones parece que no se rige esta medida, estimamos que Sevilla debiera gozar de igual privilegio, si esto significa privilegio.

De hecho, los propietarios y administradores de varias salas de diversiones públicas solicitaron por escrito a Primo de Rivera que cesaran dichas disposiciones o, al menos, que se aplicaran en Sevilla los mismos criterios que en otras ciudades como Madrid o Barcelona, pero dicha petición fue denegada.

Aunque el diario integrista donostiarra *La Constancia* consideraba que en lo tocante a los espectáculos públicos no se había notado el cambio de régimen político propiciado por el pronunciamiento militar[263], lo cierto es que el recorte de horarios y libertades era incuestionable en todo el Estado. El gobernador civil de Huelva ordenó «el cierre de las tabernas a las doce de la noche, los teatros a la una y los cafés a las dos de la madrugada»; el gobernador civil de Cádiz decretó lo mismo en su demarcación, además de prohibir las «obras sicalípticas», aunque hubieran sido ya representadas con anterioridad; al alcalde de Miranda de Ebro (Burgos) aprovechó la nueva coyuntura política para ordenar «el cierre de las tabernas a las ocho de la noche; los cafés y bares a las once de la noche»; en Alicante la Liga contra la inmoralidad, valiéndose de la situación, consiguió «el cierre de un music-hall e imponer restricciones a los cabarets», etcétera.

---

263. «A nuestras autoridades. ¿Flojedad?». *La Constancia (Diario integrista)*, 28 de noviembre de 1923, p. 1.

Resistir bailando

Desde finales del siglo XIX el baile venía siendo el acto social por antonomasia. Atravesaba géneros, grupos de edad y clases sociales, aunque con distinciones visiblemente notorias entre los salones aristocráticos de rancio abolengo, las salas de baile, los cabarets y las verbenas populares, por citar varios escenarios donde se practicaba[264]. Se bailaba de tarde, pero sobre todo por las noches. Cabe decir, en este sentido que algunos empresarios, imitando el ejemplo de los estadounidenses[265], se apuntaron a la moda de los campeonatos de baile de resistencia, esforzándose en presentar dichos actos como una especie de eventos deportivos. Era como si buscaran la fórmula para que las autoridades permitieran alargar la noche a toda costa.

El primero del que se tiene noticia se celebró en el Palacio del Hielo de Madrid, entre semana, dando comienzo a las dos de la madrugada del 4 de marzo y finalizando a la misma hora del día siguiente. En ese primer concurso de baile de 24 horas, amenizado por dos orquestas que se iban alternando, se inscribieron cuatro bailarines, aunque a la hora de la verdad sólo concurrieron dos: A. P. Nelson, de nacionalidad argentina, según unos medios, o brasileña o venezolana, según otros, y el español Valentín Díez Cabrejas, natural de Soria[266], quienes se disputaron el premio anunciado de 3.000 pesetas para el ganador. A pesar de tan exigua participación, el evento tuvo una

---

264. Ver Aisa, Ferran: *Barcelona balla. Dels salons aristocràtics a les sales de concerts.* Barcelona: Base; 2011.

265. «Un concurso de baile de veinticuatro horas.—Lo mismo que en América». *Las Provincias (Diario de Valencia)*, 18 de noviembre de 1924, p. 7.

266. En principio, estos campeonatos de danza estaban reservados a bailarines masculinos, que a lo largo del maratón podían servirse de todas las parejas de baile femeninas que quisieran.

gran repercusión mediática en periódicos de todo el Estado.

Hay que decir que el final del concurso resultó un tanto accidentado, pues el jurado declaró vencedor al bailarín extranjero y el «numeroso público que presenció el final» no aceptó el veredicto y organizó un buen escándalo, que terminó en tumulto, debiendo intervenir la policía para apaciguar los ánimos[267].

A pesar del alboroto que puso punto final a este primer concurso de baile de resistencia, antes de finalizar el año el empresario Agustín España convocó otro evento de las mismas características en Barcelona, que al igual que el anterior concitó el interés y atención de medios de todo el Estado.

En esta ocasión, se celebró desde la medianoche del sábado 15 de noviembre hasta la medianoche del día siguiente en un solar al final de la calle del Conde del Asalto, tocando el Paralelo, bajo un entoldado habilitado a tal efecto y amenizado por «dos orquestinas y dos pianos de manubrio». Resulta imposible saber cuántos concursantes tomaron parte en el concurso, pues la cifra ofrecida por los periódicos variaba entre ocho, once y trece. Pero es seguro que varios de ellos eran artistas de cabarets y music-hall, entre ellos la bailadora, Elisa Vila, que aguantó veinte horas seguidas bailando sin interrupción[268]. Finalmente, el anunciado premio de 2.000 pesetas se lo repartieron Heraldo Pla, Salvador Punter y Enrique Álvarez, que danzaron las 24 horas seguidas, sin descanso.

Algunos medios consideraban que el público no había respondido como se esperaba, pero alrededor del tablado levantado para el concurso tampoco faltaron los amigos de los

---

267. «El público no acepta el fallo, arma escándalo y nombra campeón al bailarín español». *Región*, 6 de marzo de 1924, p. 10.
268. «Concurso de baile». *La Unión Ilustrada (Semanario de información gráfica)*, 14 de diciembre de 1924, p. 21.

concursantes, quienes hicieron todo lo posible para reanimarles «dándoles copas de champaña, coñac y algunos comestibles.

Como no podía ser de otro modo, la prensa destacó algunos de los numerosos incidentes más o menos cómicos que se registraron durante el maratón de baile:

> Vimos a un bailarín que con una mano ceñía la cintura de su dama mientras que con la otra sostenía una pata de pollo frío, a la que daba bocados al compás de un «fox» o de un «shimmy».

Por su parte, el diario *El Diluvio* y otros medios destacaron el «estado lastimoso» que presentaban algunos concursantes al terminar la prueba y el periódco católico *Correo de Mallorca* llegó a publicar que tres de ellos se hallaban «enfermos de tanto bailar».

A pesar de tan deplorables, aunque previsibles consecuencias, antes de acabar el mes de noviembre dio comienzo otro concurso de baile —esta vez dotado con 6.000 pesetas— en el salón La Bohemia de Barcelona. En este certamen, tomaron parte un bailarín argentino apellidado Ferreira, otro belga que respondía al nombre de Wello y el citado Díez Cabrejas, que a la postre resultó el vencedor.

Los concursos de baile, como una forma de prolongar la noche acabarían imponiéndose y generando eventos no sólo de resistencia sino también temáticos, entre los que destacaría El Baile de la Zarzuela, en Madrid, que celebraría campeonatos de chotis —premiados con dos monedas de oro—, de tangos, etcétera, configurándose como los entremeses de los auténticos maratones de baile que tendrían lugar algunos años más tarde, durante la Segunda República.

Pero definitivamente, y con independencia de los concursos, el ritmo que acabaría por imponerse en las pistas de baile sería el jazz, por ser la música que mejor representaba las nuevas formas de socialización y el cambio en valores:

> El baile moderno, con su nerviosismo, con su gentil atrevimiento, ha acabado la labor transformadora de nuestras costumbres.
>
> Muchos falsos y mojigatos escrúpulos, muchos prejuicios, muchas arcaicas timideces han desaparecido de nuestro mundo elegante al conjuro estruendoso del «jazz-band».
>
> ¡El «jazz-band»! He aquí, en esta música de tumulto en que la armonía se funde con el estallido, el grito con el aire de canción y el ritmo con la cabriola, sintetizada toda la espiritualidad moderna, el alma de esta época desequilibrada, de la velocidad y del dinero triunfadores[...].
>
> Así como la música de ese «jazz-band» que puebla los «*dancings*» de parejas frenéticas que ya [no] se entregan a las dulces languideces del tango, como brinca con los nerviosismos del «fox», es el espíritu de estos días que vivimos, en que la existencia parece tener para nosotros un solo significado: el de vivirla a gran velocidad, el de derrocharla como un regalo de la suerte ciega, como si fuera un tesoro que por equivocación nos dan y hay prisa en malgastarlo.
>
> Y para que el alma se olvide y no piense en la ruina de este vértigo, una música, el «jazz» que nos aturda y embriague, que nos arrulle y nos entregue al frenesí, entre los brazos una bella mujer, en los labios una sonrisa y en el corazón el tedio; el tedio infinito de saber que nuestra vida se desliza estérilmente [...][269].

269. Aramís: «Estampas de Madrid. "Jazz-band" estival». *Elegancias*, nº 33, septiembre de 1925, pp. 16-17.

No es de extrañar que entre los incondicionales del jazz se encontraran jóvenes ilustres como Salvador Dalí, Luis Buñuel y Pepín Bello, que solían acudir al Rector's Club de Madrid, situado en el hotel Palace, donde disfrutaban de aquella música que los tenía completamente cautivados[270].

Con todo, no todos los bailes que se organizaban al socaire de la noche se anunciaban ni se reflejaban en los periódicos. De hecho, algunos eran clandestinos, como los que celebraba la numerosa comunidad gay de Barcelona, que tenía su epicentro en el corazón del Raval, en torno a las calles del Cid y de Mediodía.

A mediados de la década de los años 20 el periodista Paco Madrid tuvo la oportunidad de asistir a uno de estos bailes organizado en un establecimiento del Paralelo, dejando el siguiente testimonio:

> Una noche de febrero, un camarero del antiguo Palace nos llevó a un baile de invertidos. En el sótano de una taberna adosada a la pared del Marqués del Duero había más de cien parejas de invertidos vestidos con traje de mujer: esclavas moras, turcas, manolas, payesas catalanas, *robes de soirées*, trajes de lentejuelas, napolitanas, caprichos, etc. Iban todos ellos empolvados y hasta eran guapos. Dudamos unos momentos de que fueran hombres. Había rostros excesivamente femeninos[271].

270. Buñuel, Luis: *Mi último suspiro*. Esplugues de Llobregat (Barcelona): Plaza & Janés; 1982 y Sánchez Vidal, Agustín: *Buñuel, Lorca, Dalí. El enigma sin fin*. Barcelona: Planeta; 1988, p. 90.

271. Madrid, Francisco: *Sangre en Atarazanas*. Barcelona: Ediciones de La Flecha; 1926, p. 78.

Los barrios chinos como relevo de las viejas mancebías

La expresión «la prostitución es el oficio más antiguo del mundo» implica el reconocimiento de que la venta sexual del cuerpo de la mujer —aunque también del hombre— constituye una actividad perpetua a lo largo del tiempo, cuyo origen ha de establecerse en la más remota antigüedad.

Se sabe, por ejemplo, que en Cartago Nova las termas romanas —ubicadas en la que luego sería la calle Honda de Cartagena— era un lugar frecuentado por prostitutas, ya que en él encontraban a la mayoría de sus clientes[272].

Las noticias sobre los burdeles y mancebías de ciudades como Barcelona, Valencia, Salamanca y Cáceres sugieren una intensa actividad sexual bien organizada durante toda la Edad Media. Y con el paso del tiempo, la prostitución en España llegaría a cobrar aspectos de «auténtica cultura nacional» entre los varones de todas las clases sociales, «a cada uno según sus medios»[273].

Tradicionalmente, el consumo sexual de pago se ejercía en demarcaciones urbanas muy concretas, unas veces en arrabales, otras en el centro mismo de las ciudades, concentrando la práctica del oficio más viejo del mundo en determinados «barrios de pecado», en algunos casos poco más que una simple calle: Trentaclaus, en Barcelona; Pobla de les dones pecadrius, en Valencia; Illeta des Bordell, en Palma de Mallorca[274]; El Molinete,

272. Mínguez Lasheras, Miguel: *El Trianón, El Gato Negro, La Puñalá… (o El Molinete en carne viva).* La Unión (Murcia); Grupo Cultural Tierra Nuestra; 1998 y «El Molinete de Cartagena y sus prostitutas». *Descubriendo Murcia,* en https://www.descubriendomurcia.com/el-molinete-de-cartagena-y-sus-prostitutas/

273. Salaün, Serge: «Política y moral en el teatro comercial a principios de siglo», en *Les espectacles en Espagne, 1875-1936.* Paris, Sorbonne PSN; 2011, pp. 65-85, en https://books.openedition.org/psn/1332

274. Contigua a la muralla en el Pla de sa Porta Pintada, antes denominado

en Cartagena; La Palanca, en Bilbao[275]; El Papagayo, en La Coruña; Los Organillos, en Mérida, etcétera.

La diversidad existente en la prostitución quedaba reflejada obras como la provocadora *Guía de cortesanas en Madrid y provincias,* que Pedro González publicó bajo el seudónimo de una supuesta meretriz llamada Ana Díaz[276]. Pero la novedad en los años 20 es que estos populosos barrios, de callejuelas estrechas y retorcidas, donde se ejercía la prostitución, comenzaron a albergar también cabarets, teatros y otros establecimientos dedicados a los espectáculos, donde acudía a solazarse tanto la clientela popular que los frecuentaba con asiduidad, como los burgueses que gustaban de encanallarse bajo la protección de las autoridades. De tal manera, coqueteo, galantería o prostitución quedarán, tal y como afirma Serge Salaün, «indisolublemente vinculados con cualquier consumo teatral, sin distinción de clase social, lo que da una tonalidad particular a las prácticas culturales y al consumo propiamente escénico de la época: no hay fronteras entre cultura prostitucional y culturas teatrales,

---

Es Camp de sa Llana, era barrio de burdeles o mancebía ya en el siglo XIV. Significativamente, a mediados de los años 70 del siglo pasado en la misma ubicación (calles José Tous Ferrer, Velázquez, plaza Rossellón, etcétera) se seguía desarrollando una «alegre vida nocturna» centrada en establecimientos como Tango Bar, Dancing Club, Veinte y Dos, etcétera. Ver «¿Qué desea saber? Pregunte a "Baleares". Nosotros intentaremos contestar a su pregunta». *Baleares (El diario de más circulación en el Archipiélago)*, 11 de enero de 1974, p. 33.

275. Según las crónicas, esta zona de Bilbao, mucho antes de ser conocida como La Palanca, ya fue «señalada» por los Reyes Católicos para reunir a las mujeres de «mal ejemplo». Ver Mugika, Jon: «Las Cortes de Bilbao, la vida en sus dos extremos». *Deia*, 10 de diciembre de 2023.

276. Díaz, Ana: *Guía de cortesanas en Madrid y provincias.* Madrid: Biblioteca Hispania; ¿1921? Ver también Barreiro, Javier: «Ana Díaz fue un señor». *El Periódico de Aragón*, 8 de septiembre de 2019, p. 51.

ya que todo se rige en el marco de una misma sociabilidad»[277]. Lo mismo viene a decir Laura Navarro cuando asegura que «la cupletista y la prostituta» y, por tanto, «el teatro y el burdel» no eran sino «dos caras de una misma moneda»[278].

Por otra parte, durante la década de los 20 se registró otra novedad de tipo semántico: la aparición de la expresión *barrio chino*, y su posterior éxito, para designar estos emplazamientos dedicados al consumo prostitucional. Existen varias hipótesis sobre el origen de esta expresión. Sin duda, se trata de una traducción del vocablo inglés *chinatown* y parece haber un acuerdo generalizado entre los autores que se han ocupado del tema en atribuir la paternidad del apelativo al periodista antes citado, Paco Madrid, quien hablando sobre los bajos fondos de Barcelona dejó escrito en 1925 en el primer número del semanario barcelonés *El Escándalo*:

> La Mina es la gran taberna del «barrio chino». Porque el distrito quinto, como Nueva York, como Buenos Aires, como Moscú, tiene su «barrio chino»[279].

El ocurrente periodista, que siempre admitió sin reservas la autoría de dicha expresión, quiso referirse inicialmente al «rincón del aduar que [...] se amontona entre la parte trasera del cuartel de Atarazanas y la calle internacional y alerta del Conde del Asalto», es decir, a «las callejas untuosas y pringantes» de los barrios de Atarazana y Santa Madrona:

---

277. Salaün, Serge: «El Paralelo barcelonés (1894-1936)», en *Les espectacles en Espagne, 1875-1936*. Paris, Sorbonne PSN; 2011, pp. 131-148.
278. Navarro, Laura: *Ángeles caídos: cupletismo y prostitución en Barcelona (1880-1936)*. Dissertation Final Submission [Presentación Final de Tesis]. Culumbus: The Ohio State University; 2015, pp. 56 y ss.
279. Madrid, Francisco: «Los bajos fondos de Barcelona». *El Escándalo*, 22 de octubre de 1925 p. 4.

> [...] El «Barrio Chino» sería la calle del Cid; y sus vías adyacentes; formarían parte de la nueva ciudad misteriosa el pasadizo de «La Mina» y un trozo de la calle de Trenta Claus y tendría por fronteras naturales el Paralelo y la calle del Mediodía[280].

Francisco Madrid reunió sus reportajes aparecidos en *El Escándalo* que le parecieron más jugosos en un libro titulado *Sangre en Atarazanas* (1926), que muchos elevaron a la categoría de «guía nocturna» de la «Barcelona lamentable»[281]. Y la expresión tuvo gozó de tal fortuna que el propio Paco Madrid ya reconocía en 1934 que «por extensión» recibía tal apelativo «todo el distrito quinto», también conocido como El Raval.

Es más, el apelativo cuajó de tal manera que inmediatamente el histórico burdel de Valencia, que como advertía el periodista Federico Martínez Miñana no se encontraba en los aledaños del puerto, como cabría esperar en una ciudad portuaria, sino en pleno centro urbano, fue rebautizado también con idéntico apelativo:

> Nuestro barrio maldito, está dentro, en el corazón de la ciudad, clavándose la peina de tres púas, que hacen las calles del Hospital, Guillem de Castro y San Vicente. Su arteria, su «boulevard», es la calle de Gracia, en torno a la que se arracima la barriada, como una colmena maloliente, que rezuma miseria, escándalo y falsas llamaradas de alegría [...].

---

280. Madrid, Francisco: «Barrio chino barcelonés. Un mes entre los explotadores de mujeres. El propósito. Desembarcan dos judíos polacos. La dictadura del general Uriburu obliga a la "Migdal" a cambiar de país». *La Voz (Diario independiente de la noche)*, 9 de abril de 1934 p. 4.
281. Ibid.

Es el «barrio chino», cómico y folletinesco apelativo que sus visitantes, sus «turistas», inventaron para él, estableciendo la parodia con el famoso distrito neoyorquino.

La expresión fue extendiéndose y entre finales de la década de los 20 y principios de la siguiente comenzó a aplicarse a otros barrios más o menos marginales, estrechamente vinculados a la industria del sexo y del espectáculo, donde se concentraba la prostitución y buena parte del ocio nocturno —presumiblemente el más canalla— de otras ciudades españolas, como Bilbao, Salamanca, Cartagena, incluso poblaciones más pequeñas como Melilla, Badajoz o Mérida[282].

El diario La Nación *y la anhelada reforma de las costumbres*

En su obra *Antropología práctica* (1785), Immanuel Kant compiló los apuntes de un curso que aproximadamente se correspondería con lo que hoy llamaríamos Geografía Universal. Se sabe que el filósofo prusiano tuvo mucho éxito dando estos cursos porque combinaba cuestiones de ética, reivindicando los ideales ilustrados, con una geografía recreativa y anecdótica, marcada con algunas observaciones que en hoy no dudaríamos en calificar como etnocéntricas o machistas.

En el siguiente fragmento, Kant explicaba a sus alumnos cómo era España:

> Aunque un príncipe de la casa de Borbón llegó a ser rey de los españoles, no le fue posible modificar sus costumbres. Quizá sea responsable de ello su ancestral sangre

282. «Barrios chinos en España: Prostitución y delincuencia». *Arqueología e Historia del Sexo. La sexualidad y el erotismo a lo largo de la historia*, 5 de febrero de 2018.

morisca. Actualmente son los antípodas de los franceses y demuestran un firme apego por sus antiguas costumbres; al igual que los pueblos orientales viven aislados y sin prestar mucha atención a las ciencias. No les gusta viajar, ni tampoco aprenden francés. La palabra «grandezza» designa muy bien el porte que adopta cualquier campesino, sustentado en el alto concepto que tienen de sí mismos. Los comerciantes poseen un talante noble y exquisito, siendo sin duda los más honrados del mundo. Cuando estalló una de las guerras mantenidas por España e Inglaterra, se promulgó un edicto para que no se abonaran las facturas de los comerciantes ingleses; sin embargo, sí saldaron sus deudas, aun cuando arriesgaban su vida en ello. Su mesa está mal surtida. Comen tarde, poco y mal. Un viajero alemán y su séquito causaron sensación en este sentido, puesto que, como consumían tanto, los españoles armaban un gran revuelo para ver comer a los alemanes. En Zaragoza salieron a su encuentro para evitar que llegasen a la ciudad, temiendo no tener suficientes alimentos para ellos.

Esta nación cuenta con pocas diversiones. Sólo una danza, llamada fandango, parece estimular al pueblo, hasta el punto de que, cuando alguien la interpreta, todo el mundo la baila en las calles. Se trata de una nación algo cruel, tal y como muestran las corridas de toros y su auto de fe, donde son quemados los sambenitos, así como quienes tienen mitras de papel, en las que se ha pintado al diablo y algunas antorchas verticales; las teas invertidas sólo significan el destierro. Tienen cierta propensión hacia el romanticismo. En España las reformas son muy difíciles de llevar a cabo, dado su proverbial apego a las viejas usanzas; valga como ejemplo que, siendo voluntad del rey [Carlos III] suprimir el uso de la capa y de gran sombrero circular, para evitar que los malhechores pasaran inadvertidos entre tanto embozado, estalló una revuelta en contra suya.

Había en el insigne filósofo una admiración de la nobleza de carácter —propia del contexto de la Ilustración—, pero también una crítica, no exenta de menosprecio, al secular atraso cultural español. Aislamiento, miseria, sangre caliente, hambre de siglos y menosprecio por el saber constituían, a juicio de Kant, la esencia de los españoles. Por no insistir en el contumaz rechazo a la modificación de las costumbres.

En este sentido, podemos decir que tanto Manuel Delgado Barreto, director del diario vespertino *La Nación*, como los redactores y colaboradores de este periódico (Ramiro de Maeztu, José Antonio Primo de Rivera, José María Pemán, José Calvo Sotelo, César González Ruano, Francisco Gambín, Gonzalo Latorre, etcétera), que se convertiría en el órgano de la Dictadura e instrumento propagador de los principios de la Unión Patriótica, el partido político único fundado por el propio dictador, compartían las ideas de Kant, al menos en lo tocante al rechazo de los españoles frente a una eventual reforma de las costumbres:

> A un español le dicen que le triplican los tributos, y lo acepta; que se modifican todas las leyes del reino, y se calla; que se desarticula el organismo constitucional, y se inhibe; pero le aconsejan que acueste temprano, y aunque tenga costumbre de acostarse a las diez, esa noche coge el sombrero y se larga al teatro, al «*dancing*», adonde sea, hasta que raye el día, para demostrar que sobre él, muy hombre, muy suyo, no manda nadie, aunque le rinda el sueño.
>
> La idea de libertad con más hondo arraigo en el espíritu de los españoles es ésa, de carácter individualista, y se manifiesta casi siempre al choque de la contradicción. Los

gobernantes han hecho de los ciudadanos lo que han querido —expoliarlos, arruinarlos, engañarlos, mofarse de su voluntad, exigirles dinero y sangre para la guerra, imponerles tributos brutales con destino a la orgía y al despilfarro—; pero ocurrírseles que las tabernas se cierren a las doce y levantarse un cisco de mil demonios, aunque a la mayoría de los protestantes no les interesase la medida, ha sido todo uno[283].

Por lo demás, la Redacción de *La Nación* creía no sin fundamento que todos los intentos anteriores de reformar las costumbres de los españoles habían fracasado porque se habían proyectado invocando presupuestos morales:

> [...] Siempre que se ha intentado una modificación de las costumbres se ha hecho en nombre de la moral, y es lógico que los apegados a esas costumbres las defendieran con tesón para demostrar que no eran inmorales[284].

Por eso, coincidiendo con la sustitución del Directorio militar por un Directorio civil, el diario *La Nación* llevó a cabo —en su primera plana— una intensa campaña durante todo el mes de diciembre de 1925, que se prolongaría durante el año siguiente, con un doble objetivo: por una parte, persuadir al público de la imperiosa necesidad de modificar el régimen de vida en España y, por otra, recabar en mayor número de adhesiones y opiniones favorables a dicha campaña, concediendo,

---

283. Alcoberro, Ramon: «Kant i Espanya», *Filosofia i pensament.* http://www.alcoberro.info/pdf/kant10.pdf

284. «En un nuevo régimen de vida. Se impone un cambio de costumbres para que sea posible la intensificación del trabajo». *La Nación (Diario de la noche)*, Madrid, 8 de diciembre de 1925, p. 1.

en este sentido, especial importancia a las emitidas por mujeres.

La reforma de las costumbres se planteaba como una urgente obligación de índole económica, orientada a un mayor rendimiento del trabajo, con el fin de incrementar la productividad, tomando como modelos a seguir Inglaterra y Alemania. Por eso, desde el diario *La Nación* se insistía en la conveniencia de imponer la jornada laboral y la jornada escolar continuas o intensivas, con el objetivo de que «los hombres vivan y trabajen y desarrollen su actividad racional durante el día, y reposen y descansen y duerman durante la noche».

Sin embargo, nadie podía impedir que los sentimientos nictófobos de más de uno asomaran en la primera plana del diario vespertino. Así, por ejemplo, se expresaba Emiliano Ruiz:

> ¿Dónde empiezan los espectáculos a las diez y media de la noche? Ese Madrid mil veces cantado por los noctámbulos de Fornos de hace treinta años fue muy castizo, muy amable; pero como joya de museo debe catalogarse y nada más.
>
> La noche es la gran proxeneta para todo vicio, y un país que sólo piense en divertirse es un país muerto. La noche debe ser descanso, reparadora del desgaste diurno. Pretender convertir las sombras en claridad es ir a la ruina física y moral del individuo.
>
> [...] Un Gobierno celoso, como padre amantísimo, debe velar por la desvalida clase media, por el infortunado obrero.
>
> Reglamentar sus vicios es ampararlo contra las adversidades del mañana.
>
> Cogerlo del brazo amorosamente y apartarlo del abismo es obra meritoria, a la que todo Gobierno está obligado.
>
> Las mañanas madrileñas —aparte de los oficinistas que entran a las diez— son cosa perdida.

> En Cuba, con su clima enervante, que invita a la vagancia, a las seis de la mañana empieza a trabajarse, y, lo más tarde, se almuerza a las once.
>
> Aquí, para los negocios, hay que citarse a la una, porque la mayoría de la población se despereza a las once —y me quedo corto—, se termina el almuerzo a las tres y media, y después el consabido café en la «peña» de amigos.

El escritor, periodista y político Emilio Sánchez Pastor también se mostraba muy crítico con la vida nocturna:

> Se dedicó aquel Gobierno [de Antonio Maura] a combatir la vida nocturna, y nadie habrá olvidado las resistencias que hallaron determinadas medidas y la inconsciencia con que determinados elementos se empeñaron en dar el nombre de libertad a lo que no era mas que licencia y libertinaje.
>
> [...] La moda se obedece más estrictamente que las leyes. La moda ha impuesto para la hija esa separación de la madre, que empieza en la nodriza y termina en la dama de compañía, pasando por la institutriz y el internado; la moda separa al hijo de los padres con la libre vida nocturna, con los viajes al Extranjero fuera de paternales tutelas, a fin de que aprenda lenguas, que es el colmo de la cultura en ciertos medios sociales.
>
> Seres cuyas almas debieran moldear los que engendraron sus cuerpos, no conocen el hogar, ni sus dulzuras, ni sus amarguras, ni los sacrificios que impone, ni los beneficios que reporta al hombre la vida de familia. De aquí nace el espectáculo de esas jóvenes de buena familia que procuran imitar en modales, traje y libertades de palabra a las desgraciadas que han caído en el fondo del vicio, y esos señoritos dedicados a repetir las frases de la más ab-

yecta plebe, a hacer alarde de toda clase de descreimiento, a cultivar su inteligencia en los «cabarets», y a huir de las Universidades y Centros de enseñanza.

Claro es que todo lo expuesto se refiere a las clases acomodadas; pero, dentro de sus posibilidades, los mismos defectos de educación se observan en las demás. No son pocos los trabajadores que el descanso de ocho horas, preconizado por Karl Marx, lo emplean en fatigar el espíritu y el cuerpo en la tertulia nocturna del bar, que en muchos casos no es más que la antigua taberna disfrazada.

Es evidente que la vida diaria nocturna no sólo perjudica al hombre ciencia, sino que físicamente es el mayor atentado que se puede cometer contra la salud. La sola privación constante de la luz del día, sin contar los excesos que la noche ampara, basta para acortar la vida del hombre en una proporción terrible.

Además, Sánchez Pastor valoraba como muy positiva la conocida ley seca vigente en Estados Unidos desde 1919:

> [...] En los Estados Unidos, donde los gobernantes, interesados en la higiene moral y en la higiene física de los gobernados, les han prohibido las bebidas alcohólicas bajo severísimas penas.
>
> En aquel país, que teníamos por cifra y compendio de todas las democracias, se atenta así a la libertad de envenenarse, al derecho a la embriaguez, a la facultad de degenerarse física y moralmente, y se procura, en una palabra, mejorar las costumbres de la raza, tanto públicas como privadas.

Sin embargo, lejos de abogar por la implantación de una norma similar en España, se mostraba tremendamente escéptico con el fin de esa vida nocturna que tanto aborrecía:

> No defendemos la adopción de medidas violentas para sanear a la sociedad; siempre habrá caballeros y caballeretes cuya gran calaverada consista en no acostarse hasta que vean la luz de la aurora, aunque se aburran en un establecimiento de recreo poco santo; pero hay muchos medios indirectos para evitar que la vida del trabajo y de sociedad se prolongue por la noche gracias a los hábitos de un centenar de ciudadanos que nada tienen que hacer de día.

Entre las mujeres, Blanca de los Ríos, escritora, crítica literaria y directora de la revista *Raza Española*, también daba rienda suelta a su nictofobia antihedonista al insistir en:

> [...] La necesidad de poner una muralla al mayor de los males ciudadanos: el noctambulismo, con sus consecuencias lógicas: la embriaguez, el «cabaretismo», el derroche inútil de energías, la merma del reposo espiritual y fisiológico.
>
> Sin concesiones debe irse al exterminio de esta raíz perniciosa, tan arraigada en España.
>
> [...] La «juerga» —vocablo castizo—, la orgía —vocablo importado de allende los Pirineos—, deben quedar como palabras sin contenido posible en España.

Por su parte, la matemática, profesora de la Escuela Normal Central de Maestras y pedagoga comprometida con la protección a la infancia María de la Encarnación Rigada y Ramón también se mostraba inflexible al respecto:

> [...] Se hace indispensable arrancar de cuajo las costumbres que están engendradas por el desorden, por la

vida bohemia, que no sigue más norma de conducta que la humorada y el capricho.

En el polo opuesto se encontraba la notable escritora y protofeminista Isabel de Oyarzábal, quien opinaba que «las costumbres se reforman solas, sin necesidad de imposiciones, por sentido común». Y constataba que la gente cada vez más se iba acostumbrando «a madrugar y a salir menos por la noche». Por lo demás, se mostraba abiertamente partidaria de la oferta de ocio nocturno, al menos en las grandes capitales:

> Es necesario que Madrid, en cuanto pasen las doce de la noche, no dé la impresión de un cementerio. El que se quiera divertir, debe encontrar dónde.

Algunos medios, como *El Ideal Gallego* o el periódico tradicionalista ilicitano *La Defensa*, se sumaron sin reservas a la campaña emprendida por *La Nación*. Sin embargo, otros rotativos, sobre no mostrarse en desacuerdo con la campaña de reforma de las costumbres, exhibieron sus puntos de vista, en ocasiones, no del todo coincidentes. Por ejemplo, el diario *La Época* se mostraba muy escéptico, porque a su juicio «es cosa muy distinta legislar y que se cumpla lo legislado». Por ello se preguntaba, no sin cierta ironía:

> ¿Es cosa «gacetable» o depende por el contrario de un cuidado del sentimiento religioso y de un fortalecimiento de la moral privada llevada a la esfera pública? Esa reforma, ¿será más eficaz si se persigue colectivamente, o si cada cual procura reformarse a sí mismo?

Acto seguido ofrecía su particular diagnóstico de la cuestión, que a su juicio trascendía los hábitos noctámbulos:

> El mal de la sociedad moderna, a juicio nuestro, es más hondo que ese epidérmico de trasnochar más o menos. Lo malo no es acostarse tarde, sino las causas de acostarse tarde. Y esas causas están a la vista de todos. El sentimiento de religiosidad sincera ha decrecido; la moral privada se ha relajado; los lazos familiares se debilitan más cada vez; la enseñanza tiene preferencia sobre la instrucción y descuida la educación... ¿Qué podrá hacer sobre todo esa una Real orden que aparezca en la «Gaceta», por muchos agravios que se quieran acumular en su preámbulo?

El diario católico *El Siglo Futuro*, desde luego, valoraba de manera positiva la opinión del diario *La Época*:

> [...] Da grima observar la superficialidad de las consideraciones que se han hecho a cuento del rendimiento del trabajo y del orden en la labor y en el descanso, sin que entre todas esas consideraciones destaque más que afirmación escueta que ha hecho *La Época*, para quien el mal de la sociedad moderna no está en que las gentes trasnochen más o menos, sino en estas causas eficientes: la falta de religiosidad; el relajamiento de la moral privada; la laxitud de las conciencias; la rebeldía contra el principio de autoridad en todos sus aspectos; la decadencia de los sentimientos familiares [...].
>
> Bastaba con haber enunciado la primera, de la que son consecuencia todas las demás.
>
> Hablamos en términos generales: se está perdiendo en España el espíritu de religiosidad[285].

285. Mirabal: «¿Año nuevo, vida nueva? La reforma de las costumbres». *El Siglo Futuro (Diario católico)*, 2 de enero de 1926, p. 1.

Pero en su búsqueda del origen del mal iba más allá, situándolo en la pérdida de los valores tradicionales:

> Para reformar las costumbres, ¿qué; eficacia pueden tener unas disposiciones oficiales, encaminadas a modificar las horas del trabajo y a clausurar más o menos temprano los centros de diversión, no siempre lícita además?
>
> Esa clausura es plausible, porque lo es, cuanto sea poner obstáculos al vicio. Más plausible sería, si fuera total.
>
> Pero la raíz del mal no se destruye por eso. La raíz del mal está en la formación de los hombres; formación a la que contribuye la escuela sin Dios; el peligro constante de la pornografía libre, en libros, en periódicos, en teatros, en «cabarets» exóticos; la acción funesta de prensa y doctrinas encaminadas a borrar de las inteligencias los principios fundamentales del orden social, a exacerbar las malas pasiones humanas, a despertar la codicia, a excitar los apetitos por los goces de la vida material, por todos los procedimientos.
>
> ¿Qué costumbres han de imperar en una sociedad resultante de individuos así formados?
>
> De lo que se deduce que para reformar las costumbres de hoy, nocivas para el individuo, para la sociedad, y para la raza, para el porvenir de la patria y para el último fin del hombre, hay que volver la mirada hacia el pasado, con el propósito de restaurar aquella vida española, de la que brotaron para gloria de España y de la Humanidad, no sólo Santos y místicos, sino sabios y héroes, de cuya, estela en la Historia estamos viviendo las víctimas actuales —todos lo somos— de un estado de cosas, que gráficamente podría representarse por una cuerda tendida sobre el abismo, por la cual va caminando funambulescamente la sociedad española de hoy, que

en mal hora abandonó la tierra firme de sus costumbres tradicionales.

Uno de los periódicos que más crítico se mostró con la campaña emprendida por *La Nación* fue *El Imparcial*, a través de la pluma de Alfredo Rivera, quien reconocía la existencia en España de una serie de «arraigados vicios sociales» que, a su juicio, «sin duda, conviene extirpar». Pero, justo a continuación, el redactor del diario liberal entraba a cuestionar el fondo de la iniciativa del periódico gubernamental:

> Muy loable nos parece esta campaña, por lo que tiene de moralizadora y educativa; pero, ¿qué se entiende por reforma de las costumbres? ¿Acaso la transformación automática y radical de toda la vida de un pueblo? Entendemos que esos radicalismos carecen de eficacia. Hay transformaciones que requieran en su desarrollo una marcha lenta y paulatina. De otro modo no podrían implantarse. Fuera absurdo pretender que ciertos hábitos transmitidos de generación en generación, a través de las edades, se modificasen o desapareciesen en fecha prefijada, en virtud de simples disposiciones[286].

Y sacando a colación la medida adoptada en su día por el ministro Juan de la Cierva, anticipando el cierre nocturno de los locales públicos, recordaba las consecuencias negativas que de ella se derivaron:

> Pero si este acto de gobierno tuvo el aplauso unánime de la opinión, ¿cuántos millares de personas ocupadas du-

286. Rivera, Alfredo: «Año nuevo, vida nueva. La reforma de las costumbres». *El Imparcial (Diario liberal)*, 1 de enero de 1926, p. 3.

rante la noche sufrieron gravísimos perjuicios con el cierre de los cafés y otros establecimientos en que se expendían géneros alimenticios?

Alfredo Rivera afirmaba que «las reformas de las costumbres requieren un estudio minucioso» y, quizá por influencia de la obra de Kant, advertía que el solar patrio no era precisamente terreno abonado para acometer a la ligera este tipo de empresas:

> En España, hay que reconocerlo bien porque el carácter y temperamento de los españoles no sean fácilmente adaptables a rápidas metamorfosis, ya por el apego que sentimos a lo tradicional, toda reforma o modificación de hábitos o costumbres es recibida con manifiesta hostilidad. Recuérdese el famoso motín de Squilache, que surgió por la disposición de aquel gobernante ordenando acortar las capas y reducir las alas de los sombreros.
>
> Obsérvese, en cambio, cómo toda novedad o mejora que no signifique imposición o reglamentación de la vida del ciudadano es acogida con curiosidad y simpatía.
>
> [...] Pero reglamentarnos la existencia, señalando las horas en que hemos de sentamos a la mesa y debemos descansar, marcarnos el límite de nuestros recreos y diversiones, y suprimir, en una palabra, la vida nocturna, supondría una transformación radicalísima, que sobre ser, en parte, un plagio de costumbres extranjeras, acabaría con la animación y la alegría que ofrecen las noches madrileñas, tradicionales en el mundo entero.

El periodista de *El Imparcial* se decantaba por respetar la idiosincrasia y la psicología del pueblo español, mientras invitaba a los gobernantes a abordar otras cuestiones sociales mucho más acuciantes:

¿Por qué, pues, no dejar quieto lo que sin constituir vicio social está ya consagrado?

¿Por qué no intentar la reforma de las costumbres, por lo que afecta a la mortalidad en general, y a la infantil en particular? Bien está corregir vicios, moralizar *costumbres* y educar al pueblo en la virtud; pero hay muchos problemas que se hacen crónicos y no se resuelven porque falta una voluntad firme que los acometa.

Nosotros propondríamos a los gobernantes que, entre los propósitos de enmienda para el año que nace hoy, figurase el de extirpar la *nacional costumbre* de que la gente muera joven; de que escasee el trabajo; de que suban los precios de las subsistencias; de que la generalidad de los mortales vivan en habitaciones infectas o insalubres; de que la tuberculosis continué siendo azote de los desventurados; de que el hambre siga haciendo estragos; de que subsista la plaga de la mendicidad…

Fácilmente, a nuestro juicio, podríamos acometer la reforma de tan nefastos hábitos, no más que con que el Gobierno atendiese preferentemente estos problemas, votando créditos importantes para higiene y salubridad, lo que, según los higienistas que nos muestran las estadísticas extranjeras, aseguraría a los españoles la longevidad; acometiendo el problema de la vivienda, por medio de la construcción de extensas barriadas de casas, que se traduciría en trabajo para los obreros y desarrollarían el comercio y las industrias; procurando el abaratamiento de las subsistencias, para impedir que el hambre engendre la tuberculosis, ya que ésta debe ser atajada en su origen; reorganizando la Beneficencia para que el socorro llegue al verdaderamente necesitado; creando Centros benéficos, Asilos nocturnos donde en las crudas noches del invierno puedan albergarse los desheredados; acabando con el bochornoso espectáculo de que las gentes sucumban de hambre y frío en medio de las calles.

El artículo firmado por Rivera provocó la indignación del periódico *La Nación*, quien lazó una invectiva contra los noctámbulos:

> Que trasnoche el que quiera, en la calle, en su casa o donde se le antoje; pero sin molestar a los demás, respetando el derecho al descanso y a la distracción de los que tienen que hacerlos compatibles con el trabajo.
>
> Pedimos que las horas de comer, de trabajar en las oficinas y de asistir a los espectáculos, a que todos tenemos derecho, sean metódicas, proporcionadas y razonables. Y dentro de eso, el que quiera pasarse las noches en claro y los días en turbio, allá él con su salud y con su dinero[287].

Finalmente se producirían unas declaraciones del general Primo de Rivera, sobre la modificación de las costumbres, que sin duda obedecían al deseo de contentar a la mayoría:

> […] Lo que encuentro positivamente bien, y espero no tardará en implantarse, es el que la vida teatral termine a las doce de la noche, dejando, como en todas las grandes ciudades, un corto número de locales que, pagando una sobrecuota de contribución, puedan funcionar hasta la madrugada para dar refugio a los noctámbulos[288].

---

287. «La vida al revés, no. Que trasnoche el que quiera; pero que respete el descanso del vecino». *La Nación (Diario de la noche)*, 1 de enero de 1926, p. 1.

288. «Interesantes declaraciones del presidente del Consejo. La modificación de las costumbres y las reformas económicas La jornada

Las diversiones nocturnas de la gente bien *de Barcelona*

Prácticamente coincidiendo con la campaña en pro de la reforma de las costumbres llevada a cabo por el diario vespertino *La Nación*, el semanario barcelonés *El Escándalo* dedicó dos extensos reportajes a las diversiones nocturnas de la «gente bien» en la Ciudad Condal[289].

El autor de los citados reportajes, que por algún motivo no declarado decidió no firmarlos, ni siquiera bajo seudónimo, hacía un repaso de los principales establecimientos de la capital catalana dedicados al ocio nocturno, para certificar las «horas amargas» que atravesaba «la Barcelona nocturna». De hecho, según el autor anónimo de los reportajes, los music-halls del celebrado Paralelo seguían sumidos en una «honda crisis», corrían tiempos de «vacas flacas» y los empresarios del espectáculo se limitaban «a defenderse y a aguardar tiempos mejores».

«Los negocios van mal y el dinero escasea», se lamentaba el autor de los referidos reportajes, mientras añoraba los años de la Primera Guerra Mundial, cuando Barcelona parecía haberse «convertido en una sucursal de Jauja», un puro derroche en el que las pesetas «bailoteaban, impacientes, en los bolsillos de los nuevos ricos y los gigolos de precio».

En su repaso de los distintos locales, al describir la clientela de la Granja Royal mencionaba la concurrencia de gran número de «clases pasivas y empleados de Hacienda», algunas «bonachonas mamás» y otras tantas «niñas cloróticas y sensitivas»,

---

burocrática de cinco horas y la terminación de los espectáculos». *La Nación (Diario de la noche)*, 13 de enero de 1926, p. 1.

289. «Cómo se divierte la "gente bien". La Granja, el Excelsior, Villa Rosa, Casa Llibre, Maxim's, el Lion...» *El Escándalo*, nº 7, 3 de diciembre de 1925, pp. 4-6 y «Sigue divirtiéndose la gente bien. El Ritz, El Edén, Pompeya, Café Catalán, El Palacio de Cristal». *El Escándalo*, nº 11, 31 de diciembre de 1925, pp. 4-6.

unos cuantos «estudiantes», unas cuantas «niñas bien» acompañadas de sus «distinguidas familias», algunas «señoras románticas y noveleras», rendidas ante la labia de varios «oficiales de correos», algún que otro «sportman» y algún que otro «señor serio»:

> Realmente, la «Granja Royal» es única. Allí las pecadoras del «Excelsior» buscan un poco de silencio y de tranquilidad y desean el contacto de la «gente bien», para parecerse a ella; allí la «gente bien» que busca, acaso, en la conjunción del Paseo de Gracia y de la calle del Conde del Asalto, un medio ambiente propicio a la aventura y al misterio…
>
> […]
>
> Por las noches acuden, a la salida del Liceo, nuestras elegantes y los artistas que generalmente trabajen en los teatros Goya, Barcelona, Novedades y Eldorado. Vilches o Zorrilla; de Rosas o Morano; Margarita Xirgu o Díaz-Artigas… Pero estos se sientan fuera, en las mesas de la tienda. El salón dorado se queda para los que quieren pecar inocentemente y algunos empleados del Estado, guapos y elegantes […].

Al Excelsior lo consideraba como «el más elegante de nuestros lugares de perdición» y seguía siendo «el cabaret de moda». Sin embargo, a juicio del cronista de *El Escándalo* había perdido el lustre de antaño:

> ¡El «Excelsior»! ¡Quién lo ha visto y quién lo ve! Vive ahora del recuerdo del pasado.

Au Lion D'Or fue durante muchos años «el café de la bohemia literaria». En sus mesas se daban cita toda suerte de escritores, pintores y cómicos y, de hecho, «constituía el hogar de muchos que no tenían casa»:

> Allí se escribían comedias que luego fueron admiradas por el público [...]; allí se forjaron novelas que dieron a sus autores la celebridad; de allí surgieron magníficas obras de arte; allí se hicieron estupendos periódicos de lucha que conmovieron a la ciudad. Entre nubes de humo de tabaco que rasgaban los gritos escandalosos, se soñaba y se creaba y se reducía a la nada lo creado con una agudeza hiriente.

En la rotonda de su interior se reunía «la flor de los noctámbulos con las cortesanas más famosas». Pero, al igual que el Excelsior, también era un establecimiento venido a menos:

> Hoy el «Lion» es eso solo: un cabaret. Un cabaret modesto, de reducidos vuelos, de tanguistas modositas y de horteras, estudiantes, futbolistas y «corridos» de menor cuantía. Un cabaret más aburrido aún que los otros, donde unas mujeres tristes hablan de un desengaño amoroso que se combina con un dolor de estómago, y donde unos «niños bien» dicen «bestial», «brutal», adoptan posturas de mal educados y se aprovechan del estruendo del «jazz-band» para desahogar sus instintos selváticos con horrísonos berridos. Un cabaret que se anima los sábados y domingos, con lo que está dicho que su público es del «equipo B», para usar un término futbolístico que será del agrado de los habituales.
>
> Probad a asomaros cualquier día de la semana a la rotonda del «Lion» y veréis cómo os asalta el dueño, con su cuadrilla, diciéndoos que «hay una mesa», como si estuvierais ciegos y no hubierais visto que están todas a vuestra disposición.

Maxim's tampoco quedaba muy bien parado a ojos del

colaborador anónimo de *El Escándalo*. Sin embargo, se deshacía en elogios al hablar de Casa Llibre, a la que calificaba de «establecimiento admirable», donde acudía la aristocracia y «lo más grande de la alta sociedad barcelonesa». Un sitio repleto de «deliciosos rincones y ya deliciosas historias de discreteos, de *flirts* y de aventuras»:

> Las pieles más ricas, las suavidades más incitantes, los trajes más lujosos, los perfumes más caros... ¡Distinción! ¡Excelsa distinción! Y todo esto en un decorado «tout a fait français»: discreto, sage, amable y claro. Los sillones rojos, las paredes blancas, los dorados, mates; los adornos sin abigarramiento alguno. ¿Aventuras? Muchas. Las que ustedes quieran. Pero aventuras discretas, imposibles de describir porque el honor cubre con un velo todo el pecado; el honor y la pulcritud. Además, el pecado no precisado, no concretado, siempre es una delicia. Cuando se adquiere mala reputación siendo dama de mundo, no sucede nada grave. Porque la excelencia de los trajes, la sonrisa aristocrática, el perfume nuevo y las pieles misteriosas cubre las formas de la aventura. El problema no está en pecar, sino en saber pecar. Sobre todo es al [sic] único sitio en donde puede uno ir a divertirse. Un cabaret es una cosa muy triste. Las pobres mujeres van a la oficina, por obligación, cansadas, fatigadas, deshechas... La risa es falsa y el deseo de pedir veinte duros está siempre inmediato. Aquí no, aquí la aventura es gratuita y la alegría [no] es falsa. Van directas al hall sin obligación, y si el amor pica no es por dureza de la vida, sino por curiosidad, por placer, y a veces, por hastío.

El Grill-room, con sus tres espacios bien diferenciados (la *taverne*, el entresuelo y el restaurante), era, en opinión del periodista, el complemento ideal del Excelsior y de Maxim's. Y el público tan abigarrado que lo frecuentaba lo convertía, «a pesar de las broncas que arman en ocasiones los marinos norteamericanos, de las notas terribles que Alberto arranca del piano, de los gritos, diríase histéricos, de las inglesas» y otras circunstancias menores, en un establecimiento «delicioso y pintoresco».

Por su parte, el cabaret flamenco Villa Rosa representaba la oferta nocturna más castiza que podía ofrecer Barcelona. En palabras del anónimo cronista del citado semanario, «un pedazo de Andalucía metido en el Arco del Teatro»:

> Villa Rosa es la continuación de una «tienda» gitana. Antes de sentar allí [Miguel] Borrull sus reales, en Villa Rosa bailaban y cantaban los gitanos para los gitanos. No entraban allí más que las gentes de esa raza [...].
>
> Borrull convirtió aquella cueva de gitanos en un «cabaret flamenco», para la «gente bien». Su idea prosperó. Toda «juerga» que se estime, debe terminar en Villa Rosa. Todos los que «se divierten» de noche, al llegar las tres de la madrugada es de ritual que se beban una botella en casa de Miguel.

El autor de los reportajes aparecidos en *El Escándalo* también incluía el Ritz en la selección de establecimientos donde se divertía la «gente bien» de Barcelona, no por su condición de hotel de lujo, sino por su grill-room y su elegante salón de invierno. A su juicio, el Ritz era el centro de los chismes mundanos de la Ciudad Condal:

> Se habla de divorcios, se apunta el nombre de las damas que benéficamente y por obra de amor a Dios, reparten sus sonrisas entre los bienaventurados; se rumorea si la

rubia A o la morena B; si la castaña C y la misteriosa D, tienen contactos con el propietario E. o con el rico F; con el industrial G, o con el rentista H.

Era también el «mausoleo» de la aristocracia barcelonesa, pues no había hotel en todo el mundo que fuera «más triste, ni más ampuloso, ni más frío, ni más metódico». En su opinión, era un lugar «demasiado caro», que subsistía «para las familias que van a tomar el té y que asisten a las fiestas de beneficencia» y que con anterioridad también había conocido tiempos mejores:

> Iban al «Grill-room», algunas damas equivocadas, algunas bailarinas del «Excelsior» y algunas señoras que lucen en nuestro mundo sin pasar por las honestas «crónicas de sociedad». Iban también al «Grill-room», algunos gigolós, muy peripuestos, algunos señores de edad en busca de la aventura y algunos fabricantes con auto y suscripción a *El Noticiero Universal.*
>
> Y al salón de invierno asistían las familias de más o menos copete, con sus niñas y éstas con la caña de pescar. Dividíase, pues, el té. Al «Grill», o sea, en los sótanos, las damas de tapadillo, en el salón de invierno, las familias con auto en la puerta, o sin auto, que apuraban una taza de té, se atracaban de pan con «beurre» y estudiaban reglamentos para asociaciones benéficas y feministas…
>
> Ahora, desde que la gerencia se enteró de que el «Grill-room» adquiría una cierta fama «non sancta» cerró el té del sótano y en el salón de invierno convergen todas las clientas. Lo cual nos parece mejor.

Obviamente, en esta relación de establecimientos de ocio no podía faltar el Edén Concert, al que precedía la fama de ser «la sede del libertinaje y el escándalo» y por tanto un «lugar de inevitable perdición». El anónimo autor del reportaje reconocía la «leyenda de perversidad tan alucinante» que pesaba sobre aquel local, pero, al mismo tiempo, aseguraba que «la realidad era bien distinta a la leyenda»:

> [...] Se recuerdan con añoranza los tiempos gloriosos del popular «centro de placer» [...], aquellos tiempos cuyo recuerdo todavía nos rejuvenece y que... ¡no volverán! Y conste que no nos remontamos mucho; hablamos de doce años a esta parte.

No obstante, no tenía inconveniente en reconocer que el decano establecimiento libertino pasaba por un buen momento, gracias a haber sabido rejuvenecerse:

> Atraviesa actualmente el «Edén» un período algo próspero. En sus múltiples vaivenes, le toca en estos instantes la cuna de subida. ¿El secreto? Las caras nuevas.

El music-hall Pompeya, en el que había estallado una bomba el 13 de septiembre de 1920, causando 6 personas muertas y 18 heridas, parecía completamente recuperado de las consecuencias de aquel atentado sin sentido:

> He aquí al más popular, al más humilde de nuestros «music-halls». La gente del pueblo constituye la asidua clientela de este café concierto. Aquí las consumaciones son relativamente módicas, no se exigen grandes modales y el derecho a gritar y patalear es libre.

Aunque el autor de los reportajes lo incluyera en la nómina de establecimientos donde se divertía la «gente bien», lo cierto es que el Pompeya, con su «nauseabundo olor a sudor, a tabaco de cajetilla y a vinazo», era frecuentado principalmente por «obreros y algunos estudiantes de los que no van nunca a clase», es decir, un «público de cerveza, de limonada y de cafés con leche», siendo «raras las juerguecitas y el consumo de champán y de botellas de manzanilla».

También llama la atención que incorporara al Café Catalán entre los sitios predilectos de la «gente bien» de Barcelona, pues el café de camareras ubicado en la Rambla de Santa Mónica, número 6, era un sitio tradicionalmente frecuentado por «gente de la mala vida»:

> Vividores, espadistas, tomadores del dos y valientes se mezclaban con dependientes del comercio, meritorios y niños de clase media. El dependiente de comercio, el marino, el carrero, el estudiante entra al fondo del establecimiento y se marca un chotis o un tango con verdadera pasión. El espadista y el tomador del dos; el comedor de pan de higo y el valiente se sienta en el corredor que conduce al cabaret y juega al dominó o a cualquier otro jueguecito más o menos inocente.

Sin embargo, la llegada del jazz permitió que allí mismo se fundara la Demon's Jazz Band, liderada por Lorenzo Torres Nin, pianista y compositor menorquín afincado en Barcelona, dándole otros aires al local:

> Antes el «Café Catalán» era un punto de reunión de mala gente. Ahora, casi casi, si conservan algunos tipos entre la clientela, es para mantener el carácter de la casa entre los turistas. Pasa algo de lo que sucede en París con «le vieux Montmarte qui s'en va». Ahora, el «Café Catalán», desde que hay letreros ingleses por las paredes,

«groom», «jazz-band» y hasta las tanguistas truecan sus nombres castellanos por otros extranjeros, se está convirtiendo en un cabaret aburrido como todos los cabarets.

Por último, el colaborador de *El Escándalo* concluía el segundo de los reportajes mencionando otro antiguo café de camareras, que había cambiado su nombre original por Palacio de Cristal, algo que decididamente disgustaba profundamente al periodista:

> ¿Por qué le cambiaron a este local su antiguo título de «La suerte loca»? Respondía ese título mucho mejor que el actual a su historia, a su tradición, a su carácter, a su, digamos, idiosincrasia. Eso de querer que sean de cristal, aun hablando metafóricamente, las paredes de un café de camareras a donde van a divertirse, o a hacerse la ilusión de que se divierten, muchos maridos a escondidas de sus esposas o muchos hijos de familia a pesar de las advertencias de sus padres, nos parece una solemne tontería. En cambio, el nombre de «La suerte loca» era un poema, constituía ya toda una promesa. «La suerte loca» significaba lo desconocido, por muy poco que en realidad lo fuese; invitaba a probar fortuna, que luego pasaba, a veces a manos del boticario; entrañaba cierto espíritu de aventura [...]
>
> Era «La suerte loca» el café de camareras por excelencia. Su «prestigio» le ha salvado del naufragio en que han ido pereciendo la mayoría de locales análogos. «La suerte loca» fue el café de camareras donde por primera vez se estableció la diferenciación de clases. A la derecha, junto al mostrador, la «tarregada», los que tomaban café con leche y grosella con gaseosa. A la izquierda, al fondo de la sala, y separados de la «clase general» por el espacio destinado al baile, los que bebían licores de marca e invitaban a las mujeres a galletas con vino rancio, que era la

consumación de postín característica de la casa.

Con todo, la noche barcelonesa recibió un duro golpe en 1926, por una «verdadera invasión de bares», en detrimento de otro tipo de locales[290], y sobre todo por cuando las autoridades gubernativas decretaron el cierre *sine die* de cuatro de los principales music-halls, cabarets y cafés-conciertos del Paralelo por las «inmoralidades cometidas»: Pompeya, Bataclán, Concert-Apolo y Royal Concert[291].

A vueltas con el noctambulismo y la reforma de las costumbres

En un periodo en el que la censura impuesta por la dictadura del general Primo de Rivera hacía inviable la crítica política, el periodista Luis Blanco Soria encontró una manera de ejercerla desde las páginas del diario *La Voz* mediante la publicación de una serie de más de cincuenta crónicas tituladas genéricamente «El Madrid que Madrid no conoce», en las que retrató la miseria de la Villa y Corte. Las noches y las gentes que las poblaban protagonizaron más de una de estas crónicas[292],

---

290. «Cosas del momento. La invasión de los bares». *El Escándalo*, nº 14, 21 de enero de 1926, p. 3.
291. «Clausura de "music-halls"». *ABC (Madrid)*, 14 de marzo de 1926, p. 33 y «El servicio doméstico está de enhorabuena. Por orden gubernativa se han cerrado todos los cabarets del Paralelo». *El Escándalo*, nº 22, 18 de marzo de 1926, p. 8.
292. Ver, por ejemplo, Blanco Soria, Luis: «Desde el barrio de Embajadores hasta el de Las Peñuelas. Las catacumbas de la Ribera de Curtidores, el Campillo del Mundo Nuevo y el albergue de Luis Candelas. La vida del hampa nocturna». *La Voz (Diario independiente de la noche)*, 18 de agosto de 1927, p. 3 y Blanco Soria, Luis: «En la accidentada noche de un sábado. El cerro de San Blas, las selvas vírgenes del Manzanares y el puente de los Ladrones». *La Voz (Diario independiente de la noche)*, 31 de agosto de 1927, p. 3.

que, desde luego, no debieron contribuir a tranquilizar a aquellas personas que clamaban por el fin de la vida nocturna.

Por lo demás, iban pasando los meses y los anhelos de *La Nación* no se veían satisfechos, al menos en lo tocante al tema de los horarios, que el diario vespertino consideraba completamente caóticos y, por tanto, contraproducentes a todos los efectos para la buena marcha del país y, de manera muy especial, para la capital del Estado:

> Urge que se piense en la conveniencia —y urgencia— de esta obra de conjunto falta en España, y en Madrid muy especialmente, ya que funciona por su lado cada sector social, reinando el más lamentable desbarajuste en lo que respecta a horarios vigentes en oficinas, espectáculos, establecimientos de comercio, aulas de los distintos Centros de enseñanza, bibliotecas, etcétera, rayano en verdadera anarquía, pues no acontece más que entre nosotros los ciudadanos no puedan distraerse en un teatro porque terminen las funciones a altas horas de la madrugada, incompatibles con sus deberes de levantarse temprano al día siguiente, ni tampoco que otros muchos vayan a cenar a sus casas a las once de la noche[293].

Por eso, el órgano de la Unión Patriótica se sintió obligado a reanudar su campaña, poniendo como ejemplo el resto de las capitales europeas, donde se cenaba «a las ocho de la noche o un poco antes, y se sale de los teatros a las doce, lo más tarde»[294]. Para abordar esta reforma de las costumbres ya no in-

293. «Insistiendo en nuestra campaña. Hacia un ensayo de reforma de las costumbres». *La Nación (Diario de la noche)*, 2 de noviembre de 1927, p. 1.
294. «Las costumbres sociales. Para aprovechar el tiempo, cumplir prescripciones higiénicas y resolver problemas económicos se impone una

vocaba razones de moralidad, sino que fundamentaba «los beneficios y la necesidad de reformarlas» en otros tres pilares sociales: trabajo, higiene y economía. Sin embargo, esta táctica de no presentar la reforma de las costumbres como un asunto de moralidad apenas le daría resultados y periódicos como *La Voz*, *Informaciones* y *El Sol* contestaron con acerada ironía las pretensiones de *La Nación*, que encajó el golpe con deportividad y terminó reconociendo que «lo que haya de hacerse desde las doce de la noche hasta las ocho de la mañana, no es de nuestra incumbencia»[295].

No obstante, la voz del partido gubernamental no tardaría en volver a la carga, planteando de nuevo la cuestión que tanto le preocupaba:

> Un pueblo donde llega a ser costumbre que la gente, aun la que no tiene ocupaciones nocturnas, se acueste a la madrugada porque acaba de cenar a las once de la noche o sale de los espectáculos después de la una, ¿administra bien el tesoro de sus resistencias orgánicas y de su equilibrio espiritual?[296]

La respuesta le vendría del diario *El Imparcial*, que se mostraba tremendamente respetuoso con la «idiosincrasia nacional», reconociendo que «el español es individualista por esencia, por espíritu independiente», y consideraba del todo imposible la modificación de las costumbres al conjuro de una voluntad:

---

reforma». *La Nación (Diario de la noche)*, 3 de noviembre de 1927, p. 1.

295. «Entre bromas y veras. La reforma de las costumbres no es incompatible con el buen humor». *La Nación (Diario de la noche)*, 7 de noviembre de 1927, p. 1.

296. «La reforma de las costumbres. Las normas de vida se trazan mirando a las conveniencias generales». *La Nación (Diario de la noche)*, 9 de noviembre de 1927, p. 1.

> Porque las reformas en las costumbres se verifican solas, paulatinamente, como consecuencia de la vida de relación con otros países, como resultado del acoplamiento a las exigencias y organización del trabajo moderno, como imposición de los progresos do la higiene, como imperativo de la rapidez característica en la época, pero nunca ni como reglamentación ni como consejo venido desde las alturas del Poder[297].

Ni que decir tiene que el diario liberal porfiaba todo cambio en este sentido a la educación.

Ante esta nueva intervención, el diario *La Nación*, que no se mostró en desacuerdo con lo expresado por *El Imparcial*, manifestó que la tan traída reforma de las costumbres requería de una «orientación» y de un «encauzamiento» e invitó a realizar aportaciones al periódico liberal «y cuantos deseen participar en este cambio de impresiones».

El propio dictador volvió a pronunciarse directamente sobre el asunto al emitir un «documento trascendental» en el que trazaba «instrucciones concretas a la Unión Patriótica», sobre «cómo ha de ser gobernada España»:

> Propaganda tenaz, en todos los lugares y a todas las horas, hasta conseguir una modificación de las costumbres, inspirada en los más sanos principios éticos y en los preceptos de la higiene, que sin quitar a nuestro país su peculiar carácter de alegría y optimismo, le convierta en ejemplo insuperable de laboriosidad y de vida ordenada[298].

---

297. «Puro bizantinismo. La reforma de las costumbres. Lo que es indispensable es difundir la enseñanza; lo demás vendrá por añadidura». *El Imparcial (Diario liberal)*, 24 de noviembre de 1927, pp. 1-2.
298. «Un documento trascendental. El general Primo de Rivera, al

Sin embargo, esa anhelada reforma de las costumbres, al menos en lo que se refería a los hábitos nocturnos, chocaba con la tozuda realidad. El periodista, crítico teatral y escritor Luis Marsillach Burbano declaraba por escrito que en Barcelona existía «mucha afición a trasnochar», destacando, en este sentido, la gran animación que reinaba todas las noches en algunas vías públicas: la de Conde Asalto, la de Pelayo, las Ramblas, el Paralelo… y hasta dando los nombres de algunos de los noctámbulos más conspicuos que las recorrían hasta altas horas de la madrugada:

> Hay calles en las que después de las diez de la noche apenas disminuye el tránsito, no faltando algunas en las que a partir de dicha hora aumenta la animación. Entre los barceloneses más trasnochadores de la actualidad, figuran el crítico musical José Mª Pascual, el más viejo de todos; el escenógrafo Mauricio Vilunara, con sus ochenta y dos años a cuestas; el pintor, novelista y comediógrafo Santiago Rusiñol, con sus sesenta y pico; el compositor Jaime Pahissa, y los escritores Amichatis y Eduardo Carballo. Grandes noctámbulos fueron los escritores Pompeyo Gener y Alberto Llanas, ya fallecido. Del último cuentan que cuando avanzada la madrugada quedaba como único transeúnte de las Ramblas, iba de un extremo a otro de dicho paseo para simular la acción de cerrarlo con llave, después de lo cual se marchaba a acostar[299].

---

trazarle instrucciones concretas a la Unión Patriótica, dice cómo ha de ser gobernada España». *La Nación (Diario de la noche)*, 23 de junio de 1928, p. 1.

299. Marsillach, Luis: «Un aspecto de Barcelona de noche. De cómo los barceloneses se decidieron a trasnochar». *Mediterráneo (Revista semanal ilustrada)*, 7 de julio de 1928, pp. 35-36.

Por lo que respecta a Madrid, el diario *El Imparcial* también certificaba la existencia de una intensa vida nocturna, imposible de atajar:

> Hoy, en Madrid, brillan por la noche millares de luces; la seguridad es completa a cualquier hora; muchas industrias, por imposición de sus propias características, son ejercidas precisamente cuando no luce el sol. Es como si el hombre, con el prodigioso instrumento de vida llamado «ciudad», hubiese conquistado la noche, domeñándola, y ensanchando hasta veinticuatro las horas del día.
>
> [...]

Una vida nocturna que en temporada estival, según reconocía el rotativo liberal, se incrementaba sobremanera:

> Pero si en toda gran capital no se interrumpe el ritmo de la actividad humana; si las grandes poblaciones no duermen, sea cualquiera la época del año, cuando llega el verano se acentúa el fenómeno extraordinariamente, hasta el punto que la vida nocturna llega en ocasiones a ser más intensa que la diurna, aumentándose la vitalidad de la ciudad entre el ocaso y el orto del Sol.
>
> [...]

De hecho, el periodista, poeta y dramaturgo Juan González Olmedilla trazó un interesante recorrido por «las delicias del Madrid nocturno en verano», en un intento de cubrir todos los intereses y todas las economías: azoteas de casinos y hoteles, terrazas de restaurantes, veladores de bares y cafés, mesas de tabernas, concurridas aceras, cabarets, lugares más o menos pintorescos al aire libre, bailes, conciertos, verbenas, etcétera, que permitían prolongar las veladas «hasta las dos, las tres y aun las cuatro de la madrugada»[300].

No obstante, no la pugna por los horarios mantenía a los defensores de la nocturnidad y los partidarios de la reforma de las costumbres con las espadas en alto. Así, mientras el diario *El Imparcial* afirmaba que los portales en la capital del Estado se cerraban demasiado pronto y que, por tanto, debían «adoptarse medidas que corrijan el vicio», el periódico *Heraldo de Madrid* consideraba que en la villa y corte se vivía con «dos horas de retraso con respecto al resto de las grandes ciudades europeas» por el hábito inveterado de cenar tarde, si bien reconocía que «esta costumbre madrileña de la cena tardía» comenzaba a «tambalearse como tantas otras». Con todo, el rotativo madrileño reconocía que dicha rutina era la que permitía la existencia de dos funciones teatrales, de tarde y de noche, lo que otorgaba a la vida de la capital «una conformación especial»:

> Por de pronto, esas dos horas que se ganan a la noche han de salir forzosamente de la mañana, y de aquí resulta que si la noche de Madrid es la más larga la mañana tiene que ser la más corta. Nos limitamos a consignar el hecho sin adornarlo con consideraciones trascendentales que fácilmente se ocurren. ¡Después de todo, feliz el pueblo que puede restarle dos horas al trabajo en beneficio de la diversión![301]

Sea como sea, el diario *La Nación* terminaría congratulándose por el hecho de que la reforma de las costumbres, que

---

300. Olmedilla, Juan G.: «Las delicias del Madrid nocturno en verano». *Estampa (Revista gráfica y literaria de la actualidad española y mundial)*, 7 de agosto de 1928, pp. 10-12.
301. «En Madrid se vive con dos horas de retraso». *Heraldo de Madrid*, 14 de noviembre de 1928, p. 1.

venía propugnando infructuosamente desde hacía varios años, contara cada vez con más adeptos y partidarios[302].

Las exposiciones internacionales de Sevilla y Barcelona

El 9 de mayo de 1929 se inauguró la Exposición Iberoamericana de Sevilla y el 20 de ese mismo mes la Exposición Internacional de Barcelona. Aunque ambos eventos se vieron empañados por los efectos económicos del Crack del 29 —el de Barcelona se clausuró el 15 de enero de 1930 y el de Sevilla permaneció abierto hasta el 21 de junio de 1930—, los dos alcanzaron un enorme éxito a nivel social, con gran afluencia de público, y los logros conseguidos para ambas ciudades supusieron dos hitos de primera magnitud.

Por lo que respecta a Sevilla, la famosa Alameda de Hércules, desde finales del siglo XIX venía siendo un popular centro de reunión y una de las zonas de esparcimiento preferidas de la población sevillana, con sus cines de verano, tablaos, teatrillos donde actuaban murgas a diario, circos ecuestres, kioscos, puestos de refrescos, de higos chumbos, de chucherías, de lotería, billares, cafés cantantes, bares, restaurantes, etcétera[303]. Con el paso de los años también había adquirido un aura de peligro, por ser «refugio de gente maleante». Sin embargo, durante el tiempo de la Exposición Iberoamericana se consolidó como el auténtico «Ágora del pueblo de Sevilla». En efecto, la Alameda, además de concurrido paseo, se había convertido en una impor-

302. «¡Ya era hora! La reforma de las costumbres, que defendemos, tiene cada día más partidarios». *La Nación (Diario de la noche)*, 15 de noviembre de 1928, p. 1.

303. Alemany, Luis: «Malas calles (I). El barrio rojo más antiguo de España que hoy es un paraíso de instagramers. ¿Qué hacía que la Alameda de Hércules refugiase el lado oscuro de una ciudad? En Sevilla, la razón fue geográfica». *Papel (El Mundo)*, 6 de agosto de 2024.

tante área de recreo, con una intensa vida nocturna, no carente de comercio sexual. Asimismo, concentraba un bullicioso ambiente taurino y flamenco. De hecho, si Triana fue una de las cunas del flamenco, la Alameda fue donde tomó un gran impulso. De hecho, había establecimientos que no cerraban sus puertas en toda la noche, como el restaurante Las Siete Puertas, La Europa, Ca Murillo o la taberna Los Majarones, e incluso alguno, como La Sacristía, que ni siquiera tenía. Y rara era la madrugada que estos locales no albergaban alguna juerga flamenca[304].

Hay un dato relativo a Sevilla que se comenta por sí solo: se calcula que el número de viajeros extranjeros alojados en los hoteles de la capital hispalense durante el año 1929 ascendió a un total de 158.914, lo que supondría un incremento del 126% con respecto a 1928[305].

El desarrollo urbanístico y el impacto arquitectónico en Barcelona fueron bien visibles, no solo en la zona de Montjuic, donde se ubicaba la Exposición Internacional, ya que por toda la ciudad se realizaron obras de mejora y acondicionamiento, además de la remodelación de varios edificios y la renovación y modernización de las comunicaciones.

Todas estas obras públicas comportaron una fuerte demanda de empleo, provocando un gran aumento de la inmigración, sobre todo en la Ciudad Condal, proveniente de todas partes de España. Asimismo, el aumento de población conllevó la construcción de diversos barrios obreros de «casas baratas», como el Grupo Aunós en Montjuic y los Grupos Milans del Bosch y Baró de Viver en Sant Adrià de Besós.

---

304. Ver el documental *La Alameda* (1978), de Juan Sebastián Bollaín, en https://www.youtube.com/watch?v=99PxSNhFRxw

305. Rubio, Javier y Salvador, Antonio: «Exposición iberoamericana. Los visitantes y los hoteles. El turismo». *El Mundo (Andalucía)*, 18 de junio de 2010.

Lógicamente, ambos acontecimientos sirvieron para revitalizar la vida nocturna tanto en Sevilla como en Barcelona. De hecho, no es de extrañar que *La Ilustración Íbero-americana* dedicara un extenso artículo al «triunfo de la luz» en Barcelona[306], ni que el diario parisino *Le Fígaro* declarara que la pluma del periodista no era suficientemente apta para describir «el milagro de la Barcelona nocturna».

Un insigne noctámbulo como el escritor y periodista madrileño Pedro de Répide se admiraba de la pujanza que la Exposición Internacional había conferido a esa Barcelona de noche:

> La alegría y la población constante de las Ramblas y otros parajes de la ciudad, no interrumpiéndose durante la noche, con sus cafés, estancos, restaurantes, abiertos de una manera permanente, hacen pensar en cómo amengua el aspecto naturalmente jocundo de Madrid, la supresión total de su vida comercial y urbana desde poco después de la salida de los teatros. Barcelona es un ejemplo de cómo no perjudica nada al crédito y a la eficiencia de una ciudad trabajadora la existencia de una zona de vida nocturna, que sirve para el desenvolvimiento de muchos oficios perfectamente lícitos.
>
> La Rambla posee perenne, durante el día y la noche, un prestigio de playa, con sus sillones de mimbre, que substituyen a las sillas de hierro de otros paseos; y en la madrugada, la población deriva también hacia los baños de la playa auténtica, como hasta última hora de la noche ha habido tránsito en el muelle ante la estatua de Colón[307].

306. «El triunfo de la luz en la Exposición Internacional de Barcelona 1929-1930». *La Ilustración Íbero-americana*, núm. 4, 1930, pp. 62-69.
307. Répide, Pedro de: «Paginario de la Exposición. La ciudad y la montaña». *La Libertad*, 4 de agosto de 1929, p. 3.

Lo único que echaba en falta el cronista madrileño, al confirmar que «en la noche aumenta hasta lo fabuloso la belleza del vasto recinto del certamen», era que las autoridades hubieran desatendido la gran arteria barcelonesa dedicada al ocio, especialmente nocturno:

> La calle de las Cortes es la gran avenida que comunica el centro de Barcelona con la Exposición. ¿Por qué se ha descuidado la del Marqués del Duero, el famoso «Paralelo», que, limpio y bien urbanizado, podía haber sido un acceso más desde el puerto, y que ahora desentona de la otra vía conducente a la plaza de España?

En otro orden de cosas, la construcción con motivo de la Exposición Internacional de Barcelona del museo arquitectónico al aire libre conocido como El Pueblo Español, así como la gran afluencia de mano de obra de inmigrante procedente de todo el Estado español, pero sobre todo de Andalucía, y la llegada de turistas foráneos en demanda de una oferta cultural *typical spanish*, contribuyó a que ese «milagro» de las noches barcelonesas se impregnara de regusto andaluz. Tanto es así que el periodista José Sánchez Rojas daba cuenta de «una docena de establecimientos abiertos toda la noche» dedicados al cultivo del flamenco, la mayoría de los cuales se encontraban en el famoso distrito quinto o barrio chino, que a juicio del citado periodista constituía «una sucursal de Triana o de las tabernas y colmados de una gran urbe andaluza»[308].

Por otra parte, si las noches de Barcelona podían rivalizar con las de Sevilla en cuanto a andalucismo, las noches de Madrid tenían justa fama de ruidosas, lo cual llevó a su alcalde,

---

308. Sánchez Rojas, José: «Las "andaluzas" noches de Barcelona». *Nuevo Mundo*, 6 de junio de 1930, pp. 22-23.

José Manuel Aristizábal y Machón, a emprender una campaña contra los ruidos nocturnos, que «tuvo no poco éxito». No obstante, en poco tiempo, la capital del Estado volvería a ser considerada, «de noche sobre todo», como «la ciudad más ruidosa del mundo». En opinión del diario La Voz y de sus lectores el principal foco de la contaminación acústica se hallaba en el ruido —especialmente en los continuos bocinazos— que generaban los automóviles, tanto particulares como taxis, que utilizaba para sus desplazamientos «el noctámbulo empedernido y el juerguista sin atenuaciones» después de la salida de los teatros y una vez cesaba la circulación de los tranvías.

Nits de Barcelona, 1931.

CAPÍTULO 5. LA DICTABLANDA Y LA SEGUNDA REPÚBLICA (1930-1936)

La ola verde *y su influjo en las pautas de ocio*

Con la caída del régimen primorriverista y el advenimiento de la llamada dictablanda del general Dámaso Berenguer, la tan ansiada por muchas personas reforma de las costumbres sufrió un serio revés, pues el erotismo y la frivolidad se adueñaron de otra vez de los teatros y espectáculos. En efecto, la sicalipsis que ya había invadido la escena española entre 1895 y 1915 y no se había limitado al terreno de la oralidad, sino que había llegado a convertirse en un elemento visual de primer orden gracias a las exhibiciones nada púdicas de las artistas y coristas, que empezaron por desnudar las piernas y terminaron por generar desnudos integrales, volvió a un primer plano de actualidad.

Si bien durante la dictadura de Primo de Rivera muchas artistas habían salido a escena con unas mallas —color carne— que en los escenarios más púdicos o más hipócritas habían cubierto las anatomías femeninas, dando una falsa sensación de desnudez, durante la dictablanda y la Segunda República se liberaron de tales prendas para lucir su cuerpo y seducir con argumentos visuales al público masculino. Según la catedrática Évelyn Ricci, el cuerpo de la mujer, filón rentable de las tablas, conoció entonces una nueva época dorada, «protegido por la nada dura censura del período dictatorial que miró con cierta complacencia las picardías artísticas de las variedades y del teatro»[309].

309. Ricci, Évelyne: «La «ola verde» en la prensa y en los espectáculos

Este proceso creciente de erotización de la escena comenzó con algunas revistas que se estrenaron a finales de los años 20, alcanzando nuevos extremos en la Segunda República, sobre todo a última hora de la noche, en funciones especiales «alegres» o «solo para hombres». Por ejemplo, en junio de 1933 la Compañía Marcuello, especializada en representaciones de «vodevil alegre y picaresco», rematando cada función con «cuadros plásticos desnudos», actuó en el Teatro Vital Aza de Málaga, provocando la indignación del diario republicano *El Popular*, que protestó contra el espectáculo representado por «inmoral, denigrante, que repudia el ser que tenga más escaso concepto de la moralidad y el pudor femenino» y contra «esos esperpentos teatrales, cuajados de obscenidades mayúsculas, que sonrojan y levantan oleadas de desprecio»[310], contribuyendo de este modo, muy a su pesar, a promocionar dicha compañía. Algunas artistas fueron detenidas y el gobernador civil de Málaga amenazó con cerrar el citado teatro si «algún artista se viese obligado por la coacción del público a hacer gesto, pronunciar palabra o significarse con destino que pueda considerarse ofensivo para la moral». Con todo, el correctivo no surtió el efecto deseado, pues poco tiempo después el mismo gobernador civil de Málaga volvió a multar con 250 pesetas al representante de la compañía Marcuello y a las artistas de dicho elenco por «actos inmorales en el teatro»[311].

---

en la II República», en *Prensa, impresos, lectura en el mundo hispánico contemporáneo. Homenaje a Jean-François Botrel.* Bordeaux: Université Michel de Montaigne–Presse, Imprimés, Lecture dans l'Aire Romane; 2005, pp. 297-314.

310. «Vital Aza. El deplorable espectáculo de anoche». *El Popular (Diario republicano)*, 4 de junio de 1933, p. 5.

311. «Noticias de Málaga». *La Rioja (Diario imparcial de la mañana)*, 30 de agosto de 1934, p. 3 y «Artistas multados». *La Voz (Diario republicano)*, 30 de agosto de 1934, p. 7.

En otros escenarios malagueños el atrevimiento fue a más y algunas artistas llevaron a cabo actuaciones clara y abiertamente pornográficas, siempre a altas horas de la madrugada, como lo atestiguan documentos policiales conservados en el archivo del Gobierno Civil de Málaga:

> En consecuencias a mi escrito anterior fueron dadas órdenes por V. E. sobre el modo de actuar el Salón Royal y cumplidas el primer día; pero se da el caso que el sábado 20 las estrellas que denuncié no sólo trabajaron desnudas sino que una y otra simularon el coito y usaron de un rábano y llegó la asquerosidad al estado de tener que correr el telón y así han seguido hasta la fecha con actos de depravación inmoral inauditos. Sobre el cierre en la noche del sábado al domingo, el cierre fue a las 5 y dentro siguieron las juergas escandalosas hasta las 7 de la mañana. El lunes a las 5 tuvo que entrar la Policía y desalojar el Salón ante el escándalo tan formidable. Esto como comprenderá V. E. es un abuso y desacato a su autoridad que no debe tolerarse como otras anteriores no toleraron y tuvieron bastante tiempo cerrado el mencionado Salón. Según tengo entendido obra así este Salón porque a su juicio no habrá autoridad que lo cierre. Ruégole abra una información y que termine este estado de indecencia e inmoralidad dando una prueba más de su amor a este Pueblo[312].

312. Archivo del Gobierno Civil de Málaga, Legajo Negociado V° Multas, Carta manuscrita de Antonio Jiménez al Gobernador Civil de Málaga, del 25 de enero de 1934. Citado por Ricci, Évelyne: «La «ola verde» en la prensa y en los espectáculos en la II República», en *Prensa, impresos, lectura en el mundo hispánico contemporáneo. Homenaje a Jean-François Botrel.* Bordeaux: Université Michel de Montaigne–Presse, Imprimés, Lecture dans l'Aire Romane; 2005, p. 303.

Para corregir estos excesos, en pleno bienio radical-cedista se aprobó un nuevo Reglamento de Policía de Espectáculos Públicos, cuyo artículo 8º era el que vetaba determinadas representaciones en base a su contenido:

> Quedan prohibidos los espectáculos o diversiones públicas que puedan turbar el orden o que sean contrarias a la moral o a las buenas costumbres. [...][313]

Por lo que respecta a los horarios de cierre el artículo 19 era el que contenía la norma general:

> Todos los espectáculos públicos deberán terminar antes de la una y media de la noche, excepto los días de estreno, debut de primeras partes o beneficios, que podrán terminar a las dos.

Sin embargo, el Reglamento contemplaba excepciones horarias para los espectáculos y atracciones que tuvieran lugar en cabarets y *dancings*:

> Artículo 52. El espectáculo de «varietés» en esta clase de establecimientos podrá, o bien empezar a la hora ordinaria y terminar a la una y media, es decir, con arreglo a lo estatuido en este Reglamento, o bien empezar a la una y cuarto de la madrugada y terminar a las tres y media, pudiendo continuar el «souper-tango», sin atracciones de ninguna especie, hasta las cinco.

Las mayores restricciones horarias afectaban a las funciones

---

313. Ministerio de la Gobernación: «Orden. Reglamento de Policía de Espectáculos públicos». *Gaceta de Madrid*, 5 de mayo de 1935, p. 1.056.

que tenían lugar en cafés-cantantes, cafés-conciertos y otros establecimientos análogos:

> La Autoridad designará el tiempo de la duración del espectáculo en las diferentes estaciones del año; pero en ningún caso podrá terminar después de las doce de la noche.

Por lo demás, esta «ola verde» no solo alcanzó a los escenarios de los teatros y determinados espectáculos, sino que también se dejó notar en la prensa, sobresaliendo tres títulos de gran éxito en el panorama periodístico y galante: *Teatro Frívolo*, *Guión* y, sobre todo, la revista *¡Tararí!*, que se convertiría en el «termómetro» de la deriva erótica desatada.

Desde luego, también aparecieron revistas como *Evarte*, dedicada íntegramente a «el desnudo artístico en la fotografía» e incluso revistas serias, como el semanario *Crónica*, sucumbieron a la moda del desnudo artístico femenino.

En medio de este clima de frivolidad, las guías nocturnas proliferaron en las principales ciudades españolas: *Guía Madrid de Noche* (1932-1936), *Guía Nocturna de Barcelona «La Luna»*, *Guía nocturna de Barcelona* (1934) «sólo para hombres», *Sevilla de Noche «El Cicerón Nocturno»* (1932), *Guía Nocturna Zaragoza de Noche* (1934), etcétera, y hasta la anteriormente citada revista *¡Tararí!* llegó a incluir una sección de anuncios en la que publicaba las direcciones de artistas de variedades y sus especialidades, con las de hoteles y pensiones de confianza que ofrecían «habitaciones higiénicas e independientes». La impresión final es que la promoción de las artes escénicas se combinaba con una mal disimulada promoción de la prostitución. De ahí que la conclusión no pueda ser más evidente: tras casi una década intentando reformar y moralizar las costumbres, nocturnidad y sexo —por no mencionar drogas como la morfina y la cocaína— seguían retroalimentándose.

Como no podía ser de otro modo, este ambiente de frivolidad y erotismo, unido a un régimen político de mayores libertades, dio un impulso a la vida nocturna en general y de manera especial a los cabarets, music-halls, *dancings*, taxi-girls, bals musettes, salas de fiesta, tablaos flamencos y otros centros de recreo, que se reprodujeron como setas, no solo en Madrid, Barcelona y Valencia[314], sino en otras ciudades españoles que hasta ese momento no habían gozado de una gran vida nocturna: Bilbao con el Casino de Artistas, Bataclán, El Gato Negro, El Metro, Ideal Rosales, Kursaal Novedades y Las Columnas, sin contar el restaurante-bar Maxim's, «punto de reunión de los artistas de varietés», cuya publicidad destacaba que permanecía «abierto toda la noche»; Sevilla con Venta Eritaña, Kursaal Internacional, Kursaal Olimpia, Salón Barrera, Salón Rosales, Salón de Variedades Lido y Salón Zapico; Zaragoza con Al-

314. En Madrid podemos citar: Alkazar, Barbieri, Barceló Dancing Palace, Bataclán, Biarritz, Búho Rojo, Cabaret Parisiana, Casa Angulo, Casablanca, Casanova en Stambul, Eden Concert, El Fourquet, Embajadores, Empire, Excelsior, Fantasio, Forteen Club, Gong, Hollywood, Ideal Polistilo, Ideal Room, Jardín de Abascal, La Buena Sombra, La Cigale Parisién, La Gruta, La Pérgola, Lido, Novelty, Palacio de Terpsicore, Palacio de la Danza, Palacio del Baile, Pelikan Kursaal, Maipú-Pigalle's, Pompeya, Progreso, Recreo Magallanes, Regiones, Sala de Fiestas del Gran Metropolitano, Salón España, Salón Luminoso, Salón Madrid Bohemio, Satán, Stambul, Tabaris, Trianon Sevilla, Trouville, etcétera; en Barcelona: Bal Muset, Bar Cádiz, Barcelona de Noche, Ba-ta-clan, Bombay, La Buena Sombra, Cabaret Català, Cal Sagristà, El Cangrejo Flamenco, Casa Juanito El Dorado, Casa Llibre, Concert Apolo, Concert Sevilla, La Criolla, Eden Concert, Etoile Palace, Excelsior, Los Faroles, Gambrinus, Gran Café Catalán, Gran Kursaal, Granja Royal, Grill del Ritz, Haway, Hollywood, Mónaco, Montmartre, Moulin Rouge, Oshima, Palacio de Cristal, Palermo, El Patio del Farolillo, Pompeya, Red Lion, El Rodeo, Royal Concert, Saigón, Stambul, El Tropezón, Villa Rosa, Wu-Li-Chang, etcétera; y en Valencia: Alkazar, Ba-ta-clan, Eden Concert y Shanghai, entre otros.

hambra, Aragonés[315], Florida, Lido, La Jota y Royal Concert[316]; Málaga con Parisiana, La Alegría del Barrio, Casablanca, Cañizo Kursal, Maipú y Salón Royal; Salamanca con Gong y Shanghai; Burgos con Kursaal Novedades; Logroño con Concert Maipu; Badajoz con Katiuska; Huelva con La Concha; Cádiz con Alcázar; San Fernando (Cádiz) con Ideal Room, etcétera.

Contrariamente a lo que muchas personas pudieran pensar, no todos estos establecimientos eran lugares elitistas y exclusivos, solo al alcance de las economías más pudientes y saneadas, sino que existía todo un entramado de entretenimientos baratos (bailes, cines, cafés, bares, tabernas y otros establecimientos de ocio moderno y asequible), es decir, una red de locales con precios y horarios compatibles con las pautas de vida y las condiciones de existencia de la juventud de extracción popular. Y conviene recalcar el término juventud,

315. Hacer un inventario pormenorizado de los locales mencionados resulta muy complicado porque cambiaban de nombre con frecuencia. Por dejemplo, el cabaret Aragonés había abierto sus puertas en 1920 con ese nombre. En 1934 cambió su nombre por Conga Dancing para convertirse en un baile-taxi; pero, al mismo tiempo, seguía anunciándose como Aragonés. Sin embargo, el nombre con el que ha pasado a la memoria colectiva es Bar Café Cantante Plata, o simplemente el Plata, tal y como reabrió en 1943. Ver Barreiro, Javier: «Eslabones perdidos: memoria del Oasis y del Plata». *Rolde* nº 100, enero-septiembre 2002, pp. 53-61; *¡Tararí!*, nº 145, 1 de noviembre de 1934, p. 7 y *¡Tararí!*, nº 181, 28 de noviembre de 1935, p. 10.

316. Otro buen ejemplo de lo dicho anteriormente es el Royal Concert, que había abierto sus puertas en 1909 con ese nombre. En 1927 el salón castellanizó su nombre, pasando a llamarse Real Concierto. El advenimiento de la Segunda República fue un buen motivo para proscribir el adjetivo y convertirse en Salón Variedades; pero, al mismo tiempo, seguía anunciándose como Royal Concert. Si bien, el nombre con el que ha pasado a la memoria colectiva es el de Oasis. Ver Barreiro, Javier: «Eslabones perdidos: memoria del Oasis y del Plata». *Rolde* nº 100, enero-septiembre 2002, pp. 53-61.

porque definitivamente en esta época es cuando se consagró la participación femenina en el ocio y el espacio público, lo cual permitió «ensanchar los márgenes de lo considerado normal o respetable en lo que se refiere al flirteo y los intercambios sexuales»[317]. Así, no es de extrañar que, con estos antecedentes, se extendieran nuevos hábitos de ocio, nuevas formas de entretenimiento, nuevas prácticas de diversión y en definitiva nuevas pautas y fórmulas de interacción social y sexual entre los chicos y las chicas de las clases populares urbanas. De hecho, según Cristina de Pedro Álvarez, «el flirteo más o menos explícito en el *dancing* y el cierre de la velada en una casa de citas» o meublé —establecimientos ambos orientados a facilitar los encuentros sexuales de corta duración— llegaría a convertirse en «un ritual bastante habitual».

Por otra parte, si en la dictadura de Primo de Rivera los campeonatos de baile se configuraron como una forma de prolongar la noche, durante la Segunda República estos acontecimientos —que se publicitaban como auténticos eventos deportivos y, a la vez, demostraciones de arte[318]— derivaron en auténticos maratones de resistencia que permitían empalmar los días con las noches, y viceversa.

El Circo Price de Madrid fue el establecimiento que se especializó en la celebración de estos concursos. Así, a mediados de noviembre de 1931 se anunció el «campeonato mundial de

---

317. Pedro Álvarez, Cristina de: «Fiebre de baile. Los nuevos *dancings* comerciales y la transformación de los hábitos de ocio e interacción sexual de la juventud popular y obrera de Madrid (1918-1936)». *Rúbrica Contemporánea*, vol. X, nº 19, 2021.

318. «Una gran prueba deportiva y a la vez Una demostración de arte. El campeonato del mundo de resistencia de baile». *Ahora (Diario gráfico)*, 4 de diciembre de 1931, p. 21 y «Deportes de salón. Campeonato del mundo de baile de resistencia». *Crisol (Diario de la República)*, 23 de diciembre de 1931, p. 15.

baile de resistencia», dotado con 30.000 pesetas de premios al contado, que se prolongó durante 725 horas, desde el día 27 del citado mes hasta 27 de diciembre.[319]

A pesar de las críticas recibidas, a finales de 1932 se organizó en el Price otro concurso de baile, que mantuvo a los participantes danzando hasta 1.100 horas, y que se dio por finalizado sin una pareja claramente vencedora.

Tras este maratón arreciaron las críticas —que incluían fotografías de los exhaustos concursantes— por parte de algunos medios que celebraron el «fin de la danza de espectros» y no se recataron a la hora de calificar el evento como un «espectáculo lamentable»[320].

Las críticas no cayeron en saco roto, y algunas autoridades gubernativas tomaron conciencia de la brutalidad de este tipo de acontecimientos prohibiéndolos sin contemplaciones. Así, a finales de febrero de 1933 el gobernador civil de Barcelona decretó la suspensión del «campeonato de baile de las mil horas» anunciado en el Teatro Olimpia de la Ciudad Condal, viendo algunos medios en dicha medida un «ejemplo a seguir».

A pesar del rechazo generado, a finales de 1934 el Circo Price de Madrid convocó un nuevo «sensacional Maratón de baile» para dirimir el título de campeón mundial para 1934-1935[321]. Con el objetivo de desterrar suspicacias y allanar el terreno, la organización declaró que el certamen estaba «dotado

---

319. Agüera Cenarro, Francisco: «El absurdo record. Cómo han vivido los bailarines que tomaron parte en el Campeonato mundial de baile celebrado en Madrid». *Crónica (Revista de la semana)*, 27 de diciembre de 1931, pp. 7-8.

320. El Barbero Lamparilla: «Espectáculo lamentable. Fin de la danza de espectros». *La Libertad*, 2 de febrero de 1933, p. 3.

321. «Gran maratón de baile en el circo Price». *La Libertad*, 18 de diciembre de 1934, p. 9 y «Gran Marathon de baile». *La Nación (Diario de la noche)*, 19 de diciembre de 1934, p. 7.

de un reglamento seriamente estudiado, adaptado por las autoridades internacionales, y en el que, reprimiendo cualquier aspecto deprimente o inhumano de los antiguos espectáculos de esta naturaleza, se tiende a realizar la armonía entre la resistencia física de los participantes, su arte y su destreza». Nada de eso evitó que la revista *¡Tararí!* lo calificara de «inhumano y poco espectacular». Pero, el organizador del acontecimiento tuvo la habilidad de ganarse el favor del público contactando con Ricardo Zamora para que el legendario guardameta diera la salida del citado maratón bailongo. El marketing del evento se completó con anuncios del tipo «acuda a este emocionante espectáculo», «todo Madrid debe ver a los campeones de baile», «a cualquier hora», «a medida que los bailarines acumulan nuevas horas de actuación, el campeonato adquiere mayor interés», «baile de resistencia y elegancia», «los sprints es la nota más sensacional del torneo», etcétera. Hasta que finalmente las autoridades competentes dispusieron también la suspensión del concurso, fundada en «el incumplimiento de determinados extremos de las leyes sociales»[322], acabando de este modo con el último espectáculo non-stop vinculado al baile celebrado durante la República.

Visiones contrapuestas del Madrid nocturno

A comienzos de la década de los 30 el periodista César González Ruano ofrecía una visión descarnada de los trasnochadores madrileños. Para empezar, afirmaba que la barrera de las dos de la madrugada era el plazo límite de «la noche burguesa». A partir de esa hora y hasta las cuatro y media, cuando

322. «Se suspende el maratón de baile en el circo de Price». *La Libertad*, 8 de enero de 1935, p. 9.

cerraban el Universal y el Colonial, los últimos cafés abiertos de Madrid, era la hora de los «moscones contumaces», algunos de los cuales conseguían permanecer en el interior de estos establecimientos hasta las cinco de la madrugada. A juicio de González Ruano, la naturaleza de quienes superaban ese umbral rayaba en lo patológico:

> Quien resiste las cinco de la mañana y camina hacia el vértice lívido de las seis, ya es un obstinado con psicología y morbo bien definido[323].

El periodista recurría al término francés *raté*, que aplicaba al «fracasado discreto» y al «inconsciente *cuasi monstruo*», para calificar a estos últimos trasnochadores «obstinados en la vigilia», que poco o nada tenían que ver con «el juerguista ingenuo o el hortera que prodiga la vigilia en la impunidad del domingo en que puede dormir lo que quiera».

Según González Ruano, «el hortera, el maleante, el hampón, el falso poeta maldito de la bohemia, la mujercita de noche» y los últimos «navegantes de la noche y la madrugada» madrileña acudían sobre las cinco y media a una popular churrería-chocolatería ubicada en el Pasaje de San Ginés, conocida como el Maxim's Golfo:

> Un público absurdo y vario espera en el pasadizo a que se abra la churrería como si ello fuera la solución completa de su vida. Mujerucas gritonas con alma de percalina. Señoritos que consideran un problema de amor propio no

---

323. González Ruano, César: «Las cinco de la mañana, en Madrid… La hora lívida, y su trágico desfile de seres grises, noctámbulos a la fuerza u obstinados en la vigilia…» *Crónica (Revista de la semana)*, 16 de febrero de 1930, pp. 6-7.

acostarse hasta las ocho o las nueve de la mañana. Y sombras de ratés, de miserables decorosos.

Lo esencial de ese «trágico desfile de seres grises», en opinión de González Ruano, era «su falta de ruta». Según el periodista, lo conformaban seres que no esperaban «a nada ni a nadie» y que tampoco vivían, sino que se limitaban a existir, y cuyo único objetivo en esa existencia era matar al tiempo, adelantándose a que el tiempo los matara a ellos.

Curiosamente, frente a esa visión tan pesimista y descorazonadora del trasiego nocturno en la capital que ofrecía el periodista madrileño se contraponía la de su colega barcelonés Francisco Madrid, quien ofrecía una imagen infinitamente más amable de la vida de noche en la Villa y Corte, sobre todo en comparación con la de otras capitales europeas:

> Cuando al filo de las doce de la noche las parejas de *midinettes* y *calicots* se precipitaban sobre los últimos trenes que circulan bajo el suelo de París; cuando a las once de la noche los camareros de los cafés del West End londinense nos advertían que dentro de pocos minutos no nos venderían un solo *bock* de cerveza más, ni siquiera con la excusa de acompañar un *sandwich*; cuando den la madrugada lívida, al atravesar Alexander Platz, los guardias prusianos reclamaban nuestros pasaportes o nos seguían recelosos, porque permanecíamos en una esquina con otros españoles habitantes en Berlín, con los que en voz baja enlazábamos algún canto de nuestro rincón provinciano; cuando en cualquier ciudad centroeuropea nos advertían, pasadas las doce de la noche, que no había ningún establecimiento abierto para saciar el apetito o la sed, o donde recluirnos para; noche sentir el placer de creernos nietos de don Miguel de Mañara, recordábamos la noche luminosa de

Madrid. Esa noche que enlaza con la mañana, clara, despierta y activa, sin que exista una hora de reposo completo. Si los cementerios son los paraísos terrenales, el silencio de la noche da a las ciudades la emoción de ser almacén de cosas muertas. En Piccadilly, a las dos de la madrugada, puede oírse el vuelo de un mosquito. La única circulación en los Champs Elysées, son las parejas de guardias ciclistas que posan sobre el asfalto las llantas de goma de sus ciclos. Montmartre parpadea hasta las tres de la madrugada, y a esa misma hora Montparnasse duerme su pecado en el triste rincón de un hotel de *rendez-vous*.

Lo cierto es que el cronista que se había sacado de la chistera el término barrio chino para definir los bajos fondos barceloneses se mostraba encantado con «la ciudad de los noctámbulos»:

> En Madrid, todas las horas del día y de la noche tienen su afán, su actividad, su instante de vibración. Puede dormir una mitad de la población; el resto se halla con los ojos abiertos, como si el viejo castillo famoso estuviera en peligro de ser atacado y precisara de guardia permanente. Madrid es amado, gozado, sentido, a cualquier hora del día o de la noche. Con el crepúsculo, el rosario de luces eléctricas advierte la nueva vida. No es la noche una muerte, sino un renacer. La misma animación en los cafés, en los bares, en la calle. Los anuncios luminosos, más que parpadear nombres y marcas, parecen los guiños mecánicos que la noche peripatética hace a los transeúntes indicándoles los caprichos de la guía nocturna de Madrid.
> [...]
> Madrid no tiene una hora muerta. Cuando se cierran los teatros, surgen los cabarets; cuando se cierran los cabarets,

siguen en pie los cafés del centro, las tabernas de los barrios, los restaurantes que no tienen «última hora»; cuando estos restaurantes se ven vaciados, empiezan a enroscarse en el eje metálico las puertas de hierro ondulado, que con su bostezo dejan ver el fondo de los portales y de los escaparates... Pasa a la vez la triste tanguista, *vamp* de artificio, y el hombre de rostro duro y moreno, que va a su trabajo inicial; el camarero de rostro afeitado, que luce el *smoking* de madrugada como un señorito al terminar una juerga... Los tejeringos saludan las estrellas que en la aurora se acuestan como una cortesana cualquiera. Los puestos de recuelo suceden a la taberna castiza que despacha las últimas lonchas de jamón Serrano. Una guitarra enfundada va camino de su casa. Los camiones se precipitan sobre los mercados.

La noche de Madrid se ha hecho para vivirla. A cualquier hora se halla una luz que anuncia un espectáculo. Y junto a la luz de ese espectáculo parpadean los focos de las casas de socorro, que esperan tranquilas a sus clientes. Cruzan los *taxis* por toda la ciudad; los auto-ómnibus van y vienen del centro a los barrios alejados y se retiran en el mismo instante en que la solitaria amarilla de los tranvías va saliendo a pedazos de sus cocheras. En cada calle hay siempre una luz encendida en una ventana.

De hecho, la fascinación de Paco Madrid por la vida nocturna de la capital del Estado parecía no tener límites:

La noche de Madrid no es un silencio. Es un ritmo. La noche de Madrid no es un misterio. Es una claridad. La noche de Madrid no es una pausa. Es una voz. La noche de Madrid no es un reposo. Es otra actividad. Luces de escenario, de cabaret, de café, de taberna, de restaurante popular, de despachos donde se trabaja, de viejos rincones donde se estudia, de alcobas donde se ama o se cree amar, confundiendo el ritmo carnal con la pasión. La noche de Madrid no tiene fin. Por no tenerla puede decirse que en Madrid el día tiene veinticuatro horas.

[...]

Siempre hay en la madrugada: estrellas y tejeringos, último chato de manzanilla y primer café de recuelo.

Para unos, esa hora lívida es noche que empieza. Por eso el ritmo de Madrid no tiene esa característica de la música moderna: lo sincopado. Siempre hay un enlace entre lo que es y lo que deja de ser; entre la hora que se va y la que viene. No hay noche en Madrid desde que las luces eléctricas invaden todas las calles. Se vive y se ama siempre. Se trabaja y se piensa en todos los instantes. Madrid es una de las ciudades donde más se trasnocha. Un alemán, un francés, un inglés, un suizo, no comprenderán jamás que a las cinco de la madrugada haya en una esquina un limpiabotas dispuesto al servicio de un transeúnte; no comprenderán que haya un sitio donde solicitar un plato regional y un café público donde esperar un primer tren... Pues bien, esa incomprensión de los demás es la razón, la lógica y la importancia de la noche de Madrid.

Lógicamente la noche madrileña no era la misma durante los fríos inviernos mesetarios que cuando se imponía el riguroso calor del verano. En efecto, con la llegada asfixiante de la época estival en Madrid el diario *El Sol* podía ofrecer su faceta más reivindicativa ante «la promesa sedante» que suponía la noche. Así, el diario independiente fundado por Nicolás M. Urgoiti denunciaba que el «disfrute reposado y reparador» del «nocturno madrileño» solo estaba al alcance de las «personas pudientes»:

> El pueblo, no. El pueblo tiene que darse por satisfecho con invadir las aceras, convirtiéndolas en una prolongación del hogar hasta las primeras horas de la madrugada
>
> [...] En buena parte, la iniciativa municipal podría favorecer la desaparición de esta mala costumbre madrileña, mantenida por un criterio pacato por un fondo de mojigatería que se obstina en imaginar graves peligros para la moral en el fomento de la expansión nocturna de un pueblo que se asfixia en la estrechez de las viviendas, y tiene la pretensión de respirar a sus anchas en las horas en que sus quehaceres se lo permiten.

Según el rotativo, la capital del Estado contaba con «pocos lugares abiertos», por lo que instaba al alcalde de la capital a que ordenara la apertura al público de los jardines madrileños durante la noche.

En cambio, otros medios se limitaban a publicar crónicas, más o menos frívolas, sobre los que consideraban «más frecuentados» de los «muchos lugares de esparcimiento para los madrileños noctámbulos»: las terrazas de los cines de verano[324].

Entre esos muchos lugares de esparcimiento cuya existencia certificaba la periodista Josefina Carabias, un nuevo tipo de local vino a ampliar la oferta de ocio nocturno durante la dictablanda y la Segunda República, sobre todo en la capital del Estado y más concretamente en el entorno privilegiado de la Gran Vía: el bar americano[325]. El enclave urbano no era pro-

---

324. Carabias, Josefina: «Noches de verano en Madrid. Lo que se ve y lo que se oye en las terrazas de los grandes cinematógrafos». *Crónica (Revista de la semana)*, 19 de agosto de 1934, pp. 4-5.

325. Chicote, Pedro: *El Bar Americano en España.* Madrid: Sucesores de Rivadeneyra; 1927 y Cossío, Francisco de: «El bar». *ABC* (Madrid), 5 de junio de 1932, p. 191.

ducto de la causalidad, pues salvando las diferencias —que no eran pocas— la Gran Vía venía a ser para los noctámbulos madrileños lo que las Ramblas para sus homónimos barceloneses:

> Madrid de noche. «Ouvert la nuit», como en la novela famosa de Morand. Gente escasa en las calles. Focos eléctricos, anuncios luminosos que se desangran sobre el piso brillante de las grandes avenidas. Junto a las aceras, largas filas de coches. La Gran Vía, el alma silenciosa y señorial de Madrid de noche. Sombra y luz. Noche tibia de Madrid, agujereada por los múltiples desgarrones luminosos de los letreros, de los escaparates iluminados de los grandes comercios, de las portadas de los cinematógrafos[326].

En realidad, el bar americano no era un tipo nuevo de establecimiento, pues ya hacía años que algunos espacios públicos habían dado ese salto cualitativo del café tradicional al bar moderno. Así, en 1921 ya se había inaugurado el bar del Hotel Palace, al año siguiente el American Bar Pidoux y la Granja El Henar y en 1926 el bar del Lyceum Club Femenino, todos ellos locales pioneros en este ámbito.

Sin embargo, durante los años 30 los bares americanos en Madrid florecieron como quizá ningún otro tipo de establecimiento público: American-bar Miami, anejo al Café Zahara (1930); Bar Chicote (1931); Bar americano del Hotel Capitol, en el edificio del mismo nombre (1931); Café-cervecería Aquarium (1932); bar americano del Centro Feminista Magerit (1932); Bar María Cristina, anejo al Café María Cristina (1933); bar americano del *dancing*-salón de té Casablanca (1933); bar americano del salón Gong; Bar Ivory (1934); Café-bar Colón (1934); Café Negresco (1934); Bar Broadway (1935); Nautic-

326. «Ouvert la nuit». *Nuevo Mundo*, 3 de junio de 1932, p. 18.

Bar (1935); bar automático Tánger (1935); Lucky's Bar (1936); Bar-restaurante americano Jauja (1936)[327], etcétera.

Por supuesto, la fiebre de los bares americanos también se hizo notar en Barcelona, donde destacaron por encima de todos los establecimientos de estas características el Bar Americano del Cabaret Excelsior, que como sabemos llevaba abierto desde 1915 y cuya barra gobernó con destreza durante los primeros años el barman húngaro Irven de Mónico, y el Bar Americano del Hotel Colón.

Sin duda, la influencia del cine estadounidense fue determinante para esta multiplicación de bares americanos. El fenómeno respondía a un reflejo de la cultura de la modernidad y a cierto optimismo social, que cristalizó —en el caso de Madrid— con el paso definitivo del casticismo típico al cosmopolitismo. En este sentido, no es de extrañar que las principales características del bar americano fueran su funcionalismo elegante, su estética revolucionaria y la racionalidad en su explotación. Por lo demás, la figura del barman —experto en la elaboración de cócteles[328]— representaba al vendedor de alegría, que entroncaba con ese entusiasmo social, cuyo momento álgido podemos situar en torno a la proclamación de la Segunda República.

Curiosamente, la fiebre de los bares americanos en Madrid vino a coincidir con otro fenómeno destacado por José

---

327. Mira Cabo, Claudia: *El bar americano en Madrid 1930. Del café tradicional al bar moderno.* Trabajo fin de grado. Madrid: Escuela Técnica Superior de Arquitectura de Madrid; 8 de junio de 2021.

328. Chicote, Pedro: *Cocktails.* Madrid: Sucesores de Rivadeneyra; 1928; Chicote, Pedro: *La ley mojada.* Madrid: Sucesores de Rivadeneyra; 1930 y Casares, Francisco: «El barman y el difícil arte de hacer cock-tails. La confección de un cock-tail es más complicada de lo que parece. Lo que nos dice el profesor Chicote. Los dados, el mus y otros aditamentos». *La Voz (Diario independiente de la noche)*, 7 de enero de 1930, p. 3.

Luis Salado: el cierre de cafés (Colón, Moka, Sumatra...), acompañado de «un rejuvenecimiento de las lecherías [...] con arreglo a los gustos de esa clientela juvenil». Por lo demás, el referido periodista vallisoletano constataba que en el Madrid de 1934 había «menos noctámbulos que antes»:

> Muchísimos menos. Dentro de muy poco tiempo se habrá llegado insensiblemente a normalizar la vida. La noche se hizo para dormir. O, por lo menos, para acostarse temprano. Los cafés tienen cada día menos clientes noctámbulos[329].

Al año siguiente era Ramón Gómez de la Serna —otro insigne noctámbulo— quien dedicaba una particular elegía a la «ilusión de la noche», mientras confirmaba el visible retroceso que había experimentado la vida nocherniega de la capital en los últimos años:

> El trasnochador va siendo perseguido en sus reductos y poco a poco va extinguiéndose esa especie de oso negro que era.
>
> Eso significa un bajón de la vida, pues conviene que haya trasnochadores, dispuestos a mantener la esperanza y la vigilia hasta la hora del relevo en la mañana.
>
> [...]
>
> El secreto de que Madrid haya sido durante los últimos treinta años un pueblo dócil, intrascendente, juicioso

329. Salado, José Luis: «Nuevo estilo de Madrid. Las lecherías, que eran antes un negocio modesto, tienen ahora una abundante clientela juvenil. Sólo han fracasado las lecherías en un sitio: en la calle de Echegaray. Los noctámbulos y las muchachas solas». *La Voz (Diario independiente de la noche)*, 28 de mayo de 1934, p. 4.

> y sensato se ha debido, sobre todo, al trabajo nocturno de sus trasnochadores, a ese destajo en la conversación y la sonrisa, a ese prestar atención a la bagatela y sacar partido a un café con leche y al botellón de agua correspondiente.
>
> [...] El trasnochador de hoy no sabe qué hacer en esa hora que huele a albahaca en verano y a caballos helados en invierno. No encuentra burladeros para acabar su faena.
>
> Madrid se cierra más pronto que hace dos años, y a las tres o las cuatro de la mañana, ya no hay café en que entrar.
>
> Antes las luces del Colonial no se apagaban nunca, y la India —nuestras posesiones inglesas en Madrid— no cerraba sus puertas.
>
> Ahora hay un momento en que el trasnochador claudica y tiene que renunciar, pues se encuentra con un Madrid que cierra sus ventanas a la calle y clausura los divanes en que seguir enhebrando las cuentas de la noche[330].

La situación descrita por Gómez de la Serna empeoró visiblemente tras las elecciones de febrero de 1936, cuyos resultados reflejaron el clima de polarización social existente:

> Madrid pierde su hábito de trasnochadora impenitente, Las tertulias desiertas, los cines convertidos en reuniones familiares, los teatros reducidos a perpetuas soledades de ensayo. La vida nocturna madrileña, ha muerto. No podemos entrar en las causas, pero lo vemos con nuestros propios ojos en la realidad. Algunos espectáculos han abaratado los precios, mas tampoco el público está por entregarse a diversiones baratas. A las diez de la noche, en Madrid se nota un vacío grande.

330. Gómez de la Serna, Ramón: «Ilusión de la noche». *Ahora (Diario gráfico)*, 21 de septiembre de 1935, p. 5.

Los vendedores de la Prensa de la noche han sido los primeros que han descubierto el fenómeno. Porque fenómeno es y grande, que la vida madrileña se extinga antes de la media noche. No es en el café y en las calles donde observamos este recogimiento hogareño. También lo vemos en los restaurantes nocturnos, donde hasta hace poco tiempo era poco menos que imposible ocupar puesto en una de las mesas.

[...] Madrid, el que un día fue «villa tranquila y confiada», el que había logrado transformar la vida ciudadana, convirtiendo la noche en día y el día en noche; el Madrid de los umbrales románticos, desapareció con la fugacidad de una estrella errante. Quien tiene el deber de retirarse a deshora de la madrugada, toma sus precauciones, porque hay sorpresas demasiado fuertes y las confusiones se dan con gran prodigalidad. Que no lo tomen a usted por fascista o por miliciano extremista. Si le ocurre esta desgracia, no llega a su casa sin algo que usted no tenía interés en guardar como recuerdo. Por esta causa la vida noctámbula de Madrid, carece de alicientes. Ninguno quiere confusiones, nadie busca tropiezos imprevistos. Los cafés desiertos, los espectáculos desiertos y los vendedores de periódicos, rota la laringe de tanto gritar la Prensa, bostezando en cada esquina[331].

El propio Ramón Gómez de la Serna resumió las dificultades que tenían que enfrentar los amantes de la vida nocturna con uno de sus agudos enunciados:

331. Encina, Luis de la: «Madrid va perdiendo una de las cosas que atraía más a los buenos provincianos: su hábito a la vida nocturna. Espectáculos y cafés, se ven desiertos en las altas horas de la noche, a causa de este ejemplar recogimiento que ha ganado el ánimo de los madrileños pacíficos». *El Nervión (Diario de la tarde)*, 20 de marzo de 1936, p. 1.

Eso de que pidan la documentación termina con los trasnochadores.

Por lo demás, conflictividad laboral que se desató después de las citadas elecciones, y de manera especial la huelga de camareros, vino a asestar el definitivo golpe de gracia al ya tan castigado ocio nocturno[332].

Las noches canallas del barrio chino de Barcelona

En el momento de la proclamación de la Segunda República las Ramblas de Barcelona, consideradas por algunos cronistas como «una ciudad dentro de otra», seguían siendo la arteria principal en torno a la cual se articulaba «la vida nocturna barcelonesa»[333]. Por otra parte, el barrio chino ya hacía años que gozaba de una fama que se había extendido más allá de los límites de la propia Ciudad Condal. De hecho, en 1926 el periodista madrileño Roberto Castrovido ya había dejado escritas estas líneas:

> El distrito quinto de Barcelona tienta —y lo comprendo— a pintores y literatos. Es un magnífico escenario, es un vivero de asuntos, de temas para apuntes, bocetos, grabados al aguafuerte, óleos, dramas, ensayos, novelas, estudios científicos de psicología, de mala vida, de criminología.

---

332. «Anoche comenzó una huelga de camareros en algunos establecimientos de Madrid. Van a la huelga los afiliados a la C.N.T., pero no los de la Unión General de Trabajadores», *Ahora (Diario gráfico)*, 27 de mayo de 1936, p. 9 y «Conflictos entre patronos y obreros. Anoche abandonó el trabajo todo el personal de los cafés», *El Sol (Diario independiente)*, 27 de mayo de 1936, p. 1.

333. Francés, José: «Una ciudad dentro de otra. Las Ramblas de Barcelona». *Nuevo Mundo*, 18 de septiembre de 1931, pp. 26-27.

> El distrito quinto está entre las ramblas de Santa Mónica y del Centro y el Paralelo; empieza en el cuartel de Atarazanas y termina en el Hospital del Carmen. Es sumidero y antro, cubil de criminales, asiento de burdeles y zahúrda de la miseria. A la izquierda, según se va del puerto a la plaza de Cataluña, la podre, la miseria, el vicio, el crimen, y a la derecha el trabajo honrado, al menos en la apariencia, la tienda del Sr. Esteve, el arte, la religión. La rambla separa a esas dos Barcelonas, distintas la una de la otra, causa la diestra de la siniestra, y si no causa, colaboradora tácita y compañera resignada y hasta acostumbrada a la vecindad[334].

Es más, la leyenda del barrio chino de Barcelona incluso había traspasado fronteras. A la construcción de la imagen de este espacio urbano, no exento de exotismo, contribuyeron de manera decisiva los visitantes y escritores extranjeros —sobre todo franceses[335]— especialmente interesados en los crímenes, los vicios, la suciedad, la miseria y los aspectos más sórdidos de

---

334. Castrovido, Roberto: «El barrio chino y los barrios bajos». *La Voz (Diario independiente de la noche)*, 5 de julio de 1926, p. 1.

335. La relación de autores franceses interesados por esa imagen tópica del barrio chino que dejaron retratos literarios de dicho paisaje urbano es bien conocida. A las descripciones publicadas durante los años 20 por René Bizet en *Avez-vous vu dans Barcelone?* (1921), Paul Morand en la primera parte del libro de *Ouvert la nuit* (1922), titulada «La nuit catalane», Francis Carco en los dos últimos capítulos del libro de *Printemps d'Espagne* (1929) y Henry de Montherlant en *La petite infante de Castille* (1929) siguieron durante la década de los 30 otros textos en la misma línea de Joseph Kessel y Pierre Mac Orlan. Con posterioridad, Jean Genet rememoró su paso por Barcelona durante los años 30 en *Diario del ladrón* (1949) y Georges Bataille visitó Barcelona y su barrio chino en la primavera de 1935, experiencia que quedó inédita durante más de veinte años, hasta que se publicó el libro *Le bleu du ciel* (1957).

la ciudad o por verla a través del prisma de ciertos estereotipos andaluces.

Por otra parte, en 1931 se publicó un libro del periodista Josep Mª Planes, con un espléndido prólogo de su gran amigo y maestro Josep Maria de Sagarra, brillante colofón de Carles Soldevila y magníficas ilustraciones del pintor y escenógrafo Oleguer Junyent, titulado *Nits de Barcelona*. El libro en cuestión pretendía ser un análisis definitivo de la Barcelona noctámbula para entender aquel momento en que la capital catalana vivía la eclosión de las nuevas modas y de los nuevos gustos importados de París y Londres. Un libro que desprendía *glamour*, envuelto en una atmósfera de jazz, cabarets, music-halls, *cocottes*, deportes y perfumes franceses, en el que su autor —defensor incondicional de los derechos de los noctámbulos, dandy y cosmopolita— describía el universo de catorce lugares imprescindibles de la noche barcelonesa.

Curiosamente, la mayor parte de los lugares descritos por Planes (Excelsior, Gran Café Catalán, Grill del Ritz, Villa Rosa, Granja Royal, Eden Concert, Pompeya, Casa Llibre y La Rambla) eran sitios de diversión que ya habían sido destacados años atrás por un cronista anónimo en el semanario *El Escándalo*. Los únicos establecimientos nuevos que incorporaba Planes a su inventario personal eran el Bar Americano y la Bodega Andaluza abiertos en el Hotel Colón, el cabaret flamenco El Patio del Farolillo inaugurado en el denominado Pueblo Español de Montjuïc con motivo de la Exposición Internacional de 1929, el cabaret Etoile Palace y un local de rompe y rasga que llevaba abierto desde 1925 en pleno corazón del barrio chino, pero que estaba adquiriendo renombre a nivel internacional: La Criolla.

Lo cierto es que, desde la inauguración de Exposición Internacional de 1929, el famoso Paralelo había estrado en franca decadencia. Un periodista que firmaba sus colaboraciones en la revista *¡Tararí!* como El Duende de Atarazanas reconocía en 1934 que el «baluarte heroico de la frivolidad» resistía como podía y que «los music-halls del Paralelo están un poquillo tristes». Y dos años más tarde un reconocido noctámbulo como el crítico de arte, escritor y periodista Sebastià Gasch confirmaba que El Paralelo «languidecía a ojos vistas», toda vez que «la atmósfera caldeada, la alegría franca y animada, el ardor, la violencia, la pasión, la vida, en una palabra, se refugiaron en los locales del Distrito V»[336], concretamente en dos locales que se encontraban ubicados en la calle del Cid uno en frente del otro: el mencionado *dancing* La Criolla, que se convertiría en «la puerta dorada del barrio chino»[337], y el «bar internacional» Sagristà, rebautizado como *dancing* Wu-Li-Chang en 1934, a los que a principios de 1936 se uniría el cabaret Barcelona de Noche, abierto en la próxima calle de las Tapias[338].

En gran medida, el tirón mediático de estos establecimientos estaba vinculado a la presencia de numerosos homosexuales, travestidos y transformistas, tanto entre su clientela como en sus actuaciones en vivo. Así lo explicaba a sus lectores el periodista Francisco Madrid, el mismo que acuñó el apelativo barrio chino para referirse a los bajos fondos de Barcelona:

---

336. Gasch, Sebastià: «L'agonia del Paral·lel». *Mirador (Setmanari de literatura, art i política)*, 12 de març de 1936 p. 5 y Gasch, Sebastián: «A la luz del recuerdo. La calle del Cid se viste de seda». *Destino*, 16 de marzo de 1963, p. 27.

337. Villar, Paco: *La Criolla. La puerta dorada del Barrio Chino*. Barcelona: Comanegra; 2017.

338. Para conocer detalles y pormenores de éstos y otros establecimientos públicos de Barcelona ya desaparecidos, consultar el blog *Barcelofilia (Inventari de la Barcelona desapareguda)*, en https://barcelofilia.blogspot.com/

Una de las mayores atracciones que tiene el Barrio Chino son los invertidos; los invertidos de tal cafetín, los invertidos de tal otro... [...]. Muchas damas inglesas [...] aman las aventuras sexuales en los hoteles de Tánger, donde por poco dinero unos cuantos árabes se prestan a ser la soñada aventura de las supuestas severas damas; gustan de los espectáculos picantes y perversos de los bailes de invertidos de la calle del Cid [...]. Las turistas francesas, las casadas catalanas y gran parte de las artistas teatrales españolas, al pasar por Barcelona no pierden su viaje a cualquier taberna de la calle del Cid para conocer de cerca a esos sinvergüenzas y golfantes que se pintan los labios, las orejas, se dejan crecer el pelo y se lo tiñen de platino, y que, distinguiéndose por una manera de hablar femenina y de eses alargadas, explotan a los clientes incautos que suponen hallarse ante unos pobres muñecos de la sensualidad...

[...]

Nada. Todo ello es una farsa vulgar. Son unos invertidos de fantasía. Imitaciones vulgares. La mayor parte de esos sinvergüenzas explota a mujeres histéricas que desean aventuras anormales.

[...]

Nada hay que proporcione tantos beneficios como la explotación de los apetitos sexuales de las gentes[339].

---

339. Madrid, Francisco: «Barrio chino barcelonés. Un mes entre los explotadores de mujeres. La bolsa de la prostitución, en un bar. La farsa de Corydon. Fortunas a base del vicio. Pistoleros y tratantes de blancas. Los malhechores se han aprovechado de las diferencias entre las autoridades del Estado y la Generalidad». *La Voz (Diario independiente de la noche)*, 16 de abril de 1934, p. 6.

Frente al mito del barrio chino se alzaron algunas voces, como la del periodista y político Braulio Solsona, quien no tenía inconveniente en afirmar que «el barrio chino no existe»:

> El barrio chino es una invención que ha servido para dar interés a unos cuantos semanarios y a unas cuantas novelitas[340].

Solsona intentaba convencer a los lectores y las lectoras de que en el barrio chino de Barcelona había «lo mismo que en esos barrios que existen en todas las grandes ciudades, y en los que se amontona lo que podríamos llamar la «baja sociedad»», es decir, un realidad social compuesta por «un poco de miseria, un poco de vicio y un poco de infortunio». También aseguraba que la supuesta cocaína que circulaba por sus calles era básicamente ácido bórico. Asimismo insistía en que «en la Barcelona de noche» del barrio chino se podía pasear «con toda tranquilidad, sin riesgo, sin apaches, sin broncas» y, en cualquier caso, «no hay más broncas que en los cabarets, a los que concurre la gente elegante».

De hecho, algún escritor madrileño a quien acompañó de noche por el Distrito V en calidad de cicerone acabó reconociendo como justificadas sus afirmaciones:

> Que tenía usted razón. Que todo era literatura. Pero una literatura que, en lugar de tender a una exaltación malsana de las más bajas esferas del vicio, debió orientarse a interesar a todos en el dolor de aquellos miserables vencidos.

340. Solsona, Braulio: «Interesantes notas barcelonesas. Los misterios del Barrio Chino». *Mundo Gráfico (Revista popular ilustrada)*, 4 de abril de 1928, pp. 4-5.

El periodista y político catalán reconocía el malsano atractivo que ejercía el barrio chino para los turistas «en cuanto se hacía de noche»:

> Desde el punto de vista del turismo, el Barrio Chino barcelonés tenía un prestigio que no admitía comparación con la colección Plandiura[341]. Era el supremo atractivo para los forasteros. A favor de una desinteresada propaganda literario-periodística, los «antros del pecado» radicados en el distrito quinto tenían un extraño poder de fascinación, ante el que sucumbían las morales más rigurosas. Yo me he encontrado con la sorpresa enorme de ver cómo una distinguida dama burgalesa, modelo de honestidad, excelente madre de familia, que en su casa regia su vida por normas estrechas que pasaban de la gazmoñería, me expresaba —eso, sí, con cierto rubor— sus deseos de que la llevara a conocer las interioridades del Barrio Chino, «aunque fuera preciso desafiar algún peligro». Nadie —digamos la verdad— escapaba a la sugestión morbosa de la leyenda forjada en torno al Barrio Chino[342].

Tampoco perdía ocasión de apuntalar su criterio particular al respecto, si bien no puede decirse que fuera un gran conocedor del famoso espacio urbano:

> Yo no sé si conocerán ustedes mi criterio acerca del Barrio Chino. A mí me parecía una cosa falsa y repugnante. Falsa, porque allí el vicio era puramente industrializado y

341. Prestigiosa colección de arte privada que se encuentra en Barcelona.
342. Solsona, Braulio: «Barcelona de noche. El distrito quinto ha puesto moda otro espectáculo». *La Voz (Diario independiente de la noche)*, 30 de julio de 1935, p. 3.

espectacular. Repugnante, porque se mostraba en un ambiente de suciedad y de miseria que revolvía el estómago. Si se añade todo esto a la natural aversión que me produce esa clase de pecado, en el cual se prescinde de la mujer, no extrañará que confiese que en toda mi vida he visitado dos veces el Barrio Chino barcelonés, y en ambas ocasiones obligado por la atracción de forasteros.

La aplicación de la conocida Ley de Vagos y Maleantes (1933) liberó al distrito del Raval de la presencia de no pocos de sus moradores habituales. Además, en 1934 dos establecimientos tan emblemáticos como La Criolla y Cal Sagristà decidieron refinarse con poca fortuna, ya que perdieron buena parte de la clientela que acudía a encanallarse en busca de emociones fuertes[343].

Entre unas cosas y otras no es de extrañar que la noche barcelonesa se resintiera en materia de horarios. Así, otro amante de la noche como el periodista Josep Maria Planes se quejaba de la orden de la policía que obligaba al cese de la música —tanto en vivo como reproducida a través de gramolas— a las cuatro de la madrugada. Planes entendía que tal medida prohibitoria obedecía al deseo de evitar una molestia a los vecinos, que tenían perfecto derecho a ser protegidos por las autoridades. Pero acto seguido se preguntaba con sorna qué clase de honorables ciudadanos eran aquellos que permanecían indiferentes ante la música hasta las cuatro de la madrugada y sólo a partir de esa hora se sentían incómodos y molestos por los acordes del sonido. El autor de *Nits de Barcelona* se lamentaba

343. Gasch, Sebastià: «L'agonia del Paral·lel». *Mirador (Setmanari de literatura, art i política)*, 12 de març de 1936 p. 5 y Gasch, Sebastián: «A la luz del recuerdo. La calle del Cid se viste de seda». *Destino*, 16 de marzo de 1963, p. 27.

de la tradicional desconsideración por parte de las autoridades hacia los intereses del noctámbulo:

> El noctàmbul, comparat amb altres ciutadans, està sempre en un pla d'inferioritat. L'ull oficial dels governants els contempla amb un aire rigid i eriçat de sospites. Se li imposen molts deures i se li respecten molts pocs drets. Hom el considera, per dir-ho així, en un estat de delinqüència latent[344].

En opinión de Planes no había cuestiones de moral ni de orden público que justificaran de manera satisfactoria aquello que consideraba un capricho policial a base de jugar con el horario de los establecimientos nocturnos y la masa neutra que los frecuentaba. Y planteaba una cuestión que ya había sido planteada a principios de siglo, cuando políticos como Maura, De la Cierva o el conde de San Luis habían intentado restringir esos mismos horarios nocturnos:

> Per ventura hi ha algun article de la Constitució que digui que els ciutadans han d'anar a dormir a una hora determinada?[345]

---

344. Planes, Josep Maria: «Respecteu el noctàmbul!». *Mirador (Setmanari de literatura, art i política)*, 1 de març de 1934, p. 3. «El noctámbulo, comparado con otros ciudadanos, está siempre en un plano de inferioridad. El ojo oficial de los gobernantes los contempla con un aire rígido y erizado de sospechas. Se le impone muchos deberes y se le resta muy pocos derechos. Se le considera, por así decirlo, en un estado de delincuencia latente».

345. Ibid. «¿Acaso hay algún artículo de la Constitución que diga que los ciudadanos han de ir a dormir a una hora determinada?».

Por último, en su reivindicación del derecho a disfrutar de la noche *ad libitum* Josep Maria Planes proponía con el fino sentido del humor que lo caracterizaba que todos los noctámbulos se asociaran en una especie de *lobby* que velara por la defensa de sus legítimos intereses:

> No estaria per demés reunir en una vasta associació els noctàmbuls de Barcelona, de Catalunya, d'Espanya, d'Europa. Es podria anar a la Internacional del noctambulisme, o, per dir-ho amb la fórmula de moda, al Front Únic dels que retiren tard. Ja és hora de pensar en la defensa dels nostres interessos. Ja és hora de tenir les nostres forces vives, i de fer junts, i enviar telegrames, i visitar en comissió autoritats, i lliurar notes oficioses a la premsa i, si tant ens ajupen, de retirar-nos dignament de la Rambla[346].

Desde luego, no nos consta que tal asociación llegara a materializarse. Por lo demás, en 1935 el barrio chino se encontraba en plena decadencia debido a la crisis económica, el incremento de la delincuencia y la criminalidad[347] y el derribo del cuartel de Atarazanas, otro símbolo de la zona, que dejó «a la vista el barrio de Atarazanas, con sus miserables casucas y su vicio lamentable», quedando al descubierto «descarnadamente,

---

346. Ibid. «No estaría por demás reunir en una vasta asociación a los noctámbulos de Barcelona, de Cataluña, de España, de Europa. Se podría ir a la Internacional del noctambulismo o, por decirlo con la fórmula de moda, al Frente Único de los que se retiran tarde. Ya es hora de pensar en la defensa de nuestros intereses. Ya es hora de tener nuestras fuerzas vivas, y de hacer juntos, y enviar telegramas y visitar en comisión a autoridades, y enviar notas oficiosas a la prensa y, si tanto nos agobian, retirarnos dignamente de la Rambla».
347. «Els atracadors i els cobradors dels Ferrocarrils Catalans». *El Be Negre (Setmanari satíric)*, 20 de desembre de 1932, p. 4.

con toda su crudeza, el horror de un barrio cuya existencia ha necesitado para tolerarse una leyenda malsana, inspirada en un exotismo pintoresco». En concreto, La Criolla, que había sido el principal foco de atracción de la vida nocturna barcelonesa para propios y extraños desde la inauguración la Exposición Internacional de 1929, ya no ofrecía nada novedoso para atraer a un público heterogéneo y masivo. De tal manera, no es de extrañar que el ocio nocturno en Barcelona se resintiera y experimentara un visible retroceso, tanto que ese mismo año Braulio Solsona se ufanaba abiertamente de que el famoso barrio de pecado hubiera cambiado de orientación:

> Aviso a los navegantes... Es decir, aviso a los turistas... La atracción espectacular del Barrio Chino barcelonés ha cambiado de rumbo. Cuando un forastero llega a Barcelona, ahora, ya no pregunta por los antros de los invertidos o por los «cabarets» en que «lucían sus encantos» los imitadores de estrellas Aquello pasó de moda. Ahora se estila otra cosa [...] al planear las diversiones nocturnas[348].

Además, al igual que sucediera en Madrid, la conflictividad laboral que se desató en Barcelona tras las elecciones de febrero de 1936, y sobre todo la huelga que afectó a todo el ramo de la hostelería, y que obligó a que los music-halls y cabarets cerraran a partir de las doce de la noche, tampoco ayudó precisamente a que se recuperara la vida nocturna en la Ciudad Condal.

---

348. Solsona, Braulio: «Barcelona de noche. El distrito quinto ha puesto moda otro espectáculo». *La Voz (Diario independiente de la noche)*, 30 de julio de 1935, p. 3.

El sabor mediterráneo de las noches mallorquinas

A comienzos del siglo XX la isla de Mallorca ya era famosa en toda Europa, sobre todo por la belleza de sus paisajes. Tanto es así que en 1903 se inauguró, bajo el influjo del Modernismo, una de las obras de mayor envergadura de Palma y de primera categoría a nivel continental, el Grand Hotel, proyectado en la céntrica Plaza Weyler por el reconocido arquitecto catalán Lluís Domènech i Montaner, quien ya había hecho realidad el Hotel Internacional para la Exposición Universal de Barcelona en 1888. El mismo día que vio la luz tan soberbio establecimiento hotelero, el periodista y escritor mallorquín Miquel dels Sants Oliver dejó escritas estas frases:

> Asistimos a uno de estos actos decisivos que separan y dividen radicalmente dos épocas. No es un templo dedicado al placer, se trata de algo más. Se trata de la realización de un designio, de un ensueño, de una revolución pacífica desde la cual Mallorca puede, desde hoy, ponerse en contacto con la Europa culta y entrar definitivamente en el comercio de la civilización universal[349].

Tan solo dos años después echaba a andar la entidad Fomento del Turismo de Mallorca, una entidad promotora del turismo en Mallorca que agrupaba a los llamados «insensatos» que querían hacer realidad el sueño de la industria turística y que dedicarían muchos de esfuerzos a dar a conocer y a promocionar Mallorca. Los estatutos de dicha entidad abogaban

349. Citado por Palma XXI: «La ciudad turística; de 1975 a la actualidad. Desde la terraza», en *La ciudad invadida*, y Ballesteros, Ester y Ribas, Nicolás: «Del paraíso de los artistas al desenfreno urbanístico: la evolución turística de Mallorca e Ibiza», en *elDiarioes*, 14 de octubre de 2022.

por promover la prosperidad mediante la mejora y el embellecimiento de las infraestructuras de la isla. Para ello, había que «proteger a los turistas y proporcionar información de noticias, guías, itinerarios e información gratuita, así como un plan de publicidad, con anuncios, carteles etc. Organizar excursiones, facilitar el acceso a caminos, indicadores, alojamiento y locomoción y otras fórmulas de seguridad en los puntos peligrosos» y «organizar espectáculos para entretener y prolongar las estancias», como establecía uno de sus primeros artículos.

El incipiente turismo llevaría a la proyección de las denominadas Ciudades Balneario. En 1912, el arquitecto Gaspar Bennazar Moner, quien impulsó hoteles emblemáticos como el Príncipe Alfonso y el Mediterráneo, proponía la creación de una ciudad turística en s'Arenal, situado a las afueras de Palma y hoy uno de los grandes focos del turismo alemán en Mallorca, en el marco de una reforma urbana que sería aprobada por el Consistorio palmesano en 1917, sentando las bases del futuro Parque de Bellver y, en parte, también del Paseo Marítimo. La electrificación de los tranvías —que eran de tracción animal desde 1886— y la construcción del Hotel Alhambra y del Teatro Lírico fueron otros hitos importantes en la mejora y modernización de Palma.

Ante la presencia cada vez mayor de un turismo de élite, tan solo faltaba un establecimiento de categoría internacional que animara y diera lustre a las noches palmesanas. Un anhelo que finalmente se materializó el 29 de octubre de 1932 cuando se inauguró en una finca de los marqueses de Campo Franco, ubicada en el número 1 de la Rambla, el *dancing-bar* Trocadero, destinado, según las crónicas del momento, «al selecto público que gusta de la causerie y de las reuniones animadas por los acordes del jazz-band». Bajo una dirección internacional, personificada por Guillermo Martorell y Georges Dubost, el establecimiento estaba dividido en varias dependencias: Cercle des

Étrangers –el francés todavía era el idioma de moda–, Bridge Club, *dancing*, bar y además contaba con «maravillosos jardines de árboles centenarios». El salón de baile contaba con «un potente altavoz de radio gramola» y en su elenco figuraba el «negro Hofman», que interpretaba música de jazz. Había bailes apaches, veladas de tango y galas de la elegancia. De hecho, Trocadero, publicitado como «*the most luxurious salon and american bar in Spain*», se introdujo en la sociedad palmesana organizando festivales benéficos. Como no podía ser menos, unos elegantes camareros vestidos de frac atendían a la selecta clientela.

En realidad, basta un somero repaso del periódico matutino *El Día* y del rotativo *Última Hora (Diario ilustrado de la noche, de información, literario y artístico)*, así como de la prensa publicada en inglés (*The Majorca Sun* y *The Daily Palma Post*), cuyas colecciones se pueden encontrar en la Biblioteca Virtual de Prensa Histórica, para comprobar cómo durante la dictablanda y la Segunda República la isla de Mallorca contó con infinidad de bares, cabarets, salones de baile, salas de fiesta y demás establecimientos orientados a satisfacer la demanda de ocio nocturno: la Brasserie Mallorca («todas las noches *dancing party*»), The Little Club («*the preferred meeting placeof the foreing colony*»)[350], el *dancing* del Turkey Bar del Hotel Bellver, el Salón Formentor («*jazz orchestra every night*»), el *dancing snack bar* Victor's («*the most confortable bar in Palma... also al Puerto Pollensa*»), Joe's Bar («*best drinks in Mallorca*»), la sala de baile del Hotel Mediterráneo, el *dancing* de Scottie's («special catering for private parties»), el Hotel Royal («*a dance every night*»), el *dancing* de Morisco («*the smartest Salón de Té in the Borne*»), el Salón Born, Los Pinos («*every evening*»), el *dancing* La Torre (antes conocido como Venta Eritaña), Piccadilly Bar, Florida Dance Hall, el Jardín Bellver («*dancing afternoons and nights*»),

350. *The Majorca Sun*, 27 de noviembre de 1932, p. 18.

el bar Lena's, el bar Triana, el bar Oriente, el bar Parisien, Lido, Macarena, etcétera, destacando por encima de todos Tito's, abierto al público la noche del 20 de febrero de 1934. Una sala de fiestas con jardín «con su espléndida vista sobre la Bahía de Palma», que «llegó a contar con tres orquestas, dos cuerpos de baile español, uno inglés» y que con el paso de los años reinaría con total hegemonía en la noche mallorquina[351], coronando durante décadas las concurridas veladas del Paseo Marítimo y convirtiéndose en un auténtico icono que daría prestigio internacional no sólo a la capital sino a toda la isla.

351. Ballesteros, Ester: «Cuando "ni Las Vegas" podían compararse a Mallorca: así nacieron las míticas discotecas de la isla». *elDiario.es,* 5 de mayo de 2023, en https://www.eldiario.es/illes-balears/cultura/vegas-podian-compararse-mallorca-nacieron-miticas-discotecas-isla_1_10167650.html

CAPÍTULO 6. LA GUERRA CIVIL (1936-1939)

Las noches en tiempo de guerra

De manera sintomática, la revista *¡Tararí!*, que desde 1930 se había convertido en el «termómetro» de la ola de frivolidad desatada en España a partir del languidecimiento de la dictadura del general Primo de Rivera, dejó de publicarse en vísperas del fallido golpe de Estado que dio paso a la guerra civil[352]. Y es que para quienes no vivimos la guerra civil de primera mano, el especialista en relatos de microhistoria Rafael Abella nos describe con minuciosidad hasta qué punto la contienda fratricida afectó a la vida cotidiana de las personas, tanto en la llamada España nacional[353] como en la España republicana[354].

El ocio, sobre todo el nocturno, no fue una excepción a la regla general. Sin embargo, a pesar de este poderoso condicionamiento, no desapareció por completo, ni mucho menos, sobre todo en los grandes núcleos de población. De entrada, hay que tener en cuenta que la Barcelona republicana no fue bombardeada hasta marzo de 1938, y que ciudades como Salamanca o Burgos, en la zona controlada desde un primer momento por el bando sublevado, no recibieron ninguna bomba en todo el tiempo que duró el conflicto armado. Y es que, a decir del

352. El último número, el 188, salió a la venta en junio de 1936. Ver Ricci, Évelyne: «La "ola verde" en la prensa y en los espectáculos en la II República», en Desvois, Jean-Michel (coord.): *Prensa, impresos, lectura en el mundo hispánico contemporáneo: homenaje a Jean-François Botrel*, Bordeaux (France), Université Michel de Montaigne, 2005, p. 299.
353. Abella, Rafael: *La vida cotidiana durante la guerra civil española. La España nacional*, Barcelona, Planeta, 1973.
354. Abella, Rafael: *La vida cotidiana durante la guerra civil española. La España republicana*, Barcelona, Planeta, 1975.

cenetista Adolfo Bueso, «parecía como si se hubiera acordado un pacto para respetar las sedes gubernamentales».

Ocio nocturno en la España republicana

La voz interior del protagonista de *Vísperas, festividad y octava de San Camilo del año 1936 en Madrid* resulta una buena guía del Madrid canalla justo en el momento del estallido de la guerra civil. En efecto, la novela de Camilo José Cela está plagada de referencias a casas de putas, lupanares, *meublés*, casas de lenocinio, cabarets, *dancings* y salas de fiesta existentes en aquel momento.

La prostitución se concentraba en la calle de la Montera, calle del Caballero de Gracia, calle de la Ballesta, calle de la Madera y calle de Gravina, donde se encontraba la popular casa de Madame Teddy[355], cuya actividad y ambiente tan certeramente describió el más conspicuo narrador de nuestras izas, rabizas y colipoterras:

> En casa de madame Teddy en la calle de Gravina en frente de la farmacia, los señores de la tertulia de la dueña juegan al tute, beben copas de coñac Tres Cepas y dan palmadas en las cachas a las pupilas entre ocupación, la casa de madame Teddy de puertas adentro goza de un ambiente muy culto y liberal y la dueña permite que las chicas hagan comedor con los amigos de confianza [...] las putas

355. En teoría, la prostitución había quedado abolida en España tas la publicación de un decreto de 28 de junio de 1935 del Ministerio de Trabajo, Previsión y Sanidad, cuyo artículo 1 disponía lo siguiente: «Queda suprimida la reglamentación de la prostitución, el ejercicio de la cual no se reconoce en España a partir de este Decreto como medio lícito de vida». Ver *Gaceta de Madrid*, 30 de junio de 1935, pp. 2.556-2.558.

de madame Teddy cuando pasan por casa Benito suelen hacer un alto para tomarse un vermú y un par de soldaditos de Pavía, a la tertulia de madame Teddy van periodistas, escritores y hasta bibliotecarios, a veces si se cierran los ojos puede creerse que está uno en el Ateneo de tanta cultura que derrama la conversación [...] En casa de madame Teddy las mujeres suelen ser altas y corpulentas, tú no te lo explicas pero es así, en casa de madame Teddy no hay mujeres bajitas con lo cariñosas que resultan [...] en casa Benito las putas de madame Teddy suelen detenerse a tomar un vermú cuando van al trabajo, llevan los vestidos muy escotados y se les ve el arranque de las tetas[356].

Había prostíbulos para todos los gustos y para todas las economías, pero asimismo existía una prostitución más sórdida y barriobajera en los alrededores del Cuartel de la Montaña y en lugares como la verja del Botánico, donde operaban las conocidas como «pajilleras»[357]. Y también había auténticos antros, como el Café Zaragoza, en la calle del León esquina con la calle de Atocha, conocido como El Palacio de la Sífilis, a cuyas habituales se las conocía popularmente como «las elementas»[358].

Además de la prostitución, también descrita por Javier Rioyo con toda suerte de detalles y pormenores[359], estaban los cabarets, *dancings* y music-halls, que se encontraban un poco

---

356. Cela, Camilo J.: *Vísperas, festividad y octava de San Camilo del año 1936 en Madrid*. Madrid: Biblioteca El Mundo; 2001, pp. 27-28, 39 y 286.
357. Esteban, José: *El Madrid de la República*. Madrid: Sílex; 2000, p. 175.
358. Molina, Miguel: «El Palacio de la Sífilis», *Mis fotos de Madrid*, en http://madridfotoafoto.blogspot.com/2011/06/el-palacio-de-la-sifilis.html
359. Ver Rioyo, Javier: *Madrid: casas de lenocinio, holganza y malvivir*. Madrid: Espasa-Calpe; 1991.

más diseminados: La Cigale Parisién y Maipú-Pigall's en la calle de la Aduana; Edén Concert en la calle de la Montera; Lido y Stambul en calle de Alcalá; Pelikan Kursaal y Satán en la calle de Atocha; El Búho Rojo en Costanilla de San Pedro; Forteen en la calle del Barco; Pompeya en la calle de la Abada; Trianon en la calle de la Magdalena etcétera.

Sin embargo, el estado de cosas cambió de manera radical a medida que Madrid se convirtió en el objetivo principal de las tropas sublevadas. El 2 de agosto de 1936 comenzó su avance desde el sur y pocos días más tarde se registró el primer ataque de la aviación contra la capital. Era la primera acción aérea contra una ciudad en la historia europea. Finalmente, el 2 de septiembre comenzaron las operaciones de los sublevados para poner cerco a la capital de España y sus moradores iniciaron los preparativos para resistir.

No hace falta haber vivido en aquel Madrid sometido durante meses a intensos bombardeos y a la presión que suponían las sucesivas maniobras envolventes de asedio para desatar el ataque final, para comprender que su oferta de ocio nocturno se vio fuertemente afectada, hasta el punto de desaparecer casi por completo[360]. De hecho, en la cartelera de espectáculos solo hemos podido encontrar publicidad —y no más allá del 24 de septiembre— del cabaret Trianon, que se anunciaba como «único en Madrid», con un elenco de «20 artistas frívolas y «30 artistas», capaces de provocar auténtica «alegría», en sesiones ininterrumpidas desde las 3 de la tarde hasta las 12 de la noche[361].

---

360. Para una mayor aproximación de las consecuencias de la guerra civil en Madrid, además de la citada novela de Camilo J. Cela, recomendamos también la lectura de Baroja, Pío: *Miserias de la guerra*. Madrid: Caro Raggio; 2006 y Foxá, Agustín: *Madrid, de corte a checa*. Madrid: Prensa Española; 1962.

361. «Espectáculos. Gacetillas y carteleras». *El Liberal*, 24 de septiembre de 1936, p. 7.

Además, en aquel Madrid asediado, que se convertiría en símbolo internacional de resistencia contra el fascismo, el ocio nocturno también hubo de enfrentar la estricta moralidad del discurso de Mujeres Libres y otros colectivos anarquistas.

Ante la amenaza del ejército sublevado, el 7 de noviembre de 1936 el Gobierno de la República se trasladó a Valencia, con lo que el ocio nocturno en Madrid pasó a ser una quimera. El flamante *dancing-salón de té* Casablanca, inaugurado en 1933, fue habilitado como comedor popular para personas menesterosas. Y uno de los pocos locales que no cerró sus puertas, a pesar del asedio, de las bombas y de los obuses que lanzaba en ejército sublevado, fue Chicote, en plena Gran Vía madrileña, que había pasado a estar controlado por los camareros:

> El carismático Perico [Chicote] está en San Sebastián, en la España franquista. En las ventanas hay sacos terreros, en el interior no cabe un alma; los habituales clientes han sido sustituidos por hombres de boina y pelliza de cuero, algunos brigadistas, un novelista llamado Ernesto [Hemingway] que se aloja en el Hotel Florida y las chicas, siempre las chicas. Sus queridísimos burgueses se han escondido o, los más valientes, hacen de quintacolumnistas desde la oscuridad de las terrazas. Las chicas, siempre las chicas, se adaptan a los nuevos tiempos. Se hace el amor por una cena, por unos *gin-tonics* o por la causa de la revolución. Las chicas no son guerreras, saben fumar a pie de barra, sentarse en una mesa y sacar unas copas; prepararse la noche en un hotel con un corresponsal extranjero o subir a una pensión de la calle de la Reina, del Clavel o de la Espada. Da igual, el amor el libre, y si pagan todavía más libre[362].

362. Rioyo, Javier: *Madrid: casas de lenocinio, holganza y malvivir.* Madrid: Espasa-Calpe; 1991, p. 366.

Al igual que sucedió en Madrid, la vida nocturna en otras ciudades, como Bilbao y Málaga, también se diluyó tras los feroces embates de las tropas sublevadas. Así, el bullicio, la libertad y la diversión que habían caracterizado a La Palanca, donde se ubicaba el barrio chino de Bilbao desde la Segunda Guerra Carlista, con locales tan renombrados como Bataclán, El Gato Negro, El Metro, Kursaal Novedades, Las Columnas, Maxim's, Novedades, etcétera, cesaron por completo, y la calle de las Cortes y sus adyacentes quedaron prácticamente desiertas. Lo mismo sucedió en Málaga, donde los cabarets Maipú y Casablanca, que habían sido sede de grandes juergas, quedaron destrozados y reducidos a ruinas tras los intensos bombardeos registrados a principios de 1937[363].

En cambio, en Valencia la diversión más desenfrenada no solo se mantuvo, sino que al pasar a ostentar la capitalidad de la República, durante el período comprendido entre el 7 de noviembre de 1936 y el 31 de octubre de 1937, hasta se vio intensificada. De hecho, durante esos meses, el aire desenfadado que se respiró en Valencia no se correspondía con el clima bélico desatado. Al menos, así lo recordaba el cenetista Adolfo Bueso:

> En Valencia había también el ambiente de guerra, pero al revés. Por todas partes se veían uniformes flamantes, coches lujosos, restaurantes luminosos, comercios repletos de todo, pero a precios prohibitivos para las gentes modestas. Las calles estaban llenas de gentes que parecían no tener nada que hacer, a no ser pasearse. Los cines y los teatros llenaban a diario. En las terrazas de los cafés, siempre llenas, militares con pistolas al cinto y cartera sobre una

363. «Málaga, defendida por el pueblo y atacada por los revolucionarios, queda destrozada entre unos y otros». *Caras y Caretas*, 30 de enero de 1937, p. 139.

silla alternaban con llamativas mujeres, vestidas de seda y llenas de joyas. Los limpiabotas abundaban como moscas[364].

Si el ocio diurno no se mostraba demasiado alterado, tampoco puede decirse que la vida nocturna estuviera excesivamente condicionada por las hostilidades:

> Por la noche, Valencia adquiría, al parecer, un aspecto de guerra, es decir, que no había alumbrado alguno, y todos los bares, cafés y entradas de cines y teatros estaban con las puertas cerradas o con las luces apagadas, pero dentro la animación era extraordinaria. A la salida de los espectáculos las calles se llenaban de gentes portadoras de linternas eléctricas, y parecía como si hubiera un concurso de ellas, para cuál era más potente.

En efecto, la contienda no impidió la celebración de espectáculos públicos. De hecho, el diario *El Mercantil Valenciano* publicaba una sección destinada a la información de teatros, cines y cabarets. En 1937 funcionaban el Salón Novedades, con su programa de variedades, y algunos *dancing-cabarets*: Alcázar, Tabú y Mickey, en la calle Ribera; Ba-ta-clán, en la calle Pí y Margall, y Edén Concert, en la calle de las Barcas, entonces dedicada a Luis de Sirval[365].

---

364. Bueso, Adolfo: *Recuerdos de un cenetista. II. De la Segunda República al final de la guerra civil.* Esplugues de Llobregat (Barcelona): Ariel; 1978, p. 252.

365. El 27 de octubre de 1936 la calle de las Barcas pasó a denominarse de Luis de Sirval (seudónimo de Luis Higón y Rosell), en honor del periodista valenciano asesinado en Oviedo en 1934 cuando escribía un reportaje en el que implicaba a un teniente de la legión en el fusilamiento de una joven comunista. Luis de Sirval se desplazó a Asturias a cubrir la fallida

Las autoridades entendieron que dichos espectáculos «no funcionaban con la moralidad necesaria en los tiempos [...] que son de progreso para la clase trabajadora», por lo que dispusieron su clausura. Sin embargo, no hubo de pasar mucho tiempo para que el Comité Ejecutivo de Espectáculos Públicos (UGT-CNT) procediera a su reapertura con el propósito de «moralizar en lo posible el espectáculo que allí se celebraba», así como «solucionar en parte el problema del paro planteado a cuantos compañeros allí trabajaban». Por lo demás, según refiere Rafael Solaz Albert, en junio de ese mismo año «se prohibieron los espectáculos nocturnos, argumentando el peligro de los continuos bombardeos», no obstante, «tras diversas peticiones, esta prohibición fue levantada y se restablecieron en octubre de 1938»[366].

El artista de variedades más famoso y mejor pagado del momento, Miguel de Molina fue reclutado por el ejército republicano, y actuaba con frecuencia en festivales benéficos y recitales para animar a las tropas republicanas, no sólo en Valencia sino en muchos pueblos de la zona de Levante (Burjasot, Bétera, Sueca, Cullera, Gandía, Oliva, Pego, etcétera), junto a Amalia de Isaura, su inseparable compañera artística de la época. Por lo demás, sus espectáculos en salas de la capital, como el cabaret Ba-ta-clán, los cines Avenida y Coliseum, el teatro Ruzafa, etcétera, a pesar de la guerra suponían invariablemente un gran éxito de público.

En cambio, Barcelona se vio más afectada por los avatares de la guerra que Valencia. Las primeras semanas después del

---

revolución de octubre de 1934 para el diario *El Mercantil Valenciano.* Allí fue detenido al intentar informar sobre el fusilamiento de Aída Lafuente y los mismos que acabaron con la vida de aquella joven hicieron lo propio con el periodista.

366. Solaz Albert, Rafael: *La Valencia prohibida. Sexo vigilado en la ciudad.* Beniparrell (Valencia): Pentagraf; 2004, p. 153.

alzamiento militar, sus cines y teatros permanecieron cerrados. Hacia mediados de agosto de 1936 comenzaron a funcionar algunos cines, pero sólo por la tarde: a las 20:00 h. finalizaba el espectáculo. Hasta el mes de septiembre teatros y cines —controlados por la Confederación Nacional del Trabajo (CNT)— no reanudaron las funciones de noche. Según informaba el diario sevillano *La Unión*, que había apoyado decididamente la sublevación militar, Barcelona daba la «sensación de un inmenso cementerio a partir de las diez de la noche»[367]. El 31 de octubre reabrían sus puertas al público los cabarets, eso sí, «socializados». Las patrullas de milicianos detenían a muchas personas que pasaban el rato en bares y cafés: «la intención era acabar con la vagancia bien vestida», tal y como afirma el estudioso de los bajos fondos barceloneses Paco Villar[368]. El ambiente bélico contaminó la vida nocturna. Así, por ejemplo, en las primeras horas de la madrugada del 28 de abril de 1937 un miliciano procedente del frente arrojó una bomba de mano en un *dancing* abierto en el barrio de Atarazanas, ocasionando ocho personas heridas de diversa consideración, y a apenas transcurridos quince días fue asesinado el matrimonio que regentaba el cabaret La Mina, de Badalona, inmediatamente después del cierre de las puertas del establecimiento a las dos de la madrugada[369]. Como una verdadera excepción, el «aristocrático»

367. Havas: «He aquí a una Cataluña, libre, feliz e independiente. Los anarquistas quieren ajustar cuentas con socialistas y comunistas. Se fusila a las familias que no entreguen sus objetos de oro a la Generalidad, y a los tranviarios huelguistas, y, por la noche, Barcelona parece un inmenso cementerio». *La Unión (Diario Gráfico Independiente)*, 10 de septiembre de 1936, p. 8.
368. Villar, Paco: *Historia y leyenda del Barrio Chino (1900-1992). Crónica y documentos de los bajos fondos de Barcelona*. Barcelona, La Campana, 1996, p. 156.
369. «Doble crimen en Badalona. Las víctimas son los propietarios del

salón de noche Oshima, inaugurado en 1935 por el propietario de Casa Llibre, mantuvo su oferta de ocio nocturno, con atracciones tan interesantes como la super-vedette Elena Brito, Jaume Planas i els seus Discos Vivents, Demon's Jazz y la Rabassa Orchestra, como mínimo hasta el 1 de enero de 1938.

Su internacionalmente afamado barrio chino fue pasto de los revolucionarios anarco-sindicalistas, que lo convirtieron, según Paco Villar, en uno de esos «objetivos prioritarios poco menos que quiméricos». Para la CNT el viejo Raval representaba «uno de los aspectos más infames de la sociedad capitalista». Había anarco-sindicalistas que hablaban de dignificación, otros en cambio se inclinaban directamente por extirparlo. Desde el periódico *Solidaridad Obrera*, órgano oficial de la CNT, se lanzaban consignas como la siguiente:

> Los barrios bajos han de desaparecer. Deben ser destruidos como medida profiláctica. La piqueta revolucionaria ha de rasgar las entrañas doloridas que han echado raíces en nuestra sociedad. La burguesía levanta sus barrios de placer. Los señoritos y los dueños de las fábricas y de los grandes establecimientos financieros se regodean con la carne de los prostíbulos y los music-halls. El Distrito V es el receptáculo de las muchachas y de los invertidos que están al servicio —por imperativo económico— de los explotadores de carne humana[370].

---

cabaret La Mina». *El Diluvio (Diario republicano democrático federal)*, 13 de mayo de 1937, p. 2.

370. «La ciudad de Barcelona. Los barrios bajos. El Distrito V. Calle del Cid. El Arco del Teatro. Focos de infección en plena ciudad. Por una ciudad salubre», *Solidaridad Obrera (Órgano de la Confederación Regional del Trabajo de Cataluña. Portavoz de la Confederación Nacional del Trabajo de España)*, nº 1.354, 16 de agosto de 1936, p. 4.

Curiosamente, apenas cuatro días después, coincidiendo con el día que hacía un mes del fallecimiento de Francisco Ascaso durante el asalto al cuartel de las Atarazanas, el mismo medio declaraba que el barrio chino ya era un espacio ennoblecido, gracias, precisamente a la heroica muerte del líder anarquista:

> Y desde aquel momento, el barrio execrado, el barrio confinado, es lugar sagrado, y el reducido espacio sobre el que cayó el cuerpo de Francisco Ascaso, todos los días florece al conjuro de la ofrenda popular. Ya está dignificado el Barrio Chino. Los demás compañeros de Ascaso, que continúan luchando por la libertad, dignificarán también a España[371].

Por su parte, la organización feminista Mujeres Libres, afín a la Confederación Nacional del Trabajo-Federación Anarquista Ibérica (CNT-FAI), colocaba en las puertas de los prostíbulos unos carteles con el epígrafe «Liberación de la prostitución», en los que se proclamaba la abolición del «funesto comercio».

No obstante, a principios de 1937 el propio colectivo anarco-feminista se lamentaba a través de las páginas del órgano de las Juventudes Libertarias de Cataluña de que poco o nada hubiera cambiado:

> Los music-halls y las casas de prostitución siguen abarrotados de pañuelos rojos, rojos y negros y de toda clase de

---

371. A.O.R.: «Del vivir revolucionario. La dignificación del Barrio Chino». *Solidaridad Obrera (Órgano de la Confederación Regional del Trabajo de Cataluña. Portavoz de la Confederación Nacional del Trabajo de España)*, nº 1.357, 20 de agosto de 1936, p. 13.

insignias antifascistas. Es una incoherencia moral incomprensible que nuestros milicianos, sean en la retaguardia los que sustenten y aun extiendan la depravación burguesa en una de sus formas más penosas de esclavitud: la prostitución de la mujer. No se explica que espíritus dispuestos en las trincheras a todos los sacrificios necesarios para vencer en una guerra a muerte, fomenten en las ciudades la humillante compra de carne hermana de clase y condición[372].

Sin embargo, a medida que los anarquistas fueron perdiendo peso en beneficio de los comunistas, el Paralelo y el barrio chino recuperaron —con lógicas limitaciones— su actividad habitual, al menos en parte, entre otras cosas porque no sólo eran lugares frecuentados por burgueses ávidos de encanallarse, sino porque desempeñaban un papel fundamental en el esparcimiento de las clases populares.

Así, el music-hall Pompeya, el cabaret Hollywood, el Gran Kursaal, algunos bailes-taxi y más de un burdel inmundo —entre ellos el renombrado Madame Petit— a duras penas resistieron los envites de la guerra, hasta que la Ciudad Condal empezó a ser bombardeada sistemáticamente por las tropas franquistas. Algunas bombas impactaron sobre varios inmuebles de la calle Berenguer el Vell, de la calle Tàpies, de la calle Carretes, de la calle Om… Pero el desastre definitivo se produjo el 24 de septiembre de 1938, cuando una bomba cayó sobre el número 10 de la calle del Cid, destruyendo el mítico *dancing* La Criolla,

372. Mujeres Libres: «Los music-halls y las casas de prostitución...», *Ruta (Órgano de las Juventudes Libertarias de Cataluña)*, 21 de enero de 1937. Citado en Nash, Mary (ed.): «Mujeres Libres»: *España 1936-1939*, Barcelona, Tusquets, 1975, pp. 186-187 y en Rioyo, Javier: *Madrid: casas de lenocinio, holganza y malvivir, Madrid*, Espasa-Calpe, 1991, p. 365.

uno de los locales más emblemáticos del barrio chino y sin duda el preferido por los amantes de la vida nocturna desbocada.

En definitiva, el famoso barrio chino de Barcelona resultó muy castigado y algunos establecimientos emblemáticos de este espacio urbano que había sido uno de los atractivos turísticos más importantes de la ciudad antes de la guerra, como el *dancing* Wu-Li-Chang, el prostíbulo del Portal de Santa Madrona conocido como Cal Manco o el Colmado Flamenco, simplemente también desaparecieron.

Desmadre nocturno en la España nacional

Contrariamente a lo que muchas personas pudieran pensar, la vida social en la España sometida por el nacionalcatolicismo no se limitó a misas, procesiones y demás exaltaciones públicas de fervor religioso. En efecto, la doble moral practicada por los sublevados permitió que el ocio transgresor y perdulario siguiera su curso.

Según Rafael Abella, especialista en la microhistoria de España, la vida de crápula en la zona controlada por el ejército sublevado se mantuvo —sólo para hombres— con evidentes desigualdades en cuanto a tolerancia con el funcionamiento de cafés-conciertos tan «contemplativos» como el Méndez Núñez de La Coruña o tan «activos» como el Royal Concert de Zaragoza, en el que «las grescas eran épicas», o la Montillana de Granada, donde «la rivalidad entre tropas de choque, que en el frente daba tantos despliegues heroicos, se trasplantaba a la pista de baile y por objetivos más corpóreos». En Zaragoza también estaba el music-hall Aragonés, que más tarde cobraría fama rebautizado como El Plata[373]. Y en Segovia, donde los

373. Barreiro, Javier: «Eslabones perdidos: memoria del Oasis y del Plata», *Rolde*, núm. 11, enero-septiembre de 2002, pp. 53-61.

sublevados no tuvieron ningún problema para hacerse con el control desde el principio, salvo pequeños incidentes armados en las zonas de mayor concentración obrera, el cabaret Sevilla Concert, establecido en el Paseo Nuevo, número 2, estuvo activo al menos hasta junio de 1938, cuando —por motivos que desconocemos— se anunció su traspaso.

El ocio en la denominada España nacional no se limitaba a los cafés-conciertos. También abundaban las casas de pupilas:

> La Pepita de Zaragoza, la Lola de Burgos, la Turca de Pamplona, la Bizcocha de Granada, la Mediateta de La Coruña, aquel famosísimo burdel de la calle de Papagayo, donde, según Camilo José Cela, estuvo su Pascual Duarte espantando mirones y evacuando pelmazos.

No eran las únicas mancebías que funcionaban en la España controlada por los sublevados a juzgar por las exigencias hechas públicas por el periódico *La Voz de Asturias*:

> Queremos un Oviedo con menos prostíbulos y más amor a Dios y a la Patria.

Por otra parte, prestigiosos articulistas criticaban el «espíritu frívolo de intriga y cocktail», afirmando que «los muertos por Dios y por España se alzarán contra la reedición barata, pero corregida y aumentada, de la mentalidad de [music] hall», por lo que algunas autoridades locales se apresuran a decretar el cierre de cabarets, cafés de camareras y otros establecimientos de diversión, argumentando que «no son los momentos que vive España de diversión ni mucho menos de vicio».

Con todo, el barrio de La Manigua, en pleno centro de Granada, famoso por sus mancebías y casas de mala vida, concentradas sobre todo en el triángulo formado entre las calles de las Navas, de San Miguel y del Escudo del Carmen todavía funcionó a pleno rendimiento durante toda la guerra civil[374].

Una mención especial en este apartado merece la ciudad de Salamanca, uno de los principales bastiones de los sublevados, que era conocida como «la pequeña París» por la abundancia y calidad de sus burdeles y mancebías[375]. En su rectitud casi monacal, Felipe II ya se había quedado perplejo de cómo esta sobria y señorial capital de la Meseta fundía en su seno el templo del saber, la luminaria del cristianismo europeo, el dogma y la palabra, y al mismo tiempo el ocio y la diversión sin límites ni miramientos. Y es que Salamanca en aquellos años albergaba en su seno a más de ocho mil estudiantes (sirva como dato esclarecedor que Madrid tenía once mil habitantes en el primer tercio de siglo XVI), entre los cuales había becados, sopistas y señoritos de postín, que movían a su alrededor un complejo mundo humano plagado de criados, mozos de cuadra, taberneros, curas corruptos, catedráticos rectos, catedráticos visionarios y ocultistas y prostitutas para todos los bolsillos y dones, rameras con más bachillerías que los propios estudiantes, lavanderas, amas de llaves, buhoneros y feriantes. Sin ir más lejos, la literatura del Siglo de Oro es un fiel reflejo de la importancia que tuvo la prostitución en la ciudad del Tormes durante esta época.

Su barrio chino, nombre con el que —entre finales de la década de los años 20 y principios de los años 30 del siglo XX— comenzó a conocerse popularmente el área urbana que

374. Tapia, Juan Luis: «Del Avellano al Rinconcillo. La historia literaria de Granada está conformada por una serie de lugares en los que los "culturetas" de la época se rendían a la bohemia y a la tertulia», *Ideal*, 1 de abril de 2007.

375. Félix, Lira: «Salamanca o el pequeño París (por sus burdeles)», *La Crónica de Salamanca*, 19 de enero de 2019.

concentraba la mayor parte de prostíbulos, rivalizaba en fama con los de Barcelona, Valencia y Bilbao «por la calidad de las mujeres que ejercían la prostitución». De hecho, alcanzó tal notoriedad que recibía visitantes de todas las provincias limítrofes. El barrio chino salmantino bullía de vida sobre todo a media tarde, cuando los jornaleros y trabajadores volvían de sus labores, y algunos locales se mantenían abiertos hasta medianoche. Tal era su esplendor que se rumorea que hasta el propio Alfonso XIII había visitado los locales de lenocinio más prestigiosos de la ciudad durante sus escapadas de incógnito por la provincia.

El estallido de la guerra civil no alteró gran cosa el pulso del barrio. Gracias al diario *El Adelanto*, sabemos que el cabaret Manolita funcionaba a pleno rendimiento, pues su propietaria, Manuela López, hizo un donativo de 200 pesetas a mediados de septiembre de 1936 con destino a la suscripción abierta a favor de la fuerza pública por el Gobierno civil[376], lo cual no impidió que el mismo gobernador civil la multara con 100 pesetas unos meses más tarde, por «tener la luz encendida después de las diez de la noche». Con todo, las cosas no debían irle nada mal, pues unos días después de recibir dicha sanción la propietaria del citado cabaret hizo un nuevo donativo, en esta ocasión de 500 pesetas, a la Asociación Salmantina de Caridad.

La vida alegre de Salamanca se tiñó de luto en la primavera de 1937, cuando pereció ahogada en las aguas del Tormes la joven Anita Arce Izquierdo, de 26 años y natural de Burgos, que trabajaba como «camarera» en el cabaret Shanghai[377]. Dicho

---

376. «Veintinueve lista de donativos recibidos en el Gobierno Civil con destino a la suscripción abierta a favor de la fuerza pública en esta provincia», *El Adelanto (Diario de Salamanca)*, 15 de septiembre de 1936, p. 4.

377. «Una joven perece ahogada cuando se bañaba en el Tormes», *El*

local pertenecía a Pepita García, quien también regentaba el cabaret Gong. La sede social de su empresa se ubicaba en el número 2 de la calle de la Esgrima. Tanto el primero como el segundo se habían publicitado como «cabaret selecto y con grandes atracciones», aunque ambos habían sido escenarios de sonados escándalos que habían merecido destacados titulares en la crónica de sucesos de la prensa local.

Desde luego, los propietarios y las propietarias de establecimientos en el barrio chino de Salamanca contribuían con generosidad para que las autoridades militares hicieran la vista gorda y toleraran sus actividades. Así, gracias a la relación nominal de los donativos efectuados para invertir en «obra patriótica» publicada en el diario *El Adelanto* podemos conocer el elenco de dicho barrio en 1937:

> Dª María García Espinosa (Cabarets Shanghai y Gong), 1.800.
> Doña Manuela López (Cabaret Manolita), 900.
> Doña Josefa Pérez Rodríguez (Cabaret Cortijo), 925.
> Doña Petra Fernández, 850.
> Doña Inés Calero Vidal, 800.
> Doña Manuela de la Rosa (Bar Margot), 200.
> Don Aurelio Velázquez Rodríguez (Churrería), 475.
> Doña Eulalia Molina Esteban (Bar Tabú), 100.
> Doña Concepción López Reoyo, 100.
> Doña Margarita del Campo Fernández ,150.
> Doña María Suárez Cuéllar, 100.
> Doña Adelaida Rodríguez Sánchez, 140.
> Doña Lucía Recio Calón (Bar Lido), 100.
> Don Cesáreo Muñoz Chapado (Bar Antequera), 150.
> Doña Raimunda Inés Alonso, 100.

Adelanto (Diario de Salamanca), 25 de abril de 1937, p. 4.

Doña Felisa Rodríguez Martín, 75.
Don Tomás Huerta Palacios (Bar Puerta del Sol), 50.
Doña Carmen Campo y Pérez (Bar Andalucía), 50.
Doña Antonia Garriga (Bar), 50.
Doña Petra Hernández, 100.
Don Eleuterio Ledesma Panadero (Bar), 85.
Total, 7.225[378].

Además de los donativos, las multas también eran frecuentes. Así, por ejemplo, María Sáez —o Suárez, según la relación anterior—, que regentaba el cabaret Los Claveles, fue sancionada con 100 pesetas «por no controlar el trabajo de sus operarios en los cobros».

Por lo demás, durante la Navidad del «III Año Triunfal» de nuevo varios empresarios y empresarias y locales del barrio chino efectuaron más donativos en efectivo, en este caso al Ayuntamiento de Salamanca, destinados para el «aguinaldo pro-combatiente»: Raimunda Inés Alonso, 100 pesetas; Cabaret Colón, 500 pesetas; Bar Sevilla (antes Tabú), 100 pesetas; Cabaret El Cortijo, 424,90 pesetas; Cabaret Colón, 342 pesetas; Cabaret Manola (Manolita), 228,75 pesetas; Cabaret Los Claveles, 58 pesetas, etcétera[379].

Según los cronistas, los años de mayor esplendor del barrio chino de Salamanca fueron los comprendidos entre 1940 y 1945, es decir, mientras se desarrollaba la Segunda Guerra Mundial, pero todo parece indicar que ese esplendor se fraguó justo durante los años en que se libró la guerra civil española.

El caso de Sevilla también merece la pena ser destacado

378. «Delegación de Orden Público», *El Adelanto (Diario de Salamanca)*, 28 de diciembre de 1937, p. 6.
379. «Aguinaldo pro-combatiente», *El Adelanto (Diario de Salamanca)*, 8 de diciembre de 1938, p. 5.

por su singularidad. En los primeros días del levantamiento militar que derivó en la guerra civil el general Gonzalo Queipo de Llano, con un número relativamente reducido de hombres a sus órdenes, se hizo con el control de la ciudad andaluza. Una combinación de audacia, astucia y sangrienta represión, que sólo hasta enero de 1937 costó la vida a más de tres mil personas, permitió a Queipo de Llano conservar la capital hispalense —uno de los principales bastiones frentepopulistas— como un oasis golpista en medio de un vasto territorio que permaneció leal a la República.

El general sublevado no tardaría en destacar por su uso de la radiodifusión como arma de guerra psicológica, con sus famosas alocuciones a través de Unión Radio Sevilla. Nombrado Jefe del Ejército del Sur, asumió el gobierno militar y civil, y a lo largo de toda la contienda actuó con casi total independencia, lo que llevó a ser conocido como el «Virrey de Andalucía».

Sevilla ya había gozado de una intensa vida de ocio, tanto diurno como nocturno, durante los años 20 y 30. Si la guerra del Rif había resultado crucial en este sentido, la guerra civil le imprimió un impulso definitivo. En ambos conflictos Sevilla funcionó como enclave militar de retaguardia, con la llegada constante de soldados y pertrechos, por no mencionar los hospitales militares y civiles que atendían a los heridos. Tanto la guerra de Marruecos como la contienda civil movieron una gran población flotante de soldados de paso, de ida y de regreso de los frentes, que frecuentaban la popular Alameda de Hércules ávidos de diversión, en búsqueda de desahogos carnales, lo que determinó que proliferaran la prostitución y otros placeres prohibidos en toda la zona. Los grupos de legionarios apostados en la Alameda de Hércules «con los brazos tatuados bebiendo mosto o copas de coñac de garrafa y fumando grifa, sin que nadie se lo prohibiera estimándose formaba parte de sus azarosas y frustradas vidas»[380] conformarían una estampa típica sevillana que perduraría incluso varios años después de finalizada la contienda.

El Zapico, que era toda una institución desde los años 20 y en una guía nocturna de Sevilla publicada durante la segunda República se anunciaba como «el más típico y popular Salón-Cabaret» de la ciudad[381], en los primeros meses de la guerra civil llegó a ser habilitado eventualmente como centro de reclusión. Sin embargo, no tardó en reabrirse como establecimiento de ocio en su enclave habitual, el nº 17 de la calle Leonor Dávalos, a dos pasos de la Alameda de Hércules, convertida definitivamente en enclave predilecto para la Sevilla más bohemia y transgresora. Para la Nochevieja de 1936 se anunciaba su oferta de *dancing* y varietés en la cartelera del *ABC* de Sevilla. Durante la guerra, abría desde las 22.00 hasta la madrugada, con dos orquestas y atracciones todos los días. Y a punto de finalizar la contienda se presentaba en el citado diario como «clásico salón sevillano», amenizado por «típicos artistas flamencos» y otras «atracciones», con «bailes» en su horario habitual «de diez noche a madrugada».

El salón Zapico no era el único local que funcionaba en Sevilla para satisfacer el ocio nocturno de sus habitantes. También estaba el Excelsior, ubicado en el Pabellón de Castilla y León, que abría «todas las noches» a partir de las 22.00 y ofrecía «grandes fiestas y atracciones». En el número 14 de la calle de Trajano se encontraba el Maipú, que también abría sus puertas «todos los días», desde las diez de la noche hasta la madrugada, con varias «atracciones» y un «magnífico conjunto de artistas y bailarinas de salón». Justo al lado estaba el Salón de

380. Grosso, Alfonso: *Giralda 2.* Barcelona: Planeta; 1984, p. 173.

381. *Sevilla de Noche. El Cicerón Nocturno*, Sevilla, Imp. Gumersindo Muñoz, 1932, p. 9.

Variedades Lido, que también tenía acceso por el número 23 de la calle del Amor de Dios, y que también fue prisión ocasional durante los primeros meses de la contienda[382], y cuya oferta era más o menos la misma. Tampoco podemos olvidar el Kursaal Olimpia, que se anunciaba como «el más céntrico de Sevilla», con su oferta de «*dancing*», «varietés» y «bailes hasta la madrugada» amenizados por «Orquestas Martín».

Otro local mítico de la zona, que floreció durante la guerra civil y todavía incrementó más su fama durante el franquismo, era Las Siete Puertas, un «bar de mala nota con reservados arriba, situado en el epicentro del puterío, con tanguistas al alterne»[383].

Según el relato de un «hombre de izquierdas», que había conseguido escapar de Sevilla y llegar hasta Madrid, el ambiente que se vivía en la capital hispalense no podía ser más licencioso:

> En Sevilla se vive como en los tiempos famosos de Cruz Conde[384]. Los militares, los terratenientes y los señoritos se pasan la vida en perpetua orgía. Los colmados y las tabernas ganan más dinero que nunca. Los prostíbulos, también. Las juergas se suceden sin solución de continuidad.

382. Cinco relatos de la prisión de Sevilla narrados por un hombre desengañado del fascismo». *La Hora (Diario de la juventud)*, 18 de febrero de 1938, p. 6.

383. Burgos, Antonio: «Los chinos toman las siete puertas», *ABC de Sevilla*, 10 de agosto de 2010.

384. José Cruz-Conde Fustegueras (1878-1939). Militar y político. Desde 1925 desempeñó el cargo de gobernador civil de la provincia de Sevilla, cargo que mantendría durante cuatro años. Tras su paso por la alcaldía, fue nombrado Comisario de la Exposición Iberoamericana de Sevilla. Su gestión al frente de la Exposición, cuya cúpula directiva fue cesada, provocó la dimisión del alcalde de Sevilla y le granjeó grandes antipatías en la capital sevillana, pese a lo cual consiguió llevar adelante la Exposición.

Las juergas y las fiestas religiosas. En Sevilla se sale de la iglesia para entrar en la taberna, y viceversa.

Los cabarets también conocen una época de auge, desaparecida con Cruz Conde y compañía. Acude más gente que nunca, se bebe más vino que nunca y se deja el dinero a manos llenas. Nada importa que ese dinero sea muchas veces robado en cualquier pueblo. Lo cierto es que los dueños y las tanguistas son felices y que el dinero corre en abundancia[385].

De hecho, según este testigo cualificado, hasta el mismo general Queipo de Llano explotaba, a través de un testaferro, un conocido cabaret hispalense:

> Tan en abundancia corre [el dinero] y tanto se gana, que el propio Queipo de Llano ha montado un cabaret. No crea usted que esto es invención mía. Todo el mundo lo sabe en Sevilla, como sabe las circunstancias que concurrieron en el episodio. Es curioso contarlas y yo se las voy a narrar a usted. En Sevilla vive un conocido «mangante» explotador del sablazo, conocido por Paco «el Ecijano». «El Ecijano» tenía un hermano qué allá en Ecija figuró en un partido obrero. El hermano fue detenido por orden de Queipo. Paco fue a ver al general para lograr su libertad. Charlaron amigablemente. Queipo se rio mucho con las gracias del sablista. Paco logró lo que se proponía y algo más. Porque en un momento de confianza, «el Ecijano» dijo:
>
> —Si yo tuviera cincuenta mil pesetas montaba un cabaret y me hacía de oro…

385. «Vino y orgías del señoritismo sevillano. Queipo de Llano, de acuerdo con “El Ecijano”, explota el cabaret Los Rosales», *La Libertad*, 12 de diciembre de 1936, p. 8.

—¿Tú crees? —preguntó el general un poco incrédulo.

—Seguro. Es el mejor negocio que se puede montar en Sevilla.

Paco «el Ecijano» aparecía a los pocos días como dueño de un cabaret. Queipo de Llano, según decía a todo el mundo, le había dado treinta mil pesetas, a cambio de llevarse la parte del león en los beneficios. Pronto este cabaret —Los Rosales— fue el predilecto de todos los señoritos. Para mayor aliciente se le autorizó a que instalase una sala de juego, con ruleta y todo. Como el negocio era magnífico, aunque el local era de verano, se hicieron las obras correspondientes y hoy funciona como cabaret de invierno[386].

En opinión de este testigo, cuyo nombre no se hacía público, sólo existía un inconveniente:

> El cabaret está cerca de la muralla de la Macarena, contra la que se fusila a los trabajadores en Sevilla. Aunque había muchos que celebraban escuchar, entre los vapores del vino, las descargas que ponían fin a la vida de los obreros, a otros no les sentaba bien. Por si acaso, Paco fue a ver a su amigo Queipo y consiguió que el lugar de los asesinatos se trasladase a la tapia posterior del cementerio.

La circunstancia se prestaba a todo tipo de bromas, incluso macabras, pero nadie se atrevía a formularlas en voz alta, por las consecuencias que pudiera acarrearle, dado el clima de terror que se respiraba entonces en la capital andaluza.

El devenir de los acontecimientos también convirtió a

386. «Galería de traidores. Las andanzas del ex general Queipo Tonel, "speaker" de Radio Sevilla». *Mi Revista*, 15 de octubre de 1937, p. 75.

Palma de Mallorca en un caso singular. Bajo el control de los sublevados desde el 18 de julio de 1936, el único episodio bélico que vivió la isla fue la operación militar desarrollada por las fuerzas republicanas entre los meses de agosto y septiembre de ese mismo año en un desesperado intento de recuperarla[387]. El intento fallido del desembarco de Mallorca, también conocido como «conquista de Mallorca», se saldó con la derrota y la retirada de las fuerzas republicanas. Algunos autores consideran que el desenlace de la guerra habría podido ser distinto en caso de haber tenido éxito la ofensiva republicana, ya que Mallorca no tardó en convertirse en una importante base aeronaval italiana que permitía el bloqueo de las comunicaciones marítimas y que funcionaba como plataforma para los ataques por aire y por mar a la España republicana. Después del otoño de 1937, Mallorca también se convertiría en la principal base de la flota franquista, que pasó a controlar el Mediterráneo.

Lógicamente, la mayor parte del turismo británico desapareció prácticamente por completo de la isla, pero esta pérdida en parte se vio compensada con la llegada de alemanes e italianos. De tal manera, establecimientos como Trocadero, Tito's y la terraza Bellver siguieron funcionando durante los tres años que duró la guerra. En Trocadero se celebraban tés en honor de los «bizarros Caballeros del Aire», los «valientes aviadores», en honor de la «invicta Marina», «en honor de la Falange Española y a beneficio de los huérfanos de guerra», «pro-Ibiza», etcétera. Y Tito's se anunciaba en la prensa como el lugar donde acudía la «alta sociedad» palmesana. Si bien el día que se cumplía el aniversario de la muerte de José Antonio Primo de Rivera, cerraban en señal de duelo.

387. En la isla de Ibiza también triunfó la sublevación del 18 de julio, a diferencia de lo ocurrido en Menorca, que permaneció leal a la República.

«*Siempre vuelven de madrugada*», 1948.

CAPÍTULO 7. EL FRANQUISMO (I) LA AUTARQUÍA (1939-1959)

Nocturnidad y autarquía

Con la victoria de Franco tras la Guerra Civil se abrió un período en la historia de España, caracterizado por una larga y profunda crisis económica, que se prolongaría hasta 1959. Una crisis que llevó consigo un grave deterioro de las condiciones de vida de los ciudadanos, con un manifiesto retroceso en los niveles de bienestar de la población y la aparición de grandes bolsas de pobreza y miseria.

La filosofía de que España podía ser capaz de producir casi todos —si no todos— los productos básicos, de primera necesidad, alentó una política de autarquía definida por un nacionalismo extremo muy intervencionista por parte de los poderes del Estado y una estricta regulación pública de las importaciones y exportaciones, y de la propia formación de los precios, con consecuencias muy negativas, como una carestía y un desabastecimiento prácticamente permanentes. Todo ello determinaría la conformación de un potente mercado negro, conocido vulgarmente como estraperlo, que contribuyó al enriquecimiento de las clases más favorecidas.

Sin embargo, dentro de este período perfectamente definido en lo económico, concurrieron circunstancias no siempre homogéneas, de enorme variedad, que, aunque no afectaron a la esencia del Régimen, sí incidieron sobre sus formas.

Por ejemplo, desde el estallido de la Segunda Guerra Mundial hasta mediados de 1942, con la caída del ministro Ramón Serrano Suñer, el franquismo se posicionó en la «no intervención», mientras que a partir de entonces, y hasta 1945, se ubicó en el terreno de la «neutralidad». Además, con la victoria de los aliados y derrota de las potencias del eje, tras la Segunda Guerra Mundial el Régimen fue sustituyendo el declarado fascismo inicial por una mezcla de anticomunismo y nacionalcatolicismo, mientras se esforzaba en borrar las identidades asociadas a la Alemania de Hitler y a la Italia de Mussolini, arrinconando parcialmente signos externos de esa mímesis. Por lo demás, el fin del racionamiento (1952) y el término del aislamiento internacional, con los concordatos de la Santa Sede y los pactos militares con EE.UU. (1953) y el ingreso de España en la ONU (1955), también marcarían un antes y un después.

De tal manera, aunque el período tratado obedeció al peso de unas normas comunes y estructurales, más allá del propio ejercicio del poder de la dictadura se dio toda una tipología llena de matices, que también se dejaron sentir en la vida nocturna de los españoles y las españolas.

Los nuevos horarios nocturnos en la España de Franco

Algunos medios, nada más terminar la guerra, se apresuraron a pronosticar que la vida nocturna en Madrid iba a «recobrar la brillantez de antaño»[388]. Otros celebraban que los tranvías hubieran reanudado el servicio hasta la una de la madrugada y que los cafés y bares pudieran permanecer abiertos hasta la una y media[389]. Sin embargo, pronto quedaría claro que se trataba de un mero espejismo. De hecho, una de las primeras medidas que adoptaron las autoridades franquistas en

388. «Madrid, su vida y sus problemas. Ayer vibró la ciudad, llena de entusiasmo patriótico, en la plaza de Neptuno». *Hoja Oficial del Lunes (editada por la Asociación de la Prensa)*, 24 de abril de 1939, p. 4.
389. «La vida nocturna en Madrid». *El Adelantado de Segovia (Diario de la tarde)*, 27 de abril de 1939, p. 1.

la capital fue la supresión de las representaciones de revistas.[390] Además, el alcalde de la Villa y Corte dio órdenes a las distintas Tenencias de Alcaldía para que a partir de mayo de 1939 todos los portales se cerraran a las once de la noche[391].

Las dudas que pudieran albergarse al respecto quedaron del todo disipadas al hacerse pública una orden de Presidencia del Gobierno, estableciendo nuevos horarios, cuyo preámbulo ya dejaba claras las prioridades del nuevo régimen, que exigían una drástica reforma de las costumbres:

> El ya antiguo hábito de trasnochar impuesto en la capital de la Nación por una minoría ociosa y extendido luego al resto del país, ha ido, paulatinamente, afectando a nuestras costumbres que, naturalmente, reflejan hoy el retraso y el desorden que en la vida ordinaria implica el anormal aprovechamiento del tiempo que aquella práctica perniciosa produce.
>
> Un régimen nuevo, para el que el trabajo representa el caudal más copioso y respetable del acervo nacional, no puede mostrarse indiferente ante males que directamente le dañan al par que perjudican el fomento de las normas de orden y laboriosidad que obligatoriamente a todos alcanzan.
>
> Precisa la corrección, y en esta etapa de la transformación de las costumbres que el Gobierno inicia con mesura y ha de mantener con firmeza, se aborda simplemente la implantación de horarios que, favoreciendo, desde luego, a la población laboriosa, vaya inclinando a la generalidad a

390. «Madrid suprime las revistas». *Falange (Diario del Movimiento en Palma de Mallorca)*, 11 de abril de 1939, p. 4.

391. «Madrid, su vida y sus problemas. Ayer vibró la ciudad, llena de entusiasmo patriótico, en la plaza de Neptuno». *Hoja Oficial del Lunes (editada por la Asociación de la Prensa)*, 24 de abril de 1939, p. 4.

amoldar sus actividades y su vida a un régimen más normal y más eficiente.

Por lo que respecta a la vida nocturna, la parte propiamente dispositiva de la orden, en su artículo tercero, establecía lo siguiente:

> Los espectáculos públicos terminarán a las doce en punto de la noche, o antes. Los cafés, bares y establecimientos análogos cerrarán, lo más tarde, a la una de la madrugada, sin que a esta hora pueda quedar público dentro del establecimiento. A la misma hora y con la misma condición cerrarán los salones de baile, salas de fiestas, casinos y círculos de recreo[392].

Como era de esperar, las restricciones horarias impuestas por el Gobierno merecieron el aplauso de muchas personas adictas al Régimen. Uno de los primeros en pronunciarse en este sentido fue Juan Aparicio López, quien aprovechó la ocasión para realizar un breve repaso histórico de la tendencia a trasnochar de los españoles. Según el periodista de orígenes *jonsistas*, tradicionalmente en «la España de siempre» no se hacía vida nocturna, pues «no se había perdido el ritmo metódico de la existencia antigua con algo de horario monástico»:

> En villas, aldeas, pueblos y ciudades se cenaba pronto, y el trabajo era reglamentado por el reloj de sol[393].

---

392. Gobierno de la Nación. Presidencia del Gobierno: «Orden de 25 de noviembre de 1940 por la que se establece el nuevo horario de las oficinas, espectáculos y otros servicios públicos». *Boletín Oficial del Estado*, nº 331, 26 de noviembre de 1940, p. 8.117.

393. Aparicio, Juan: «Hora española». *Pueblo (Diario del trabajo nacional)*,

Sin embargo, en opinión de Aparicio, el XIX, un «siglo castizo de invasiones, guerras civiles, complots, motines, asonadas, zambras y jaleos», alteró notablemente el pulso ciudadano en Madrid:

> La intranquilidad y el nerviosismo durante esta etapa de transición, que han sido más de cien años para España, se contagiaba a todos los noctámbulos, nocherniegos y noctívagos que iban y venían alrededor y dentro de la Puerta del Sol, como una insomne pandereta de la Patria.

El resto de España, a juicio del periodista, permanecía al margen de la vorágine nocturna que se había instalado en la capital:

> La provincia conservaba, entre tanto, la reposada, acompasada y litúrgica hora española en la comida y trajines cotidianos.

Aparicio era de la opinión que las descripciones de viajeros como Alejandro Dumas, Théophile Gautier y Karol Dembowski resultaron decisivas para que el acto de trasnochar se considerara «lo típico y lo castizo y lo convencional» y, en consecuencia, se extendiera por todo el territorio español:

> Al fin tuvieron que capitular también casi las cuarenta y nueve capitales de provincia, para dar gusto a los turistas extranjeros, quienes cumplían en su hogar lejano un «currículum vitae» cronometrizado despóticamente. Ni en París ni en Londres ni en Bruselas se salía de los teatros o se cerraban los cafés tan tarde; pero en Castellón de la

---

28 de noviembre de 1940, p. 1.

> Plana o en Jaén había que comer pasadas las dos, porque nuestra burocracia o clase media no querían pasar por atrasadas o desacordes. Mas ¿discordes en qué? Entonces fue un desorden mayor, cuando en unos lugares se confundía el almuerzo con la comida y ésta con la cena, o se proclamaba con orgullo que aquí se comía a la francesa, mientras acullá el desayuno era a la inglesa y solo en algún sitio se seguía, gracias a Dios, la costumbre española.

El periodista también se hacía eco del infructuoso intento del general primo de Rivera por reformar las costumbres en este sentido:

> Don Miguel Primo de Rivera pretendió poner pauta y medió, encima de este caos, ofreciendo unas normas sencillas y honestas para el buen vivir de los españoles. Aquella nota oficiosa del Dictador fue tomada a chacota y en broma, como si hubiera procedido del Preste Juan de las Indias o del Gran Turco. Los periódicos replicaron que España era un país liberal y europeo, y que espantaríamos con tal horario conventual a todos los turistas.

Para finalizar, se congratulaba por lo que consideraba una beneficiosa vuelta a la normalidad:

> Lo que hace quince años fue imposible, ahora ha de ser una cierta y segura realidad, porque ahora no vivimos según el meridiano de París, Londres o Bruselas, que nos imponen una hora fantástica para nuestro desvarío sino que ahora rige y suena nada más que nuestra puntual hora española.

Otro periodista que se afanó en aplaudir los nuevos horarios fue Francisco Casares, quien veía en la «gran cadena de noctámbulos y de perezosos que vienen a constituir un censo anchísimo de madrileños» un auténtico «anacronismo» y una inadmisible «pérdida de tiempo», además de un derroche de salud y energías. Una vieja costumbre que, entre otras consideraciones, chocaba frontalmente con la realidad del racionamiento de productos básicos impuesto tanto por el contexto interno como por el escenario internacional:

> Es un contrasentido que haya «cabarets» y bailoteos hasta la madrugada al mismo tiempo que la autoridad pasa por la prueba, nada grata, pero absolutamente inexcusable, de racionar el pan y de afrontar los graves problemas de la carencia que las circunstancias —las que vienen de fuera, en primer término— nos imponen[394].

Mientras algunos medios, como el órgano de Falange Española Tradicionalista y de las J. O. N. S. de Soria, se limitaban a celebrar que el Caudillo hubiera ordenado el cese del «vagabundeo lunático»[395] que tanta fama había dado a escritores como Emilio Carrere, otros rotativos falangistas confiaban ciegamente en la eficacia de la citada disposición horaria:

> Otra medida destinada a influir no poco en la vida española es la del nuevo horario que ha entrado en vigor

---

394. Casares, Francisco: «Comentario. Horas y costumbres». *Hoja Oficial del Lunes (Editada por la Asociación de la Prensa)*, Madrid, Tercera época, nº 89, 2 de diciembre de 1940, pp. 1 y 4.
395. «La muerte del noctambulismo». *Labor (Órgano de Falange Española Tradicionalista y de las J. O. N. S.)*, Año VII, nº 622, 13 de diciembre de 1940, p. 1.

el primero de diciembre; la disposición sanará el vicio del noctambulismo que tantas energías restaba a España[396].

Desde luego, hubo más comentaristas que alabaron la imposición de los nuevos horarios. En un artículo que se reprodujo en varios periódicos (*Heraldo de Zamora*, *Diario de Burgos*, *La Última Hora*, etcétera), J. M. Castro López se mostró como un enemigo acérrimo de «la manera antinatural de utilizar el tiempo», que implicaba la extendida norma de «abandonar el lecho al mediodía y retirarse a la madrugada»:

> Además, la vida nocturna ocasiona frecuentemente perjuicios considerables a la moral familiar y ciudadana. Es contraria a la salud y a la robustez de la raza. En una palabra: es opuesta a la naturaleza, ya que una de sus leyes más evidentes es emplear el día para el trabajo y la noche para el descanso[397].

Por supuesto, Castro López ignoraba o despreciaba por completo la necesidad humana de divertirse, faceta a la que no dedicaba ni una sola mención. Pero por él sabemos que la citada medida también tuvo sus detractores:

> Por lo expuesto, aparece lo infundado y absurdo del reproche que hacen algunos a esta medida calificándola de antinatural.

---

396. Masoliver: «30 días en Madrid». *Legiones y Falanges (Revista de Italia y España)*, año I, nº 3, 1 de enero de 1941, p. 57.
397. Castro López, J. M.: «Comentario. Una buena medida». *Heraldo de Zamora*, 16 de mayo de 1942, p. 1.

En cualquier caso, para reforzar la nueva disposición horaria, la Dirección General de Seguridad emitió una circular cursada a todos los gobernadores civiles con el fin de moralizar las costumbres de la vida ciudadana. Entre otras consideraciones, se les instaba a lo siguiente:

> Ser inexorables en el cumplimiento del horario de cierre de los lugares que cultivan el género frívolo y de los «cabarets», «dancings», «boites» y demás centros de vida nocturna, sobre todo los situados en las afueras de las ciudades, imponiendo a los contraventores fuertes sanciones y llegando hasta el cierre de los establecimientos con los recalcitrantes[398].

Curiosamente, la terminología empleada por la Dirección general de Seguridad encerraba una gran contradicción, pues apenas había transcurrido un año desde que Ramón Serrano Suñer había firmado una orden como ministro de la Gobernación por la que se declaraba la guerra a los extranjerismos, prohibiendo «en rótulos, muestras, anuncios y lugares y ocasiones análogos el empleo de vocablos genéricos extranjeros, como denominaciones de establecimientos o servicios de recreo, industriales, mercantiles, de hospedaje, de alimentación, profesiones, espectáculos y otros semejantes»[399].

Pero, más allá de paradojas terminológicas, el celo de al-

---

398. «La moralidad pública. Fuertes sanciones a los que hablen groseramente y mantengan actitudes incorrectas. Y también a los que incumplan los horarios de cierre de establecimientos». *Pueblo (Diario del trabajo nacional)*, 26 de mayo de 1941, p. 4.

399. Ministerio de la Gobernación: «Orden de 16 de mayo de 1940 por la que se dispone queda prohibido en rótulos, muestras, anuncios, etc., el empleo de vocablos genéricos extranjeros». *Boletín Oficial del Estado,* núm. 138, 17 de mayo de 1940, p. 3.370.

gunas autoridades con el cumplimiento del horario de cierre se tradujo en onerosas multas:

> También han sido multados por la Jefatura Superior de Policía, con 1.000 pesetas, don Teodosio Martín del Río, dueño del restaurante «Florida», de la Ciudad Lineal, por tener abierto y con público a las cinco de la mañana; con 500, a Alberto Sánchez Martínez, propietario del Rancho California, de Canillejas, por tener abierto y público en el interior a las 3'30; y 250, a José Jiménez Pozuelo, dueño del Bar Sovia, Hileras, 14, por tener público en los reservados, con los cierres echados, a la 1,20[400].

Una nadería si las comparamos con las tres mil pesetas de sanción que impuso en noviembre de 1943 el gobernador civil de Salamanca a Manuel Rivas Marcos, dueño del bar Recreo, sito en pleno barrio chino salmantino, concretamente en la calle Ancha, «por no atenerse a lo dispuesto en materia de censura y cierre de establecimientos, así como infringir las disposiciones vigentes sobre terminación de espectáculos». Pero todavía hubo sanciones más elevadas. Por ejemplo, la Jefatura Superior de Policía dispuso la clausura de la sala de fiestas Atlántida, sita en los bajos del Palacio de la Prensa de Madrid, una multa de diez mil pesetas y arresto de treinta días para su propietario, Juan Elegido Millán, «por su reincidencia en desobedecer las órdenes sobre horario de cierre y los continuos escándalos que se producen el local». Y apenas unos días más tarde, la misma Jefatura Superior de Policía de Madrid impuso otra multa de diez mil pesetas a Rufino Arráiz Villafranca, dueño del restaurante Jardín Amaya,

---

400. «Multas por negar la aportación «Auxilio Social». Y por infringir el horario de cierre». *La Prensa (Diario de la tarde de información mundial)*, 1 de julio de 1941, p. 3.

ubicado en el número 462 de la calle Arturo Soria (Ciudad Lineal), «por ser reincidente en infringir lo dispuesto sobre horario de cierre de establecimientos»[401].

A pesar de las severas restricciones horarias, las autoridades del momento sabían ser puntualmente magnánimas y condescendientes en ciertas ocasiones señaladas, por ejemplo con motivo de las festividades de San Juan y San Pedro, de gran raigambre en Cataluña:

> En las típicas verbenas de las festividades de San Juan y San Pedro, podrán celebrarse bailes y festejos callejeros, siempre que hayan sido solicitados, y permanecer abiertos los espectáculos, restaurantes, cafés, bares y demás establecimientos similares, sin limitación en cuanto a la hora de cierre, durante las noches de los días 23 a 24, y 28 a 29 del corriente mes de junio, sin perjuicio del cumplimiento estricto de las disposiciones y bases de trabajo vigentes.

Asimismo, en consideración con «la tradicional costumbre del pueblo español», el horario de cierre en Nochevieja se prorrogaba hasta las dos de la madrugada.

El 2 de octubre de 1943 el ministerio de la Gobernación promulgó una orden por la cual se ampliaba ligeramente el horario de cierre de espectáculos y establecimientos públicos, en virtud de la cual se disponía lo siguiente:

> 1.° Los Teatros y Cinematógrafos cerrarán a las cero horas cuarenta y cinco minutos, excepto para los Teatros, los días de debut de primeras partes, beneficios o función de homenaje en que podrán cerrar a la 1,15 horas, y para

401. «Diez mil pesetas de multa por infringir el horario de cierre». *Pueblo (Diario del trabajo nacional)*, 26 de junio de 1941, p. 2.

los Cinematógrafos los días de proyección de Documental Oficial autorizado, en que podrán terminar a la 1 hora.

2.° Los restaurantes, cafés, bares y salas de fiestas cerrarán a la 1,15 horas.

Una vez finalizada la Segunda Guerra Mundial, el hecho de que el metro de Madrid empezara a circular de nuevo hasta las dos de la madrugada y la antaño famosa vida nocturna de la capital se prolongara, con los teatros y cines abiertos hasta la una y cuarto y los cafés y restaurantes hasta las dos y media, fue motivo de regocijo para la prensa en general[402] y para que algunos medios en particular se refirieran a Madrid como «la ciudad mejor vestida y alimentada de Europa»[403] o «la ciudad más fascinante de Europa»[404].

Sin que podamos calificarlo de contrario a los nuevos horarios decretados por el Régimen, el dramaturgo Víctor Ruiz Iriarte, a quien la vida nocturna le había permitido consolidar más de una amistad, llegó a mostrarse nostálgico del «ya antiguo hábito de trasnochar»:

> Me gustaría que alguna vez un noctámbulo decidido escribiese la biografía de sus noches; me refiero, claro está, a las buenas horas que el ocio nocturno de los contemplativos románticos concede a la amistad, al diálogo y al bello e inútil divagar. A esas horas perdidas que son regocijo del esfuerzo. Yo tengo mi pequeña experiencia de

402. «La agencia Reuter da una impresión optimista de la vida en España». *Correo de Mallorca (Diario católico)*, 25 de abril de 1946, p. 8

403 «Madrid la ciudad mejor vestida y alimentada de Europa». *Baleares (Órgano de Falange Española Tradicionalista y de las J.O.N.S.)*, 25 de abril de 1946, p. 8.

404. «Actualmente, Madrid es la ciudad más fascinante de Europa». *El Adelantado de Segovia (Diario de la tarde)*, 25 de abril de 1946, p. 1.

> trasnochador: sé cómo se decide la alegría indefinida de una amistad perdurable a las tres de la madrugada; sé qué dulce es amar la vida cuando todos duermen y hasta el odio reposa; sé también cómo resplandece un amanecer cuando nos sorprende con la imaginación fresca sobre las cuartillas... No nos precipitemos nunca para afirmar si un hombre es verdaderamente interesante: oigámosle primero en esta eclosión del espíritu que se produce, por tácito y misterioso acuerdo de las mejores gracias de la sensibilidad, de dos a cuatro de la mañana. Entonces —creedme— las mujeres vulgares son insoportables y los hombres sin imaginación son nuestros enemigos...[405]

No todos, sin embargo, participaban de la misma alegría ante el avance de la noche madrileña. Un periodista que firmaba sus colaboraciones en el diario *Pueblo* como Don Fulano de Tal, publicó una columna en la que cargaba contra la vida nocturna:

> No se sabe por qué las gentes necesitan del clásico manto de la noche para divertirse. Para divertirse de una manera poco honesta, podríamos agregar. Recuerdo que hace años en Berlín había grupos de juerguistas alemanes que al amanecer cerraban todas las ventanas y seguían la orgía «nocturna».
>
> Madrid en sus noches ha conocido noches inacabables. Hubo una época en que de algún teatro se salía a las tres de la mañana. Algunos cafés, como el de Fornos, no tenía puertas, porque permanecían abiertas las veinticuatro horas del día. A las cuatro de la mañana era el momento

405. Ruiz Iriarte, Víctor: «Noches de aquí y de allá. Historia de una amistad». *El Español (Semanario de la política y del espíritu)*, 25 de mayo de 1946, p. 7.

> de máxima circulación de la Puerta del Sol. [...] Las burritas de leche, campanilleras, que salían a la hora de abrir los portales, señalaban a muchos el momento de acostarse. Todo esto se fue y nada se ha perdido con que desapareciese y sí mucho se ha ganado. Ahora, en pleno verano, no es mucha la gente que trasnocha. Síntoma magnífico: señal de que son muchos los que se levantan temprano para trabajar. Es mejor este Madrid en su noche...[406]

Numerosos lectores del rotativo madrileño protestaron contra el artículo en cuestión. Todos sostenían la opinión de que Madrid necesitaba vida de noche para prosperar y resultar una ciudad grata y atractiva, sobre todo a ojos de los foráneos. Pero el autor de la columna —de cuyo pasado noctámbulo era conocedor alguno de los lectores que mostraron su desacuerdo— no hizo sino ratificarse y crecerse ante las críticas recibidas:

> No pocos invocan ciudades extranjeras, entre ellas París, cuyos ingresos principales de turismo son los que se cobran en la noche. Esto es exacto, rigurosamente exacto; pero también lo es que la gente que en París trasnocha no es gente de París, que normalmente se levanta a las seis de la mañana para ir a trabajar, sino extranjeros que van a la capital francesa a divertirse. Lo lamentable de la vida nocturna de Madrid es que la hacíamos los madrileños, con el natural detrimento de nuestra economía y nuestra salud.

Por lo demás, el periodista criticado se defendía constatando que «en Madrid sigue habiendo vida de noche», pero se reafirmaba en su idea de que sobraban partidarios de la vida

406. Don Fulano de Tal: «Andar para ver. Madrid en la noche». *Pueblo*, 12 de agosto de 1946, p. 6.

nocturna, pues era «preciso que Madrid sea una ciudad de trabajadores».

En cualquier caso, al mes siguiente de producirse esta polémica el ministerio de la Gobernación dictó una orden estableciendo nuevos horarios para la terminación de espectáculos y cierre de establecimientos públicos. Dicha orden se resumía en dos únicos preceptos que ampliaban los márgenes temporales vigentes hasta ese momento:

> 1° Los teatros terminarán sus representaciones a la una hora; los que cultiven género lírico o gran espectáculo y circos a la una hora quince minutos, si bien condicionada esta tolerancia a la obligación de no comenzar el espectáculo a hora posterior a la habitual en la localidad para los teatros denominados de verso; unos y otros podrán prorrogar el horario de cierre media hora más los días de estreno, presentación de primera figura o beneficio u homenaje, previa petición de autorización expresa en cada caso. Los cinematógrafos terminarán a la una hora.
>
> 2º. Los restaurantes, cafés, bares y salas de fiestas podrán cerrar a las dos horas quince minutos; excepto los días festivos y sus vísperas, que podrán permanecer abiertos media hora más, hasta las dos horas cuarenta y cinco minutos[407].

Con todo, una cosa era la entrada en vigor de horarios más permisivos con la vida nocturna y otra bien distinta el estricto cumplimiento de los mismos. Así, por ejemplo, sabemos

---

407. Ministerio de la Gobernación: «Orden de 23 de septiembre de 1946 por la que se establece nuevo horario para la terminación de espectáculos y cierre de establecimientos públicos». *Boletín Oficial del Estado*, 24 de septiembre de 1946, p. 7.177.

de un suceso protagonizado por un extranjero bebido y cargado de dólares, que tuvo como escenario «un café de la Gran Vía madrileña, a altas horas de la madrugada, cuando debería estar cerrado», y del cual se hicieron eco varios periódicos[408]. Por otro lado, están las informaciones que hablan de la afición a los saraos licenciosos, que «se prolongaban siempre hasta el alba», celebrados en Barcelona por Juan Antonio Samaranch, Pablo Porta, Paco Godia y otros jóvenes falangistas conocidos como «la Brigada del Amanecer»[409].

A principios de marzo de 1952 el transporte urbano nocturno en Madrid se amplió media hora más —hasta las dos y media de la madrugada— con la entrada en servicio de varios trolebuses y autobuses y un tranvía[410].

Poco a poco, el ocio nocturno iba recobrando terreno perdido y dos años más tarde hasta en una ciudad como Burgos

408. Calderón Fonte, B.: «Madrid, Madrid, Madrid... En torno de un suceso vulgar y de una reacción natural». *Imperio (Diario de Falange Española de las J.O.N.S.)*, 11 de julio de 1951, pp. 1-2.

409. El asunto fue aireado tras la publicación de una de las columnas tituladas genéricamente «Costa Brava», firmadas por Lolita Sánchez. En dicha columna, se mencionaba a Mariano Calviño y su esposa, Tote Garí, condes de Miraflores, Juan Antonio Samaranch y su mujer, Bibis Salisachs, Luis Rosal, Flor Bertrán de Rosal Odila Roviralta, Antonio Muñoz, etcétera. Ver Sánchez, Lolita: «Los del amanecer». *Pueblo,* 30 de julio de 1963, p. 24. Sin embargo, otros autores han afirmado que dichas fiestas «hasta altas horas de la madrugada» tuvieron lugar todas antes de contraer matrimonio Samaranch el 1 de diciembre de 1955. Ver Company, Enric: «El arte de la adaptación política. La trayectoria de Juan Antonio Samaranch fue un constante ejercicio de transformación a lo largo del siglo». *La guerra civil y el franquismo en la novela española actual,* 22 de abril de 2012.

410. «El transporte urbano nocturno. Mañana empezará a funcionar un servicio hasta las 2,30 de la madrugada». *Pueblo*, 7 de marzo de 1952, pp. 1 y 12.

las salas de fiestas eran autorizadas a permanecer abiertas, «todos los días, hasta las tres y media de la madrugada»[411].

No obstante, cabe señalar que a finales de 1956 el Fomento del Trabajo Nacional, la Cámara Oficial de Comercio y Navegación y la Cámara Oficial de Industria elevaron al gobernador civil de la provincia Barcelona un escrito con una nueva propuesta horaria —invocando el preámbulo de la Orden de la Presidencia del Gobierno de 25 de noviembre de 1940— señalando las once y media de la noche como hora tope para la terminación de los espectáculos nocturnos. Huelga decir que esta iniciativa de carácter involucionista no prosperó.

Tiempo de apagones

Según el diario *Pueblo*, el coto que impuso el Régimen a la vida nocturna tras la finalización de la Guerra Civil tuvo más que ver con las restricciones de orden económico que con el deseo de moralizar la sociedad:

> A partir de 1939, razones de índole económica que aconsejaban el ahorro de energía eléctrica para el transporte y para la iluminación, y que cercenaban los artículos alimenticios que pudieran ser despachados en establecimientos públicos, aconsejaron reducir las horas de apertura de cafés, bares, cines, «boites», etc. Esa fue la razón [...].

Y no andaba del todo desencaminado el rotativo madrileño, pues el alumbrado eléctrico es un factor determinante para el desarrollo del ocio nocturno moderno, y una de las caracte-

411. Domínguez Isla, V.: «La vida nocturna y un cambio fatal». *La Voz de Castilla (Diario de Falange Española Tradicionalista y de las J.O.N.S.)*, 10 de octubre de 1954, p. 1.

rísticas del período de la autarquía fueron las restricciones y los grandes apagones en este sentido. Así, por ejemplo, a finales de 1945 el periódico vespertino *Jornada* reconocía que «la falta de iluminación» le daba a la noche de Valencia «un aire tristón»:

> A las dos las calles están desiertas. La ciudad descansa, sumida en las tinieblas, que origina la restringida iluminación. Ya solo quedan los hombres del Servicio de limpieza pública enfrascados en sus tareas.
>
> […]
>
> La ciudad, mientras, duerme profundamente. En la calle, aparte de los empleados del Servicio de Limpieza, algún transeúnte aislado que busca una farmacia de guardia […]. Lo malo es que con la oscuridad reinante no acierta uno a leer los nombres de las cuatro farmacias de servicio.[412]

Antes de finalizar la Segunda Guerra Mundial, algunos locales nocturnos, como el madrileño salón de té La Galera, sito en el número 8 de la calle Villalar, se apresuraron a celebrar el fin de las restricciones eléctricas, insertando anuncios en prensa como el siguiente:

> La Galera
>
> Antigua «Boite»
>
> […]
>
> Desaparecidas las causas de la restricción eléctrica, este coquetón salón de té está abierto todos los días, con actuación del inimitable violinista internacional
>
> William Frederik Ritter

412. «Valencia de noche. Quince mil personas acuden a las salas de espectáculos […] La ciudad en tinieblas […] La vida nocturna y sus restricciones». *Jornada (Diario de la tarde)*, 13 de noviembre de 1945, p. 8.

Esa relativa vuelta a la normalidad del suministro eléctrico en Barcelona tras la finalización de la Segunda Guerra Mundial llevó al corresponsal del diario *Pueblo* a lanzar las campanas al vuelo, recordando la otrora famosa vida nocturna de la Ciudad Condal:

> Anoche nos fue dado volver a vivir las horas barcelonesas de antaño. [...] hubo de antojársenos rendir culto a las costumbres tradicionales del noctambulismo de la ciudad y no retirarnos al lecho sin pasear antes las Ramblas, desde Canaletas a Atarazanas. Y este tributo al ayer nos permite escribir esta alborozada y optimista crónica de hoy.
>
> Porque [...] las Ramblas de Barcelona, y con ellas la plaza de Cataluña y el paseo de Gracia y las Rondas, vuelven a lucir en toda su deslumbradora brillantez el alumbrado de aquellos días anteriores a las restricciones, lo que es tanto como afirmar que la gran capital mediterránea ha tornado a adquirir su fisonomía propia y privativa: la de aquellos tiempos —inolvidables por la juventud que se fue con ellos— en que las Ramblas no tenían ocaso, flanqueadas de establecimientos en servicio perpetuo; noches translúcidas de las que los bohemios hacían día, hasta que las tintas del alba recortaban a contraluz la silueta de la estatua de Colón, y todo se difuminaba en la lechosa claridad del ajenjo de la madrugada, mientras los últimos juerguistas se cruzaban con los primeros trabajadores [...].

Según el autor de la crónica periodística, el restablecimiento del fluido eléctrico en vías tan señaladas tuvo la virtud de alegrar en semblante de no pocos barceloneses amantes de la vida nocturna:

> [...] Frente a unas restricciones intensificadas [...] esta vuelta a la normalidad que anoche ponía relámpagos de sonrisas en los rostros de los buenos barceloneses, como los madrileños tan amigos de trasnochar.

Para el corresponsal del diario *Pueblo* no había más explicación para tanto regocijo:

> [...] La tranquila delectación de quien ha vuelto a encontrar algo que perdió: la luz, tanto tiempo restringida por imperativo de las circunstancias.

Pero esa supuesta vuelta a la normalidad en materia eléctrica todavía estaba lejos de producirse. En algunos casos los apagones parecían aleatorios e incluso caprichosos, alentando incluso las rivalidades regionales. Así, en pleno verano de 1949 los zamoranos se preguntaban por qué en su ciudad se cortaba el suministro eléctrico antes que en Salamanca, siendo como era Zamora una «provincia productora de energía eléctrica». Por lo demás, el periodista que se hacía eco de esta cuestión lanzaba una propuesta destinada a evitar sorpresas:

> No estaría mal que los encargados de cortar la luz nos avisasen unos minutos antes con un brevísimo apagón preliminar.[413]

Los apagones sistemáticos de luz, que invariablemente el Régimen atribuía a la pertinaz sequía, no solo se daban en provincias, sino también en la misma capital del Estado. Y ese mismo verano de 1949 el diario *Pueblo* daba cuenta de la

---

413. Don Puro: «Crónica de la ciudad. Avisen, por favor». *Imperio (Diario de F.E.T. y de las J.O.N.S.)*, 25 de agosto de 1949, p. 2.

situación, que prometía solucionarse en breve:

> Hasta anteayer, cuando todos los relojes de la capital daban las dos menos cuarto de la madrugada, la gente que todavía vagabundeaba por las calles, súbitamente abandonaba el velador de la terraza del café donde estaba tomando el fresco y se alejaba a buen paso; algunos echaban a correr hacia sus casas y otros cogían un taxi y apretaban al conductor.
>
> [...]
>
> Las campanadas de las dos menos cuarto eran como una sirena de alarma. Se producía la desbandada de los trasnochadores, y en cinco minutos quedaban las calles desiertas.
>
> ¡Faltaban quince minutos para el apagón general, Para el «black out»! Quedaba el tiempo justo para llegar al portal de casa, llamar al sereno, subir las escaleras como una exhalación, desnudarse como una centella y zambullirse entre las sábanas. Cuando los madrileños rezagados se sacaban el último calcetín y anudaban el pantalón del pijama, sobrevenía el apagón.
>
> [...]
>
> Ahora parece ser que la presa de Bolarque rebosa agua y que el corte nocturno de las dos [sic] ha quedado provisionalmente en suspenso. Los que no tienen la saludable costumbre de trasnochar no saben de las delicias de oír dar las dos de la madrugada en el reloj de Gobernación sin que uno tenga que echar a correr dejando por la mitad la última taza de café o la última caña de cerveza...[414]

---

414. «Todo Madrid con la luz en el bolsillo. A las dos menos cuarto de la madrugada desbandada general. La salvación de los trasnochadores: el llavero linterna». *Pueblo*, 30 de agosto de 1949, pp. 1 y 8.

A pesar de prometérselas tan felices, al año siguiente los periódicos daban cuenta de la paralización de la vida nocturna madrileña por falta de fluido eléctrico:

> Por si fuera poco, también se restringen la circulación de tranvías y de trolebuses, que sufrirán diariamente dos cortes, uno por la mañana y otro por la tarde. Además se reducirá el número de coches en circulación a partir de las diez de la noche hasta la una y media de la madrugada, hora en que cesará el servicio. Esto implica, como puede juzgarse, la paralización total de la vida nocturna madrileña, en otros tiempos famosa[415].

De hecho, para poder hacer frente a los apagones, los veinte teatros y muchos cines y salas de espectáculos de Madrid contaban con grupos electrógenos. Hasta en una ciudad como Palma de Mallorca, donde la vida nocturna gozaba de muy buena salud, se registraban apagones repentinos que detenían en seco no sólo el disfrute, sino también el trabajo, de los noctámbulos:

> Anoche se repitió el espectáculo... ¿Qué pasa en nuestras calles? ¿No existe posibilidad de prevenir estos apagones absolutos en una de las diez principales ciudades de España? Si se debe paralizar toda la vida nocturna de Palma, que se avise con tiempo para que todos aquellos que tenemos la desgracia de trabajar por la noche podamos agenciarnos pilas eléctricas.[416]

---

415. Bleye, Valentín: «Antena de Madrid [...] paralización de la vida nocturna madrileña». *Nueva Rioja,* 29 de octubre de 1950, p. 8.
416. Sideral: «Ayer en la ciudad. Noches tenebrosas de Palma». *Baleares (Diario de la mañana)*, 15 de octubre de 1953, p. 2.

Aparte de la reforma de las costumbres y de la carestía energética, hubo otro factor que vino a repercutir negativamente en el ocio nocturno: las diversas campañas contra los ruidos, sobre todo nocturnos, emprendidas por las autoridades.

Si bien en Madrid se había conseguido poner coto al hábito de trasnochar, se hacía evidente que el derecho al descanso de los vecinos se había elevado a la categoría de bien común a preservar:

> Precisamente para amparar ese derecho y bajar el tono ruidoso de Madrid nocturno y estival se acordó, con indudable acierto, que las verbenas se localizasen en un solo lugar, apartado de los céntricos. Después se redujo también la concesión de permisos para la ocupación de solares y acotaciones al aire libre con destino a quermeses y a fiestas de parecida índole. Pero a pesar de esas medidas protectoras del que quiere disfrutar del apetecible silencio, hay una infinidad de altavoces de radio, musiquillas dislocadas y, por encima de todo eso, alegres noctámbulos que no saben refrenar sus impulsos y alborotan cuanto les viene en gana[417].

Con el fin de ampliar esas medidas protectoras iniciales, en pleno verano de 1944 la Dirección General de Seguridad, de acuerdo con la Alcaldía de Madrid, estableció sanciones para corregir una serie de conductas:

---

417. Casares, Francisco: «Comentario. Enmienda para ciertas costumbres». *Hoja Oficial del Lunes (editada por la Asociación de la Prensa)*, 31 de julio de 1944, p. 4.

Aunque ello en rigor no sea necesario, pues se impone a la más simple consideración de cualquier persona medianamente educada, se recuerda, a título de ejemplo, que el volumen de sonido de los receptores de radio particulares debe ser sólo el suficiente para su percepción normal por sus propietarios, sin obligar a los demás vecinos a una audición en contra de su voluntad; que los establecimientos que utilicen radios o gramolas con altavoz para recreo de su clientela al aire libre no podrán emplearlas a partir de la una de la madrugada ni durante las horas corrientes de la siesta de tres a cuatro y media de la tarde; que los solistas y los coros improvisados están terminantemente prohibidos en todo el casco urbano, así como toda clase de pregones nocturnos fuera de parajes en que se celebren verbenas o fiestas públicas; que las conversaciones entre transeúntes y las tertulias de puerta de calle deben mantenerse en el tono correcto que excluya toda chabacana estridencia; que las señales acústicas de los carruajes fuera de la zona prohibida han de limitarse a señalar el peligro sin ostentación innecesaria; que debe evitarse en lo posible la reiteración excesiva de palmadas o voces para llamar al vigilante nocturno desde la puerta de cada casa, a veces demasiado alejada del lugar donde dicho vigilante tiene costumbre de permanecer, siendo más práctico hacerlas sonar en las proximidades de dicho lugar y que, en fin, la libertad expresiva de cada cual termina donde comienza la libertad de los demás para disponer de sus horas de reposo[418].

Como no podía ser de otro modo, las disposiciones para

418. «En las horas de reposo debe evitarse todo género de ruidos molestos. Serán sancionados los contraventores con todo rigor». *Pueblo (Diario del Trabajo Nacional)*, 12 de julio de 1944, p. 2.

«evitar los ruidos nocturnos que son innecesarios» contaron con el aplauso incondicional de muchos adictos al Régimen, como el periodista Francisco Casares, que ya había enaltecido las restricciones horarias impuestas en 1940. Por lo demás, ignoramos la eficacia y los resultados de tales disposiciones, que volverían a hacerse públicas al año siguiente.

En 1955 fueron las autoridades barcelonesas las que decretaron una «zona del silencio» en la Ciudad Condal, que tuvo un amplio eco en prensa de toda España. La implantación de la denominada «ley del silencio» no estuvo exenta de polémica, pues la zona protegida limitaba por el Norte con la avenida del Generalísimo; por el Este, con el paseo de San Juan; por el Oeste, con la calle de Urgel, y por el Sur, con las rondas de San Pedro y la Universidad, las calles Fontanella y Pelayo y la ronda de San Antonio, es decir, el cuadrilátero en el que se erigían «las mansiones de la alta sociedad barcelonesa»[419].

Por eso más de uno se regocijó cuando pocos días después de la entrada en vigor «ley del silencio», con motivo de la tradicional verbena de San Juan, los barceloneses hicieron detonar miles y miles de petardos —más de diez toneladas de pólvora, según algunos cálculos, valoradas en unos cuatro millones de pesetas— vendidos en la más «irrisoria clandestinidad»:

> Barcelona ha derrotado ampliamente, por «k. o.» diríamos si empleásemos el argot pugilístico, a la «campaña del silencio».
>
> [...]

419. Yagüe, Francisco: «Voz y eco de Barcelona. Silencio en torno a las mansiones de la alta sociedad. Multas de cinco duros a quien quebrante la "campaña del silencio", con previa amonestación. Expectación ante el balance de víctimas como supresión de ruidos». *Pueblo*, 17 de junio de 1955, p. 7.

El martes, verbena de San Pedro, la «campaña del silencio» perderá el segundo «round». Ayer, en el primero, ya fue estrepitosamente derrotada[420].

A pesar de la polémica suscitada y de los dudosos resultados cosechados en Barcelona, José Finat y Escrivá de Romaní, conde de Mayalde, y a la sazón alcalde de Madrid, hizo público un bando en el mismo sentido, que contemplaba «mayores sanciones y mucha vigilancia en la zona de los distritos centrales» de la capital.

El bando en cuestión volvió a promulgarse al verano siguiente, y aunque hacía especial hincapié en las señales acústicas emitidas por automóviles, camiones y motocicletas también ponía en jaque otras actividades que incidían todavía más en el ocio nocturno, toda vez que el importe de las multas impuestas desde las doce de la noche hasta las ocho de la mañana duplicaba el monto establecido para las infracciones cometidas en horario diurno:

d) El uso, tanto al interior como al exterior, de fonógrafos, altavoces, instrumentos de música, fuegos artificiales y petardos cuando perturben el reposo y la tranquilidad del vecindario, así como todo medio de publicidad sonora que se proyecte sobre la vía pública.

e) Toda audición musical o vocal en la vía pública y locales abiertos, sin autorización especial[421].

---

420. Yagüe, Francisco: «La tradición verbenera derrotó a la "Campaña del Silencio". En la Noche de San Juan Barcelona quemó más de diez toneladas de pólvora». *Pueblo (Diario del Trabajo Nacional)*, 24 de junio de 1955, p. 2.

421. «El "Bando del silencio" establece "sanciones sin esperanza de gracia" para los infractores. Mulas de cincuenta pesetas desde las ocho horas a las veinticuatro, y de cien desde las veinticuatro hasta las ocho. El día 15

Tras proclamar la Presidencia del Gobierno el «hábito de trasnochar» como algo «ya antiguo», se produjo una exaltación permanente en los medios de aquellos que trasnochaban no por placer sino por exigencias de su trabajo. Una exaltación que, muchas veces, comportaba un discurso acre contra los noctámbulos de siempre. Por ejemplo, en 1943 un colaborador del diario *Baleares*, órgano de Falange Española Tradicionalista y de las J.O.N.S., se lanzaba a «un sencillo desahogo en nombre propio y de todos cuantos se ven obligados a trabajar de noche para poder retirar la ración semanal de aceite y demás, la de pan cada dos días y... la de tabaco cuando sea, amén de todas las otras cosas que constituyen lo que se llama «la vida»» con estas palabras introductorias:

> No queremos decir noctívagos por miedo a herir susceptibilidades o provocar sospechosas insidias. Nos referimos a los trasnochadores típicos. A los que trasnochan por placer para prolongar —así dicen— su vida, y comienzan a dar señales de vida —perdón por la repetición— cuando todo duerme en derredor de ellos. Cuando cerradas las puertas de los sitios de diversión empiezan a deambular por las calles solitarias en animada charla —esto se entiende en verano— molestando a los pacíficos ciudadanos, que luchando tal vez con un mosquito pertinaz, comenzaban a conciliar el sueño. Pero en verdad cuando resultan molestos y hasta criminales es cuando se sientan en los bancos o sillas de algún paseo y... ¡no quieran saber! Un continuo bordoneo se alza por entre los árboles y parece

comenzarán a regir las disposiciones». *Pueblo*, 4 de agosto de 1955, pp. 1 y 10.

entrar en las habitaciones de los desgraciados vecinos que maldicen de todo corazón a los que se empeñan en trastornar el orden naturalmente establecido, haciendo del día noche y de la noche día[422].

En otras ocasiones, quienes exaltaban el trabajo nocturno, ignoraban por completo a los que trasnochaban por amor al arte y se limitaban a dignificar la actividad de las personas trabajadoras. Así, dos años más tarde un redactor de *La Voz de Castilla* escribía un extenso reportaje dedicado a «los mil y un oficios en que se trabaja de noche»: serenos, camareros, «señoritas telefonistas», obreros en turno de noche, agentes de la Policía Armada, estudiantes y opositores, empleados de la Hidroeléctrica, operarios de la red de aguas y del alcantarillado, encargados de gasolineras, soldados de guardia, oficiales de ferrocarriles y también, cómo no, periodistas[423]. Por su parte el diario valenciano *Jornada*, quizá en un afán de originalidad, y después de ensalzar a «los hombres del Servicio de limpieza pública enfrascados en sus tareas», destacaba el caso de un «astrónomo callejero» que desde la mismísima plaza del Caudillo, en pleno centro de Valencia, hacía servir un «telescopio acompañado por un entusiasta grupo de admiradores». Un colaborador del diario granadino *La Prensa* se interesó por el trabajo nocturno, en un reportaje que destilaba más curiosidad que deseo de exaltación, tras preguntar si preferían trabajar de día o de noche a un sereno, un taxista, un funcionario de Correos, un camarero, una «señorita

422. A. B.: «Los trasnochadores». *Baleares (Órgano de Falange Española Tradicionalista y de las J.O.N.S.)*, 16 de julio de 1943, p. 2.
423. «De noche no solo viven los murciélagos y los gatos. ¿Cree usted en una señorita pendiente de un hilo a las tres de la madrugada? ¿Qué pueblo es este? Preguntan los automovilistas al pasar por Burgos. Los mil y un oficios en que se trabaja de noche». *La Voz de Castilla*, 22 de septiembre de 1945, p. 3.

de Teléfonos» y un linotipista. También el diario salamantino *El Adelanto* dedicó otro extenso reportaje a «la jornada laboral en la noche»[424]. Un colaborador del periódico mallorquín *La Almudaina*, se dedicó a poner en valor la intensa labor nocturna de «los chicos de la prensa», para concluir una de sus crónicas habituales afirmando que «mientras la ciudad duerme, hay quien trabaja intensamente»[425]. Ni que decir tiene que ninguno de las periódicos señalados hacían mención —ni siquiera una alusión críptica— a las tareas nocturnas desarrolladas por las trabajadoras sexuales.

Simultáneamente a este enaltecimiento del trabajo nocturno, se instaló en la prensa una especie de debate no declarado sobre el estado de la vida nocturna, sobre todo referido al caso madrileño.

En 1947 un redactor del *Diario de Burgos* ya puso de relieve una cuestión que marcaba una gran limitación con respecto al modo de entender el ocio nocturno tal y como se vivía antes de la guerra civil: la tendencia a concentrarlo o focalizarlo durante los sábados y domingos, algo que dicho periodista atribuía a «ritos paganos de épocas muy remotas» en un gesto de atrevimiento poco fundamentado, pero «la atracción es bien palmaria y es indudable que existe», concluía[426].

Apenas unos meses después, el doctor en Derecho y periodista José Antonio Pérez Torreblanca desde las páginas de un diario pucelano certificaba el desmantelamiento del ocio nocturno en España, haciéndose eco de las lamentaciones de «los escritores

424. Gombau, Guzmán: «Mientras la ciudad duerme. La jornada laboral, en la noche». *El Adelanto (Diario de Salamanca)*, 12 de febrero de 1950, p. 6.
425. Doménech: «Mientras la ciudad duerme». *La Almudaina (Diario de la mañana – Avisos y noticias)*, 15 de abril de 1951, p. 6.
426. B. I.: «Ayer». *Diario de Burgos (de avisos y noticias)*, 16 de septiembre de 1947, p. 2.

que presumen de ancianos», quienes «deploran la ruina de la vida nocturna en las grandes ciudades»[427]. Él, que había nacido en 1911, no se sentía afligido por tal motivo, sino lo contrario:

> No perdimos personalmente nada con la clausura de la vida nocturna [...]. Desde luego, la noche de las grandes ciudades españolas era un infierno con mucho fundamento, un escándalo de estructura conservadora.

Pérez Torreblanca distinguía entre «noctámbulos» y «libertinos», y era a estos últimos a quienes atribuía el relajo moral que reinaba en las noches patrias antes de la victoria de Franco:

> Porque los financieros de Satanás, los que quemaban la pólvora, no eran los meros noctámbulos, sino los libertinos. Por ellos trepidaba la noche, corrían los espumosos y tomaba el pecado una respetabilidad algo bronca. Eran ellos los que subvencionaban la vida nocturna y la mantenían encendida.

Sin entrar en juicios de valor, un colaborador del rotativo *La Voz de Castilla*, editado también en la capital burgalesa, también confirmaba este retraimiento nocturno que se observaba en España:

> Apenas sale gente [...] las aficiones noctámbulas están en baja, en franca retirada.
>
> [...] ¿Es que los hombres de este país han cambiado fundamentalmente de costumbres y perdido el hábito de salir de casa después de cenar?

427. Torreblanca, José Antonio: «La noche desmantelada». *Libertad (Diario nacional-sindicalista)*, 20 de febrero de 1948, p. 4.

> [...] Es cierto que se ha operado un cambio profundo en las costumbres, acercándonos al modelo extranjero, sin duda más conveniente, pero menos ajustado a lo que siempre se consideró nuestra manera de ser[428].

Pero ni siquiera quienes consideraban que «el hombre fue hecho por Dios para vivir en la luz» eran inmunes al hechizo y al misterio ejercido por la noche, de ahí que alguno no dejara de preguntarse qué se escondía en las casas particulares tras las «ventanas iluminadas al filo de la madrugada»[429]. Otros, como el escritor y periodista Gumersindo Vaíllo Rollán, a pesar de lamentar algún tropezón no deseado con algún «auténtico noctámbulo» ebrio de vino, dejaban traslucir cierta nostalgia por la noche:

> No soy un noctámbulo más que dentro de mi casa, entre papeles y libros, con los que, abierta y libremente, me deleito, tomándolos como acicate, para, imaginativamente, ir en pos de quimeras e ilusiones, que por ser gozadas íntimamente, dan placer a nada comparable, precisamente por no ser hijas de la aventura sino de la razón que alimenta todo soliloquio.
>
> Sin embargo, cuando las punzadas de la añoranza rozan mis sentires, me place abandonar el casero recogimiento para andar de calle en calle, de plaza en plaza y saborear a mis anchas, en mística dulcedumbre, tanta evocación y tanta historia como a cada paso surge, en esta Salamanca, siempre monacal y siempre sapientísima

428. «Retraimiento nocturno». *La Voz de Castilla (Diario interprovincial de la mañana)*, 19 de mayo de 1950, p. 2.
429. C.: «Comentarios. Los ojos de la noche. Ventanas iluminadas». *Correo de Mallorca (Diario católico de la mañana)*, 27 de enero de 1951, p. 2.

perderme por ella como una sombra más, entre las que danzan al compás de los guiños de las farolas, y presentir en el misterio de la avanzada noche la egoísta emoción de creerme, por unos instantes, único ser en pleno disfrute de la inmensa grandeza que encierra su confortadora soledad[430].

Y, a pesar del convencimiento de que «Dios creó para el descanso» la belleza de la noche, no dejaba de reconocer que también existía «para que los dados a su admiración podamos gozar de ella».

Más o menos por las mismas fechas, el periodista, cronista oficial de Madrid y crítico teatral Lorenzo López Sancho, que por motivos de trabajo recorría en coche la capital del Estado todas las noches entre las cuatro y las cinco de la madrugada, escribió una crónica sobre el particular en la que la animación nocturna matritense brillaba por su ausencia[431].

Sin embargo, un periodista estadounidense de visita en España publicó una crónica en el *Washington Stars* en la que mostraba su sorpresa por «la extraordinaria vida nocturna que encontró en Madrid, comprobando allí más animación callejera en la madrugada que en el neoyorquino Times Square a las ocho de la noche y que los madrileños toman baños de luna igual que otros los toman de sol».

Esta descripción chocaba frontalmente con las afirmaciones realizadas poco después por el periodista José Luis Gómez Mesías:

---

430. Vaíllo Rollán, G.: «Sin crítica ni censura. Un noctámbulo más». *El Adelanto (Diario de Salamanca)*, 28 de marzo de 1951, p. 1.

431. López Sancho, Lorenzo: «Desde La Cibeles. La busca». *Hoja del Lunes (Editada por la Asociación de la Prensa de La Coruña)*, 31 de julio de 1950, p. 6.

> Madrid ha pasado de una ciudad de vida nocturna a una ciudad que parece negar la existencia de la noche. Sin comunicaciones, sin bares, sin servicios nocturnos. Aquí todo se muere poco más tarde de las doce[432].

Desde luego, Gómez Mesías no era el único que lamentaba la supuesta defunción de la vida nocturna madrileña. Luis Ardila Bernaldo de Quirós, que durante su juventud había conocido de primera mano la bohemia madrileña, no tenía ningún inconveniente en admitir que el denominado «barrio de la copla», conformado por las calles de Echegaray, Visitación, y Ventura de la Vega, seguía en pie y apenas había sido afectado por las sucesivas reformas urbanas, por lo que establecimientos tan castizos como La Sevillana, Los Gabrieles, Villa Rosa, etcétera, continuaban expendiendo sus caldos, «pero cierran temprano», se quejaba el veterano periodista, poeta y bibliotecario[433].

Un redactor del diario *Pueblo* todavía se mostraba más tajante al respecto con esta afirmación:

> La desaparición de la vida nocturna madrileña fue acaso el fenómeno más acusado a partir de la liberación de la villa[434].

Naturalmente, había opiniones para todos los gustos. A juicio de Jaime World, «empedernido noctámbulo, sajón y viajero incansable», la defunción del ocio nocturno no aquejaba

432. Gómez Mesías: «Esta ciudad. Los servicios pequeños». *Pueblo*, 23 de agosto de 1950, p. 3.
433. Ardila, Luis: «Así era la pálida señorita Bohemia. Cuando la noche se desvelaba». *Pueblo*, 24 de abril de 1951, p. 12.
434. «Madrid de noche». *Pueblo*, 7 de marzo de 1952, p. 12.

solo a Madrid, sino que obedecía a un cambio de costumbres que afectaba a toda la sociedad occidental, y así se lo comentó a un periodista del diario *Pueblo*:

> La noche se ha muerto. El hombre de hoy piensa demasiado en el día siguiente para detenerse unas horas a flirtear con la noche. Le empuja la vida y sus necesidades[435].

En 1953 la revista semanal *El Español* publicó un reportaje muy extenso sobre la vida nocturna madrileña que parecía confirmar el extremo de que no gozaba de muy buena salud, sobre todo comparada con la que se vivía antes del estallido de la guerra civil. Ciertamente, el reportero de *El Español* mencionaba la existencia de una «masonería de los noctámbulos», conformada por aquellos que entraban en escena cuando ya «se han ido, medio vacíos, los últimos autobuses» y «el Metro ha apagado su aviso luminoso y ha corrido el cierre metálico de sus puertas», a quienes consideraba como «los «noctámbulos» auténticos, los verdaderos ciudadanos de la noche»:

> Todos se miran como conocidos. Todos se tratan como cómplices[436].

Vista desde la distancia, la imagen de ese Madrid nocturno bien podría calificarse de deprimente. Quizá lo más interesante del reportaje fuera la distinción que hacía el autor de dos

---

435. Ferrón: «¿Cree usted en el horterismo? La noche se ha motorizado». *Pueblo*, 17 de marzo de 1951, p. 5.

436. «Luces del Madrid nocturno. Cuando la Puerta del Sol se queda sin gente. Vida de los noctámbulos en Nochebuena». *El Español (Semanario de los españoles para todos los españoles)*, 27 de diciembre de 1953 a 2 de enero de 1954, pp. 59-63.

conceptos de local de ocio nocturno característicos de la época y actualmente en franco desuso:

> Entre las «boites» y las salas de fiestas no hay mucha diferencia. Al menos, juzgando a ojo, por lo que se ve. Baile y parejas. Parejas y baile. A la «boite» se lleva ya la pareja. En la sala de fiesta, se encuentra. En las salas de fiesta hay números de atracciones más largos, montados en un plan más teatral; en la «boite» se reducen casi siempre a una cantante, un humorista o un trío de bailarines folklóricos. Aquí paran las diferencias. En ambos sitios existe el convenio tácito de aminorar la luz cuando la música toca una pieza de ritmo lento. En ambos se bebe «gin-fizz», que no saben a «gin-fizz», «combinaciones», que saben a nada y «martinis» que saben a todo. A todo menos a lo que deben saber.

El periodista y escritor Francisco Cossío, también era tajante cuando afirmaba con cierta nostalgia que «se ha perdido el trasnocheo para la divagación y el ocio nocturno que duraba hasta la madrugada»[437]. En este sentido, el biógrafo, ensayista, historiador y periodista Maximiano García Venero no tenía ningún inconveniente en vincular ese fin del «trasnocheo para la divagación» al cansancio y a la pérdida de avidez por el diálogo, fruto de la aceleración del modo de vida:

> A través de lo que uno conoce y palpa de Europa, las gentes parecen más fatigadas, con signos de cansancio que no eran visibles hace treinta años. La fatiga tiene una de

437. Cossío, Francisco: «La hojarasca y el tiempo». *Diario de Burgos*, 15 de noviembre de 1955, p. 6 y Cossío, Francisco: «La hojarasca y el tiempo». *Nueva Rioja*, 17 de noviembre de 1955, p. 8.

sus formas en la aminoración del apetito de dialogar, tan vehemente cuando yo era un muchacho, como los de comer, beber y moverse. He conocido una Europa latina o mediterránea peripatética, llena de olores a té, a café y a cigarros. El diálogo es una de las raíces de la civilización greco-latina, y parece haber perdido su savia milenaria. En las tierras bajas de Andalucía se aprecia, aun, como los humanos siguen aferrados a esa tradición del diálogo, que abre los senos de la conciencia y del cerebro, para que de ellos fluyan la intimidad y el pensamiento. Pero cada vez que acudo a París, y voy en demanda de aquellas ágoras [...] que sucedieron a los salones de otro tiempo, y en las cuales fueron formulados movimientos intelectuales y estéticos que conmovían al mundo civilizado, encuentro el vacío, la soledad.

El diálogo entre los europeos está convirtiéndose en una mecánica monosilábica, urgente y destemplada. Nos está dominando el demonio de la prisa y estamos asidos por la hidra de la introversión. Nuestro continente se empieza a parecer a esos «clubs» londinenses en los que el zumbar de una mosca irrita a los silenciosos lectores de «The Times»[438].

Según García Venero, la desaparición del noctámbulo respondía a una «transformación radical» que no solo afectaba a España en general y a Madrid en particular, sino a todas las sociedades mediterráneas:

La noche no volverá a poblarse y la desaparición del noctámbulo es general en la cuenca mediterránea. Los

438. García Venero, Máximo: «La desaparición del noctámbulo». *Baleares (Diario de la mañana)*, 29 de marzo de 1958, p. 12.

calores tórridos echarán a las calles a las muchedumbres. Pero su presencia en la calle viene a ser un mero ejercicio físico, una sumisión sin alegría a los dictados del calor y del aire inmóvil. Ahora he vuelto a pasar por ciudades en que había una fascinadora vida nocturna y en las que el diálogo brillaba tanto como la copiosa iluminación artificial. De nuevo las he visto desiertas, grises, abrumadoras.

Pero es difícil pronunciarse al respecto, y dilucidar quién llevaba razón, pues volviendo al caso de Madrid, en un artículo publicado en medios de Valladolid y Zamora, fuera de toda sospecha, se aseguraba que el ocio nocturno madrileño nada tenía que envidiar al de París, como no fuera en temas de marketing:

> En la periferia madrileña, en los barrios de la Ciudad Jardín y de la Ciudad Lineal hay «cabarets» nocturnos con atracciones que valen las de París, y con estrellas tan conocidas que sorprende no se dé a su actuación mayor publicidad. Se contentan, por lo visto con estar en la cartelera de espectáculos con el simple anuncio de la casa. En cambio, en París, no se les deja ni a sol ni a sombra y con ella se celebran entrevistas periodísticas, mientras aquí desempeñan su papel y se vuelven a su país, habiendo cumplido los contratos firmados con los representantes firmados en París, Francfort o Londres, según la nacionalidad de la «estrella». Vemos que incluso en la periferia, en la calle de Arturo Soria, entre la plaza de Castilla y el populoso barrio de las Ventas, en cierto «cabaret» se ofrecen autocares para volver al centro de la capital, dado que el servicio de autobuses cesa a altas horas de la noche.
>
> En total, cincuenta salas de fiestas en la periferia y en el centro [...] En una palabra, la vida nocturna de Madrid es

algo que deja encantados a todos, a los de aquí y a los de allí[439].

En cambio, Eugenia Serrano, desde las páginas del diario *Pueblo*, también se hacía eco de aquellos que proclamaban que Madrid «es una ciudad muerta, sin vida nocturna»[440], entre los cuales no sabemos si se incluía el dramaturgo y periodista Joaquín Calvo Sotelo, hermano del protomártir del Régimen, quien se confesaba públicamente noctámbulo, «un poco por obligación de un oficio y un poco por amor a la noche»[441].

La que sí podemos incluir dentro del club de los noctámbulos empedernidos es a la actriz estadounidense Ava Gardner, que tuvo fijada su residencia en la capital de España entre los años 1953 y 1967, y a la cual se atribuye una frase que bien podría dejar zanjada la polémica o, como mínimo, contribuir a despejar cualquier duda sobre la vida nocturna madrileña de la época: «Si conoces bien Madrid, las noches no se acaban nunca»[442].

Cuando la riqueza habitaba con el hambre (I): el caso de Barcelona

Paco Villar es autor de un magnífico libro, profusamente ilustrado, sobre la vida nocturna en la Barcelona de posguerra,

439. «La supuesta mala fama». *Libertad (Diario nacional-sindicalista)*, 27 de diciembre de 1956, p. 8.
440. Serrano, Eugenia: «Madrid Club». *Pueblo*, 24 de octubre de 1957, p. 18.
441. Sueiro, Daniel: «Joaquín Calvo Sotelo, en cita con el éxito». *El Español (Semanario de los españoles para todos los españoles)*, 11 de enero de 1958, p. 53.
442. Sobre la presencia de Ava Gardner en Madrid, ver Ordóñez, Marcos: *Beberse la vida. Ava Gardner en España*. Madrid: Aguilar; 2004 y Vicent, Manuel: *Ava en la noche*. Madrid: Alfaguara; 2020.

mientras estuvo en vigor la cartilla de racionamiento (1939-1952), cuyo título resume perfectamente la cuestión, y de ahí que nos hayamos tomado la libertad de piratearlo para introducir este epígrafe: cuando la riqueza se codeaba con el hambre[443].

Se trata de una inmersión por la Barcelona de posguerra, en un periodo en el que la ciudad estaba atenazada por el hambre, el miedo, la venganza y una fuerte represión política[444]. Un retrato desde el punto de vista del ocio y la vida nocturna de una ciudad instalada en la doble moral y llena de contrastes: miseria y escasez para unos, riqueza y excesos para otros. Una Barcelona de enormes diferencias, con una clase media empobrecida, los pobres multiplicados, viviendo en una situación de precariedad sin precedentes, y una clase alta cada vez más rica. Una sociedad, en definitiva, dividida entre vencedores y vencidos.

Esta situación de pobreza extrema y las consecuencias personales de la guerra, que dejó a un gran número de mujeres viudas o separadas, la mayoría de ellas jóvenes sin porvenir, provocó una eclosión de la prostitución, con la aparición de numerosos *meublés* y casas de prostitución. Así, por ejemplo, la delegación del Patronato de la Mujer de Barcelona constataba la existencia en 1943 de 101 meublés y 120 casas de prostitución censadas. Dos años después, en otro informe emitido, la suma de los dos tipos de establecimientos alcanzaba la cifra de 383, y se cuantificaba el número de mujeres que pública o clandestinamente ejercían la prostitución en 50.000[445].

---

443. Villar, Paco: *Cuando la riqueza se codeaba con el hambre. Vida nocturna en la Barcelona de la posguerra (1939-1952)*. Barcelona: Ajuntament de Barcelona; 2019.

444. Por ejemplo, en el tristemente famoso Campo de la Bota se registraron ejecuciones sistemáticas hasta el 24 de marzo de 1952.

445. Villar, Paco: *Cuando la riqueza se codeaba con el hambre. Vida nocturna en la Barcelona de la posguerra (1939-1952)*. Barcelona: Ajuntament de Barcelona; 2019, p. 14.

Además de esta situación de enormes desigualdades, la sociedad también se vio privada de libertades y controlada por un intransigente movimiento en defensa de la moral y la religión. Esta cruzada moral y religiosa, unida al férreo control policial, consiguió limitar la vida de ocio que tenía la ciudad. Bares y restaurantes pasaron a restringir sus horarios; salas de música, teatros y cines, además de sus horarios, vieron sometidos sus contenidos al control de la censura. El mundo del espectáculo también se vio subyugado a la represión, y se impusieron grandes multas a los elementos que no llevasen el sello de la censura: textos, vestuario y canciones, entre otros.

En 1940 el panorama de la vida nocturna barcelonesa, envidia de propios y extraños antes de la guerra, no podía resultar más desolador:

> En Barcelona ya no hay vida nocturna. El miedo y la miseria han terminado con el bullicio de puerto activo. A las once de la noche ya no hay nadie en las Ramblas. Nadie, más que las patrullas de vigilancia y los desgraciados que duermen sobre los bancos o en los quicios de las puertas[446].

Cuatro años más tarde las cosas apenas habían cambiado en las Ramblas y en el otrora famoso barrio chino, que seguían ofreciendo un aspecto completamente amargo y triste:

> Si un capítulo de la historia ciudadana ha pasado definitivamente a mejor vida, es el que animó el «barrio chino». Deambular hoy por la calle del Cid, es algo que

---

446. «El pueblo español pasa hambre. Todos los artículos de primera necesidad pagan tasa de lujo. Pero los privilegiados del régimen viven bien». *España Popular (Semanario al servicio del pueblo español)*, México D. F., 18 de abril de 1940, p. 4.

invita a la meditación y al arrepentimiento. Como en los castigos bíblicos, de lo que fue famosa «Criolla», no ha quedado piedra sobre piedra. Ruinas, oscuridad y silencio, reinan en la antes bulliciosa y jamás dormida calle.

Al otro lado de la vía del Conde del Asalto, en la calle de las Tapias, ha intentado un tímido resurgir el núcleo barrio bajero barcelonés. Pero las luces multicolores de figones, cines y prostíbulos, no han logrado disipar la tristeza de la maloliente rúa.

Queda la Rambla, nuestra eterna Rambla, por corazón, la Plaza del Teatro, y por apéndice, la calle de Escudillers, nueva y jaranera Babilonia de la manzanilla con tapas, las comidas pantagruélicas y las canciones cantábricas regadas con abundantes «vasos».

Pero, las luces de la Rambla ya no engañan a nadie. De antemano, las sabemos condenadas a morir. La media para las dos, es el filo de la guillotina que decapita la noche. Más allá, ya no quedan en la calle sino sombras. Porque sombras son, también, estos raros pasantes —vendedores de cervezas, de tabaco, de amor— y su clientela, mundo fantasmal que se resiste a morir.

Bajo el imperio de la ley, la madrugada lo unifica todo. Como en cualquier ciudad provinciana, únicamente las pisadas del sereno despiertan ecos en las esquinas dormidas. Al trasnochador empedernido, deseoso de prolongar la vela, sólo se le ofrecen dos soluciones: la farmacia de turno y el quiosco de periódicos[447].

Sin embargo, la noche Barcelonesa iba recuperándose poco a poco. Desde luego, ya no era aquella «ciudad en la que

---

447. «En la Europa que se resiste a morir. Las nuevas noches de Barcelona». *Destino*, año VIII, nº 352, 15 de abril de 1944, p. 3.

nunca se ponía la luna»[448], pero en 1949 se publicó un libro de Ángel Zúñiga, titulado precisamente *Barcelona y la noche*, en el que ya se dejaba traslucir cierto optimismo. En este sentido, el citado libro de Paco Villar demuestra cómo la necesidad de resurgir de una sociedad sometida fue más fuerte que la situación de represión y de censura impuesta por el régimen de Franco. Entre otras consideraciones, porque, después de una contienda tan traumática, y más allá de la inevitable retórica, al propio Régimen le interesaba que los españoles se divirtieran y olvidaran. Así, poco a poco, el ocio nocturno rebrotó con fuerza en unas áreas muy concretas de Barcelona, algunas con un reconocido pasado de vida nocturna (el Barrio Chino, el Paralelo, la Rambla y la calle de Escudellers) y otras de nuevo cuño (la Diagonal y el Eixample).

El Barrio Chino siguió funcionando como el viejo gueto de calles truculentas, infestadas de prostitución y de burdeles (El Recreo, El Jardín, La Flecha, La Paloma Blanca, La Sirena, La Cubista, La Gaucha, etcétera). Su epicentro se encontraba en la calle de les Tàpies, donde destacaba la sala de fiestas Barcelona de Noche, inaugurada unos meses antes del comienzo de la Guerra Civil. Algunos de los establecimientos nocturnos existentes consiguieron sobrevivir a la guerra, unos españolizando su nombre, como el Trink-Halle, que pasó a llamarse Covadonga, otros ocultándolo, como el London Bar. El prostíbulo Madame Petit, el cabaret flamenco Villa Rosa y un pequeño teatrillo conocido la Bodega Bohemia también consiguieron sobrevivir, pero en absoluta decadencia y en dura competencia con nuevos locales como el bar Pastís y el bar Kentucky. La sala de fiestas Casablanca estuvo en funcionamiento hasta 1948, el Teatro Circo Barcelonés mantuvo su programación hasta que

448. Zúñiga, Ángel: *Barcelona y la noche.* Barcelona: José Janés Editor; 1949.

fue expropiado y demolido en 1949 y el café y restaurante de noche Bobinó aguantó hasta 1956.

En la parte baja de la Rambla había prostitución las veinticuatro horas del día. Casa Juan, uno de los locales míticos de esta vía barcelonesa, tuvo que competir contra nuevos establecimientos como el restaurante Casa Amaya o el Frontón Colón, uno de los locales más modernos y con capacidad para más de dos mil quinientas personas, que, además de promover la pelota vasca, incitaba a la prostitución. Los antiguos cabarets de la Rambla (La Buena Sombra, el Club de Arte Excelsior y el Catalán), rebautizados como salas de fiesta, ofrecían programación musical y espectáculos de variedades a diario. Y Los Cabales, un nuevo colmado flamenco, se sumó a los ya existentes (El Sanlúcar, el bar Andalucía y Los Candiles) y junto con el León de Oro —un antiguo café reconvertido al estilo flamenco— y La Charca la Pava dejaban la impronta flamenca y taurina en el barrio.

En 1945 se inauguró la terraza-jardín Saratoga, que en el plazo de cinco años pasó de presentarse como «el lugar más fresco de Barcelona»[449] a anunciarse como «el único rincón internacional de Barcelona»[450]. El éxito de este establecimiento, que acogía la vida nocturna de la ciudad bajo una atmósfera más intimista, animó a sus propietarios a abrir el Zoco Club, que se publicitaba como «el rincón de los aristócratas», y que sería reemplazada en 1951 por el Sanssouci.

Un año antes, la inauguración del Folies, un local que ofrecía una programación al estilo parisino y que albergó a dos de las principales vedetes del momento (la española Gema del

449. *La Vanguardia*, 22 de junio de 1945, p. 4.

450. *Hoja del Lunes (Editada por la Casa Provincial de Caridad)*, 9 de octubre de 1950, p. 2 y *Hoja del Lunes (Editada por la Casa Provincial de Caridad)*, 13 de noviembre de 1950, p. 9.

Río y la francesa Michèle Richard), supuso todo un acontecimiento al cosechar «el éxito más destacado de la vida nocturna de Barcelona». Pero el acontecimiento que abrió paso a nuevas tendencias fue la llegada a puerto de Barcelona de la VI Flota de la Marina de Guerra estadounidense, cuya presencia representaba una vía de entrada de divisas. Todos los locales se mostraron abiertos a recibir a sus miembros y a partir de ese momento y en años sucesivos se cambiaron letreros del castellano al inglés, admitiendo el pago en dólares. Un buen ejemplo de esto mismo lo constituyó el night club Panam's, inaugurado mediados los años 50 donde antes había existido el café-restaurante Lion d'Or, siendo muy frecuentado por marineros estadounidenses de la VI Flota y prostitutas.

En la calle de Escudellers, junto a dos antiguos establecimientos como Los Caracoles y el Grill Room, se registró una concentración de tabernas folklóricas y casas de comidas (La Hostería del Laurel, La Prueba, Los Cuatro Hermanos, La Concha y El Buen Humor) especializadas en la oferta de tapas (pescadito frito, calamares, gambas, etcétera). La proximidad del Chalet del Moro y otras casas de citas determinaban que esa calle aneja a la Rambla gozara también de una importante animación nocturna.

En el Paralelo el famoso Ba-ta-clán hubo de cambiar su nombre por el de Rataplan y terminó cerrando sus puertas en 1942. Los vencedores también obligaron a castellanizar el nombre del Petit Moulin Rouge y a suprimir la palabra «rojo» por las connotaciones políticas que pudiera sugerir. Pero, ni la censura impuesta por el Régimen, ni la situación de crisis económica, con las consabidas restricciones y cortes de fluido eléctrico, consiguieron que los empresarios establecidos en la famosa vía dedicada al ocio y el espectáculo renunciaran a salir adelante. Muchos lo consiguieron adaptando sus salas para la proyección de películas, otro albergando combates de boxeo y los más avispados dando cobijo a la música de moda, el jazz, tanto en su versión *swing*, como *hot*.

El jazz tuvo una gran aceptación popular y su ritmo inundó las noches barcelonesas, causando furor en toda la sociedad. La sala que reinó en este sentido en la noche barcelonesa por sus dimensiones fue el Olimpia, que posteriormente se conocería como El Palacio del Jazz, pues atesoraba uno de los mayores escenarios del mundo, con capacidad para seis mil espectadores, una pista de circo reconvertible en piscina, un salón de baile y un café. El Teatro Condal también redobló su apuesta por el jazz y el salón Amaya, inaugurado por Antonio Astell Muro el 24 de abril de 1943, llegó a ser conocido como el Savoy de Barcelona, la Catedral del Swing, la Meca de la Nueva Religión y el Palacio de la Música Moderna. Allí se podía bailar *swing* de una manera más osada que en el resto de los locales y se podía concursar. Y los bailarines más famosos, conocidos como «los gitanos del Amaya» llegaron a dar exhibiciones en otras ciudades, por lo que la fama del local se proyectó no solo más allá del Paralelo sino incluso fuera de Barcelona[451].

La creación en 1943 de la Fiesta Mayor en el Paralelo[452], con 22 días consecutivos en los que se concentró la actuación de grupos, orquestas y vocalistas de jazz, más otros eventos y atracciones, contribuyeron al desarrollo de la vida de los cafés, entre los que destacaba el Café Español, que había conocido sus mejores años en el periodo anterior a la guerra civil.

Los teatros que se mantuvieron como tales fueron el Vic-

---

451. Sobre el Salón Amaya, ver: «Los gitanos del swing». *Me encanta el swing (Espacio para el swing, el jazz clásico, el lindy hop y todo lo relacionado con esta música maravillosa)*, 8 de marzo de 2018.

452. «¡22 días de Fiesta Mayor en el Paralelo! Sardanas, conciertos, carreras de sacos, fuegos de artificio, rondallas, corridas de toros y otras mil atracciones». *La Prensa (Diario de la tarde de información mundial)*, 7 de mayo de 1943, p. 6.

toria y el Nuevo. Y hubo otros establecimientos que ayudaron a mantener viva la llama del Paralelo: el Café del Teatro Nuevo, el Café Paralelo, Ambos Mundos, el Bar Arnau, etcétera.

En aquel Paralelo de la autarquía las dos únicas salas que ofrecían espectáculos de music-hall eran el Café Concierto Sevilla y El Molino, que conoció sus años de mayor esplendor a partir de 1944, cuando el empresario Francisco Serrano se hizo cargo de la sala y contrató a la Bella Dorita. Pero el acontecimiento que transformaría la noche barcelonesa fue la irrupción de la Compañía de Revistas Vienesas, que se presentó en el Teatro Cómico en 1942 y al que le siguieron años de éxitos, por su carácter internacional y por su estilo innovador.

Antes de la guerra civil en el Eixample apenas existía el ocio nocturno, pero en la posguerra la situación cambió, merced a un proceso de transformación arquitectónica que se registró en toda Barcelona. En la nueva topografía del ocio barcelonés, tres lugares marcaron un hito: el Club Trébol, con su elegante terraza de verano, inaugurado pocos meses después de haber finalizado la guerra; la sala Rigat, conocida por ofrecer los primeros espectáculos de música latina, y la sala de fiestas Río, decorada al más puro estilo de los night clubs de Nueva York, con una ornamentación que evocaba Río de Janeiro.

Dos establecimientos de solera, como Casa Llibre y El Grill del Ritz, reanudaron su actividad. Si el primero se especializó en ofrecer conciertos de música clásica, el segundo optó por los conciertos de jazz. Por lo demás, El auge de la pelota vasca motivó la apertura del Frontón Condal.

En la zona derecha del Eixample, en la Rambla de Catalunya y en torno a la calle de Aragón, bares que ya existían antes de la guerra, como La Puñalada, Navarra —antiguo Euskadi— o el Salón Rosa, se reconvirtieron en salones de té o salas de fiestas. Y aparecieron locales que se sumaron a la nueva ruta nocturna: el Florida Bar (algunos años después cambiaría su nombre por el de Guinea), El Parador del Hidalgo, Miami, Kursaal, Marfil, Shanghái (antes baile-taxi Tabú Club), que sería rebautizado como Bolero, etcétera. Por su parte, la Bodega del Calderón, integrada en el Teatro Calderón y el cine Cristina, había sido concebida para recibir a un público distinguido y selecto y, en consecuencia, ofrecía cena, baile y espectáculo con dos grandes orquestas y notables atracciones. Se trataba de establecimientos de moda, elegantes, frecuentados por las autoridades franquistas y la alta burguesía, donde se juntaban negocios, lujo y deseo, por lo que en varios de ellos se ejercía, con más o menos disimulo, la prostitución subrepticia. Aquellos locales, en palabras del escritor Francisco González Ledesma, gran conocedor de la vida nocturna barcelonesa, eran lugares «donde la riqueza se codeaba con el hambre, recintos de prócer que elige y de chica a la que nunca han permitido elegir»[453].

En cambio, la parte izquierda del Eixample recibía una clientela más popular, y allí se establecieron un número considerable de casas de prostitución. La calle de Aribau se caracterizó por estar habitada, en gran parte, por queridas o *amigas* de gente adinerada. Con todo, los principales enclaves de la prostitución en este lado del Eixample se encontraban entre las calles del Consell de Cent y de Diputación, entre Aribau y Balmes, y entre la Gran Vía y Sepúlveda, destacando el mítico *meublé* conocido como la Casita Blanca.

En las calles de Aribau, Muntaner, Diputació, Consell de Cent y Floridablanca, se asentó un gran número de salones de baile, bares y bailes-taxi, entre los que podemos mencionar la

453. González Ledesma, Francisco: «La Barcelona del pecado oculto». *La Vanguardia*, 17 de abril de 1990, p. 5, citado por Villar, Paco: *Cuando la riqueza se codeaba con el hambre. Vida nocturna en la Barcelona de la posguerra (1939-1952)*. Barcelona: Ajuntament de Barcelona; 2019, p. 199.

sala Gran Price, con capacidad para cinco mil personas, el salón Metropolitano y también el salón Emporium. Mención aparte merece Las Vegas Club (Chez Elzo), que muy pronto se convirtió en un referente de la noche barcelonesa de los 50 con actuaciones como la del pianista Tete Montoliu para despedir el año 1954.

La actual avenida Diagonal, conocida durante aquellos años como avenida del Generalísimo, sufrió una transformación tan grande en la época de la posguerra que acabó por quitarle protagonismo al mismo paseo de Gracia.

A la inauguración del bar Bagatela, que tuvo lugar a mediados de junio de 1941, siguieron la del Salón Estoril, que luego pasaría a llamarse Granja La Catalana, el restaurante Finisterre, considerado por muchas personas como el mejor de Barcelona, y el salón de té Sacha, que tuvo una gran acogida. Pero el local que a juicio de Paco Villar mejor definía lo que representaba la avenida fue el Windsor Palace[454], que poseía la sala de cine más elegante de la ciudad, además de bar, sala de fiestas y restaurante.

En la plaza de Calvo Sotelo, atravesada por la avenida del Generalísimo se concentraron varios locales que le dieron justa fama: el bar Mery, el salón de té Arnaiz, el café y restaurante Sándor y la sala de fiestas Rialto. No obstante, el establecimiento de aportaría auténtica gloria nocturna a la plaza sería el restaurante y salón de fiestas Lamoga, inaugurado el 21 de octubre de 1946, con dos plantas y sendas pistas de baile, un gran escenario y una decoración exquisita en la que sobresalían grandes lámparas, espejos y estatuas.

Además, en la avenida del Generalísimo, y vertebrando

454. Villar, Paco: *Cuando la riqueza se codeaba con el hambre. Vida nocturna en la Barcelona de la posguerra (1939-1952).* Barcelona: Ajuntament de Barcelona; 2019, pp. 265-269.

el paso hacia el Turó Park, la avenida Pearson o la carretera de Esplugues, se concentraron una serie de restaurantes elegantes dotados de jardín (California, El Cortijo, Monterrey, Rosaleda, Cactos, Copacabana, Bahía o Jardines Casablanca), que ofrecían baile amenizado por la música de las orquestas de moda y los mejores vocalistas. En estos establecimientos elegantes solían darse cita las autoridades del Régimen, la alta burguesía, los estraperlistas y los nuevos ricos, y en cierto modo revolucionaron la vida nocturna de Barcelona.

Próximo a estos restaurantes elegantes con jardín, cuando la década de los 40 tocaba a su fin, se inauguró un nuevo espacio de música con orquesta, el Embassy Club, pensado para los hijos y las hijas de las familias acomodadas de la alta burguesía. Y a principios de julio de 1953 el complejo Bikini, un curioso espacio que albergaba un campo de mini-golf, una bolera, un bar americano y una sala de fiestas, que, reconvertida posteriormente en discoteca, perduró hasta 1990.

Cuando la riqueza habitaba con el hambre (II): el caso de Madrid

En realidad, el esquema que presenta Paco Villar para la Barcelona de posguerra, con una sociedad dividida por las desigualdades y caracterizada por los contrastes, es trasladable a Madrid y al resto del Estado. Sirva como ejemplo la siguiente crónica del semanario *España Popular*, publicado por republicanos españoles desde el exilio mexicano a principios de 1940:

> Días pasados se inauguró en Madrid, en la calle de Jiménez Quesada, número 2 (edificio del teatro Fontalba), un nuevo y elegantísimo salón de té, donde el público más elegante y distinguido habrá de reunirse preferentemente en lo sucesivo.

> [...] Al acto inaugural del nuevo punto de reunión acudieron también numerosos aristócratas vigueses, que tienen en su localidad la casa matriz de Suevia, título del establecimiento a que nos referimos.
>
> Al esmero con que es ofrecido el servicio hay que agregar la actuación de una selecta orquesta, que ofrece a la juventud las delicias de los bailes modernos.
>
> La gente «bien» del régimen puede regodearse en «nuevos y elegantísimos salones de té», mientras el pueblo español está hundido en la miseria. ¡A los señoritos madrileños ni siquiera los condenan a bailar solamente la jota serrana, como ha hecho el gobernador de Ávila con la juventud de aquella provincia![455]

Pero hasta en ese Madrid, donde coexistían el caviar y el racionamiento, el barrio de Salamanca y los suburbios de chabolas, se registró una pugna por el resurgimiento de una sociedad que vivía sometida. Una recuperación social que se haría más evidente tras la victoria de los aliados en la Segunda Guerra Mundial, a medida que el régimen de Franco fue distanciándose progresivamente de las tesis fascistas y presentándose como un neutralista imparcial que había librado a España de los horrores de la guerra y al mismo tiempo como un gran aliado en Occidente para luchar contra el comunismo. Una estrategia de supervivencia en el nuevo contexto internacional, que incluso le llevaría a promover una campaña cultural pro-estadounidense.

La oferta de salones de té-baile se amplió a finales de 1939 con la inauguración de J'Hay en plena Gran Vía, entonces llamada oficialmente avenida de José Antonio, que seguía siendo

455. «Mientras el pueblo hambre, inauguran grandes salones de té. Cuarteles, campanas y salones de baile». *España Popular (Semanario al servicio del pueblo español)*, México D. F., 4 de marzo de 1940, p. 2.

el gran escaparate de la capital. En 1941 triunfaron ampliamente este tipo de establecimientos, que funcionaban a pleno rendimiento tanto por las tardes como por las noches: Conga, en el edificio del cine Progreso; Rosmari, ubicado también en la avenida de José Antonio, aunque tenía la entrada por la calle Mesonero Romanos; el ya citado Salón Suevia, en el que se celebraban fiestas aristocráticas; Cunigan, en Fuencarral 118, que se anunciaba como el «más confortable y acogedor de Madrid» y donde todos los días se celebraban «grandes fiestas»; EPAI, en el número 5 de la calle Recoletos, que también ofrecía servicio de restaurante; Itálica, donde debutó la diva del *swing* Elsie Bayron, apodada «La diosa de ébano», «La Venus de ébano» o «La maga del ritmo»[456], etcétera. Para despedir ese año la «elegante sala» J'Hay celebró una «gran fiesta de las uvas» a partir de las 10 de la noche, a la que acudieron «ilustres personalidades y las familias más distinguidas de Madrid». De hecho, este establecimiento no tardaría en prescindir de la nomenclatura salón de té-baile, para ofrecerse al público como sala de fiestas.

La plaza del Rey también bullía de fiesta, pues el Teatro-Circo Price recuperó los «grandes concursos de baile», sin incurrir en los excesos de los años precedentes. Y justo enfrente del Price reabrió la sala de fiestas Casablanca, que empezó a dar respuesta a las nuevas necesidades de ocio nocturno que surgieron en Madrid y tuvo en las orquestas que actuaban en la sala a sus más grandes atractivos.

Entre los establecimientos que ya existían antes de la guerra cabe citar la sala Barceló y sobre todo Chicote, que durante la etapa autárquica conoció sus años de mayor esplendor. Según el catedrático José Antonio Ríos Carratalá, en aquel local «lo

456. «Divas del swing en la España de Posguerra: Elsie Bayron». *Me encanta el swing (Espacio para el swing, el jazz clásico, el lindy hop y todo lo relacionado con esta música maravillosa)*, 4 de mayo de 2018.

prohibido estaba permitido para una élite a cambio de su silencio y fidelidad [...], un grupo de señoritos capaces de simultanear la fidelidad a la dictadura con las más variadas licencias en el orden moral o ético»[457]. Había tráfico de penicilina y la prostitución, el alcohol y las drogas (morfina y cocaína) estaban presentes sin problemas a condición de que los protagonistas de estas excepciones fueran personas de orden adictas al Régimen[458].

En la otra acera de la avenida de José Antonio, justo enfrente de Chicote, se inauguró el bar club El Abra, donde —según un testimonio cualificado— «iban los que salían de Chicote y buscaban una mujer para tener unas horas de sexo» y también «los representantes y comerciantes de provincias cuando venían a Madrid». El escritor Moncho Alpuente, otro buen conocedor de la noche madrileña describía el ambiente que pululaba por El Abra con estas pinceladas:

> Putiferio fino y alcohol de calidad para los arribistas de la posguerra, especuladores y estraperlistas, artistas y periodistas, paniaguados del nuevo régimen, policías y confidentes, politicastros y mujeres de vida alegre, tristes putas de sonrisa forzada y busto generoso[459].

Pero el establecimiento que definitivamente rompió moldes desde su inauguración, acontecida el 20 mayo 1942, fue la fastuosa y mítica sala de fiestas Pasapoga, también ubicada en la entonces avenida de José Antonio.

---

457. Valenzuela, Alfredo: «El bar Chicote de Madrid, ejemplo del cinismo franquista». *Madrid Actual,* 14 de agosto de 2016.
458. Ríos Carratalá, José Antonio: *Nos vemos en Chicote. Imágenes del cinismo y el silencio en la cultura franquista*. Sevilla: Renacimiento; 2015.
459. Alpuente, Moncho: *Un maldito enredo.* Tres Cantos (Madrid): Akal; 2012.

Alazán, desde el paseo de la Castellana, entonces avenida del Generalísimo, vino a incrementar la oferta de ocio nocturno en Madrid. Lo que en principio se anunciaba como un discreto bar y salón, en apenas dos años se presentó en público como una auténtica boite:

> Madrid, el Madrid moderno y distinguido de la avenida del Generalísimo, cuenta con un salón de té que en nada tiene que envidiar a los más lujosos establecimientos que de esta índole existen en todas las grandes y modernas capitales.
>
> Es indudable que en el tráfago comercial y artístico de todas aquéllas hay establecimientos que se limitan a cumplir su función. Los hay también que, por su importancia, significado y características, honran a una ciudad. En la nuestra, justo es reconocerlo, todos cumplen largamente su cometido; pero el que ahora nos ocupa, el salón de té «Alazán», la señala con distinción y rango.
>
> Y ello principalmente porque un salón de té —por muchas y valiosas que sean sus externas y excelentes cualidades— no es nada en sí; lo es todo el público que lo visita y frecuenta. Este le da vida, animación, distinción y prestigio. Virtudes todas que hemos podido comprobar en «Alazán» se dan en no escasa proporción.
>
> Su nueva Dirección ha introducido una serie de mejoras y novedades que difícilmente escapan al comentario.
>
> Ciertamente, los elogios que habíamos oído sobre dicho establecimiento tenían su razón de ser. Junto a la reforma de la ya de por sí amplia y lujosa sala, nos encontramos allí mármoles costosos, espejos deslumbrantes, detalles decorativos del más refinado gusto, conseguidos siempre a base de modernísimos motivos de auténtica belleza, sin olvidar el imprescindible «confort» ni el más

solícito e insuperable servicio.

La sencillez corona todo el local. El artista que lo decoró puso en feliz concordia el sobrio, estilo clásico, siempre señorial, con el colorido moderno, que da vida y alegría...

Y en este agradable marco, el espectáculo del gran público —el más escogido y selecto de Madrid— que, danzando al ritmo de las melodías de una magnífica orquesta, o en amable e íntima tertulia, pone una nota de la más depurada elegancia al bello y espléndido conjunto.

Pierre Michel, ya famoso en nuestra capital, es el gran artista que ha conseguido agrupar a los principales solistas, haciendo un quinteto «swing» a cuerda —sin piano, ni batería— verdaderamente sorprendente. Es la primera orquesta de este estilo que actúa en España.

Resumiendo, Madrid tiene su «boite». Su elegancia le ha hecho ya el sitio indicado y el ambiente ideal para dejar transcurrir unas horas felices en encantadora compañía. Esas horas que todos tenemos y que, cuando más deliciosas nos resultan, más nos esforzamos inútilmente en alargar [...][460].

La nómina de locales de esparcimiento y diversión que contribuyeron a resucitar aquel Madrid de posguerra era muy extensa: la sala de fiesta del Círculo de Bellas Artes; la sala de fiestas Conga, que fue «suntuosamente reformada» en 1948; Fontoria, en los bajos del teatro-cine Albéniz; El Cortijo en Madrigal, los bailes del Club Palmeras y del Club Salamanca, donde las señoritas entraban gratis; el Coliseum; el Metropolitano; Tarzán, en el número 60 de la calle Atocha; Zarda, en el 64 de la avenida de José Antonio, etcétera. En El Retiro se

460. Castro: «Una "boite" digna de nuestra capital: "Alazán"». *ABC* (Madrid), 12 de diciembre de 1946, p. 2.

inauguraron otras dos salas de fiestas: Parque Florida o Florida Park y Pavillón. También destacaron en la Cuesta de las Perdices (carretera de La Coruña), o sea, «a las puertas de Madrid y como en un mundo de ensueño... acogedor... elegante... original... suntuoso... y nuevo», tal y como rezaba la publicidad, Villa Romana, abierta al público el 27 de marzo de 1948, y Riscal, en el número 11 de la calle Marqués de Riscal, una mezcla de restaurante y sala de fiestas, que adquirió su máxima popularidad cuando acondicionaron y abrieron la terraza del edificio, y cuyos ingredientes básicos eran dos: la presencia de algunas prostitutas de lujo y su célebre paella, que algunos se hacían servir ya de madrugada[461].

Durante la década de los años 50, y aprovechando el alargamiento de los horarios de cierre, no menos de cincuenta establecimientos públicos, entre restaurantes, clubs, boites, y salas de fiestas, con música en vivo, bailes, espectáculos y diversas atracciones garantizaban un amplia oferta de ocio nocturno en la capital del Estado, destacando entre los nuevos locales Teyma en la plaza de Callao; Morocco en la calle Marqués de Leganés; la boite tropical Río, en la plaza de Santa Ana; El Biombo Chino, en la calle Isabel la Católica; Molino Rojo, en la calle Tribulete, Savoy, en la calle Marqués de Viana; Micheleta Night Club, en la calle Costanilla de los Ángeles; Flamingo; York Club; Rumbo; Club-Boite Castelló; Acapulco; Bohío Club; California Club; Copacabana Club; El Pingüino; Larre; Lusitania Club; Cisne Negro en la calle Cartagena; River Club, en la calle Leganitos; Parrilla del Alcázar; Parrilla Crillón; Parrilla Recoletos; Parrilla Rex; Samba, Safari y La Pista (El Jardín de la Noche) en la calle Arturo Soria (Ciudad Lineal); Jardines Síbaris, en el kilómetro 17 de la carretera de La Coruña, etcétera.

Por lo demás, así como en Barcelona el acontecimiento

---

461. Suárez, Eugenio: «Terraza Riscal». *El País*, 9 de julio de 1996.

que abrió paso a nuevas tendencias fue la llegada a su puerto de la VI Flota de la Marina de Guerra estadounidense, cuya presencia representaba una vía de entrada de divisas, en Madrid —precisamente por ser la capital del Estado— sucedió algo parecido a partir de 1955, cuando España se convirtió en el gran plató de Hollywood[462] y sobre todo cuando entró en funcionamiento la base aérea de Torrejón de Ardoz. Una influencia que también se dejaría sentir tras la inauguración de la base areronaval de Rota (Cádiz), la base aérea de Morón de la Frontera (Sevilla) y la base aérea de Zaragoza.

Vida nocturna en Valencia y otras ciudades

Valencia, castigada por aire y desde el mar durante la guerra civil, también perdió durante los primeros años de posguerra la bulliciosa vida nocturna que conoció antes, sobre todo mientras ostentó la capitalidad de la República. Seis años después de la terminación del conflicto fratricida la vida nocturna de la capital del Turia todavía ofrecía un panorama francamente desolador:

> Al filo de las diez y media se inicia propiamente la noche ciudadana. Una imperceptible multitud desfila por calles y plazas con paso rápido y nervioso, hacia las salas de espectáculos y a los cafés. Hay que llegar «a hora». Son escasos los coches que circulan. Y rarísimos los tranvías que pasan. Instantes después cesa toda señal de vida y la ciudad queda sumida en un profundo silencio. La calma es casi absoluta [...]. Este es, a grandes rasgos, el aspecto que Valencia ofrece por la noche. Esa misma Valencia tan fes-

462. Díaz Quijano, Fernando: «Cuando España fue el gran plató de Hollywood». *El Español*, 27 de diciembre de 2018.

tiva de ordinario, obligada a guardar luto [...]. Silenciosa hoy y tan ruidosa ayer. Singular contraste.

[...] No da más de sí la noche valenciana.

Pero la necesidad de resurgir de la sociedad valenciana también acabó por superar la situación de represión y de censura impuesta por el Régimen y poco a poco, el ocio y la vida nocturna fueron renaciendo. Así, apenas dos años después la ex bailarina Mercedes Viana inauguró en pleno centro de la ciudad la sala de fiestas Mocambo Club, la más «distinguida, elegante y exquisita», frecuentada por una clientela de postín: toreros, políticos franquistas, ricos comerciantes y visitantes ilustres[463].

En 1952, la oferta de ocio nocturno de Valencia ya se había ampliado con el restaurante night club Terraza Rialto, la boite de nuit Pilma, la sala de fiestas Río Club y otros establecimientos, aunque las noches en esos lugares de esparcimiento todavía representaban «un lujo», que cobraba especial relevancia y esplendor durante la Feria de Julio. Al menos, así lo destacaba el diario *Jornada*:

> En efecto: las galas, las kermeses, los bailes elegantes suelen ser de noche. La gente viste mejor de noche, y suele ser siempre la noche el estuche más indicado para mostrar y exhibir los más selectos primores de la moda y la elegancia.
>
> Valencia tiene una vida nocturna alegre. Un tanto falta de luz, pero quizá esto sirva un poco para dar la razón a los que defienden la tesis poética de la noche y también para evocar y revisar aquello tan conocido y olvidado de «a la luna de Valencia» [...].

463. «Mocambo, el night club valenciano». *Valencia en Blanco y Negro*, 1 de junio de 2020.

> Nosotros hoy hemos querido dedicar una de nuestras páginas a Valencia de noche o, mejor aún, a las noches de Valencia que, como decíamos antes, en el verano resultan bastante alegres y de un atractivo plural que va desde los verdes y recoletos jardines del Real, en su placidez sinfónica o alborotados por los ritmos modernos, hasta la dulce serenidad del mar; dejando en el medio terrazas elegantes, pérgolas, night clubs, salas de baile y la recta luminosa e impresionante del nocturno ferial en su abigarrado y pintoresco paisaje.
>
> Estas noches de la Valencia de la Feria de Julio son maravillosas. Después del achicharrante calor del día llega la noche acariciada por la suave brisa del mar, que parece invitar a divertirse hasta la madrugada. Y no cabe duda que la invitación es aceptada con ganas y alegría.

A la conclusión de la guerra, la animada vida nocturna del barrio bilbaíno de La Palanca cesó prácticamente por completo. El cabaret llamado Casino de Artistas, fundado en el verano de 1921, fue tomado por la organización de socorro humanitario Auxilio Social para llevar a cabo en sus instalaciones «labores de diversa suerte». Lo que no impidió una protesta —prudente, eso sí— de la Sociedad Anónima que llevaba el teatro, cuando el 25 de octubre de 1941 trasladó una queja ante la autoridad gubernativa de no cobrar renta alguna por el local. Poco tiempo después, concretamente el 6 de junio de 1945 se iniciarían las obras de limpieza y retoque del antiguo establecimiento para ponerlo en condiciones de alquiler. Fue así como nació la sala de fiestas Pumanieska, que durante décadas daría brillo a la vida nocturna bilbaína[464].

---

464. Mujika, Jon: «Pumanieska, la tierra prometida». *Deia*, 22 de julio de 2018.

Poco a poco, los antiguos cabarets, clubs, bares de alterne, *meublés* y lupanares de La Palanca, entre las calles de San Francisco, Las Cortes, La Cantera, La Laguna, Gimnasio, Cantalojas, etcétera, fueron recuperando parte de su antiguo esplendor. Además, a finales de los años 50 en diversos puntos de la capital vizcaína se abrieron salas de fiestas, como Arizona Club, Capri y Seis Estrellas, donde se podía bailar al son de música interpretada en directo. Incluso en el municipio de Sodupe se inauguró en 1957 la sala de fiestas Tulua, una de las primeras abiertas en Vizcaya, que funcionaría hasta 1990[465].

La vida de noche en Zaragoza durante los años 40 y 50 giraba en gran medida en torno a dos establecimientos históricos: el Bar Café Cantante Plata, «con capacidad para unas doscientas personas, con una pequeña barra a la derecha de la entrada y un minúsculo escenario, donde normalmente actuaban tres músicos y la vedette», ubicado en el número 43 de la calle Cuatro de Agosto, y el Oasis, en la calle Boggiero 28, que «conservaba la vieja estructura de los music-hall».

No obstante, por lo que a Aragón se refiere no podemos dejar de mencionar la emblemática sala fragatina Florida, fundada en los años 40, no solo porque durante los años de la autarquía desfilaron las más rutilantes figuras de la canción ligera y las más fantásticas orquestas de la época, incluida la de Xavier Cugat, sino porque ha pertenecido a la familia Arnau desde su creación y actualmente pasa por ser la discoteca en activo más antigua del España, siendo considerada como la «catedral del techno»[466].

El Gijón de la posguerra, por mencionar una importante

465. Vieytez, Nerea: «Aquellas noches de sábado en las salas de fiestas de Bizkaia». *El Correo*, 2 de junio de 2017.

466. Puértolas, Patricia: «La sala fragatina Florida 135 celebra su 75 aniversario entre amigos y con homenaje a la saga de los Arnau». *Heraldo*, 5 de diciembre de 2017.

localidad que no ostentaba capitalidad provincial, contaba con el restaurante Somió Park, inaugurado en 1926 a dos kilómetros del centro urbano, donde también había espectáculos y atracciones y se podía bailar. También había un restaurante y merendero —que se convertiría en la sala de fiestas El Madrigal— en el que se celebraban bailes y reuniones familiares a escasos metros de la arena de la playa. Pero sobre todo destacaba por su llamativa decoración de reminiscencias orientales el Oasis Club, inaugurado el 5 de junio de 1955, en el sitio que antes había ocupado el Frontón, conocidísimo merendero de la primera mitad de siglo. Se trataba de una sala de fiestas que recurrió a la conocida estrategia de permitir el acceso gratuito de las mujeres para atraer a los varones. El éxito fue tal que los empresarios se vieron obligados de anunciar antes de su inauguración que no iba a haber entrada para todas:

> Siendo muy limitada la capacidad de OASIS CLUB, se advierte a señoras y señoritas que una vez repartido el cupo de invitaciones que la Dirección del mismo tiene asignadas, no será concedida ni una sola más, toda vez que ello perjudicaría, al dar lugar a un exceso de concurrencia, a las que ya la poseen[467].

El 19 de mayo, el periódico Voluntad publicó un reportaje en el que el Oasis Club se presentaba como un restaurante y sala de reuniones, con pista de baile incluida en el jardín, de extremado lujo y cuidado, pero con precios razonables:

> Pese al derroche de lujo en su presentación, originalísima y auténticamente artística, inspirada en el más depura-

467. *Voluntad (Diario de Falange Española Tradicionalista y de las J.O.N.S.)*, 24 de mayo de 1955, p. 3.

do estilo árabe. «Oasis Club», mejor diríamos su Empresa, establece en el mismo los precios habituales en esta clase de restaurantes.

[…]

Oasis Club ofrecerá al público un esmerado servicio, tanto en cuanto a comidas y meriendas, como en aperitivos, sandwiches, café, licores, etcétera.

[…]

Consideramos justo señalar que este este nuevo restaurante, que sin duda alguna viene a poner una nota de buen gusto y prestancia en la vida de Gijón y a prestigiar nuestra vida estival.

El Ideal Rosales, la sala Acapulco, El Jardín y el Gran Hotel Hernán Cortés, que también solía celebrar cenas con baile, completaban la oferta de la noche gijonesa.

En realidad, una vez sobrepasado el umbral de la década de los años 50, la vida nocturna de las distintas ciudades españolas —no solo de Madrid— comenzó a ser sometida al escrutinio de los medios de comunicación. En 1952 un periodista sesentón de La Coruña, donde la sala de fiestas El Seijal se convertiría en la «catedral del baile», afirmaba que en «nuestra ciudad, de activa vida nocturna […], los noctívagos son legión» e insistía «la reconocida animación callejera nocturna de la ciudad»[468]. Dos años más tarde, Sergio Collado daba gracias a Dios en la primera plana del diario *Imperio* de que Zamora tuviera un «aire provinciano, por aquello de que a las once de la noche no anda nadie por la calle». Apenas unos meses después Valentín Domínguez Isla lamentaba los cambios que percibía

468. Paradín: «Memorias de un sesentón. Gamberrismo». *Hoja del Lunes (Editada por la Asociación de la Prensa de La Coruña)*, 16 de junio de 1952, p. 4.

en los hábitos nocturnos en general y los operados en Burgos en particular, también desde la primera plana de un diario, en este caso de *La Voz de Castilla*:

> La vida nocturna, en general, está agonizando, cuando no ha muerto tristemente a manos de unas nuevas costumbres y exigencias, entre las que está eso de madrugar y trabajar de firme.
>
> [...]
>
> Un evidente cambio se está operando en los modos de vida ciudadana. La transformación es clara y rotunda. Al apagarse la llama que mantenían viva los noctámbulos y quedan solo pequeños rescoldos, apenas perceptibles, se ha producido una situación sobre la que invitamos a reflexionar a cuantos se empeñan en creer que la realidad-ambiente es tal y como se conserva en el recuerdo. Un recorrido por la ciudad a las dos de la mañana —que no es una hora muy avanzada— nos pone sobre la pista de esa moribunda vida nocturna. Quizás los sábados se salven. La semana inglesa está ganando terreno[469].

En opinión de Domínguez Isla, la coincidencia de que el Salón de Recreo —el centro social de más abolengo y distinción de la capital burgalesa— decidiera cerrar sus puertas a las once de la noche con el hecho de que las modernas salas de fiestas hubieran sido autorizadas a permanecer abiertas hasta las tres de la madrugada, era un síntoma de los cambios registrados en materia de ocio nocturno:

469. Domínguez Isla, V.: «La vida nocturna y un cambio fatal». *La Voz de Castilla (Diario de Falange Española Tradicionalista y de las JONS)*, 10 de octubre de 1954, p. 1.

Unos gustos nuevos, distintas aficiones y tendencias sociales, la transformación operada en el desenvolvimiento de las gentes, y otros factores, quedan reflejados claramente en esa reducción y esa amplitud. Es inútil empecinarse en querer negar este cambio. Los viejos y queridos centros de reunión, cargados de bellos recuerdos, se encogen, mientras crecen otros lugares en virtud de la atracción que ejercen sobre las gentes, que prefieren bailar, oír canciones y música, a sentarse plácidamente en torno a una mesa, en ambiente silencioso y distinguido.

Así como La Coruña tenía una «reconocida animación callejera nocturna», no sucedía lo mismo con otros importantes centros de población gallegos. Por ejemplo, José Castillo Puche decía:

> Vida nocturna no hay apenas en El Ferrol. El Ferrol del Caudillo es una ciudad laboriosa y tranquila.

Y lo mismo venía a certificar Blanca Espinar sobre la ausencia del ocio nocturno vigués, que, sin embargo, había sido muy sonado durante el siglo XIX:

> Vigo, a pesar de ser puerto, no tiene vida nocturna[470].

En 1958 un «rodríguez» granadino, de los que se veían obligados a pasar el verano en la ciudad, entrevistado por el periodista Jaime Peñafiel, no podía ser más tajante al respecto:

---

470. Espinar, Blanca: «Vigo, balcón al Atlántico. Ciudad donde el trabajo se aúna con la fe y las tradiciones. 1.637 industrias ocupan a casi 30.000 obreros. La Barcelona del Norte crece a ritmo desusado». *El Español (Semanario de los españoles para todos los españoles)*, 8-14 de abril de 1956, p. 34.

—Aquí, para nosotros: ¿Qué tal la vida nocturna de Granada?

—Tiene poca[471].

Sin embargo, el año que ponía fin a la década, un periodista de *El Adelantado de Segovia* mostraba su más completa satisfacción con la vida nocturna existente en su ciudad:

> La vida nocturna segoviana sigue siendo intensa: paseos, terrazas de cafés, espectáculos [...][472].

Un oasis en el Mediterráneo: Palma de Mallorca

Al contrario que Madrid, Barcelona y Valencia, y al igual que Salamanca, Burgos y otras capitales de provincias, Palma de Mallorca prácticamente no sufrió los embates de la guerra, y como hemos visto en el capítulo anterior establecimientos como Trocadero, Tito's y la terraza Bellver siguieron funcionando sin mayores problemas.

Tras la finalización del conflicto bélico, Trocadero no tardó en abrir todas las noches[473] e incluso en reanudar la celebración de bailes a partir de las 10 de la noche[474]. La clientela de Tito's, que se anunciaba como un lugar «ameno y agradable», pudo celebrar las fiestas navideñas de 1939 al ritmo de

---

471. Peñafiel, Jaime: «Los "rodríguez" granadinos se cansan de ser "rodríguez"». *Hoja del Lunes (Editada por la Asociación de la Prensa)*, 11 de agosto de 1958, p. 5.

472. «Crónica de la ciudad. Estío irregular». *El Adelantado de Segovia (Diario de la tarde)*, 23 de julio de 1959, p. 2.

473. *La Última Hora (Diario ilustrado de la noche de información, literario y artístico)*, 9 de noviembre de 1939, p. 2.

474. *Baleares (Órgano de Falange Española Tradicionalista y de las J.O.N.S.)*, 10 de noviembre de 1939, p. 2.

la Orquesta Blanco y Negro. Este establecimiento, que ofrecía «servicio de bar americano» a «precios reducidos», abría sus puertas todos los días desde las 12 del mediodía hasta la 1 de la madrugada. Al aproximarse el verano, Tito's y Bellver publicitaban «las más espléndidas terrazas» con vistas a la bahía de Palma, y ofertaban un «gran servicio de restaurant», con cenas amenizadas por «las mejores orquestas», que podían prolongarse hasta la hora tope marcada por la legalidad vigente. A nivel artístico-musical, la Orquesta Los Trashumantes dio brillo a las noches de Tito's y Trocadero, donde triunfó ampliamente —tras haberlo hecho en el Salón Rigat y el Club Trébol de Barcelona— el ídolo local Bonet de San Pedro —introductor de la guitarra eléctrica en España, además de cantante, compositor y arreglista— antes de marchar «ventajosamente contratado a Tánger». Por lo demás, la importancia social de estos establecimientos llegó a tal extremo que un cambio en la dirección o la incorporación de una nueva orquesta en Tito's y la celebración de fiestas temáticas o inauguración de una nueva temporada en Trocadero merecían la atención de la prensa palmesana[475].

Durante los años 40, además de estos tres establecimientos, nuevos locales —sobre todo salas de fiesta y salones de baile— comenzaron a atraer la atención de residentes y turistas, toda vez que tras la finalización de la Segunda Guerra Mundial con la victoria del bando aliado, Mallorca fue recuperando el turismo inglés y de otras nacionalidades. En el Virginia Club y el Salón Born se podía bailar a partir de las 10 de la noche; en el salón de baile Río de Oro —también conocido como Oro del Río— amenizaba las veladas la Orquesta Rumbala, en Casa Blanca o Casablanca la Orquesta Melodians y en el Salón España había una orquestina; el Club Ritmo Trashumante y el

475. *Baleares (Órgano de Falange Española Tradicionalista y de las J.O.N.S.)*, 1 de febrero de 1941, p. 2.

Club Ritmo Mallorca no tenían oferta nocturna, pero montaban aperitivos con baile exclusivos para socios desde las 11:30 hasta las 13:30; en el verano de 1941 el Salón Tabú verificó su reapertura, que fue calificada de «sensacional acontecimiento»; el Salón de Fiestas Ibiza, que publicitaba «amplia pista de baile, espléndida iluminación, esmerado servicio de bar», organizaba «grandiosos bailes familiares» todos los jueves, sábados, domingos y festivos a partir de las diez de la noche con la música de la Orquesta Cadetes y la Orquesta Ritmo y Melodía; el Club Oasis también organizaba grandes veladas con baile «exclusivamente para socios y familiares»; el Salón Alhambra era otro de los establecimientos donde también se podía celebrar la Nochevieja; la Pista de Baile del Salón Ritmo tenía fama por sus «grandes verbenas», que solían tener lugar los sábados y domingos a partir de las diez de la noche y estaban amenizadas por la Orquesta Ritmo y Melodía; en el Salón Trébol ponían la música, también a partir de las diez de la noche, las orquestas Bolero y Musilandia y en el Luna Parque hacía lo propio la citada Orquesta Ritmo y Melodía y las «renombradas orquestinas» Melodians y Marimba, con sus respectivos vocalistas; El Cortijo, con sus terrazas y «patio andaluz», concentraba una oferta de ocio nocturno destinada «al público de Palma y al Turismo en general todo a base de españolismo»; la cantante Mari Cruz Guzmán del Río y sus Satélites deleitaban a la clientela del Olimpia, mientras el conjunto Sumatra daba a conocer «las más modernas composiciones» en la Nochebuena y Navidad de 1947; a principios de junio del año siguiente se inauguraba la Pista Rosales con «grandes bailes» amenizados por las orquestas Players y Trocantes[476]; el Salón Marina también organizaba «grandes bailes» amenizados por la Orquesta Boers con su

476. *La Almudaina (Diario de la mañana-Avisos y noticias)*, 26 de mayo de 1948, p. 6.

animador y vocalista Miguel Moragues, etcétera.

Además, la oferta de ocio nocturno no solo se concentraba en la capital. Así, por ejemplo, en Sa Pobla funcionaba el Gardenia Club, donde se organizaban grandiosas verbenas nocturnas con la música que interpretaban las orquestas Bolero, Setes Ritmo, Ceilán y Ritmo y Melodías.

En general, las fuerzas vivas y la gente de orden de la isla no veían con malos ojos las expansiones nocturnas, tanto de turistas como de la población autóctona, pues contribuían a dinamizar la maltrecha economía, si bien, de cuando en cuando, en la prensa local se colaba alguna que otra «diatriba furibunda contra los noctámbulos» o se dejaban oír voces de protesta ante determinados excesos:

> El gamberrismo, vieja y archipopular palabra por cierto, se está extendiendo en estas latitudes con difusión e intensidad francamente alarmantes. Bueno está lo bueno cuando se trata de una fiesta señalada, o un acontecimiento que se celebra o una romería tradicional, o algo, en suma, que justifique el jolgorio noctámbulo. Lo que no tiene perdón es que así, por las buenas, nutridas mesnadas de jovenzuelos se lancen a las tantas de la madrugada a la práctica del aullido y de la destrucción sin ton ni son. Y eso, por desgracia, es lo que viene sucediendo so pretexto, supongo, de que las noches agobiadoras que vivimos echan a la gente de la cama y so pretexto también de que los vigilantes nocturnos duermen apacibles sueños en cualquier portal bien ventilado[477].

En cambio, en la isla de Ibiza, que albergaba una sociedad

---

477. «Ayer, en la ciudad. Correo interior». *Baleares (Diario de la mañana)*, 14 de septiembre de 1949, p. 2.

tradicional, mucho más arcaica y menos cosmopolita que la mallorquina, no había discursos acres y violentos contra los noctámbulos, por la sencilla razón de que la poca vida nocturna existente durante la Segunda República había desaparecido por completo. En efecto, tras la guerra civil Falange Española se convirtió en el partido que prácticamente monopolizó la burocracia del nuevo régimen y la Iglesia católica se vio reforzada y obtuvo el control de la educación. Las jerarquías eclesiásticas aprovecharon la nueva coyuntura para imponer una estricta moral católica: la mujer al cuidado de la casa, del marido y de los hijos; en las playas, nuevamente zonas acotadas para cada sexo y un traje de baño que cubriera decentemente el cuerpo; en los escasos bailes populares procurar no agarrarse demasiado con la pareja, etcétera.

Con este panorama de moralidad pública, tan solo la llegada de algunos centenares de turistas catalanes y franceses posibilitó que el 29 de junio de 1951 se inaugurara el bar-restaurante Mar Blau, instalado en un pequeño local-cueva en el lado sur del Puig des Molins de la ciudad de Ibiza, muy alejado del núcleo urbano, donde comida, bebida, música —a cargo de la orquesta Batamú—, baile y espectáculos de variedades compartían un solo local. Pero no sería hasta la apertura al año siguiente de Ses Voltes, en un chalé cercano a la playa de s'Arenal, que pudo hablarse de una sala de fiestas, propiamente dicha, con variedades. Con posterioridad se abrirían las salas Ses Parres en Santa Eulalia del Río y Ses Guiterres en San Antonio y Mar Blau amplió sus instalaciones con «unas impresionantes terrazas sobre el acantilado sur de los Molinos, frente al mar, queriendo mantener el liderazgo de las salas de fiestas ante la nueva y creciente competencia»[478].

---

478. Torres, Vicent: «Salas de fiestas: la década prodigiosa, por Juan Antonio Torres». *Nou Diari*, 20 de agosto de 2018.

A principios de los años 50, la oferta existente en Mallorca se amplió con más establecimientos orientados al ocio nocturno. El 1 de junio de 1950 se inauguró un *dancing* en el Club Natación Palma, con «animadísimas» terrazas en la zona de S'Aigo Dolça, donde gracias a la ampliación de los horarios nocturnos el baile y las atracciones ya no comenzaban a las diez de la noche, sino a las diez y media. Ese mismo día, y precedida de una gran expectación entre «la flor y nata de la sociedad mallorquina», se registró la inauguración de Villa Rosa, con una atracción que prometía la presencia de «las más bellas mujeres que han pisado Mallorca» y «las mejores artistas que han pisado Europa». El nuevo establecimiento se presentaba como «local de la máxima distinción y del máximo señorío» y, según el diario Baleares, su éxito estaba más que justificado:

> Nada tiene de particular que Villa Rosa se llene todos los días de un público distinguido y numerosísimo, que pasa inolvidables veladas en el aristocrático local de la carretera de Sóller[479].

Pocos días después, abría las puertas una nueva sala de fiestas, bautizada como la Posada de Jack el Negro, en un marco incomparable de la ciudad. La inauguración del establecimiento concitó la atención de la prensa palmesana, destacando la crónica publicada en el diario *La Última Hora*:

> Aquella película que se filmó en la Isla, «Jack el Negro», nos dejó una herencia de recuerdos agradables, imborrables casi. Los palmesanos convivieron muchas horas con el Director y protagonistas de la misma y ello vino

---

479. «Villa Rosa, el local de la distinción». *Baleares (Diario de la mañana)*, 8 de junio de 1950, p. 7.

a producir una corriente de simpatía por el título de la cinta. Así, pues, al divulgarse la noticia de que iba a inaugurarse la Posada de «Jack el Negro», precisamente en el legendario molino del Jonquet, que fue escenario maravilloso de tantos planos de aquella película, la gente acogióla con suma complacencia e interés.

Ayer tuvo lugar la inauguración de la Posada. La plataforma del molino —cuyas aspas cuajadas de bombillas presenta un fantástico aspecto de noche— ha sido convertida en magnífica terraza ambientada con acierto indiscutible, al estilo del país.

Su situación es de las mejores de Palma. Desde allí se domina la ancha bahía y puerto ofreciendo una perspectiva bellísima.

El lugar destinado a la actuación de las orquestas es de un tipismo evocador. No falta en la pared, la clásica pareja de payeses mallorquines, pintura por cierto muy bien lograda. El conjunto, en fin, es esencialmente mallorquín.

El moderno bar circunda en parte la torre del molino. Detrás del mostrador unas señoritas ataviadas con galas de payesa ponen la nota de color. Los camareros también visten traje regional. Todo tiene un carácter por demás atractivo. Para nosotros es nuestro propio ambiente; para los forasteros resulta el ambiente cierto del cual vienen saturados por las propagandas turísticas. La Posada de «Jack el Negro» es un hermoso sitio de esparcimiento al que no dudamos no ha de faltarle la concurrencia y donde todo, incluso la pista de baile, es de colores armoniosos.

D. Antonio Ferrer Durán, empresario de la Posada después de enseñarnos minuciosamente las instalaciones, nos dijo que esta tarde y noche actuarán en la pista las siguientes atracciones: Pedro de Córdoba, excepcional bailarín español; Angelita y Juan José, canto y baile español, y S'Aplech de Son Ametller, que anoche, en la inauguración, ya dio una exhibición inmejorable.

Al acto asistieron el General Balanzat, con su distinguida esposa; el Comisario Jefe de Policía y el Jefe de la Policía del Puerto, señores Pérez y Vidal, acompañados de sus respectivas esposas; el Diputado provincial señor Taix; el Jefe de Industrias señor Marqués y esposa; el Dr. Valdés y esposa; el Dr. Brazis y esposa; y otros muchos y distinguidos invitados que fueron gentilmente obsequiados por la Dirección.

Los concurrentes tuvieron frases de elogio por la admirable situación de la Posada de «Jack el Negro» y especialmente por el carácter que a la misma se ha imprimido.

Dos orquestas actúan allí: la «Columbia» y el «Cuarteto Wills», dos conjuntos formidables que hoy por hoy gozan de un envidiable prestigio por su ritmo y melodía.

Felicitamos muy efusivamente a don Antonio Ferrer Durán, por el acierto que ha tenido al montar esta Posada a la que deseamos los éxitos que en realidad se merece[480].

Así describía ese mismo año el músico argentino Emilio Moreno, componente de la Orquesta Porteña, el ambiente nocturno en Palma de Mallorca:

Tito's sigue llenando. La Posada de Jack el Negro, abarrotada. En el Club Palma, de bote en bote. En el Hostal Bonanova no se cabe. En Trébol, no se puede dar un paso.

480. «La Posada de "Jack el Negro"». *La Última Hora (Diario ilustrado de la noche de información, literario y artístico)*, 8 de junio de 1950, p. 3. Ver también «En torno a la Posada de "Jack el Negro"». Un diálogo que pone los puntos sobre las íes». *Baleares (Diario de la mañana)*, 7 de junio de 1950, p. 7.

> En Rosales faltan mesas. En Olimpia, un exitazo. En Villa Rosa, lleno absoluto. Pero… ¿Es que de verdad, hay tanto público para todos?[481]

La nómina de establecimientos públicos en la década de los 50, desde luego, abarcaba otros locales: el «patio andaluz» Triana; el salón Bolero, donde actuaban las orquestas Montecarlo, Columbia y Estrellas Negras y un «magnífico cuadro de atracciones» que incluía «12 bellísimas artistas»; el bar-cafetería y salón de té Calipso, que en el verano de 1956 cambió de dirección artística, quedando al frente del mismo Willy Korn, «persona de gran prestigio, director por espacio de 17 años de importantes cabarets en Alemania, Inglaterra, Francia», y encargado de colocarlo «a la cabeza de los cabarets palmesanos»; El Molino, otra sala de fiestas abierta muy cerca de la Posada de Jack el Negro, que vino a contribuir a que El Jonquet, «uno de los barrios más humildes y más bellos de la ciudad», pasara de ser un «arrabal de pescadores» a convertirse en un «barrio de lujo»; La Cubana, una sala de baile especializada en música latinoamericana, etcétera.

Por eso no es de extrañar que un colaborador del diario católico *Correo de Mallorca* se llevara las manos a la cabeza ante la gran cantidad de «boites y cabarets que han venido surgiendo en los pasados años» y, a pesar de la gran masa de turismo que llega a nuestra isla», confiara en que «no ha de prosperar ese negocio» que se caracteriza por «las anormalidades e incon-

---

481. Moreno, Emilio, en la revista *Cort*, nº 119, 8 de juliol de 1950, p. 19, citado por Canyelles Canyelles, Bartomeu: *Nous estils musicals i cannvis socials a Mallorca (1960-1975)*. Tesi doctoral, director: Sebastià Serra i Busquets. Palma de Mallorca: Departament de Ciències Històriques i Teoria de les Arts Universitat de les Illes Balears; desembre de 2012, pp. 50-51.

veniencias de las "boites" existencialistas de ciertos suburbios franceses»[482].

Por su parte, el periodista Pedro A. Serra dedicó un artículo a los millonarios extranjeros del «gran mundo» que residían en Ca's Catalá, un «oasis lujoso y archi-cosmopolita a siete kilómetros de Palma», quienes solían solazarse en «la aventura de las escapadas hacia la vida nocturna palmesana, tan pródiga en verano»[483].

Curiosamente, la prensa ofrecía testimonios que se correspondían con visiones del ocio nocturno palmesano bastante desangeladas y pesimistas, que a nuestro juicio no se correspondían con la realidad. Por ejemplo, un colaborador del diario *Baleares* hacía la siguiente afirmación:

> La vida nocturna de El Terreno se encierra en tres o cuatro bares con media docena escasa de turistas que forman tertulia hasta las doce u la una.
>
> En Palma, los «cabarets» no gozan de mejor clientela[484].

Y Juan Bonet, también colaborador del mismo diario, confirmaba esta impresión tristona de que «en Palma, en la ciudad, no hay, precisamente, una gran vida nocturna»[485]. Una

---

482. Mut: «Balcón. Telefonemas». *Correo de Mallorca (Diario católico de la mañana)*, 4 de agosto de 1951, p. 3.

483. Serra, Pedro A. «El gran Mundo veranea en el Suroeste de Mallorca. Ca's Catalá, oasis (lujoso y archi-cosmopolita) a siete kilómetros de Palma. Aunque entre los millonarios se mezclan excursionistas domingueros palmesanos que adoran aquel bello lugar». *Baleares (Diario de la mañana)*, 12 de septiembre de 1953, p. 8.

484. Jara: «Morrison, un americano anclado en Mallorca». *Baleares (Diario de la mañana)*, 13 de julio de 1956, p. 3.

485. Bonet, Juan: «Nuestra ciudad. Un poco triste». *Baleares (Diario de la mañana)*, 8 de septiembre de 1957, p. 2.

visión que, desde luego, no encontraría eco en la novela *Un verano en Mallorca*, de Mario Verdaguer, publicada en 1959[486].

De hecho, la concentración de establecimientos que se había producido en el citado barrio de El Terreno (Tito's, terraza Bellver, Virginia Club, salón Río de Oro, etcétera), sobre todo en torno a la plaza Gomila y aledaños, iba a determinar que dicha zona de Palma no tardara en convertirse en uno de los escenarios más icónicos, representativos y cosmopolitas de la Mallorca del boom turístico.

Por eso nos cuadra más, el comentario despectivo escuchado a un grupo de mallorquines de paso por Madrid, del que la periodista Eugenia Serrano dejó constancia en las páginas del diario *Pueblo*:

> Comparada con Mallorca, la vida de Madrid resulta provinciana[487].

Por su parte, en Ibiza, después de las ya mencionadas, se inauguró la sala de fiestas La Cala en Santa Eulalia del Río, que funcionaría incluso en invierno amenizada por la orquesta local Hawai. En el puerto de Ibiza los bares Marisol, Ribereño y Pitiuso también se animaron a contratar orquestas para ofrecer baile en sus terrazas. Y en 1954 abrió al público en Dalt Vila la pensión El Corsario, que también funcionaría como club de baile y sala de té para el invierno. Evidentemente, el turismo y los beneficios que estaba reportando a la isla determinaron que las autoridades se volvieran más permisivas en cuanto a la estricta moral pública impuesta a los ibicencos y españoles e hicieran la vista gorda hacia los turistas. Así, en julio de 1955, en

486. Verdaguer, Mario: *Un verano en Mallorca*. Barcelona: Barna; 1959.
487. Serrano, Eugenia: «Madrid Club». *Pueblo*, 24 de octubre de 1957, p. 18.

pleno paseo Vara del Rey, se inauguró el bar Bagatela, el primer bar que puso ambiente musical con tocadiscos, frecuentado por alféreces provisionales destinados en Ibiza y algunos jóvenes y chicas ibicencas un poco liberales y que, según testigos cualificados, «daría mucho que hablar»[488]. El año 1956 supuso el fin de la sala Ses Voltes, pero el inicio de la sala Isla Blanca, que se convirtió en la más emblemática durante aquellos años en San Antoni, convertido ya en la capital del turismo de la isla. Por lo demás, hacia finales de la década de los 50 todavía se inaugurarían otras tres salas más en la isla: Capri, en San Antonio; el Club Talamanca, en la playa del mismo nombre de la capital, y Las Dalias, en San Carlos.

El turismo, ¡qué gran invento!... también para la noche

En el verano de 1950, antes de que España comenzara a convertirse en un destino turístico de primer orden un redactor del diario *Pueblo* ya intuía las posibilidades que atesoraba el sector para la capital del Estado:

> En cosa de pocos años Madrid ha adquirido una vitalidad y un dinamismo sorprendentes. No es ajena a este impulso de la capital la corriente turística, facilitada por el mercado internacional de divisas y la situación de la peseta. Este verano Madrid mantuvo su animación gracias a ese gran número de extranjeros que pasean por nuestras calles, con una curiosidad que no ocultan y un asombro que no tratan de disimular[489].

488. Torres, Vicent: «Salas de fiestas: la década prodigiosa, por Juan Antonio Torres». *Nou Diari*, 20 de agosto de 2018.
489. Gómez Mesías: «Esta ciudad. Los servicios pequeños». *Pueblo*, 23 de agosto de 1950, p. 3.

En efecto, las divisas aportadas por el turismo resultarían proverbiales a corto y medio plazo para evitar la quiebra exterior de la economía española durante los difíciles años de la autarquía. Conscientes de ello, en 1954 las autoridades ya consentían visitas nocturnas guiadas para turistas por diversos lugares «typical Spain», que culminaban a las cinco de la madrugada en alguna sala de fiestas refrigerada de Ciudad Lineal. Sin embargo, el recorrido «typical Madrid la nuit» a juicio de algunos dejaba mucho que desear, toda vez que, a pesar del mito, permitía descubrir a los turistas que era «indudablemente la ciudad más barata del mundo»:

> [...] Hoy por hoy, no es el fuerte de nuestra ciudad la noche...
>
> [...] El guía en sus explicaciones ante el micrófono [...] suele comenzar diciendo que el pueblo madrileño es muy aficionado a salir de noche, y de ahí que se vean frecuentemente las calles muy concurridas. No es exactamente lo cierto, pero constituye la mentira piadosa que anima al turista que podrá decir que los españoles —a falta de ir vestidos todos de gitanas, toreadores y bandoleros— son unos noctámbulos que ya, ya[490].

Pero dejando de lado el caso de Madrid y el de Palma de Mallorca, al que ya nos hemos referido, lo cierto es que en plena autarquía se fueron sentando las bases para el posterior desarrollo de la industria turística.

490. Olano Antonio D.: «Typical Spain. Por trescientas pesetas puede usted recorrer "Madrid la nuit". Unas cuevas de "un bandido simpático", taberna a lo gitano y club nocturno. También los madrileños desean ver a su ciudad en traje de noche», *Pueblo Fin de Semana (Suplemento de los sábados)*, 10 de julio de 1954, pp. 1-2.

En este sentido, debemos citar los esfuerzos de algunos pioneros en la Costa del Sol, como Norberto Goizueta Díaz, Carlota Alessandri Aymar de Rubio-Argüelles, Enrique y Concha Bolín, Ricardo Soriano Scholtz-Hermensdorff (marqués de Ivanrey), su sobrino Alfonso de Hohenlohe, Felipe Sánchez de la Fuente y Beatriz Lafora, etcétera Así, tras la puesta en funcionamiento de varios centros hoteleros, la prensa no tardó en referirse a la existencia de «una animada vida nocturna» en Marbella[491].

Una animada vida nocturna en la Costa del Sol que, en realidad, comenzó en Torremolinos con la inauguración en 1948 del restaurante y sala de fiestas El Remo y la apertura apenas dos años después de la sala de fiestas El Copo, y que tuvo su culminación en 1954 con la inauguración, también en Torremolinos, de El Mañana, una espectacular sala de fiestas al aire libre, que ocupaba más de 600 m^2, con dos pistas de baile y un coqueto jardín de arbustos, magnolias y rosales, y donde los espectáculos más variados solían estar amenizados por los mejores cantantes solistas y las mejores orquestas del momento[492].

Además, la aprobación del Plan General de Ordenación Urbana de Benidorm de 1956, que fue el primero de España para todo un término municipal, resultaría fundamental para el posterior desarrollo urbanístico de la localidad alicantina, que no tardaría en convertirse en otro lugar de referencia para el turismo internacional, gracias sobre todo a la llegada de los

---

491. Gallardo: «En el litoral del sur también se veranea. No vaya a Hawai, quédese en Málaga. Playas casi ignoradas que son una revelación», *El Español (Semanario de los españoles para todos los españoles)*, 16 de agosto de 1953, pp. 19-21.

492. Ver *Torremolinos Chic*, en http://www.torremolinoschic.com/ y Aquel Torremolinos. Siglo XX, en https://www.aqueltorremolinos.es/

llamados *pied noirs*[493] que, con una mentalidad mucho más abierta que los autóctonos, impulsaron el sector de la hostelería en general y del ocio nocturno en particular.

Entre unas cosas y otras, la llegada masiva de turistas extranjeros con sus vivificadoras divisas resultó crucial para que las autoridades franquistas dejaran definitivamente aparcada la idea de que el «hábito de trasnochar» era un vicio «ya antiguo» y permitieran el disfrute de las noches a cotas no solo equiparables a las existentes antes de la guerra civil, sino incluso superiores.

El guateque o la domesticación del baile

Tradicionalmente, la música que amenizaba las veladas de baile hasta bien entrado el siglo XX en boites, salas de baile y locales similares era interpretada en vivo y en directo por orquestas y otras formaciones de músicos más o menos numerosas. Desde luego, había reproductores de sonido mecánicos e incluso neumáticos —gramófonos, gramolas, pianolas, etcétera— pero su empleo era minoritario. Sin embargo, la aparición del tocadiscos acabaría por revolucionar por entero el panorama.

El primer gran cambio que posibilitó la reproducción electromecánica analógica de sonido registrado en discos de vinilo a través de tocadiscos fue una democratización y sobre todo una domesticación del baile a través de los guateques.

El término guateque se corresponde con una voz relativamente reciente, de origen dudoso, quizá caribeño[494]. Los pri-

---

493. El término *pieds-noirs* se refiere a las personas de ascendencia francesa y, en menor medida, de otras nacionalidades europeas que nacieron o residían en Argelia durante el período colonial francés entre 1830 y 1962. No pocos *pieds-noirs* eran de origen alicantino, de ahí que como resultado de la guerra de independencia de Argelia (1954-1962) la mayoría regresaran a la tierra de donde eran originarios sus antepasados.
494. Ariza Viguera, Manuel: «A vueltas con los indigenismos americanos

meros rastros de la palabra datan de los años 20, y aunque la Real Academia Española (RAE) la había recogido ya en 1936 como americanismo, no sería hasta 1956 cuando la aceptó como española. En efecto, Constantino Suárez (Españolito) ya la incluía en el Vocabulario cubano, publicado en 1921, con dos significados: «cierto baile entre la gentuza», también conocido como changüí, y «reunión de gente del pueblo, particularmente negros y mulatos, en la que se canta y se baila» y, por extensión, «cualquier jolgorio improvisado». Apenas cuatro años más tarde, la prestigiosa enciclopedia Espasa-Calpe, adelantándose a la RAE, la incorporó en su tomo XXVI con el significado de «reunión de gentualla», avalando su procedencia cubana. Posteriormente, tanto el *Diccionario de la lengua española* de la RAE, como el *Diccionario crítico etimológico de la lengua castellana* de Joan Corominas y el Diccionario de uso del español de María Moliner certificarían el origen antillano de la voz guateque, destacando su significado de «baile bullicioso» y «jolgorio»[495]. Es, decir el término llegó a España entre finales del siglo XIX y principios del XX. Lo importaron aquellos indianos que se habían marchado unas décadas atrás para hacer las Américas, regresando algunos de ellos con un buen capital. Pero como suele suceder en estos casos, no sólo trajeron dinero de su estancia en Cuba y Puerto Rico —colonias españolas hasta 1898—, sino que también importaron hábitos e indigenismos americanos que habían integrado en su vida. Y, sin duda, el guateque —tanto el término como el concepto— fue uno de ellos.

En 1944 Antonio Valencia ya hablaba desde las páginas de *ABC* de «la era del guateque», como una especie de fenómeno

del español peninsular». *Itinerarios (Revista de estudios lingüísticos, literarios, históricos y antropológicos)*, nº 14, 2011, pp. 11-23.

495. Usó, Juan Carlos: «Reivindicación de la palabra guateque en la cultura de club y de música de baile». *Universo Ulises*, 2023.

—tal y como adelantábamos— de democratización y domesticación del baile:

> La cosa está clara: menos saraos y garatas, menos palacios y merenderos abiertos, pero muchos, innumerables guateques. El guateque ha venido a hacer lo que Ford con los automóviles: ha abaratado y proporcionado intimidad a un gran público que llena el mundo. La reunión clásica era cosa demasiado ritual y ostentosa, cuya fría mínima omisión rozaba con lo cachupinesco. El guateque, en cambio, ha prestado el amplio manto de broma que trajo por el mar a todo lo que bajo él se emboza. Ha hecho fácil desde la aglomeración en un pasillo y dos habitaciones de casa moderna hasta, cualquier falta tenida como imperdonable cuando las cosas se tomaban en serio. Si Ford puso cerco al lujo del automóvil, el guateque ha asaltado avasalladoramente una intimidad que se desdibujaba, y con tal fuerza, que si no del siglo —que aún nos puede reservar grandes cosas— ya se puede hablar del lustro del guateque para la menuda historia de estos tiempos[496].

Ese mismo año Juan Soto Herles definía el guateque como el marco ideal para dar salida al «movimiento expansivo e igualitario de la danza»:

> Guateque es una vaga palabra que, por lo visto, tras haber querido expresar ideas diversas —todas ellas cercanas entre sí, en cuanto a designación de gente reunida que intenta divertirse de lo lindo—, ahora significa un común denominador, «amplio, generoso y desbordante», para ca-

496. Valencia, Antonio: «La era del guateque». *ABC (Madrid)*, 13 de abril de 1944, p. 3.

lificar la ocupación multitudinaria de los que danzan so pretexto de distraerse.

[...]

Guateque es la expresión refleja de la vida moderna, con su mismo tono de vaga heterogeneidad, con la frescura humeante de lo multitudinario. En cualquier parte, una tarde cualquiera, hombres y mujeres de rangos diferentes, seres que tal vez no se han visto nunca, se enlazan por sus talles y así, primero un paso, después dos, brincando hacia atrás, avanzando en vuelo cadencioso, todos vienen a quedar, tras la carrera vertiginosa del vivir, mecidos en un balanceo de olvido universal.

El término recibió un impulso definitivo gracias al popular tema «Me voy p'al pueblo» (1949), del trío mexicano Los Panchos:

No sé lo que le pasa a esta guajira,
que no le gusta el guateque y el son.

Y, aunque el diario *Pueblo* definiera guateque como «cursilería dominguera», la empresa alemana Telefunken no tardó en comercializar con enorme éxito de ventas un tocadiscos portátil bajo el nombre de «guateque»[497], apelativo que la firma Askar adoptaría también para uno de sus modelos algunos años más tarde[498].

La reproducción electromecánica de música no tardó en dar el salto de los saraos privados a las salas de baile. Así, en

497. «Novedades científicas Telefunken 1955 para la felicidad de su hogar». *Pueblo*, 21 de octubre de 1954, p. 5.

498. «A la hora de bailar». *Ritmo (Revista musical ilustrada)*, 1 de junio de 1965, p. 24.

1954 la sala de fiestas del complejo Bikini (campo de minigolf, bolera, bar americano y boite), inaugurado un año antes en la Diagonal de Barcelona, fue pionera en amenizar sus bailes con música de tocadiscos. Una iniciativa que no llegó a prosperar ante las protestas formales formuladas por el gremio de músicos, que veían peligrar su futuro profesional[499].

Por lo demás, con la extensión de la moda de los guateques los límites horarios nocturnos se vieron ampliados, siempre y cuando la celebración del sarao tuviera lugar en un sitio discreto, lejos de las miradas inquisitoriales de los moralistas del Régimen.

Por otro lado, la reproducción electromecánica de música registrada en discos de vinilo introdujo una novedad, al principio prácticamente insignificante, pero que con el paso del tiempo cobraría un peso específico en el mundo de la noche. Nos referimos a la aparición del disc-jockey o montador de discos, tal y como tradujo literalmente dicho neologismo la Unión de Trabajadores y Técnicos de Agrupación Nacional de Circo, Variedades y Folklore del Sindicato del Espectáculo. Baste señalar en este sentido que, si bien la primera referencia que hemos encontrado del término disc-jockey data de 1951, a principios de 1960 la nueva actividad vinculada a la música enlatada cobraba un inesperado protagonismo al destaparse el denominado escándalo «payola»[500]. La importancia

499. Savall, Cristina: «Medio siglo de discotecas. Las salas de baile con música enlatada llegaron a Catalunya para quedarse hace 50 años. Las discos han impulsado profundos cambios sociales e infinidad de tendencias». *El Periódico*, 20 de agosto de 2016.

500. «El mundo de la canción ha lanzado a la circulación una palabra escandalosa: payola. Una encuesta gubernativa ha descubierto que los locutores de radio y televisión americanos cobran dinero por cada disco que programan. El "affaire" se extiende también a la contratación de orquestas y artistas. Se ha nombrado un Comité para acabar con estas

y profesionalización de los denominados oficialmente montadores de discos —inicialmente vinculados a las emisoras de radio— sería tan imparable que apenas un año más tarde la prestigiosa revista musical Ritmo ya informaba sobre «el mejor disc jockey» de música popular brasileña, el célebre Henrique Lobo, quien ya era equiparado a solitas, intérpretes, orquestas, conjuntos vocales etcétera. No habría de pasar mucho tiempo para que la voz y la opinión de los disc jockeys se uniera a la de intérpretes, letristas, compositores y productores musicales, siendo muy valorada en las tertulias jóvenes[501]. Era el comienzo de la fulgurante carrera de una figura nueva que acabaría teniendo una influencia capital en las tendencias juveniles y en el ocio nocturno a través de su condición de oficiante o maestro de ceremonias en clubs, discotecas y festivales.

---

inmoralidades». *7 Fechas (El periódico de toda la semana)*, 26 de enero de 1960, pp. 1 y 8.

501. González, Antonio y Cebrián, Juan L.: «Tertulia joven. Análisis y crítica de la música ligera española». *Pueblo*, 1 de junio de 1961, pp. 17 y 31.

Minifalderas de principios de los 70, esperando que caiga la noche.

CAPÍTULO 8. EL FRANQUISMO (II) EL DESARROLLISMO (1960-1975)

Ibiza: de las veladas beatniks a las fiestas de plenilunio hippies

La expresión beatnik fue acuñada en 1958 por el periodista Herb Caen en el *San Francisco Chronicle* para referirse despectiva e irónicamente —fusionando en un sarcástico juego de palabras los términos beat y Sputnik— a los integrantes de la denominada generación beat, que se caracterizaban por poseer una individualidad instintiva, grandes ansias de libertad y una capacidad para vivir a tumba abierta que les había impuesto la experiencia bélica de la Segunda Guerra Mundial. El objetivo de Caen al llamarlos beatniks no fue otro que parodiar y desprestigiar a aquellos jóvenes inquietos de ambos sexos, cuya vida bohemia giraba en torno al *be-bop*, las drogas, la promiscuidad sexual y las lecturas de Jean-Paul Sartre, y cuyos elementos más destacados eran el escritor Jack Kerouac y el poeta Allen Ginsberg.

En junio de 1959 la revista *Blanco y Negro* publicó un reportaje de Santiago Nadal dedicado a la mujer en EE.UU en el que su autor hacía una referencia de pasada a los beatniks. Ese mismo año ya se abrieron en Ibiza dos locales que respondían a la filosofía y a la estética beat[502]. El primero de ellos, el bar Domino, fue abierto en pleno puerto, de cara al mar, por el alemán Dieter Loerzer, el canadiense Alfons Bleau y el inglés Clive Crocker. Allí siempre se escuchaba jazz, especialmente discos de John Coltrane. De hecho, el jazz, junto con el alcohol, el sexo y las eternas partidas de ajedrez serían los elementos

502. Usó, Juan Carlos: «Beatniks en España». *Ulises (Revista de viajes interiores)*, nº 15, 2013, pp. 22-31, en https://juancarlosuso.wordpress.com/wp-content/uploads/2018/01/ulises-nc2ba-15-2013.pdf

básicos que animarían aquel local. El segundo, inaugurado el 6 de septiembre de ese mismo año, fue bautizado como La Cueva de Álex Babá por su propietario, el inefable Alejandro Vallejo-Nágera[503]. Aparte de la abigarrada clientela internacional de bohemios e ilustres ociosos, y algún que otro isleño camorrista, el establecimiento era frecuentado por personajes más o menos conocidos como Ignacio Aldecoa, Rafael Azcona, Josefina Aldecoa, Fernando-Guillermo de Castro, Solange Laffon, Miguel de la Quadra-Salcedo, Gonzalo Torrente Malvido, los hermanos Javier y Alfonso de Olasso, José Pedro «Pilo» Pérez del Pulgar, Jaume Sans, Lolita Sallarès, etcétera. De hecho, según un testigo cualificado, La Cueva de Álex Babá «fue un éxito y media Europa pasó por ella»[504]. Sin embargo, el local estaba ubicado al final de la calle Pere Tur, junto al antiguo seminario, y su propietario que solía lucir un machete, no rehuía las broncas y un afamado médico de la isla se la tenía jurada por haber seducido a su jovencísima hija, terminó en la cárcel y abandonando la isla de manera precipitada, no sin que antes su local fuera clausurado unas cuantas veces por las autoridades ibicencas.

Afortunadamente disponemos de dos novelas escritas en aquellos años por sendos autores españoles, que describen con toda fidelidad el ambiente hedonista que se vivía en Ibiza durante finales de los 50 y principios de los 60, trufado de náufragos voluntarios o forzosos, jóvenes inútiles o rebeldes, eternos vagos, buscavidas y las consabidas ovejas negras de familias bien: *Los europeos*, de Rafael Azcona, y *Hombres varados*, de Gonzalo Torrente Malvido[505].

---

503. Usó, Juan Carlos: «Alejandro Vallejo-Nágera. El rastro de la oveja negra». *Píldoras de realidad.* Madrid: Amargord; 2012, pp. 59-100.
504. Vallejo-Nágera, Juan Antonio y Oliaizola, José Luis: *La puerta de la esperanza.* Barcelona: Rialp-Planeta; 1990, p. 186.
505. *Los europeos*, fue publicada en París por la Librairie des Éditions

Después de Domino y La Cueva de Álex Babá vendrían otros locales. En 1962 Arline Kaufman, una judía estadounidense que había abandonado su cátedra de Historia en una Universidad californiana, a fin de «vivir su vida», habilitó con talento, poco dinero y mucho gusto una antigua cuadra de Ibiza para convertirla en La Tierra. Por las mismas fechas, Jesús «Chuchi» Loma inauguró La Oveja Negra, una especie de boite, detrás de los andenes del puerto, en un callejón sin salida. Era un local pequeño, con una barra, una minúscula pista de baile y seis o siete mesas junto a las paredes, que recorría un sofá tapizado con una guisa de terciopelo de color ala de mosca y dos elementos esenciales: «la música de pick-up que hacía temblar el mobiliario y la penumbra sicodélica de unos focos azules y rojos que iluminaban el humo de los cigarros», confería al lugar una atmósfera «cinematográfica y felizmente pecaminosa». Tras el cierre de su anterior local Alejandro Vallejo-Nágera abrió un bar americano elegante y con pretensiones al final del puerto, cerca del malecón: La Columna. Lo atendían él y «Pilo» Pérez del Pulgar y entre su

Espagnoles en 1960. A través de sus páginas desfilan toda una galería de mujeres más o menos liberadas para la época, juerguistas y falsos aristócratas de todas las nacionalidades que se movían por la isla con ganas de pasárselo bien. Ese mismo año quedó finalista del Premio Eugenio Nadal la novela *Hombres varados*, que no vería la luz hasta tres años más tarde, y cuya narrativa picaresca refleja la catadura moral de una juventud perdularia, entregada al alcohol, el ocio y el amor fácil, y fuente continua de hastío, entre turistas, artistas sin arte y acompañantes de ilusas damas. Ver Azcona, Rafael: *Los europeos.* Barcelona: Tusquets; 2006 y Torrente Malvido, Gonzalo: *Hombres varados*. Barcelona: Destino; 1963. Además de estas dos novelas, también pueden leerse los relatos ibicencos de Azcona: «La piel del verano» (1961), «Al margen» (1963), «Ave del Paraíso» (1965), «La noche de los grandes peces» (1965), «Amadís» (1968) y «Un corazón humilde y fatigado» (1969). Ver Azcona, Rafael: *Cuentos completos.* Madrid. Alfaguara; 1995.

clientela figuraban la aristócrata María de la Fuencisla «Fueni» Martínez de Campos y otras personas más o menos relevantes, como Solange Laffon, Eberhard Stephan Messerschmidt, Antonio Marí Viñas, Juanito Adrover, Jesús Loma e Ignacio Aldecoa.

No solo bullían las noches de la capital ibicenca, donde en invierno «los bares de la Marina no cerraban» y donde lucían el palmito algunas mujeres de familias conocidas, que se instalaron en la isla, como si descubrieran un nuevo mundo donde volver a empezar sus vidas: Carmen Domecq, Nana Goyanes, Lola de la Vega y Artiach, Carmen Carulla y María del Perpetuo Socorro Fernández de Liencres y Elduayen, más conocida como Marita Nájera. Esta última abrió al público en San Antonio el tablao flamenco La Gitana, un local con gusto y atmósfera amistosa, que junto con la boite Lola's Club, inaugurada por Lola de la Vega y Artiach en la calle Alfonso XII de Ibiza, muy cerca del puerto y junto a la muralla[506], y el bar Sandy's en Santa Eulalia, conformaron tres lugares emblemáticos de la isla y con una clientela única, convirtiéndose en un arma de promoción de un turismo de clase y selecto.

De hecho, al despegue definitivo de San Antonio contribuyeron de manera decisiva La Gitana y la discoteca Playboy que inauguró Pepe Roselló en 1963 en la avenida Doctor Fleming de esta localidad. Ese mismo año, después de liquidar su sociedad con Loerzer y Bleau, el inglés Clive Crocker abrió el restaurante El Pórtico, justo unos metros a la derecha del Domino, y también de cara al puerto. Y en 1966 inauguró otro bar con su nombre: Clive's, en el que todavía se respiraba un

506. Gómez Arroyo, José Javier: «Ibiza ritmo pasiego. En 1965, la pasiega Lola de la Vega Artiach fundó la boite Lola's, considerada como la primera discoteca de la isla». *El Diario Montañés*, 20 de junio de 2019.

ambiente completamente beat. Después vendrían otros locales emblemáticos, como Ánfora, que no tardaría en convertirse en un lugar icónico para la comunidad gay.

Mientras tanto, los antiguos bohemios beat fueron desplazados por otros bohemios de nuevo cuño: los hippies. A partir de 1967, y tras la devaluación de la peseta, los chicos y chicas de aquella especie de comitiva dionisiaca que los medios de comunicación no tardaron en calificar como hippies, empezaron a hacer acto de presencia en Ibiza y Formentera, al tiempo que sustituían a sus antecesores, no solo en la estética, sino también en la forma de festejar las noches con otros vehículos de ebriedad, siendo los primeros desde la época de los aquelarres en celebrar fiestas nocturnas de luna llena, muchas veces bajo los efectos de la marihuana y la LSD[507].

Ni beatniks ni hippies eran del agrado de los defensores del orden establecido. Tanto unos como otros eran visitantes que por sus peculiares costumbres ya habían conmocionado a la sociedad en sus propios países de origen y que, para colmo de males, no se caracterizaban por hacer gala de un gran poder adquisitivo. Lo que el Régimen necesitaba era la llegada masiva de turistas cargados de divisas, no jóvenes que habían optado por una especie de pobreza autoimpuesta. De ahí que beatniks y hippies sufrieran una dura represión por parte de las autoridades franquistas[508], que en más de una vez llegó a la expulsión del territorio español.

Sin embargo, la suerte estaba echada y no pocos empren-

---

507. Camarero, Julio: «Ibiza hippy (5). Yo he comprado LSD en Formentera. Aquelarre de los plenilunios: la droga y la música componen una imagen psicodélica», en *Pueblo*, 4 de octubre de 1969, p. 20.
508. «Guerra a los "beatniks" en Palma. Redada de "beatniks" por la Policía que merece el aplauso general». *Diario de Ibiza*, 26 de abril de 1966, p. 6.

dedores estaban dispuestos a convertir la isla, con sus días y sus noches, en un paraíso para hedonistas. Así, en 1973 la inauguración por parte de Pepe Roselló de la discoteca Playboy 2 en el conglomerado de calles próximas al puerto de San Antonio que concentra mayor cantidad de bares y establecimientos de ocio, conocido como el West End, más la apertura ese mismo año de Pachá Ibiza por parte de Ricardo Urgell, a las que en 1976 se sumaría Amnesia, fundada por Antonio Escohotado[509], dejarían el terreno abonado para que Ibiza se convirtiera en la Meca del *clubbing*.

El efecto dolce vita *y una nueva reforma horaria*

Aunque *La dolce vita* (1960) se estrenó en España el 8 de junio de 1981, tras más de veinte años de prohibición, la película de Federico Fellini tuvo tal impacto que el ocio nocturno se elevó a la categoría de tema de rabiosa actualidad. De hecho, fue esa prohibición, vinculada a la fama que la precedía de ser «una película de escándalo sobre la vida nocturna de la capital» italiana[510], la que catapultó su influencia. Sin embargo, antes de que el efecto *dolce vita* llegara a materializarse conmocionando a los medios de comunicación y, de paso, a la opinión pública, hubo de sortear un nuevo intento de reconducir el horario de los españoles y las españolas.

En efecto, el 19 de abril de 1961 el ministerio de la Gobernación dio una orden por la que se establecía el nuevo horario de trabajo que había de regir en las distintas actividades del

---

509. Escohotado, Antonio: *Mi Ibiza privada*. Barcelona: Espasa; 2019, pp. 87-100.

510. Montevite, Javier: «Así fue 1959. El año cinematográfico y su mundo». *Baleares (El diario de más circulación en el Archipiélago)*, 3 de enero de 1960, p. 16.

Estado, y que, en realidad, se limitaba a señalar la hora tope de terminación de la jornada laboral. Algunos medios, como el periódico vallisoletano *Libertad*, se apresuraron a aplaudir las nuevas disposiciones horarias gubernativas, pues vieron en la citada orden el medio idóneo para poner freno de una vez por todas a «la costumbre inveterada del noctambulismo». En concreto, el diario fundado por Onésimo Redondo en 1931 apoyaba sin reservas el adelanto de las horas de terminación de los espectáculos públicos, con unos argumentos que recordaban tanto a los del diario *La Nación* en pro de la reforma de las costumbres durante la dictadura de Primo de Rivera, como a los de los turiferarios de los adelantos de cierre de 1940 que se aferraron a la idea del «hábito de trasnochar» como algo «ya antiguo»:

> Realmente en esto veníamos a constituir una excepción, y cierto que peyorativa. Basta pasar la frontera para comprobar cuán distinto es el ritmo y lo razonable que viene a ser para el natural descanso y ulterior beneficio en la jornada laboral. Estamos acostumbrados a vivir mucha noche, y esto no puede hacerse sin que se resienta el organismo.

Por lo demás, el diario pucelano, partidario decidido de que «se imponía el cambio en muchísimos casos», confiaba por encima de todo en la adaptabilidad de la norma:

> [...] La elasticidad de la ley favorece aquello que sea razonable, pero hora era ya de dar un paso decisivo hacia la supresión de esta pequeña anarquía, cada vez más sofocante y pesada.

Sin embargo, pronto se iba a dejar notar el peso de la resistencia a la disposición gubernativa. Así, tras unos coloquios sobre el nuevo horario, organizados en Madrid por la Acción Social Patronal, la propia Cámara de Comercio de Madrid —incitada por el sector del comercio y de los espectáculos— fue la que solicitó por escrito al gobernador civil de Madrid un aplazamiento de la entrada en vigor del nuevo horario hasta el primero de octubre, ya que su implantación inmediata podía llevar «aparejadas grandes dificultades y un posible fracaso».

El propio diario *Libertad* no tuvo más remedio que reconocer que el nuevo horario no había sido recibido precisamente con entusiasmo por el comercio medio y el conocido escritor y humorista Álvaro de Laiglesia se permitía alguna que otra chanza a costa de la ley y de los españoles:

> El nuevo horario pretende aproximarnos a Europa. Pero señores, para aproximarnos a Europa no tenemos que copiar sus horarios de trabajo, sino, simplemente, las ganas de trabajar[511].

El debate previo a la implantación de los nuevos horarios alcanzó tal nivel que PYRESA, agencia de información de la cadena de Prensa del Movimiento, organizó una encuesta sobre el tema. Dejando aparte el hecho de que entre las doce «relevantes personalidades» entrevistadas no había ninguna mujer, la encuesta puso de relieve que se trataba de un «tema de conversación obligado», que daba «lugar a las más vivas polémicas» y que mantenía «divididos» a los españoles.

La controversia puesta de manifiesto en editoriales y columnas periodísticas, cartas abiertas de lectores a distintos directores de periódicos, escritos de entidades corporativas, reuniones sindicales, etcétera, reflejando criterios dispares, po-

511. «Hoy escribe para usted Álvaro de Laiglesia. Los críticos, las señoras imponentes y el nuevo horario». *Pueblo*, 23 de mayo de 1961, p. 8.

sibles perjuicios a intereses legítimos, satisfacciones sin reservas, inquietudes más o menos fundadas y pronósticos, unas veces optimistas y otras agoreros, cargados de escepticismo y alarmas más o menos justificadas llegó a tales extremos que la oficina de Información y relaciones públicas del ministerio de la Gobernación tuvo que salir al paso con una nota que pretendía llevar la tranquilidad a todas las partes implicadas. En ella se decía que el cambio de horario no iba a suponer «una violenta mutación de la vida española» y que sería «el principio de una etapa en que los poderes públicos favorecerán paulatinos avances», por lo que las autoridades gubernativas confiaban en «la colaboración ciudadana persuadida de las ventajas que ha de producir». Además, en una entrevista conducida por E. Sánchez Pintado, el subsecretario de Gobernación, Luis Rodríguez Miguel, aun reconociendo que el «origen directo» de la reforma horaria se encontraba en las preocupaciones del ministro «para el adelanto de la hora final de los espectáculos públicos», insistió en «la flexibilidad y la amplitud de los criterios a adoptar» y en las «amplias facultades de propuesta o decisión» otorgadas a los gobernadores civiles en la materia[512].

Pero quien ya había metido el dedo en la llaga era el reconocido barman Fernando Gaviria en su respuesta al ser encuestado por la agencia PYRESA acerca de la reforma horaria:

> A los que les costará más trabajo adaptarse, y, por lo tanto, mermarán sus visitas, es a los turistas de diferentes países a dejar sus importantes divisas: primero, porque el que viene en plan turístico, viene a pasarlo bien no teniendo

---

512. Sánchez Pintado, E.: «Entrevista del mes. El horario de trabajo: entrevista con Luis Rodríguez Miguel, subsecretario de Gobernación». *Documentación Administrativa*, nº 40, 1961, publicada 31 de mayo de 1961.

ni queriendo generalmente madrugar y haciendo en cambio vida nocturna; y segundo, porque en cualquier capital europea puede a cualquier hora de la noche tomarse una copa, cenar o comprarse una corbata, pongamos por caso, pues para ello quedan algunos establecimientos abiertos toda la noche.

De hecho, a principios de 1962 el Ministerio de la Gobernación, «examinadas las diversas exposiciones elevadas a los Gobernadores civiles en solicitud de excepción de los límites de horario establecidos en la Orden acordada en Consejo de Ministros de 19 de abril de 1961 para los espectáculos, fiestas y determinados establecimientos públicos y después de ponderar debidamente las razones que con fundamento de la petición se contienen en los respectivos escritos», promulgó una nueva Orden ampliando los topes horarios. Una ampliación que se notaba prácticamente de año en año. Así, por ejemplo, si la hora tope de cierre de las discotecas palmesanas Toltec y Haima hasta 1966 era las tres de la madrugada, el night-club Zhivago en 1968 abría todos los días y no cerraba sus puertas hasta las cuatro de la madrugada. De tal manera, la pretendida reforma horaria quedaría prácticamente limitada al eslogan televisivo de la Familia Telerín —«¡Vamos a la cama, que hay que descansar, para que mañana podamos madrugar!»—, que entre 1964-1970 se encargaría de anunciar el final de la programación infantil y dar paso a la programación adulta.

Spain is different!

Al poco de acceder Manuel Fraga Iribarne a la cúpula del ministerio de Información y Turismo se apropió de la frase atribuida a Napoleon Bonaparte —*L'Espagne c'est différent*—, quien supuestamente la pronunció tras la derrota de sus tropas en la batalla de Bailén, traduciéndola al inglés. La bizarra proclama no era más que el cebo utilizado por el flamante ministro para atraer a España al turismo internacional.

En efecto, con el eslogan *Spain is different!* se quiso fomentar la imagen de España de cara al exterior como un país entre idílico y exótico, donde parecía no existir nada más que buenos platos de paella, rebosantes jarras de sangría, emocionantes corridas de toros, divertidos tablaos flamencos, sol a raudales, extensas playas… y todo ello a un precio más que asequible para las fuertes divisas extranjeras. Como no podía ser menos, el lema también fue utilizado por muchos españoles de forma paródica, incluso con regusto desencantado y fatalista, como una especie de indicador de la anormal situación política española con respecto a los países de su entorno. Pero las todopoderosas divisas podían con las críticas.

A principios del verano de 1963 los medios de comunicación y las autoridades descubrieron que «la vida nocturna de nuestras ciudades gusta al extranjero más que ningún tipismo»:

> Uno de los factores de nuestro país que más atrae al turista inglés —y en general al turista extranjero— es, simplemente, el de nuestro ritmo de vida, el de nuestro modo de ser. Es, diría yo, la naturalidad y la temperatura humana de nuestra vida de cada día: las terrazas de nuestros cafés, la baraúnda de nuestras tascas, nuestra psicología un tanto extrovertida, los almuerzos a las tres de la tarde, la ronda de los aperitivos, el diálogo espontáneo, la noche que empieza a eso de las diez, cuando el aire refresca y el bochorno del día se va.
>
> […]
>
> El inglés, sometido durante el resto del año a una tremenda presión psicológica (prisas, autocontrol, falta de comunicación), se encuentra en España, de pronto con

una verdadera revelación explosiva: la simple revelación de una vida más natural, más comunicativa y, en resumen, más espontánea. Muchos ingleses que están en vísperas de iniciar sus vacaciones españolas me han preguntado estos días repetidas veces con singular preocupación: «¿Es cierto que ahora la vida nocturna de Madrid acaba pronto?» «¿Es cierto que a la una cierran teatros, cines y cafés?»

No estoy al tanto de este asunto y no sé, en consecuencia, si este verano el horario español volverá a ser el que era hace unos años o si los espectáculos y establecimientos públicos cerrarán a la una o una y media. Pero lo que sí sé, sin la menor duda, es que la noche española, el encontrar Madrid (por ejemplo) lleno de vida a las doce de la noche o a la una de la madrugada, con gentes en las terrazas de los cafés, es uno de los rasgos sociales de la vida española que más ilusionan y encantan a los turistas ingleses[513].

El corresponsal del diario *Pueblo* en Londres, Luis de Castresana, no se oponía a una reforma horaria que redundara en «una mejora de nuestro nivel de vida, en un incremento del bienestar nacional, de nuestra industrialización, de nuestra convivencia», aunque mostraba una objeción:

Pero tratar de europeizar a España comenzando por acortar la noche veraniega es, obviamente, una decisión que puede repercutir desfavorablemente, tanto en la maquinaria de nuestras costumbres sociales como en el desarrollo de magníficas posibilidades de nuestro turismo.

513. Castresana, Luis de: «Los ingleses han elegido su meta turística: España. Además de los tópicos (sol y economía), les atrae nuestro modo de ser. La vida nocturna de nuestras ciudades gusta al extranjero más que ningún tipismo». *Pueblo*, 28 de junio de 1963, p. 12.

Después de una larga jornada de trabajo (a veces de varios trabajos, porque el presupuesto doméstico lo manda), nada hay más inocente, ni más merecido, ni más aliviador, que sentarse en la terraza de un café, sintiendo la brisa de la medianoche; y para el extranjero que nos visita, ninguno de nuestros tipismos —ni siquiera el «folklore» o las corridas de toros— puede compararse al placer de pasear por una ciudad todavía parcialmente despierta, nocturnamente pacífica y sensata, quietamente burguesa, habladora, sedentaria o suavemente itinerante, a la una o las dos de la madrugada.

El diario pucelano *Libertad* se hizo eco del entusiasmo de los extranjeros por «la vida nocturna de nuestras ciudades», circunstancia que aprovechó para reivindicar que «el deseo de descansar es primero». Pero la suerte estaba echada y antes de que finalizara el verano de 1963 una revista británica afirmaba que «los hombres de negocios norteamericanos, y de otros países» se mostraban cada vez más interesados en invertir en España, «un mercado de treinta y un millones de consumidores, con un poder adquisitivo cada vez más alto». Entre los «signos sorprendentes de auge y opulencia» y, a la vez, principales atractivos que veían en este mercado potencial estaba la «vida nocturna llena de animación».

Por supuesto, nadie estaba dispuesto a matar a la gallina de los huevos de oro, y a pesar de que España, al menos políticamente, parecía circular en dirección contraria, a un ritmo distinto al que marcaba la evolución de la mayoría de los países occidentales, con la única y relativa excepción de la República Portuguesa, sometida entonces a la dictadura salazarista, la campaña promocional de Fraga Iribarne resulto todo un éxito. Y así pudieron celebrarlo en 1965 la cantante Cristina y el grupo Los Stop con la canción «El turista 1.999.999», que explotaba descaradamente el recién estrenado filón turístico-patriótico. Un filón que, en buena medida, prolongaba las horas diurnas de sol y playa con el ocio nocturno.

De tal manera, en 1965 la «animada vida nocturna» de Marbella, que había destacado el semanario *El Español* en 1953[514], se había consolidado con la existencia de cuatro salas de fiestas: La Pagode, El Trianon, El Platero y Boquerón de Plata[515]. Por su parte, Palma de Mallorca era considerada «en sí» como una «inmensa, sorprendente sala de fiestas»[516]. La prensa inglesa destacaba que «Acapulco no tiene la vida nocturna de Palma», mientras informaba que «uno de los veraneantes asiduos a la isla» era el celebérrimo futbolista George Best y que «las discotecas se ven a todas horas muy concurridas». Otros medios hablaban de Torremolinos como «una boite gigantesca»[517]. Y de Benidorm, sobre todo a partir de la inauguración de Penélope en 1968 y de Cap 3000 —una de las discotecas más grandes de Europa— al año siguiente, bien podría haberse dicho lo mismo.

Los horarios de cierre no sólo no se adelantaban, sino que se atrasaban. Así, durante el verano de 1965 se promulgó una Orden del Ministerio de la Gobernación para que «los restaurantes, cafés, cafeterías, bares y establecimientos similares situados

---

514. Gallardo: «En el litoral del sur también se veranea. No vaya a Hawai, quédese en Málaga. Playas casi ignoradas que son una revelación». *El Español (Semanario de los españoles para todos los españoles)*, 16 de agosto de 1953, pp. 19-21.

515. Rodríguez Feijóo, Antonio: «Aproximación a los orígenes del turismo en Marbella». *Cilniana*, enero-marzo de 1989, pp. 2-11.

516. Vasallo, Jesús: «Entre el sosiego y la música psicodélica». *Voluntad (Diario de Falange Española Tradicionalista y de las J.O.N.S.)*, 9 de noviembre de 1968, p. 10.

517. «La caza de la extranjera ha muerto». *Pueblo*, 25 de agosto de 1969, p. 30.

fuera del casco de las poblaciones» pudieran prorrogar su horario de cierre hasta las tres y media de la madrugada. Y al año siguiente, con motivo de las fiestas de San Isidro, y a petición del Sindicato Provincial de Hostelería y Actividades Turísticas de Madrid, la Dirección General de Seguridad dio el visto bueno para que «los cafés, bares, «bares americanos» y cafeterías» de la capital pudieran permanecer abiertos también hasta las tres y media de la madrugada. Una prolongación de horario de cierre que a los pocos días se hizo extensible a todos los establecimientos del Estado que respondían al mismo perfil[518].

Por lo demás, no podemos olvidar que el boom turístico que se registró durante aquellos años constituyó una importante fuente de riqueza, no solo material y económica, sino también socio-cultural, pues con aquellos turistas que venían a Palma de Mallorca, Ibiza, Marbella, Torremolinos, Benidorm o cualquier otro destino veraniego de la época, además de elevarse el nivel cultural de los españoles y las españolas, llegaron los primeros aires de libertad que se respiraron en España después de muchos años.

No obstante, y como cabía esperar, en determinados medios la nocturnidad no perdió su mala fama. Por ejemplo, en 1964 un periodista del diario valenciano *Jornada* se pronunciaba en los siguientes términos:

> La ciudad tiene que tener su vida nocturna. Aunque eso de «vida nocturna» suena un poco a cosa fea.

Todavía más significativo es el hecho de que otros periodistas —entre ellos Ignacio Puche Garrido y Ramón Arrieta— recurrieran hasta bien entrada la década de los 70 a la

518. «Los cafés y bares podrán cerrar a las tres de la madrugada desde mañana». *El Adelantado de Segovia*, 14 de mayo de 1966, p. 3.

expresión «mujer de vida nocturna» como sinónimo de prostituta[519].

Sin embargo, gracias al turismo la vida nocturna amplió horizontes, hasta el punto de que el diario *Pueblo* inauguró en 1963 una nueva sección dedicada a las atracciones y los espectáculos celebrados en las distintas salas madrileñas, redactada por los periodistas Tico Medina y Emilio García-Loygorri y titulada precisamente «La Noche. La Notte. La Nuit. The Night. Die Nacht»[520].

Una columna publicada en el periódico *Nueva Rioja* venía a resumir perfectamente el estado de la cuestión en plena etapa de desarrollismo:

> Desde anteayer [...] se prolonga hasta las tres de la madrugada el cierre de cafés, bares, cafeterías, etc.
>
> [...] El turismo, la corriente turística, está metiéndosenos ya por las puertas de casa. Y bueno es estar al tanto y «dar facilidades».
>
> Ya sabemos que una de las cosas que se nos reprochan a los españoles —que nos reprochamos unos españoles a otros, para decirlo más claro— es precisamente nuestra afición noctívaga.
>
> En los demás países —se nos dice, para que nos muramos de vergüenza por nuestro atraso— no se hace vida nocturna. No se trasnocha. Todo el mundo se acuesta

519. Puche, Ignacio: «30.000 kilómetros a través de los Estados Unidos. Los americanos admiten la crítica con sentido del humor, caballerosidad y franqueza». *Pueblo*, 14 de junio de 1962, p. 25 y Arrieta, Ramón: «El suceso del día. ¿Está cercado el «loco del cuchillo»? Todas las precauciones parecen indicar que sí, ya que la Policía dispone de elementos de valor de gran importancia». *Diario de Burgos*, 20 de julio de 1975, p. 33.
520. Medina, Tico y Loygorri, Emilio G.: «La Noche. La Notte. La Nuit. The Night. Die Nacht». *Pueblo*, 17 de septiembre de 1963, p. 7.

pronto, para poder acudir tempranito al trabajo al día siguiente.

A esto se pueden oponer, naturalmente, no pocas razones. En «los demás países», no tienen nuestro clima. Y buena rabia se pasan. Por eso vienen a buscar el nuestro.

En «los demás países», trabajan a las horas más convenientes para ellos. Y nosotros, a las nuestras. Porque sea bueno, por ejemplo, acostarse a las ocho en Laponia, no vemos porqué ha de serlo también en España. No creemos que esto sea cuestión de horarios, La cuestión es trabajar, sea a la hora que sea.

[...] Nuestras costumbres son las nuestras. Y no son caprichosas. Obedecen a nuestra conveniencia. Ni más, ni menos.

Además, nosotros mismos se lo aseguramos al turista, para engolosinarlo. «España —le decimos— es diferente».

[...] Como que eso es lo que entusiasma a los turistas en cuanto llegan. Nuestro clima, nuestras comidas, nuestra bendita siesta, nuestra afición a trasnochar y todo eso que ellos no tienen y nosotros sí[521].

Por otra parte, la prensa extranjera no cesaría de ponderar positivamente este hecho diferencial español. Así, en 1972 el *Diario de Ávila* se hacía eco de una información publicada en *Sunday Independent*, en la que el rotativo dublinés afirmaba que España era «el mejor país para pasar unas buenas vacaciones», entre otras cosas porque «la vida nocturna mejora constantemente»[522].

---

521. «Ventana a la calle». *Nueva Rioja*, 17 de mayo de 1966, p. 2.

522. «España, el mejor país para pasar unas buenas vacaciones». *Diario de Ávila*, 27 de enero de 1972, p. 9.

¡Queremos baile!

A punto de terminar el verano de 1966 el general Camilo Alonso Vega, a la sazón ministro de la Gobernación, dictó una orden encaminada a restringir las costumbres de muchos españoles y españolas con respecto al baile. En este caso, la referida orden no afectaba a los horarios de cierre de los salones, sino a la edad de las personas concurrentes a los mismos. De tal manera, se prohibió la entrada y permanencia de menores de dieciocho años en «locales públicos de baile, salas de fiesta, establecimientos de bebidas amenizados con música o cualquier otra atracción, ni en aquellos otros lugares donde pueda padecer la moralidad juvenil».

Los artículos 2º y 3º de la orden ministerial contemplaban un régimen severo de sanciones —que podían llegar hasta la clausura definitiva de los locales— para los propietarios que incumplieran lo mandado:

> Art. 2.º Los dueños o empresarios de estos locales serán responsables de las infracciones de dicha prohibición y sancionados con multas de 250 a 2.000 pesetas la primera vez, la que sufrirá un aumento progresivo del 50 por 100 en cada una de las infracciones sucesivas.
>
> Art. 3.º En los casos de contumacia, debidamente acreditada, en la comisión de estas infracciones podrá acordarse él cierre temporal del establecimiento y hasta llegar al definitivo si dicha medida tampoco surtiera efectos. Todo ello sin perjuicio de la competencia atribuida a los Tribunales de Justicia[523].

523. Ministerio de la Gobernación: «Orden de 9 de septiembre de 1966 por la que se prohíbe la entrada y permanencia de menores de dieciocho años en locales públicos de baile y otros establecimientos y se establecen las

La orden del ministro de la Gobernación fue promulgada un año después de las actuaciones de los Beatles en España. El fenómeno de la *beatlemanía* estaba en pleno auge y, con él, la idea cada vez más globalizada de que la juventud constituía un colectivo social aparte, perfectamente identificado y diferenciado, con sus propias necesidades, deseos, ilusiones, utopías, indumentarias y, por supuesto, su propia música, que poco o nada tenían que ver con las del mundo adulto, de espíritu mayormente conservador, lastrado por enormes responsabilidades y con el trauma de haber sufrido las consecuencias de la guerra y las penurias de la posguerra. El segmento de la pirámide de la población española comprendida entre los 14 y los 25 años nunca había contado con tantos efectivos y los iconos y elementos típicamente juveniles arrasaban y se popularizaban a través de diversos movimientos, corrientes y manifestaciones, que multiplicaban sus ramificaciones ante una sociedad adulta cada vez más desconcertada. Si la etiqueta inicial acuñada por los medios de comunicación para identificar aquel fenómeno juvenil fue la de «yeyé» pronto surgirían otros epítetos en respuesta a la complejidad y riqueza de dicho fenómeno: «pop», «in», «sicodélico», «underground», «contracultural», etcétera. En cualquier caso, y a pesar del régimen dictatorial imperante, la orden no obtuvo el respaldo social que inicialmente habría cabido esperar. Para empezar, el periodista Julio Camareros advertía acerca del perverso efecto bumerán que encierra toda prohibición:

> Basta prohibir una cosa para que se desee con más fuerzas y se enfoque apasionadamente, desde ángulos que, a lo mejor, antes resultaban menos frecuentes[524].

---

sanciones correspondientes». *Boletín Oficial del Estado*, 20 de septiembre de 1966, p. 11.973.

524. Camarero, Julio: «La juventud y el baile. Recurso contra la orden de

Por su parte, el prestigioso psiquiatra Velasco Escassi ponía en valor la importancia del baile para el segmento de población sobre el que pesaba el veto:

> Está demostrado que la danza —cuanto más convulsiva— sirve para quemar la agresividad del adolescente. Y eso la lleva a descargar las baterías de un modo natural y biológico.
>
> [...] El baile en los jóvenes, y en especial el baile moderno, es una válvula de escape de su acometividad. Y tiene que ser encauzado y orientado en un sentido positivo.

Antes de insistir en el peligro que ya había apuntado Julio Camarero de promover indirectamente la fascinación por el fruto prohibido:

> Está bien el control pero adecuadamente. De forma que no aparezca el morboso inventivo de lo prohibido.

El diario *Pueblo* también anunciaba la inmediata interposición de un recurso contra la citada orden ministerial por parte del abogado Ricardo Villasante, «especialista en estos temas»:

> El artículo 177 de la ley de Contratos de Trabajo autoriza a los menores de dieciocho años y mayores de dieciséis a trabajar en espectáculos públicos, aunque exigiendo algunos requisitos formales, como el permiso de los padres y la supervisión de la inspección de Trabajo. Y esta disposición es de rango superior a la orden ministerial que prohíbe la entrada.

Gobernación». *Pueblo*, 23 de septiembre de 1966, p. 7.

De tal manera, podía darse el caso de una chica con dieciséis años cumplidos que pudiera trabajar en el guardarropa o de camarera en una sala de fiestas, pero a la que le estuviera vedado bailar en esa misma sala al ritmo de los Beatles o los Rolling Stones. Además, se daba la circunstancia —puesta de relieve por el redactor musical del diario *Pueblo*— de que la mayoría de los conjuntos musicales del momento tenían uno o varios integrantes, cuando no todos, menores de dieciocho años.

El diario *Pueblo* también señalaba el riesgo de la proliferación de fiestas ilegales como respuesta a la prohibición:

> [...]
>
> Corremos el peligro de que los clubs de juventud dejen de ser establecimientos públicos a ras de suelo —con la garantía que ello representa en todos los órdenes— para instalarse en pisos, más o menos discretos, disimulados bajo la apariencia de una fiesta familiar.
>
> Lo que no puede ser es dejar sin cauce, sin esparcimiento a esos miles de «fans» que no han cumplido aún los dieciocho años, mientras se venden cada día más discos y aumenta el culto a los conjuntos modernos, si se quiere, como un rito más del ceremonial ye-ye, pero que no hace daño a nadie.

El rotativo madrileño también ponía de manifiesto lo que a su juicio representaban serias paradojas en el establecimiento de límites de edad en España, antes de sugerir como solución de compromiso la apertura de «salas de baile especiales solo para los menores de dieciocho años»:

> —A los dieciséis años se pueden casar los varones. A los catorce las hembras (Código de Derecho Canónico. Canon 1.067).

—A los catorce se pueden contratar como aprendices (Ya se apuntó en este periódico).

—Entre los dieciséis y los dieciocho incurren en responsabilidad penal atenuada (Código Penal).

—A los dieciocho incurren en responsabilidad penal (Idem).

—Antes de los dieciocho años pueden hacer el servicio militar como joven educando en bandas de cornetas.

—A los dieciséis pueden comenzar la más seria de las carreras universitarias.

—A los dieciocho pueden iniciar el servicio militar voluntario.

—A los dieciocho tienen derecho a voto en las elecciones sindicales (Norma sexta).

—PERO ANTES DE LOS DIECIOCHO AÑOS NO PUEDEN BAILAR EN PÚBLICO.

—Pueden casarse y testar, y trabajar, y ser castigados. Bailar, no...[525]

Algunos medios aprovecharon la polémica generada para denunciar la escasez de diversiones existentes en España para la población joven. Otros, en cambio, defendían el baile entre adolescentes como un mecanismo de control social o, como mínimo, una especie de mal menor:

En sus clubs o en sus reuniones que celebran en casas particulares, las chicas y los chicos solo están pendientes del baile danzando estrepitosamente, lo que sirve de válvula de escape a la natural agresividad juvenil, que, de otro modo, estallaría en manifestaciones violen-

525. «Una observación curiosa: los menores de dieciocho años pueden casarse... bailar en público, no». *Pueblo*, 7 de octubre de 1966, p. 20.

tas, no exentas de actos de gamberrismo[526].

Además, los mismos medios destacaban el problema logístico que suponía comprobar la edad de los chicos y chicas concurrentes a salas con aforo para 3.000 personas. Y también ponían de relieve el conformismo con el que habían aceptado el veto gubernativo:

> Los menores afectados por la prohibición [...] no han promovido ningún disturbio ante las puertas de los clubs de juventud ni en lugar alguno, dando con ello una prueba más de su buena formación, indiscutiblemente muy superior a la de las generaciones anteriores.
>
> [...]
>
> Pero se quejan amargamente de que se les prohíba su diversión favorita [...] porque [...] lo que les gusta es bailar, conocerse chicos y chicas en un ambiente netamente juvenil y de mutuo respeto. Y tienen la esperanza de que la orden se modifique, porque se sienten unos hombrecitos y unas mujercitas, y de que como a tales hay que tratarles con comprensión y no con imposiciones.

Sin embargo, no hubieron de pasar demasiados días desde que se promulgara la prohibición para que se registraran ruidosas manifestaciones, aunque pacíficas y minoritarias, en varias capitales del Estado. En Barcelona, al grito de «queremos baile», más de un centenar de adolescentes, «luciendo llamativas camisas a cuadros y largas melenas», se manifestaron por la Vía Layetana; en Madrid, un grupo de unos 150 jóvenes desfilaron desde la plaza de Oriente a la de España con pancartas que decían:

526. «Antena de Madrid. Los menores (15 a 17 años) quieren seguir bailando». *El Adelantado de Segovia*, 28 de septiembre de 1966, p. 4.

«Gamberros, no», «Si no podemos beber alcohol, que bajen la leche», «Si podemos trabajar a los 14 años, por qué no podemos divertirnos a los 16?» y en Bilbao una «nutrida aglomeración de «teen-agers»» también se manifestaron al grito de «¡queremos baile!» por la Gran Vía, estacionándose en los Jardines de Albia, plaza de Don Federico Moyúa y Eguillor, calle Concha adelante.

Estas manifestaciones no consiguieron nada más que captar la atención mediática, pero la «proliferación de guateques no controlados», como reacción a la prohibición al acceso y permanencia de menores de dieciocho años en locales públicos de baile y otros establecimientos análogos, sí que provocaron una reconsideración por parte de las autoridades gubernativas, y así lo señalaron algunos medios:

> Las limitaciones al exceso y al libertinaje en las salas públicas de fiestas, sin dependencias reservadas y con elevados precios de consumición, no se dan en el guateque privado, generalmente bañado en alcohol, sin guarda y con mil ocasiones para que las parejas se aíslen.
>
> Resulta, pues, que una norma llena de buenas intenciones, implantada al cabo de más de veinte años de esperar en las carpetas oficiales, está dando en la práctica resultados contrarios a los previstos y deseables.
>
> [...]
>
> Según nuestras noticias, parece que los límites de la prohibición van a ser reconsiderados[527].

La prohibición de asistir a los bailes que afectaba a los chicos y chicas menores de 18 años finalmente no se revocó y cuatro años más tarde la multiplicación de guateques descontrolados

527. «¿Va a ser reconsiderada la prohibición del baile a los menores de 18 años?». *El Adelantado de Segovia*, 12 de noviembre de 1966, p. 3.

—que daría lugar con sorna al término «guatequesis»— era un hecho que hasta los propios jóvenes reconocían abiertamente a los periodistas:

> Mire, en domingo los chicos de 14 a 18 años, por lo general, no se van al cine, ni a los toros, ni al fútbol. Asisten a sus guateques en locales, sótanos o buhardillas que alquilan, y allí, naturalmente, no tienen el control que hay en los clubs. Yo le digo a usted que los clubs más «folloneros» son mucho más inocentes que algunos de estos guateques. Es más peligroso por tanto el modo de divertirse de los chicos menores de 18 años que el nuestro. Y se lo digo porque acabo de cumplir los 19 y conozco aquello y esto[528].

Luces y sombras de la vida nocturna durante el desarrollismo

El 1962 el periodista Juan Antonio Cabezas reflexionaba a propósito de una institución tan arraigada en España en general y en Madrid en particular como la tertulia, y se preguntaba ¿cómo?, cuándo? y ¿dónde? se desarrollaba la vida nocturna de Madrid, para hacerse eco de la opinión de los nostálgicos:

> [...] Solo hay mala vida nocturna. Mala y cara. No queda más que la sala de fiestas o esos «clubs», criptas con entradas misteriosas y poca luz, para lo que hay que habituar la retina[529].

528. Brunet, Miguel Ángel: «Zaragoza horas pop. 4. Denuncia del guateque para menores». *Aragón exprés*, 30 de enero de 1970, p. 17.

529. Cabezas, Juan Antonio: «Tertulia madrileña. La vida nocturna de Madrid, ¿cómo? ¿cuándo? ¿dónde?». *Diario de Burgos*, 28 de enero de 1962, p. 5.

Cuesta creer que esas palabras hicieran justicia, por ejemplo, a la sala de fiestas Pasapoga, donde por esas fechas triunfaba la actriz, cantante y vedette transexual francesa Coccinelle. Si bien es verdad que el calificativo de «cara» se ajustaba perfectamente a las características de la referida sala de lujo, a la que muchas personas se referían con sarcasmo como «Pasa y paga».

En cualquier caso, en 1967 era Juan Francisco Puch quien denunciaba «la escasa vida nocturna de Madrid». En opinión de quien llegaría a ser subdirector de la Agencia Efe, esta tendencia se manifestaba en la «curva decreciente de concurrencia a los espectáculos de todo orden que tienen lugar después de la hora de cenar». Según Puch, varios motivos explicaban «la languidez de la vida nocturna de Madrid»: en primer lugar, «la indudable influencia de la televisión»; en segundo lugar, el hecho de que «la población flotante y forastera de Madrid» no era tan numerosa como para cubrir los aforos de cines, teatros y salas de espectáculos existentes en la ciudad; en tercer lugar, el choque entre los «horarios descabalados» autóctonos y los horarios «más racionales (y también más aburridos)» que poco a poco iban imponiendo los turistas y, por último, un motivo «esencial y definitivo» relacionado con la situación laboral de muchos trabajadores:

> [...]
>
> Mientras en gran parte de Europa el hombre que trabaja se reintegra a su hogar a las cinco de la tarde —porque por ahí no se «lleva» el pluriempleo—, en nuestra capital traspasan la puerta de su hogar varias horas más tarde. El buen pueblo de Madrid, trabajador pluriempleado, que ha de repetir cada día su entrañable hazaña laboral, no es probable, pues, que renuncie a la breve permanencia en el hogar, con esa familia a la que no ve casi

> nunca, para insertarse en el tentador laberinto de la diversión nocturna de la ciudad[530].

Apenas unos meses después, un colaborador del rotativo *Pueblo*, que firmaba sus artículos como Castanedo, insistía sobre el particular:

> Las noches de Madrid se han vuelto, de pronto, como de enero a esta parte, tranquilas, sosegadas, desérticas. Para descubrir esta verdad basta sólo con noctivaguear por el callejero de la ciudad, sector centro dicho más concretamente. La circulación ha perdido el ritmo dinámico que tuviera antes; ustedes encuentran taxis libres por todas partes y localidades para cualquier espectáculo nada más asomarse a la taquilla. Salvo en la noche del sábado, se entiende, que no hay regla sin excepción[531].

Al igual que otros periodistas, Castanedo no podía evitar comparar el ocio nocturno madrileño del momento con el que había tenido la capital antes de la guerra civil:

> Curioso el tremendo contraste de la noche callejera actual con la de los años treinta. Entonces, un Madrid con menos de un millón de habitantes enlazaba el día con la noche y la noche con la madrugada. A la hora, tarde, en que se cerraban unos espectáculos, otros estaban «calentando motores» y cafés había que no cerraban en toda la jornada. Siempre, pues, público en la calle. El noctámbulo

530. Puch, Juan Francisco: «Buenas tardes, Madrid. Vida nocturna». *Pueblo*, 12 de mayo de 1967, p. 16.
531. Castanedo: «Noches "europeas"». *Pueblo*, 21 de febrero de 1968, p. 12.

> de regreso a su casa se tropezaba, a la hora del alba, con el madrugador que partía hacia su tajo. Y ahora, con un Madrid de tres millones de personas, a partir de la salida de las sesiones nocturnas de los cines y teatros no se encuentra en la calle más que a los serenos.
>
> [...]
>
> Claro está que Madrid vive un poquito la noche con sus salas de fiesta. Son muchos los forasteros que, a diario, nos visitan, y muchos de ellos, ¡qué caramba!, vienen con ganas de divertirse.
>
> Pero es que incluso en las salas de fiesta se nota, sensiblemente, el descenso de clientela. Reflejo exacto de la austeridad ambiente.

La conclusión a la que llegaba Castanedo no era otra que «hemos europeizado Madrid, en cuanto a horarios de trabajo». Al contrario que Puch, no achacaba la falta de vida nocturna a la influencia de la televisión, pero coincidía con su colega en atribuir el cambio en los hábitos nocturnos al pluriempleo:

> Austeridad y madrugones están cambiando el aire de Madrid o, al menos, la vida nocturna madrileña. La gente a la que el odioso cacharro llamado despertador hace saltar del lecho antes de las siete de la mañana, para iniciar su carrera contra la firma, por muchas ganas de «bureo» que tuviese al concluir su pluriempleística tarea, se siente ayuna de fuerzas físicas y se va a la camita.

La vida nocturna de Madrid comenzaba a languidecer, según el periodista José Luis Navas, hacia las tres de la madrugada[532]. Sin embargo, en la capital del Estado habían surgido

532. Navas, José Luis: «Cena de famosos en casa de Lola Flores. Homenaje

flamantes zonas de ocio, que se estaban convirtiendo en un hervidero de nuevas formas de vida nocturna, como era el caso de la vecindad de modernos y sofisticados apartamentos en la zona que quedaba al norte del Estadio Santiago Bernabéu, al sur de la Plaza de Castilla, al este del Paseo de la Castellana y al oeste del eje Padre Damián-General López Pozas, donde se había establecido el personal militar y administrativo de la base estadounidense de Torrejón de Ardoz. Aquel conjunto de 600 viviendas incluía lujos nunca vistos hasta entonces: gimnasios y piscinas comunitarias, economatos que vendían whisky y chocolate de importación, locales comerciales que acogían pastelerías al gusto americano, hamburgueserías y las primeras pizzerías que se vieron en Madrid... Aparecieron nuevas construcciones y negocios que replicaban el modo de vida americano: supermercados de lujo, discotecas, whiskerías, tablaos flamencos al gusto del público extranjero... Una oferta que resultaba muy atractiva para la nueva burguesía del desarrollismo. Los dólares, el whisky y la prostitución se apoderaron de la calle Doctor Fleming, que atravesaba —y atraviesa— el barrio, y aunque el Régimen intentó acabar con ello, finalmente prefirió mirar hacia otro lado y mantenerlo controlado en una especie de zona cero —«un pequeño Madrid dentro de Madrid»— en el margen derecho del paseo de la Castellana para que no se propagara como la pólvora hacia otros barrios de la capital.

Por lo visto, el término Costa Fleming se lo inventó el reportero Raúl del Pozo en 1968 cuando le preguntaron dónde veraneaba y él contestó: «Yo, en la costa Fleming», guiado por la relajación de costumbres y horarios. Por entonces ya era el barrio más animado, próspero, cosmopolita y tolerante de Madrid, donde se podía encontrar más juega nocturna. Artistas, cineastas, escritores, músicos y otras personalidades del mundo

---

a Olga Guillot». *Pueblo*, 4 de julio de 1969, p. 48.

de la farándula, gente moderna y desprejuiciada aunque no especialmente politizada se dejaba ver por la que no tardó en adquirir fama de ser la zona más golfa de Madrid. Bares y discotecas eran testigos de juergas y bacanales hasta el amanecer que inspiraron hasta una novela de Ángel Palomino y una película de José María Forqué que respondían a la expresión inventada por Raúl del Pozo. Incluso se llegaría a hablar del «Sonido Costa Fleming» como un estilo musical divertido y sin pretensiones que se puso de moda en aquella época, caracterizado por una mezcla de diferentes estilos musicales, banda sonora del momento y de muchas películas estrenadas en los años setenta.

Además, en 1973 se anunciaba la creación de un nuevo punto urbano pensado especialmente para el recreo nocturno:

> En el arranque de la calle de la Princesa, muy cerca de la Torre de Madrid, se está construyendo un importante complejo de diversión o lo que podríamos denominar como «gran supermercado para el ocio nocturno». Las instalaciones constarán de discoteca, cueva de jazz, sala especialmente acondicionada para espectáculos de café-teatro, «drugstore»... etcétera. La entidad publicará también una revista mensual, que llevará el mismo título del establecimiento. Solamente en la decoración de las distintas dependencias la cifra de lo presupuestado supera los cuarenta millones de pesetas. Se ha previsto la inauguración para mediados del próximo mes de septiembre, de cara a la nueva temporada madrileña[533].

También en la Barcelona del desarrollismo se observaba un declive de la vida nocturna comparada con la etapa anterior

---

533. Anteno: «Supermercado para el ocio nocturno». *Pueblo*, 1 de junio de 1973, p. 37.

de la autarquía. En víspera de las navidades de 1964 Jorge Gubern lamentaba que «las calles barcelonesas tengan de noche tan triste, oscuro y provinciano aspecto». La comparaba con la «alegre, rica, sonriente y vitalísima Valencia» y, según el novelista y técnico editorial, Barcelona daba la «impresión de ciudad muerta». No contento con estas afirmaciones, Gubern calificaba a la Ciudad Condal de «sosa, morigerada y enlutada».

Dos años más tarde, L. Sainz venía a confirmar en un tono no exento de nostalgia las impresiones de Gubern:

> En Barcelona no hay vida nocturna. La gente no sale de noche. Excepcionalmente lo hace para asistir al estreno de alguna revista, una comedia o bien una sesión de cine. En otros tiempos las calles no perdían nunca su animación. Había restaurantes en las Ramblas, calle de Escudillers [sic] y Conde del Asalto, que no cerraban. En el desaparecido quiosco de Canaletas, se vivaqueaba las veinticuatro horas. No es que no se trabajara; eran costumbres de la época.
>
> La noche ejercía entonces en los catalanes una gran atracción. Aún hoy el taxista prefiere el servicio nocturno. Dice que el cliente se muestra más abierto y cordial, y es más rumboso[534].

Para José Delgado Carrero, corresponsal del diario *Pueblo* en Barcelona, la explicación había que buscarla en el hecho de que la Ciudad Condal era la más europea de las capitales españolas:

> Barcelona tiene algo en común con la mayoría de las ciudades centroeuropeas, que a partir de las diez de la noche se queda sin vida. Todo aquel bullicio nocturno de la

534. Sainz, L.: «Trabajar de noche». *La Hoja del Lunes (Editada por la Asociación de la Prensa)*, 11 de abril de 1966, p. 37.

> Ciudad Condal, prácticamente está desapareciendo. Cierto control sobre cierta faceta de la vida nocturna ha influido definitivamente en ello. Solo ciertas zonas cercanas al puerto están «animadas», pero la parte alta de la ciudad es como un desierto a ciertas horas de la noche[535].

La observación de Delgado Carrero no se correspondía del todo con la realidad, pues justo en esa parte alta de la ciudad, existían locales que eran «auténticos centros de la vida más brillante de Barcelona». En este sentido, habría que mencionar el San Carlos Club, inaugurado en 1963 en el número 137 de la calle Grande de Gracia y que se configuró como uno de los establecimientos pioneros en dar cabida y diseminar el rock'n'roll y la música pop-rock en la Ciudad Condal. O el Club 66, en la plaza de Lesseps, que en 1969 se convertiría en la boite Nostremón. Si bien estos dos establecimientos —muy frecuentados por jóvenes ye-yé de ambos sexos— funcionaban más bien en horario de tarde. Pero también estaba la boite Bocaccio, ubicada en un sótano del número 505 de la calle Muntaner, donde venía reuniéndose la intelectualidad liberal tardo-franquista y, por tanto, convertida desde su inauguración —el 13 de febrero de 1967— en el centro neurálgico de la denominada *gauche divine* barcelonesa. Según Francesc de Carreras, las dos de la madrugada era la hora tope que tenían marcada las jóvenes solteras de la burguesía para llegar a casa; sin embargo, esa era la hora a la que algunos decidían acercarse a Bocaccio. Por lo demás, no eran las únicas salas barcelonesas de éxito en las postrimerías del franquismo, pues el disfrute de la noche también era posible en locales como Las Vegas, Baccara, El Papagayo, Don Quijote, Doble Cero y a partir de 1972 también en la discoteca Don Chufo.

---

535. Delgado Carrero, José: «Plaza de Cataluña». *Pueblo*, 22 de febrero de 1973, p. 8.

Lo que sucedía es que las antiguas salas de fiesta, típicas de los años 40 y 50, habían entrado en crisis y se encontraban en franca decadencia, debido a la evolución económica y ciertos cambios sociales en las costumbres con respecto a los años difíciles de la autarquía, incluida una mayor libertad sexual:

> Las nuevas «boîtes» son muy distintas de las de antes [...] de los años cuarenta y cincuenta. Entonces la «boîte» era un lugar íntimo, recogido, donde las parejas de enamorados transcurrían horas y horas «tortoleando». Música suave, música de ensueño, música que invitaba a las confesiones de amor a los susurros dulces, a las promesas de cariño. Música que invitaba también a bailar, ella entregada en los brazos de él, los dos cuerpos muy unidos —a veces, hasta el límite último de lo lícito—, las mejillas juntas, o sea: el «cheek to cheek», como se decía. Las «boîtes» tenían [...], cómodas butacas o acogedores sofás. Muy poca luz y andaban en boca de todos los nombres de algunas «boîtes» cuyos camareros encendían una cerilla para que el cliente pudiera leer la nota...
>
> No nos engañemos: las «boîtes» de hace diez o veinte años tenían mucho de pecaminoso y las chicas que se atrevían a entrar en ellas lo hacían casi siempre a escondidas, con paso vacilante y con las mejillas encendidas. Entraban y salían de prisa, mirando hacia el suelo, ocultando el rostro hasta donde les resultaba posible. Las parejas de enamorados iban a la «boîte» para bailar, qué duda cabe. Pero la «boîte» era, sobre todo, el cobijo para las efusiones amorosas, el solo lugar que él y ella tenían a disposición para sentirse juntos y felices [...] eso del «seiscientos», del «week end», de los viajes, llegó más tarde. Y cuando llegó, sentenció a muerte a las «boîtes» de entonces. «Él» y «ella» encontraron más cómodos y menos

> furtivos lugares para deshojar la clásica margarita.
>
> Naturalmente, al cambiar la función principal a la que estaban dedicadas, las «boîtes» se transformaron radicalmente. Ya no era necesario el ambiente íntimo, reservado, discreto. Las parejas de enamorados [...] ya no necesitaron la complicidad de la música romántica para acercarse el uno al otro con la cándida excusa del baile. Desapareció el «cheek to cheek» y los complejos de culpa a la entrada y a la salida de la «boîte». Los enamorados decidieron dejar a un lado las ñoñerías de las décadas anteriores y proclamar a los cuatro vientos su felicidad, su entusiasmo, su amor. Una vez se llegó a este punto, ¿quién iba a poner pie en las «boîtes»? ¡Nadie! [...]. Al evolucionar las formas sociales [...], intimidad y discreción ni fueron tan necesarias como antes, ni tan difíciles de encontrar [...]. Ahora, las «boîtes» ya no son unos «acotados» para aquellas silenciosas y plácidas parejas de antaño[536].

De todos modos, si para algunos la vida nocturna en la Ciudad Condal dejaba mucho que desear, no ocurría lo mismo en la Costa Brava, donde ya existían night-clubs y boites como La Raqueta y Cala Gogó desde principios de la década, y donde las inauguraciones de modernos locales nocturnos como Tiffany's y Paladium en 1965, días antes del concierto de los Beatles en la Monumental de Barcelona, vinieron a romper con el concepto clásico de sala de baile. Dos años después, también en Platja d'Aro, abriría sus puertas Maddox, otro sensacional night-club que elevaría a la citada localidad gerundense no solo en un punto clave de referencia para el ocio nocturno sino en un «oasis de tolerancia y desinhibición»

536. Bettonica, Luis: «Dos oficios nuevos. La gogo-girl y el disc-jockey». *Destino*, nº, 1.603, 22 de junio de 1968, pp. 91-93.

dentro de un país sometido a la dictadura franquista. Aprovechando el tirón que había adquirido la zona —también para el turismo internacional— en 1969 se inauguraría en Ampuriabrava la boite Scopas, que no tardó en programar actuaciones de exitosas formaciones musicales, como Mike Kennedy, Los Canarios y Máquina!, para captar a la juventud del momento.

Con todo la noche barcelonesa recibió un fuerte impulso el 2 de junio de 1973 con la apertura al público del Scala Barcelona, que se anunciaba como «el más moderno restaurante-espectáculo de Europa» y que, según la publicidad, equiparaba a la Ciudad Condal con otras tres capitales del mundo: París, Londres y Las Vegas y cuya inauguración resultó todo un acontecimiento que contó con una amplia cobertura mediática. Con todo, «el personaje más popular» en aquel momento la vida nocturna de Barcelona era la vedette transexual italiana Dolly Van Doll, que entonces triunfaba en el antiguo cabaret Barcelona de Noche, reconvertido en sala de fiestas.

El ocio nocturno durante el desarrollismo no presentaba las mismas características en todas partes. Incluso en localidades próximas y culturalmente afines se notaban las diferencias. Por lo demás, a medida que se avanzaba cronológicamente, la oferta se fue incrementando. En el País Vasco, por ejemplo, mientras Bilbao ya contaba con varias salas de fiesta y salones de baile, en la Bella Easo de principios de los 60 se ponía en duda que existiera «propiamente un San Sebastián-La Nuit», ya que solo funcionaban una boite en la playa de Ondarreta y El Trinquete, un club nocturno con atracciones en el ensanche de Amara. Sin embargo, todo empezó a cambiar en 1961, cuando los hermanos Aurelio y Andrés Sabadell Martínez, mediante alquiler al Ayuntamiento, se hicieron cargo de la explotación del antiguo balneario La Perla para convertirlo en sala de fiestas, con pista de baile y atracciones. Finalmente, en el tardofranquismo las salas de fiestas y discotecas proliferarían de tal manera, tanto en

Vizcaya como en Guipúzcoa, que en 1970 San Sebastián contaba hasta con veinticuatro locales de estas características[537].

En Gijón, donde como como vimos, ya había un variada oferta de ocio nocturno durante la autarquía, en junio de 1966 la antigua sala de fiestas El Madrigal se convirtió en El Parque del Piles, cuya terraza, con capacidad para más de 4.000 personas, pasaría a ser un punto de encuentro obligado en verano. En cambio, en Logroño se escuchaban quejas de que no hubiera «ni un solo establecimiento abierto en las madrugadas», ni siquiera con motivo de las fiestas patronales. Por su parte, en la capital gallega Rubén San Julián lamentaba que no se viera «ni una persona por la calle» y que «aquella Coruña alegre, divertida, de intensa vida nocturna, también ha pasado a mejor vida». Se daban casos en que el único medio existente ni siquiera era capaz de ponerse de acuerdo con sus propias apreciaciones sobre la salud del ocio nocturno local. Así, mientras el rotativo *Mediterráneo* insistía una y otra vez en que Castellón de la Plana carecía de «auténtica vida nocturna», el mismo diario dedicaba extensos reportajes a las más de treinta «salas de fiestas, clubs, pistas de baile y atracciones para todos los gustos» que, en poco tiempo, habían convertido la denominada Costa de Azahar —desde la playa de Almenara hasta la de Oropesa del Mar— en una zona idónea para la diversión de la gente joven. En Valladolid, donde los establecimientos públicos destinados al baile habían «proliferado de una forma impresionante», hasta llegar a sumar «aproximadamente veinte discotecas y salas de fiestas repartidas por todo el casco urbano», se quejaban en 1972 de que la «extraordinaria» vida nocturna existente en León eclipsara a la pucelana[538].

537. Gurpegui, Mikel G.: «1970 San Sebastián tenía ¡24 salas de fiestas!». *El Diario Vasco*, 26 de mayo de 2010.

538. Ricardo: «Vida nocturna, pero menos», *Libertad (Diario nacional-*

Sin embargo, tanto la prensa de Castellón como la vallisoletana ponían de manifiesto que la mayoría de los locales descritos tenían mayor aceptación vespertina que nocturna y, en el caso de la Costa de Azahar, algunos solo funcionaban durante la temporada estival. Por lo demás, y como ya habían apuntado otros anteriormente, el diario *Libertad*, de Valladolid, también acusaba la influencia de la televisión —señalando en particular al exitoso programa *Un, dos, tres*, que se emitía la noche de los sábados a partir de las 22.15 horas— como factor determinante en la reducida vida nocturna.

Pero más allá de estos detalles, la variada nomenclatura empleada por la prensa vallisoletana y castellonense —snacks, barras americanas, salas de juventud, salas de baile, discotecas, salas de fiesta, night clubs, boites, *dancings*— sugiere que el público que frecuentaba estos locales en el tardofranquismo se había diversificado enormemente con respecto a épocas anteriores, no solo de acuerdo con la edad, sino también de una incipiente tribalización de la juventud, en función de gustos, modas y tendencias.

Circuitos nocturnos alternativos

Sin duda, la crisis de la vida nocturna a la que muchos medios se referían tenía que ver con ciertos cambios sociológicos que se estaban produciendo no solo en el seno de la sociedad española, sino en todo el mundo occidental, y que tenían un calado y una trascendencia mucho más profunda que el mero disfrute del ocio nocturno.

A partir de 1967 la brecha generacional que se había abierto ya no solo entre padres e hijos, sino entre las personas mayores y menores de 25 años, empezó a ensancharse cada vez

---

sindicalista), 27 de diciembre de 1972, p. 3.

más. «Existe un mundo raro», vinculado a las subculturas juveniles, denunciaba Álvaro Santamarina desde las páginas de la revista *Rompeolas*. Y un año después Antonio Pizá, redactor del diario *Baleares*, a su regreso de un viaje de Nueva York relataba lo que más le había impactado de aquella ciudad:

> El negocio turístico también se ha extendido a la vida nocturna, donde ahora es moda el «show psicodélico». Estuve en una de esas discotecas, donde todo tiende a provocar sensaciones de evasión.
>
> [...] En el mejor de los casos, el efecto de las drogas se logra a base de combinaciones de luz y de colores, una nueva forma de decoración realmente alucinante. Yo confieso que la única sensación que saqué fue la de un mareo respetable, con tanta luz de colorines y tanto ruido musical [...]. Lo curioso es que en estos lugares donde dicen que abunda el L.S.D., no se puede tomar alcohol y has de conformarte con una «Coca Cola» [...][539].

En efecto, la dietilamida del ácido lisérgico (LSD-25), que había sido «experimentada en casi todas las facultades de Medicina» españolas entre 1955 y 1957, hacía algunos años que había ganado la calle, gracias sobre todo al interés que habían conseguido despertar los medios de comunicación entre la gente joven. Curiosamente hasta algunos psiquiatras contribuyeron a despertar la fascinación por la droga recién prohibida[540].

---

539. «Antonio Pizá, testigo de primera fila en el comienzo de los sangrientos sucesos de Washington. Nuestro compañero adelanta su relato de lo que provocó el asesinato de Martin Lutero King». *Baleares (El diario de más circulación en el Archipiélago)*, 9 de abril de 1968, p. 13.

540. El ácido lisérgico fue prohibido en California en 1966. En España pasó a estar sometido al «régimen de control de estupefacientes», junto con la mescalina y la psilocibina en agosto de 1967. Ver Ministerio de

Así, el 19 de julio de 1966 el profesor Juan José López Ibor era entrevistado en hora de máxima audiencia por el popular presentador Victoriano Fernández Asís, en el programa *Rueda de prensa* de Televisión Española, con motivo del IV Congreso Mundial de Psiquiatría que iba a celebrarse en breve en Madrid y, entre otras declaraciones, anunció la sustitución de los que él consideraba «viejos tóxicos» (opio, morfina, cocaína) por otros «nuevos» (marihuana, ácido lisérgico), dando lugar a la aparición de una supuesta «toxicomanía ye-ye», que a su juicio constituía «uno de los problemas más graves del mundo occidental». Como cabía esperar, al día siguiente, gran parte de la prensa de referencia se hizo eco de estas declaraciones, amplificando, si cabe aún más, la noticia en grandes titulares[541].

El caso es que, entre unas cosas y otras, la experiencia psiquedélica —real o imaginada— acabaría por modelar en buena medida la ética y la estética del mundo juvenil, incluida la noche.

En Madrid, aparte de las clásicas salas de fiesta frecuentadas por un público adulto y solvente (Pasapoga, Morocco, Alazán, Casablanca, J'Hay, Teyma, Saratoga, Micheleta, Cisne Negro, Lido, Yulia, etcétera), surgieron locales enfocados a un público más joven, en muchos casos conformado por chicos y chicas adolescentes, que los propios medios se apresuraron a bautizar como «ye-yés».

La música pop y rock, cuya difusión estaba propiciada en gran medida por la influencia cultural que emanaba del per-

---

la Gobernación: «Orden de 31 de julio de 1967 por la que se someten al régimen de control de estupefacientes los productos alucinógenos en general y con carácter especial los denominados L.S.D.-25, mescalina y psilocibina». *Boletín Oficial del Estado*, 17 de agosto de 1967, p. 11.591.

541. «La toxicomanía ye-ye, uno de los problemas más graves del mundo occidental», *Ya*, 20 de julio de 1966, p. 12 y «El doctor López Ibor, en "Rueda de Prensa" de T.V.E. La medicina se ha socializado: sus conquistas deben llegar a todos». *Pueblo*, 20 de julio de 1966, p. 9.

sonal de la base estadounidense de Torrejón de Ardoz, irrumpió entre la población joven como un vendaval. Tras el éxito inicial de Los Estudiantes, los grupos proliferaron como setas: Los Pekenikes, Los Sonor, Los Relámpagos, Los Continentales, Los Botines, Los Brincos, Los Canarios, Los Bravos... Según parece, Los Diablos Negros, «unos chicos de familia bien que vivían por la zona de Retiro», conformaron «el conjunto más bronca de la capital, sus seguidores bailaban y chillaban en sus actuaciones, que más de una vez finalizaron en tumulto»[542].

Todos esos grupos actuaban con más o menos regularidad —salvo temporadas en localidades turísticas como Palma de Mallorca y Torremolinos— en diversos clubs madrileños que fueron abriéndose prácticamente a la par. «El mejor» local en opinión del novelista, traductor y veterano del *underground* madrileño Mariano Antolín Rato, era Nica's. Ubicado en la avenida de América, esquina con la calle Cartagena, junto a las Torres Blancas, era propiedad del cineasta estadounidense Nicholas Ray, quien estaba afincado en Madrid. Según el escritor Moncho Alpuente, en Nica's «ya se reunían los modernos» y en sus sombras «se formaron los primeros grupos de rock madrileño». El citado Antolín Rato confirma que «allí actuaron los Seekers, los Masters, los Botines y algunos más». Además de rock, también se programaban actuaciones de jazz, pero «sobre todo actuaba la gente que le gustaba a Ray, a menudo absolutos desconocidos, como una jovencísima y muy existencialista Mari Trini, que entonces cantaba vestida de negro», según afirma el escritor Marcos Ordóñez. El también escritor Servando Rocha es otro cronista que ha evocado el ambiente que se respiraba en el club de Ray:

542. Moreno, Julián: «Los más ruidosos del silencioso Madrid de los primeros 60», *La Fonoteca*, en https://lafonoteca.net/grupo/los-diablos-negros/

En el local podía suceder cualquier cosa. Encuentros imprevistos, desenfreno y delirio entre una variopinta bohemia en busca de su estrella. Su amiga [Ava] Gardner pasaba ahí la noche entre vasos de tequila, jerez o bourbon. Allí se formaron los primeros grupos de rock madrileños, como Los Pekenikes, pero también desfilaron Dizzie Gillespie o Los Brincos, e incluso una jovencísima y arrolladora Mari Trini vestida de cuero negro, que después se iría a París y encandilaría a Jacques Brel[543].

Junto a Nica's el crítico musical Oriol Llopis mencionaba el Club Caravelle como los dos locales auténticamente pioneros del incipiente circuito alternativo madrileño:

> [...] Las primeras salas en las que se aprecia una buena voluntad por ambientar el local, darle una personalidad propia. Son ya algo más que cuatro paredes y un tocadiscos destartalado, aquí hay ambiente![544]

El Caravelle se encontraba en los bajos del Cine Barceló, un edificio de inspiración naval —en honor al marino que da nombre a la calle— y estilo racionalista, inaugurado a finales de 1931, obra de Luis Gutiérrez Soto, uno de los arquitectos más reconocidos de la época. La gente joven iba a «bailar y escuchar a Los Canarios» y otros grupos madrileños como Los Relámpagos, aunque la sala también albergó conciertos de reputadas bandas pop procedentes de Barcelona, como Los Sirex.

---

543. Rocha, Servando: «Madrid oculto: las noches de Nikka's», *TimeOut*, 26 de marzo de 2020, en https://www.timeout.es/madrid/es/noticias/madrid-oculto-las-noches-del-nikkas-032620
544. Llopis, Oriol: «Madrid por el lado salvaje», *Star*, nº 28, [1977], pp. 1, 4-6 y 60.

Por su parte, los anteriormente citados Gatos Negros actuaban con frecuencia en «Consulado, Los Texanos, La Tuna y otros clubes de Madrid».

Ninguno de estos clubs hubiera podido acoger el concierto de los Beatles, por eso en el verano de 1965 tocaron en la Plaza de Toros de Las Ventas. Pero cuando actuaron The Animals —con Eric Burdon al frente— a finales de ese mismo año lo hicieron en el Club Mónaco, que se ubicaba en el número 9 de la calle Fundadores, en pleno barrio Salamanca. También estaba Chez Lola, en la calle Villamagna, donde —según Antolín Rato— ponían la «mejor música de Madrid», aunque «lo cerraron enseguida».

Pero poco a poco se iban abriendo nuevos locales, que prometían emociones más fuertes. Uno de ellos era el Club Piccadilly, entre las calles Padre Xifré, y del Corazón de María, justo en la misma ubicación donde años más tarde se localizaría el mítico Rock-Ola. Recordado en sus crónicas de la época por Mariano Antolín Rato y Moncho Alpuente, fue el crítico musical Oriol Llopis quien destacaría su papel como uno de los primeros lugares donde empezaron a circular aquellas drogas que el psiquiatra López-Ibor había considerado como generadoras de «toxicomanía ye-yé»:

> [...] Donde entras y casi no ves un palmo a tu alrededor, porque aquello está cantidad de oscuro, y hay luces rojas, y aquello parece un infierno, y ponen la música a todo trapo y huele tela de mosqueante y... en Picadilly empezó a aparecer un nuevo personaje de la película el «dealer», el vendedor de rollo, que se hacía un recorrido determinado, pasando por la cervecería [alemana] de la Pza. Santa Ana. Si no lo atrapabas a las seis de la tarde, allá debías esperarlo por la noche en Picadilly. A veces venía, a veces no [...].

Desde luego, la famosa Cervecería Alemana también formaba parte del circuito de ese Madrid no oficial, sobre todo desde que Hemingway, en un reportaje publicado en septiembre de 1960 en la revista *Life*, se refiriera al establecimiento como un buen sitio para tomar cervezas y café. A partir de ese momento, no hubo beatnik que parara por Madrid que no la visitara. Mariano Antolín Rato ofrece el siguiente testimonio sobre el local:

> Pero, hacia el año 64, el sitio donde se vendía marihuana en Madrid era en la «Cervecería Alemana», de la plaza de Santa Ana. Y digo el nombre porque esa cervecería ya fue citada en la prensa de la época más de una vez relacionada con este asunto. Llegó a ser un sitio tan famoso, que en una de mis detenciones, hacia el año 69, cuando ya no adquiría en absoluto la yerba en esa cervecería, la policía me dijo que como me vieran aparecer por la «Cervecería Alemana» me detendrían.
>
> Pues bien, allí, y en pensiones próximas, paraban grupos de beatniks norteamericanos[545].

Oriol Llopis también hablaba maravillas de La Linterna, otro establecimiento más dentro de ese circuito alternativo madrileño de los 60:

> La Linterna, junto al metro de Callao, fue el símbolo de uno de los momentos más significativos del Madrid

545. Lendínez, Martín [seud. de Mariano Antolín Rato]: «Breve historia del underground madrileño», *Papeles de Son Armadans*, año XIX, tomo LXXII, n.º CCXVI (marzo, 1974) y Antolín Rato, Mariano: «Madrid underground: 1963-1973», *Los Cuadernos del Norte*, nº 33, septiembre de 1985, pp. 75-84.

salvaje, porque instauró el primer «recorrido», el primer barrio propio de los freaks. Eran unas manzanas en que había todo lo necesario: los locales con música y cerveza donde mojar tu boca pastosa, los oscuros y acogedores callejones donde, con la emoción que provocaba la novedad del ritual, se hacían los primeros contactos con el negro de la Base que «tenía», y además el folklore, el sentirse uno más entre otros como tú, el poder pensar joder tío, esto se parece al Dôme de Amsterdam, vaya vacilón se trae la gente... y ya los primeros atisbos de una cultura marginal en toda regla, una cultura que iba perfeccionándose lentamente, enriqueciéndose, tomando consciencia de sí misma. Maduraba. Porque la gente empezaba a sentir inquietudes, aunque no nos perjudicaba directamente la guerra del Vietnam era indecente, se descubría una nueva literatura, la del Kerouac... La gente se empollaba *En el camino* y el *Do it* de Jerry Rubin circula de mano en mano.

La cuestión es que La Linterna era la pasada más grande de Madrid. Tenía este delicioso anticonformismo, inocente informalismo que caracterizaba todo lo que planeábamos en aquella época... a algún loco se le había ocurrido llenar el local con ventiladores giratorios, supliendo las aspas por bombillas de colores. Y las tuberías de agua, los cables de electricidad y todo tipo de tubo conductor había sido dejado al descubierto, y pintado de colores chillones. Era el estallido del Pop, la primera moda pensada por y para la gente «informal», esta moda que tan sutilmente panfletaria *Qui etez vous, Polly Magoo?* Pero estábamos hablando de La Linterna. La gente lleva allí sus propios discos, especialmente alguna joya comprada de segunda mano a algún mecánico americano, de la Base inevitablemente, que se está deshaciendo de su discoteca... Y los discos adquiridos de este modo son cosas

> inimaginables, estábamos acostumbrados a unas portadas convencionales, y de repente las portadas psicodélicas nos aturdían. Luego nos enteramos de que existía una cosa, llamada ácido, diferente a todo lo demás... este acontecimiento fue uno de los que marcó más a esta sociedad, este pequeño refugio que nos habíamos creado. En Madrid se tripa cantidad a finales de los sesenta. Y si la música de los Doors te reducía de tamaño, o el delirio de Cream estrechaba las paredes de tu habitación, siempre te quedaba el recurso de perderte por los jardines de la Moncloa, tan oportunamente próximos, tan acogedores...

Antolín Rato también cita el Stone's, abierto en la calle Villalar, como «otro local divertido durante algún tiempo». Y apunta el siguiente detalle vinculado a su devenir:

> A algunos amigos les daban copas gratis para que acudieran y, con su aspecto, proporcionaran ambiente moderno al local.

Por su parte, Oriol Llopis aportaba más información sobre aquel singular local sesentero:

> Y los que se consideran marginados por una sociedad que, a su vez, proclamaba a gritos la marginación de la que era objeto, éstos se agrupan en Stone's donde se revive la violencia y la agresividad de otros tiempos. Porque allí acuden portorriqueños por un lado y americanos de la Base por el otro. El cóctel, como te podrás imaginar, resulta explosivo. Y además de explosivo, es la paranoia. La policía empieza a querer controlar las historias [...]. Hay primeras detenciones por consumo, peligrosidad social, atentado a la salud pública [...].

Por último, a finales del franquismo podemos mencionar La Vaquería, inaugurada en febrero de 1975 en la calle Libertad, número 8, uno de los primeros bares musicales, donde los discos de Pink Floyd sonaban sin cesar, muy frecuentado por la gente «del Rollo»: hippies, viajeros, músicos, pintores, rockeros, fumetas y todo tipo de marginados[546]. Poco después, abrió El Circo en la cercana calle de Belén y luego otros bares como el Limbo, Azur y Poli-Ana, constituyendo el germen de los nuevos pubs alternativos de Chueca y Malasaña que estarían en los orígenes de la denominada movida madrileña.

Aparte de todos estos locales, había otros que no se anunciaban en la sección de la cartelera de espectáculos de los periódicos. Nos referimos a determinadas salas de baile: El Parral, La Paloma, La Casa de Córdoba, Los Jóvenes, Azar (que terminó llamándose La Flor de Azahar), Los Claveles, El Club del Este… todas ellas frecuentadas por bandas juveniles de Vallecas, de Palomeras y otros barrios duros de la capital, en algunas de las cuales se congregan los incipientes rockeros madrileños.

Por supuesto, la noche joven madrileña no se circunscribía a estos circuitos alternativos, sino que comprendía otros ambientes menos *underground* y salvajes. En octubre de 1969 el diario *ABC* había publicado una extensa colaboración de Nativel Preciado, —recién terminada su carrera de Periodismo— sobre el Madrid pop[547]. La joven periodista comenzaba su artículo ofreciendo un decálogo con siete reglas básicas para estar «in» y no sentirse «out» —según terminología de la época— o desplazado, tres de las cuales estaban estrechamente vinculados a las nuevas corrientes musicales del momento:

546. Ordovás, Jesús: *De qué va el Rollo*. Madrid: Las Ediciones de La Piqueta; 1977.

547. Preciado, Nativel: «Viaje al mundo "pop" de Madrid». *ABC* (Madrid), 5 de octubre de 1969, pp. 161-167.

1. Escuchar discos internacionales y españoles de calidad, en especial de música negra, de los Beatles y de grupos con «soul», preferiblemente ingleses y estadounidenses.

2. Estar al corriente del contenido de las principales revistas musicales especializadas, a ser posible la estadounidense *Cash Box*, la alemana *Bravo*, la británica *New Musical Express* y la francesa *Salut les Copains*, o, en su defecto, el producto nacional equivalente: *Mundo Joven*.

3. No perder de vista los llamados «hits parades».

4. Visitar con regularidad «boutiques» y tiendas de moda: la «carísima [...] pero elegante» Fancy (calle de Serrano), Rocafort (calle de Goya), una boutique «relativamente barata» como Rocamar, otra «muy inglesa y muy disparatada» bautizada como Angie Cat (Cuesta de Santo Domingo)... y comercios como Stop o Friky, por sus «caprichosas chucherías». «Allí se puede encontrar el regalo ideal (juguetes y artefactos completamente inútiles, pero decorativos y de muy buen gusto)», puntualizaba Nativel Preciado.

5. Viajar mucho, sobre todo a Londres, porque sus artículos de importación resultaban fundamentales.

6. Frecuentar cafeterías durante las horas del aperitivo y la sobremesa. En este punto Nativel Preciado mencionaba la calle Serrano, en general, el Pub Morrison (calle de Arapiles) y la Cafetería Galatea (calle del General Mola).

Por último, cerraba su particular decálogo con una mención al circuito de discotecas y clubs que debía frecuentar cualquiera que quisiera codearse con esa juventud «in» madrileña que Nativel Preciado calificaba sin ambages de «selecta minoría».

A continuación ofrecía algunas pinceladas sobre los principales locales que conformaban ese circuito frecuentado por jóvenes privilegiados del franquismo. El itinerario comenzaba en la discoteca J & J Stardust (plaza del Callao), en la que se pinchaba «música internacional». Era frecuentada por personajes famosos y funcionaba como «centro de reunión de todo el mundo del cine y de la música española y extranjera». Y a juicio de Nativel Preciado era la más «pop» y estaba a «nivel muy europeo». Luego mencionaba la pionera discoteca Piccadilly, cuyo auge había tenido lugar dos años antes, o sea, en 1967, pero cuya oferta todavía contemplaba «buenos grupos, buenas «go-gos» y buenas galas» y cuyas sesiones de los viernes podían resultar explosivas por la afluencia de soldados estadounidenses de la Base Aérea de Torrejón de Ardoz. También mencionaba Royal Bus (Gran Vía) y Sunset, más o menos en la misma onda de las anteriores.

La joven periodista también enumeraba otras discotecas «menos bulliciosas, más pequeñas», pero igualmente «in», preferidas por «por los más elegantes», como Top Eden (calle de Concha Espina), en la que proyectaban sobre una pequeña pantalla películas de Walt Disney y de cine mudo; Gas Light (avenida del Generalísimo), con estupendas «go-gos»; Good Luck (calle de Don Ramón de la Cruz), que formaba parte de un «drugstore» y King, en pleno centro de Madrid, sobre la que Nativel Preciado decía lo siguiente:

> Tiene aspecto de superlujo y excesivamente elegante. Sus clientes habituales son también muy «in», aunque llevan corbata y trajes de tules y encajes. Sus clientes habituales son también muy «in», aunque llevan corbata y trajes de tules y encajes. Bailan perfectamente con mucho ritmo, pero sin demasiados movimientos y contorsiones. No hay «go-gos» porque el público es ya todo un espectáculo. En sitios como éstos es donde se ven por primera vez todas las novedades. Las chicas van cuidadosamente peinadas y tienen aspecto lujoso, como de juguete caro. Melenas rubias, a lo Catherine Deneuve, relojes brillantes, moños de «haute coiffures», muy colocados y trajes de

prestigiosas casas de modas. Son lugares impecables, nada está fuera de tono y no se acostumbran a ver excentricidades ni personas desagradables. Este mundo, por muy «in» que sea, nada tiene que ver con los otros, el de los «hippies» o los melenudos cantantes, pongamos por caso. Es típico de una sociedad físicamente sana.

El recorrido por ese Madrid pop descrito por Nativel Preciado también abarcaba los clubs de jazz Whisky Jazz (calle del Marqués de Villamagna) y Bourbon Street (calle de Diego de León), el Drugstore W, abierto todo el día, e incluso locales como Oliver (calle del Conde de Xiquena), «centro obligado de reunión a la salida de cines y teatros, para intelectuales o pseudointelectuales».

Hay que decir en favor de Nativel Preciado que a esas alturas ya había renunciado al empleo de la etiqueta «ye-yé», seguramente por considerarla superada y demodé. El Madrid que ella describía era un mundo poblado por gente «pop», «in» y «beat» pero «elegante», con acusada influencia anglosajona, un mundo habitado por músicos, cantantes, actores y actrices, un mundo animado por «public relations», «disc-jockeys», «go-go girls», «fans» y «groupies», completamente entregado a la industria del disco, de la moda y del espectáculo. Era el mismo mundo que reflejaba el programa *Último grito*, primer espacio en la radiodifusión pública en España dedicado a la cultura y la música juvenil. Desde luego, nada que ver con el mundo de la contracultura, los freaks, «los *hippies* o los melenudos», como ella misma insistía en aclarar, y, aunque tolerado por el Régimen, tampoco puede decirse que formara parte del Madrid oficial.

En Barcelona y su área de influencia inmediata fue quizá donde más se dejó notar la influencia del ácido lisérgico como desencadenante de los cambios registrados durante estos años[548]. Siguiendo la invitación de Timothy Leary «Turn On, Tune In, Drop Out», muchos jóvenes catalanes de ambos sexos —autoproclamándose freaks— plantearon un gran choque generacional y cultural, prácticamente irreconciliable, poniendo al descubierto las costuras de un mundo adulto al que ingenuamente pusieron fecha de caducidad. Las comunas y los viajes a Oriente estaban a la orden del día y ante la necesidad de reunir a todo un sector de la juventud del momento que no comulgaba con los criterios clasistas y burgueses que impregnaban otros ambientes de moda al estilo de la boite Bocaccio u otros locales que habían florecido en torno a la calle Tuset (Coupé, Snob, Club 77, etcétera) abrió la sala Zeleste. Ubicada en El Born, concretamente en la calle Platería, no tardó en capitalizar el impulso creativo de la juventud más contracultural y alternativa, en su «expresión más puntera, más concreta y tal vez más perdurable»:

> Zeleste se convirtió casi desde el momento de su inauguración, en el año 1973, en todo un éxito. Por allí pasaron Sisa, Pau Riba, Gato Pérez o la Elèctrica Dharma; amen de todos los personajes, grandes y pequeños, que tuvieron algo que decir en el mundo de la creación contracultura. Zeleste, que abría todos los días y cerraba a altas horas de la madrugada, envolvía a todos los correligionarios del libertarismo de una atmósfera de ensueño y distensión ideal para mezclar sin culpa el placer y la reflexión,

548. Usó, Juan Carlos: *Spanish trip. La aventura psiquedélica en España. Barcelona*: La Liebre de Marzo; 2001 y Usó, Juan Carlos: *Spanish trip. Cien años de psiquedelia en España (1921-2021)*. 2ª ed., revisada, corregida y ampliada, 1ª ed. digital. [Tortosa (Tarragona)]: Ulises Ediciones Expansivas; 2021, en https://ulises.online/libros_ulises/spanish-trip/

la «inocencia y la transgresión», que diría Pep Bernadas[549].

El antiguo centro de la ciudad estaba seriamente degradado y sucio; además de estar plagado de coches. La gente del Rollo decidió tomar esos espacios urbanos (El Barrio Gótico, El Born, La Rambla, El Raval) y hacerlos suyos desde un enfoque particular, guiado por la naturalidad, sin responder a iniciativa política alguna. Además de Zeleste aquella juventud más o menos *underground* contaba con otros refugios nocturnos como el London Bar, el Marsella, Almirall, Les Enfants Terribles —que se vanagloria de ser la discoteca más antigua de la ciudad por haber sido inaugurada en 1963—, el Jazz Colón, La Enagua y un largo etcétera entre los que destacaban algunos establecimientos abiertos en la animada plaza Real:

> Un espacio rectangular porticado al que se puede acceder por tres calles diferentes [...]. Por encontrarse casi en mitad de la Rambla, en medio del Barrio Gótico, pero sobre todo por su cercanía con el pierto y su carácter un tanto íntimo, al estar casi completamente cerrada sobre sí misma, la plaza Real siempre ha sido un lugar de encuentro entre los recién llegados y los vecinos de toda la vida. Pero en los años setenta, al caer la noche, los jóvenes hippies y los buscadores de todo pelaje llegados de Europa y Latinoamérica, que en muchos casos recalaban en la ciudad de paso hacia Ibiza y Formentera, se mezclaban en la plaza con marineros de la Sexta Flota estadounidense, portadores casi involuntarios de nuevos estilos musicales, jóvenes lugareños en busca de emociones intensas, vendedores de grifa y de marihuana y transmisores más o menos espontáneos de saberes esotéricos y filosóficos. Por aquel entonces, había en la plaza un

549. Trejo, Juan: *Nela 1979*. Barcelona: Tusquets; 1979, p. 172.

tablao flamenco, Los Tarantos, justo en el mismo local en el que antaño había habido una cueva de jazz, el Jamboree. Abundaban las cervecerías y todo tipo de restaurantes de precios asequibles en los alrededores, además de algún que otro local nocturno de carácter heterodoxo. En cualquier caso, en esos años la plaza adquirió fama como punto de encuentro de la contracultura, porque allí, llegada la noche, siempre se cocían cosas interesantes.

Otro tanto podría decirse de Valencia, cuyo bullicioso barrio del Carmen en pocos años se poblaba de locales alternativos (Christopher Lee, Capsa 13, Barro, Casa Vella, Stone's, Yes, etcétera) frecuentados por la juventud más contracultural, que convirtió aquel barrio situado en el centro del casco antiguo de la capital del Turia en un «lugar para los amigos», sobre todo del ocio nocturno:

> De forma espontánea, la imaginación y la borrachera, la fiesta y la noche, el derroche, el despilfarro, paseaban cogidos de la mano. Sonámbulos y heterodoxos, marginados y asimilados, tomaron la Bastilla. Hicieron lo imposible: retomaron la noche, reconquistaron alegres las calles (la calle, que, paradójicamente para algunos, no viene del verbo callar). Todavía recuerdo cuando al atardecer sacábamos las sillas a la calle y se hacían corrillos hasta bien entrada la noche. Fueron unos veranos irrepetibles, inolvidables. Era una fiesta cotidiana, renovada a diario[550].

Por su parte, la juventud sevillana más contestataria y *underground* pivotaba preferentemente en torno al mítico Dom Gon-

550. Pacheco, Martín: «Valencia. El Barri del Carme». *Ozono (Revista de música y otras muchas cosas)*, nº 22, julio de 1977, p. 8.

zalo (Lonely Hearts Club), El Dragón Rojo, que se anunciaba con «música pop y ambientación sicodélica», el Club Ye-Yé, con «el ambiente más joven», el club La Borboleta, que también prometía «música sicodélica» y otros establecimientos similares.

También en la Zaragoza tardofranquista, comenzó a respirarse cierta libertad efectiva, «tanto más violentamente por cuanto las leyes no la permitían en lo formal», en lugares como Bohemio, el primer bar moderno que se abrió en la ciudad, discotecas como Samantha's o Sant Trop, que formaban parte del circuito pop zaragozano, e incluso reservados para parejas, antiguos cabarets, como Oasis, y tabernas como La Parrica y El Loro, que no cerraban por la noche.

Mención aparte merece en este sentido el caso de Palma de Mallorca, donde además del turismo más o menos convencional también se daba cita gran parte de la vanguardia de la juventud europea, sobre todo británica. En efecto, antes de que el empresario mallorquín José Roses Rovira inaugurara el 15 de julio de 1969 Barbarela, que en poco tiempo se convertiría en «la discoteca más famosa de Europa», gracias en gran medida a las actuaciones que albergaba en directo (Wilson Picket, The Hollies, James Brown, The Marmelade, The Animals, Demis Roussos, Barry Ryan, B. B. King, José Feliciano, etcétera), la plaza Gomila y alrededores era el epicentro de la juventud más «pop» e «in» de todo el continente. El resurgimiento musical que se vivía en el barrio de El Terreno desde media tarde hasta bien avanzada la noche tenía tres nombres propios: Haima, Toltec —que más tarde pasaría a llamarse Doctor Zhivago— y Sgt. Peppers. El propietario de estas discotecas era Mike Jeffrey, manager de la banda The Animals y del mítico guitarrista Jimi Hendrix, quien actuó en Sgt. Peppers la noche de su inauguración el 15 de julio de 1968. Por lo demás, hasta la cabina de Toltec llegaban por avión los últimos discos procedentes de Londres y Nueva York.

Los primeros festivales de música y dos nuevas profesiones asociadas al ocio nocturno

El ocio nocturno de los más jóvenes recibió un nuevo espaldarazo en el ámbito de Cataluña con la celebración de los primeros festivales de música, pues de alguna manera significaba que el disfrute diurno se veía secundado sin parar por el nocturno.

El primer evento de estas características coincidió con la celebración de las 30 horas de música y baile 1ª bienal del conjunto, que tuvieron lugar los días 23, 24 y 25 de julio de 1966 en Pista Festival Montmeló (Barcelona), gracias a la iniciativa de Isidre Pellicer, un pintor y decorador de la localidad, sin duda avanzado a su tiempo, que había pasado unos años en California, antes de montar la citada discoteca con dos pistas de baile —una interior y otra al aire libre— y piscina. Cuarenta grupos —entre ellos Tony Ronals, The End y Los Salvajes— entraron en concurso durante aquella primera edición, cuyo horario estelar se prolongó ininterrumpidamente «desde las 5 de la tarde del día 24 hasta las 11 de la noche del día 25». A pesar de que aquella propuesta ha pasado prácticamente desapercibida para los historiadores del pop-rock en España continuó celebrándose durante ocho años más, es decir, hasta 1974[551].

Salvando las distancias, pero siguiendo el ejemplo de los festivales de Woodstock, Altamont, Monterrey y la isla de Wight, el Festival de Granollers (Barcelona), celebrado durante los días 23 y 24 de mayo de 1971 en Campo de Futbol de Palou, fue el primer evento de estas características festejado al aire libre en España. Gracias a uno de los asistentes a dicho festival nos ha llegado esta impagable crónica del mismo:

---

551. Guillamet, Jaume: «Mucho ruido y pocas nueces. Montmeló, un festival "pop" de estar por casa». *Tele/eXpres*, 26 de julio de 1971, p. 17.

En aquellos años hubo ocasiones de concentración de «vibraciones triposas» que resultaban de lo exaltante. El Festival de Granollers marcó el primer jalón histórico de este tipo de cosas y resultó muy representativo de lo que estaba pasando. Fue a finales de la primavera de 1971. Era el primer gran festival al aire libre, venía (por fin! pensaban algunos) un grupo extranjero: Family, y todos los grupos locales llenando las horas y horas previas. Un presentador bien trajeado que fue permanentemente abucheado. Todas las tribus de hippies y freaks se dieron cita allí. Grupos de la Floresta, Castelldefels, gente que venía de Formentera para la ocasión, arquitectos y médicos psicodélicos, los snobs curiosos, que llegaban a medio festival a dar una vuelta como quien va a Bocaccio a tomar unas copas, bandas de barrio y hasta madrileños y andaluces en peregrinación hacia la Cataluña psicodélica. (Aunque cuando estuvieron por aquí la mayoría de madrileños consideró que los catalanes estábamos muy enrollados pero que nos faltaba marcha. Desde luego ellos no paraban). Recuerdo que la gente de las afueras de Granollers, ya casi en pleno campo, miraban sorprendidos la larga e interminable fila de extraños personajes que desfilaban hacia el rudimentario campo de deportes que había sido escogido como lugar. Los naturales del lugar comentaban «Aquests no deuen ser hippies de veritat, caminen massa depresa» Todavía la imagen popular del hippi era la del vagabundo pacifista de amor y flores, y de esos ya empezaban a quedar pocos. Ya he dicho en artículos anteriores que este hippismo de amor y flores era difícil en este país, donde no había ni plata sobrante, ni tolerancia, ni una agricultura apta para recibir a nuevos granjeros. Los hippies granjeros de Cataluña y de toda la península y no digamos ya los de las islas las han pasado canutas para sacar algo de plata de la tierra. Y está además toda la mala leche acumulada, los orígenes izquierdistas y barrio bajeros del asunto. En fin, los que llegaban a Granollers no iban repartiendo flores. Iban a reafirmarse a sí mismos, a pasar de todo en cantidad, a vacilar... y a tripar. Porque la gente con LSD en el cuerpo era mucha. Como también eran muchos los Guardias Civiles que rodeaban completamente el recinto y formaban una estrecha doble fila a la entrada, un pasillo verde obligatorio por el que atravesaban mentes alucinadas, mirando fijamente la nuca del compañero que desfilaba delante suyo. Un numeroso grupo de «puristas» triposos se quedaron fuera, instalándose algunos centenares de metros en la hierba del campo cerca de un río e hicieron el amor y se lo pasaron muy bien oyendo la música desde lejos. Dentro la efervescencia era intensísima. Mucha gente adivinaba en las caras y en las vibraciones de los otros el estado triposo general. Se encendieron fogatas y porros. La música iba y venía. Habían pequeños conciertos entre la gente tirada abajo. Al amanecer hubo el momento hermoso en el que la bajada del trip y la salida del sol se mezclan en un semisueño cansado, tranquilo y emotivo. Family, con su avión especial y sus miles de vatios tardaba en llegar. La gente empezó a inquietarse, la gente que esperaba al ídolo. Los grupos de triposos se lanzaron a hablar. Nada de Family, que se vayan a la mierda con sus aparatos. Nosotros nos lo pasamos la mar de bien sin ellos. Asambleas, discusiones. Cuando llegó Family más de la mitad de la gente había decidido boicotearlos y empezaron a largarse cuando empezaban a tocar. Algunas botellas de cerveza y muchos objetos llovieron sobre el escenario. Family se negaba a tocar en aquellas condiciones. Yo me fui carcajeándome suavemente, terriblemente cansado, andando despacio, muy despacio, los naturales debía pensar: ahora sí que parecen hippies. Y en cierto modo era verdad, al salir éramos más hippies que al entrar[552].

El siguiente jalón en el origen de ese sector de la industria musical tan importante hoy en día en España, que son los festivales de música, tuvo lugar unos meses antes de que empezara a diluirse la dictadura de Franco. La celebración del Festival Canet Rock, bajo la promesa de «12 hores de música i follia», o sea, doce horas de música y locura, tuvo lugar durante los días 26 y 27 de julio de 1975 en el Pla d'en Sala de la localidad barcelonesa de Canet de Mar a pesar de no contar con permiso gubernativo, consiguiendo aglutinar a unas 40.000 personas. El éxito sin precedentes del primer Canet Rock —conocido como «el Woodstock català»— en su apuesta por prolongar el ocio diurno con el nocturno, con la música como hilo conductor, todavía daría lugar a la celebración de tres ediciones más, en los veranos de 1976, 1977 y 1978, mientras estimularía la programación de otros festivales de similares características, así como actuaciones de numerosos grupos y solistas extranjeros por toda la geografía española[553], de tal manera se alcanzó la reivindicación definitiva del concierto o festival de música en

552. Malvido, Pau: «Nosotros los malditos (III). Alucinados en masa». *Star (Comix y prensa marginal)*, nº 26, [1976], p. 14-17.

553. Por esos años se celebraron festivales, más o menos multitudinarios, en localidades como Santa Coloma de Gramanet (Barcelona), Zaragoza, Torrelavega (Santander), Valencia, Irún (Guipúzcoa), Cádiz, Palma de Mallorca, Nules (Castellón), Girona, Badalona (Barcelona), Móstoles (Madrid), Calella (Barcelona), Huelva, etcétera, y actuaron, entre otros, Leonard Cohen, Rory Gallagher, Kevin Coyne, John McLaughlin, Status Quo, Flying Burrito Bross., Focus, Chick Corea, Manfred Mann, Ray Charles, Lou Reed, Santana, Leo Sayer, Rolling Stones, Patti Smith, John Cale, Tangerine Dream, Jethro Tull, Cat Stevens, Joan Baez, Dr. Feelgood, Eric Clapton, Pete Seeger, The Stranglers, Iggy Pop, Can, Amon Düül II, etcétera.

directo como el entorno más deseado por los jóvenes para festejarse y comunicarse.

Al margen de los festivales, pero estrechamente emparentadas con la música y el mundo de la noche —aunque no exclusivamente— entre finales de los años 60 y principios de los 70 tomaron carta de naturaleza dos nuevas figuras emblemáticas: el disc-jockey y la chica go-go.

En el capítulo anterior ya vimos cómo —durante la década de los 50— surgió el disc-jockey, inicialmente vinculado a las emisoras de radio. Sin embargo, entre mediados y finales de los 60 el disc-jockey —oficialmente montador de discos— dio el salto desde los estudios de radio a las cabinas de las discotecas. Con este salto cualitativo, fue profesionalizándose y su papel volviéndose cada vez más complejo e imprescindible. En opinión de Luis Bettonica, el disc-jockey era el «cerebro gris» de la noche, ya que «casi todos los noctámbulos agotan sus aventuras, más soñadas que vividas, en las pistas de baile». Según el periodista, el encargado de «la selección de la música» era una especie de «ingeniero del sonido», cuya misión principal —además de suplir en las boites y discotecas de nuevo cuño a las orquestas de las antiguas salas de fiestas— era dosificar «la delirante nueva música» y, en consecuencia, debía estar económicamente bien pagado:

> Un «disc-jockey» experto, sensible, bien preparado, sabe dar un orden armónico a las piezas musicales, sabe manejar hábilmente los mandos de la central estereofónica para fundir el final de un disco con el principio del siguiente de tal forma que la música del local no sufra interrupciones siempre desagradables para el público y, de especial modo, para los bailarines. El «disc-jockey» sabe adaptar el volumen y el tono de la música a cada momento de la velada. Su innato sentido musical le indica

el momento en que conviene pasar de la endiablada música «beat» a unos ritmos más lentos y reposantes. Su fina sensibilidad le permite saber, casi al día, cuáles composiciones pueden agradar más a su público. También el «disc-jockey» ve con satisfacción como sus extraordinarias dotes de «regisseur» musical son justamente retribuidas: quince y veinte mil pesetas[554].

De alguna manera, Francesc de Carreras venía a confirmar lo expuesto por su colega con palabras muy parecidas:

> El disck-jockey debe poseer un olfato especial para adivinar y adelantarse a los deseos del público. Él es quien cambia los discos, combina el juego de luces, aumenta y disminuye el volumen de la música. De él depende [...] que la pista de baile se llene o se quede vacía y, por tanto, del éxito o fracaso de un local[555].

Para la también periodista Nativel Preciado el cometido del disc-jockey, en realidad, no era tan sencillo como en principio pudiera parecer:

> Un «disc-jockey» es un profesional que trabaja muchas más horas de lo normal y que considera su trabajo tan serio como cualquier otro. Generalmente son personas con sensibilidad musical, afición sobre todas las cosas y psicología para saber lo que debe hacer en todo momento. En España es una profesión muy nueva. Tomar una copa, salir

554. Bettonica, Luis: «Dos oficios nuevos. La gogo-girl y el disc-jockey». *Destino*, nº, 1.603, 22 de junio de 1968, pp. 91-93.
555. Carreras, Francesc de: «Las salas de baile como fenómeno de nuestros días». *Destino*, 1.603, 22 de junio de 1968, pp. 94-97.

> con una chica determinada, vestirse de una forma concreta, aparentar un aspecto descuidado, seguir la moda, oír música... es más un trabajo que un placer. Todas sus actividades deben ser, más que nada, comunicación, estar en contacto con los «fans», los grupos musicales, las discotecas... Un pinchadiscos de cualquier discoteca no es lo que actualmente se entiende por «disc-jockey». Este último trabaja en Prensa, Radio y Televisión, en sus secciones y programas musicales, que sabe dominar con sus criterios y preferencias el gusto de los «fans»; incluso en muchas ocasiones impone la moda del momento, los mejores discos y los mejores artistas. Vive plenamente la música, tiene amigos y enemigos, porque satisfacer a todos es poco menos que imposible. Si un disco es malo, hay que decirlo caiga quien caiga. Y es imprescindible para ser un «disc-jockey» saber lo que uno se trae entre manos[556].

A su juicio, el más popular de todos era José María Íñigo, pero apenas unos meses más tarde la prensa aragonesa ya daba hasta diez nombres a la hora de enumerar los disc-jockeys «más conocidos» de Zaragoza, toda vez que insistía en que su competencia era «muy noble y muy astuta» y llevada entre todos ellos «con tanta presteza como sigilo». Por su parte, la prensa andaluza, en un reportaje dedicado al boom de las salas de juventud en Sevilla, significativamente se refería al espacio de la cabina como el «trono del disc-jockey» y también destacaba las «complicaciones electrónicas» a las que tenían que hacer frente este nuevo tipo de profesionales, al que llegaban a calificar como «el hechicero», ya que entonces no sólo se ocupaban de la música sino que manejaban también los equipos de luces.

---

556. Preciado, Nativel: «Viaje al mundo "pop" de Madrid». *ABC* (Madrid), 5 de octubre de 1969, pp. 161-167.

Por lo que respecta a las chicas go-go, el citado Luis Bettonica, tras entrevistar a Olinka una chica de 18 años, medio alemana, medio rusa, dedicada a esta actividad, consideraba que su función era doble: por una parte, servir de ejemplo, es decir, «enseñar a quienes están en la pista», y, por otra, ser un aliciente, o sea, un motivo de atracción, razón por la que también encontraba que su actividad debía estar bien retribuida.

> Suelen empezar su trabajo entre las once y las doce de la noche y terminan de madrugada. Cuatro o cinco horas diarias: el sueldo normal oscila entre las quince y las veinte mil pesetas, complementadas por determinadas prebendas (unas veces los trajes para el baile, otras la comida; otras la estancia completa). Algunas «gogo-girls» han llegado a ganar hasta treinta mil pesetas. Evidentemente, éstos son unos «señores sueldos», sobre todo si se tiene en cuenta la «calidad» del trabajo. Pero si ganan millonadas los futbolistas y otros profesionales por el estilo, me parece muy bien que las «gogos» estén económicamente tratadas con tanta generosidad[557].

A finales de 1968 el diario *Pueblo* dedicó una página entera a dos representantes de aquella «nueva generación, al servicio de los conjuntos modernos», que «comenzaron a llegar con la música estridente» y que, según el rotativo madrileño, «camina a la deriva por Europa». Las protagonistas del reportaje eran dos noruegas veinteañeras que se dedicaban a bailar profesionalmente para «incitar a las parejas a esa entrega que ellas ejercitan con auténtica devoción», con el objetivo de pagarse sus estudios de Medicina y, de paso, «viajar por el mundo, conocer nuevas gentes y aprender idiomas». El reportaje

---

557. Bettonica, Luis: «Dos oficios nuevos. La gogo-girl y el disc-jockey». *Destino*, nº, 1.603, 22 de junio de 1968, pp. 91-93.

en cuestión también ofrecía información de interés sobre las condiciones laborales de las chicas go-go, que según el rotativo madrileño no eran tan envidiables como había asegurado Luis Bettonica desde las páginas del semanario *Destino*, ya las mejor pagadas no superaban las «quinientas pesetas por día de trabajo» y podían realizar hasta «tres «shows» cada noche».

En su detallada crónica personal acerca del Madrid pop, Nativel Preciado también fijaba su atención en la actividad de las chicas go-go, que tenía fascinados a propios y extraños. Curiosamente, la opinión de la periodista no era muy favorable a las animadoras:

> Las «go-go girls» son otra cosa. Un término que se ha desorbitado y no es de ningún modo una profesión tan lógica como la anterior [disc-jockey]. En un principio eran auténticas «fans» de la música que subían al escenario y se unían al grupo para interpretar lo que sentían. Aunque el baile moderno no requiere formas precisas y tiene de bueno que cada uno puede interpretarlo como mejor le parece, las «go-gos» enseñan el ritmo. Ahora casi todos los grupos tienen sus propias chicas.
>
> Son poco tímidas, tienen muchos encantos y cierto estilo. La mayoría de las «go-gos» que están en los clubs madrileños son extranjeras, tienen de dieciocho a veintitantos años, y la costumbre de acostarse a las cinco de la mañana. Es una profesión insegura, porque está basada en unas piernas atractivas. La revista *Time* las llamó «groupies», y con este nombre las conocen los «in». No suelen molestar, apenas hablan, salen con todos y con ninguno en especial y muchos las consideran un juguete muy gracioso. Algunas aspiran a que alguien las descubra como posibles modelos o actrices. Las «go-gos» no hablan demasiado, ni dentro ni fuera de las discotecas; pa-

recen un poco aturdidas, tal vez a causa del estrépito de la música. Todo el mundo sabe que el ruido dificulta la capacidad de comunicación por la palabra. A todos nos apetece aturdirnos de vez en cuando. En una discoteca, donde el ruido es ensordecedor, nadie habla, es mejor abandonarse y permanecer en silencio, todo lo más abrir la boca para hacer un comentario muy concreto o pedir un cigarrillo. Expresar una idea cuesta un esfuerzo incalculable. Una noche de aturdimiento es necesaria; a veces, inevitable. Pero todas no se sabe si acabarán por producir sus efectos. Puede que el ruido sea el culpable de todo lo que pasa[558].

En cualquier caso, las chicas go-go, que según la prensa no solían ser españolas, se convirtieron en elementos poco menos que imprescindibles, incluso en ciudades de provincias que no destacaban precisamente por su intensa vida nocturna, como era el caso de la capital riojana:

> [...] Por primera vez hicieron su aparición en algunas salas de fiestas logroñesas, en Ducal, en Rex, y en el «Patio Andaluz» de Oyón. Con las go-gos pasa como con los conjuntos, cuando estos eran todavía plato exótico ¿Admitiría hoy nadie en una sala de fiestas la banda clásica tocando pasacalles o la orquestina dándole al manubrio? [...] Hoy empiezan a pedir música «soul» incluso los matrimonios que cumplieron las bodas de plata. La vida es así. ¿Y las go-gós? Lo que no entenderemos jamás es cómo pueden escandalizarse con un par de chicas rubias, muy monas, o morenas, monísimas, los mismos señores

558. Preciado, Nativel: «Viaje al mundo "pop" de Madrid». *ABC* (Madrid), 5 de octubre de 1969, pp. 161-167.

y señoras que no se escandalizaban el año 1950 con un centenar de niñas cuya identidad todos conocían[559].

La irrupción de las chicas go-go y su rol causó tal expectación y extrañeza que la prestigiosa revista *Destino* les dedicó la portada de un número a principios de marzo de 1970. Y no solo la cubierta de la revista, sino también un extenso trabajo en el interior que comenzaba relacionando su actividad bailonga con la del disc-jockey:

> El disc-jockey, maestro cotizadísimo de la ambientación de estas salas [«fiestas-boîtes-discothéques-clubs»], se ocupa de poner en trance a las gogó-girls y a los gogóboys. Ellas y ellos, cotizadísimos también, se ocupan de ponerse en trance, de ensimismarse. Hundidos en su propia creación sólo la música y el ritmo incide en su mente. ¿Improvisan o no improvisan? Sus movimientos, aparentemente espontáneos, ¿lo son realmente? Hay algunas, y algunos, que se lo han creído. En éstos hay que creer. Hay otros, que lo hacen a causa del contrato. Quizá sea en su rostro donde se trasluzca la autenticidad; más que en el mismo ritmo del cuerpo y que en el mismo disritmo[560].

La escritora y periodista feminista Carmen Alcalde Garriga, autora del citado reportaje, se sentía tan intrigada por la naturaleza del «baile moderno» y el papel que desempeñaban las gogo-girls, que llegó a entrevistar sobre el particular a una chica gogo española llamada Maite y al neurólogo Ricardo Puncernau

559. «Logroño en fiestas. Los «contrasentidos» de la vida nocturna logroñesa». *Nueva Rioja*, 24 de septiembre de 1969, pp. 1 y 24.
560. Alcalde, Carmen: «La gogó: el ensimismamiento». *Destino*, núm. 1.692, 7 de marzo de 1970, pp. 1 y 9-11.

Sampere, eminente sofrólogo y «científico de la consciencia» catalán, quien no tenía inconveniente en reconocer que «el baile moderno» podía tener «hasta cierto punto un aspecto terapéutico.

Fuera como fuera, el interés por las chicas gogo se mantendría en el mundo de la noche, haciéndose puntualmente eco de ello los medios de comunicación. Así, por ejemplo, en la sevillana «sala de fiestas señorial» El Oasis triunfaban las «gogos sicodélicas» Maytsel y África; la actuación en Palma de Mallorca de la gogo-girl Marie Ange, «con cartel en París, Londres, Roma y todas las grandes capitales del mundo», era anunciada en grandes titulares y con una sugerente foto en la prensa palmesana; el diario vespertino *Aragón exprés* entrevistaba a Peggy, Dolly y Mitchey, tres chicas gogo de nacionalidad holandesa, a su paso por Zaragoza, etcétera.

El último intento de reforma horaria durante el franquismo

Antes de morir el dictador todavía se registró un último intento de reformar el horario de la ciudadanía por parte de las autoridades gubernativas franquistas. En efecto, en la reunión del Consejo de Ministros celebrada el 25 de octubre de 1974 bajo la presidencia del Jefe del Estado se acordó —entre otras medidas— que los espectáculos públicos concluyeran a las doce de la noche.

En esta ocasión, la decisión tomada se justificaba por la necesidad del ahorro del consumo de energía exigido por la denominada crisis del petróleo de 1973, también conocida como primera crisis del petróleo, que venía lastrando a la economía mundial con graves efectos negativos: incremento del precio del petróleo y de las materias primas, escasez de alimentos, inflación, descenso de la emigración y del turismo y, en el caso español, un enorme aumento de los pagos al exterior.

Como en anteriores ocasiones, el anuncio de la medida no tardó en provocar opiniones contrarias, pues podía suponer un rudo golpe para el sector turístico:

> [...] A nadie se le ocurriría cerrar la producción de los altos hornos de Baracaldo para ahorrar energía. Claro... Pues los espectáculos son los altos hornos del turismo...[561]

A fin de conocer las consecuencias que dicha medida podía tener en la vida nocturna, el diario *Pueblo* realizó una encuesta de emergencia, pulsando la opinión del presidente de Sindicato Nacional del Espectáculo, de la propietaria de una cadena de restaurantes, del dueño de un tablao flamenco, de uno de los encargados del famoso Café Gijón, de Madrid, de un empresario teatral, del propietario de un café-teatro, de una actriz de café-teatro y de varios empresarios con salas de espectáculos. De sus respuestas, podía deducirse que la medida gubernativa, promovida por el ministro de Hacienda, no iba a ser muy bien recibida, sobre todo pensando en el turismo.

Como otra de las medidas complementarias contempladas por el Gobierno era el fin de la emisión de la programación de televisión a las once y media de la noche, el propio gabinete de investigaciones de audiencia de Televisión Española realizó un estudio sobre el empleo del tiempo de los españoles y españolas, que vino a poner de manifiesto —entre otras cuestiones— que el hábito de trasnochar de la ciudadanía, sobre haberse atenuado en los últimos quince años, seguía siendo bastante

561. Llull, Pablo: «El cierre de los espectáculos a medianoche. En una zona turística significaría un rudo golpe: hay que buscar un equilibrio. "Hemos expresado nuestra inquietud al presidente del Sindicato Nacional", dice don Pedro Vidal». *Baleares (El diario de más circulación en el archipiélago)*, 27 de octubre de 1974, pp. 16-17.

acusado, pues el 46% de las personas encuestadas no se acostaban entre semana antes de la hora fijada para la terminación de los espectáculos, o sea, las doce de la noche, porcentaje que los sábados se elevaba hasta un 60%. Por eso, ante el nuevo intento por parte de las autoridades gubernativas de dar la puntilla definitiva a la «España trasnochadora» no escasearon los comentarios más o menos irónicos, como el de Juan G. Bedoya:

> Lo que sin suerte intentaron Viriato, Favila (¡y por eso se lo comió un oso!), don Pelayo, Felipe V y el dictador Primo de Rivera, lo van a conseguir ahora los árabes del petróleo: vamos a meternos los españolitos pronto en la cama. Miren por donde, vamos a parecernos a Múnich o a Ginebra, pero sin las ventajas que tienen allá. Es decir, vamos a ser un país donde los ciudadanos se acuestan con las gallinas, y que viven bajo el espíritu hacendoso de los hormigueros.
>
> Un tostón, hermanos. No creo que por mucho madrugar nos amanezca más temprano, pero auguro, sin embargo, un incremento notable de somníferos y otras pirulas, aparte la natalidad. Tardaré en acostumbrarme[562].

En cualquier caso, la orden regulando el horario de espectáculos y establecimientos no entró en vigor hasta el 16 de enero de 1975, día de su publicación en el *Boletín Oficial del Estado*, aunque hasta última hora hubo quien albergó esperanzas de que el Gobierno diera un paso atrás.

Desde luego, además de las críticas, la nueva reforma horaria también fue aplaudida por más de un medio:

---

562. Bedoya, Juan G.: «Sin mala intención». *Hoja del Lunes (Editada por la Asociación de la Prensa)*, 4 de noviembre de 1974, p. 3.

> Después de la fallida ocasión anterior, hace unos diez años, cuando el Gobierno intentó, sin conseguirlo, un reajuste de los horarios del ocio para meternos antes en la cama y obligarnos a madrugar, se vuelve ahora a la misma carga. Esta vez se han hecho las cosas un poco mejor. La preparación artillera se inició hace unos meses, en los programas televisivos, y siguen los demás espectáculos y establecimientos públicos[563].

Para el periodista José Ramón Saiz Fernández «el sufrido español» veía cómo se reducían sus «posibilidades de trasnochar tras una siempre dura semana de trabajo» en eras de la «austeridad» y con un único objetivo: convertir a los españoles en «europeos a la fuerza». De ahí que se registraran protestas no solo entre los empresarios del sector del ocio, sino entre los consumidores en general.

Asimismo el periodista Néstor Luján también se despachó con la fina ironía que lo caracterizaba contra el nuevo intento de reforma horaria haciendo un poco de historia:

> Siempre que un gobernante anuncia entre nosotros grandes propósitos regeneradores —descuaje del caciquismo, moralización administrativa, purificación del sufragio, saneamiento de la Hacienda, etc.—, ¿saben ustedes lo que quiere decir? Pues quiere decir, sencillamente, que va a cerrarnos los cafés a las dos de la madrugada. Así escribía Julio Camba hace unos sesenta años en ocasión de una de las tantas reformas de horario que han sido proyectadas en este siglo y que son tan copiosas como las

563. Quesada, Emilio: «Otro intento en los horarios» *Hoja del Lunes (Editada por la Asociación de la Prensa de la Coruña)*, 20 de enero de 1975, p. 12.

> reformas del bachillerato, por poner un ejemplo castizo. Ahora nos ha tocado vivir el enésimo intento de adelantar nuestro horario y esta vez con motivo de la crisis de la energía[564].

El periodista catalán se hacía eco del descontento provocado por la nueva medida horaria, no solo por las implicaciones económicas que acarreaba, sino también por el fondo moralizador que a su juicio comportaba:

> Ante esta medida han protestado las gentes del espectáculo, de la hostelería e incluso la Sociedad General de Autores, pues las consideran lesivas para sus intereses. También han caído mal entre la mayoría del público que opina que ya hay bastantes reglamentaciones y que un poco de libertad de horarios conviene al mundo de la distracción, del necesario ocio. Por otra parte, todos estamos convencidos que el ahorro que pueda representar esta medida no pasa de ser el chocolate del loro, una minucia en el consumo nacional. Porque si los horarios laborales siguen como están y la multicolocación es tan apetecida, y todo el ritmo de nuestra vida se mueve más o menos dentro de lo que se ha venido a llamar el retraso de la vida de los españoles, muy poco se va a salir ganando. A mí me molesta, como a Julio Camba hace sesenta años, el fondo de puritanismo que esta medida entraña.

Sin abandonar su tono irónico, Luján aprovechaba la ocasión para romper una lanza en favor del tan denostado ocio nocturno y de los trasnochadores:

564. Luján, Néstor: «Horarios para el ocio». *Aragón/Exprés (Diario de la tarde)*, 29 de enero de 1975, p. 22.

> A pesar del tiempo pasado seguimos creyendo en este país que andar de noche es cosa mala. A nosotros nos parece que este problema del noctambulismo es una total exageración. Hace tiempo que nos hemos convencido de que si alguna vez nuestras ciudades fueron urbes dadas más o menos a la vida nocturna, hoy lo son en mucha menor proporción. En estos lugares de esparcimiento nocturnos, que suelen ser perfectamente aburridos, hay muchísimos más forasteros que ciudadanos, salvando quizá los sábados por la noche. [...] Existen noctámbulos, naturalmente, como existen en todas las ciudades y pueblos del mundo, pero estos noctámbulos no son un gremio ni una parte considerable de nuestra población. Son unos seres, por lo general individualistas, silenciosos y melancólicos —casi escribiríamos heroicos— en su misma vocación de ir a dormir tarde. Por esta misma razón suelen ser tan aburridas nuestras salas de fiestas y la gente espera el larguísimo lapso que va de un espectáculo a otro con paciencia ejemplar e infinita.

Finalmente, Néstor Luján entraba a cuestionar la eficacia de la medida adoptada y a criticar la tradicional nictofobia que anidaba en la mentalidad de los gobernantes españoles:

> Señalamos la escasa entidad del noctambulismo para demostrar lo poco que va a representar el ahorro del avance de la hora. Si se han de adelantar los horarios, empezar por adelantar el de las aparentemente ociosas diversiones, es perjudicar a quienes viven de ellas sin beneficiar a nadie. Y no es tan lisonjera la situación del mundo del espectáculo, en claro retroceso de público, ni el de la hostelería, como para adoptar tan a la ligera estas disposiciones. Pero no hay quien quite de la cabeza a nuestros

gobernantes —con una convicción que ha resistido todos los cambios de régimen del siglo— que la salvación está en adelantar los horarios nocturnos. Imaginan que el español pone todo su empeño en acostarse tarde y que si le quitan incentivos para hacerlo, toda nuestra vida se ordenará y nuestros horarios laborales serán como los franceses o los alemanes. Por lo visto están persuadidos que gran parte de los españoles dedican las noches a la más desatada alegría, a una especie de orgía pública en los lugares de esparcimiento nocturno, con luz a raudales y liviandades sin cuarto. Les invito a que se den una vuelta por Barcelona cualquier noche y nos darán noticia.

En cambio, para el mallorquín Juan Bonet la medida permitía un acercamiento de los hábitos españoles al modo de vida europeo, por lo que la cosa no tenía vuelta de hoja:

> Europa se acuesta temprano. Nosotros también. Los nuevos horarios no hacen otra cosa que dar más facilidades. Y poner un poquito de orden en el vivir[565].

Por su parte, el *Diario de Burgos* consideraba que aquel «retorno a los horarios de épocas no muy lejanas» ponía de manifiesto alguna que otra contradicción entre sus defensores y detractores:

> Lo extraño es que los más entusiastas defensores de las costumbres europeas sean en muchos casos los que más protestan de estos nuevos horarios que nos ponen en la misma línea de los de capitales como París, Londres o

565. Bonet, Juan: «Los europeos se acuestan temprano». *Baleares (El diario de más circulación en el archipiélago)*, 31 de enero de 1975, p. 13.

Roma. Claro que no opina lo mismo el trasnochador sempiterno, que gusta de ocio nocturno, que el productor que ha de madrugar para acudir al trabajo. Pero si vivimos tiempos en que se habla constantemente de socialización nada más social que encauzar los horarios por caminos acordes con ella[566].

Un foco turístico como Mallorca era el termómetro ideal para medir el estado de cosas con respecto a la reforma horaria. Curiosamente, Juan Marqués, director de las discotecas del Club de Mar y Babel's y uno de los personajes de «la vida nocturna palmesana más conocidos», no veía un problema en las restricciones horarias tanto como advertía en «la gran oferta» existente, en «la falta de entretenimientos afines al turismo de calidad» y en la ausencia de «apoyo moral y económico». Sin embargo, a medida que se acercaba el comienzo del verano de 1975 volvieron a circular rumores sobre un posible cambio hacia un horario de cierre más laxo. Ante el inmovilismo de las autoridades en este sentido, el diario Baleares celebró una rueda de prensa entre diversos empresarios turísticos, industriales nocturnos y algún que otro taxista del turno de noche. Y todos coincidieron en manifestar sus quejas al diario de más circulación en el archipiélago. Finalmente, el ejecutivo se avino a razones y el 11 de junio promulgó otra orden ampliando los márgenes del horario de cierre «durante la temporada de verano». Los turistas en general celebraron la ampliación horaria, aunque algunos lamentaban que los clubs y discotecas no «se cerrasen un poco más tarde». En cualquier caso, la temida europeización de los horarios de los españoles —al menos en verano— quedó otra vez aplazada para mejor ocasión.

566. «Han comenzado a regir los nuevos horarios». *Diario de Burgos (de avisos y noticias)*, 31 de enero de 1975, p. 3.

Acciones represivas

El hecho de que las sucesivas reformas horarias previstas por el Régimen quedaran la mayor parte de las veces en meras intenciones, no quiere decir que autoridades franquistas no se emplearan a fondo a la hora de dar ejemplares escarmientos —por diferentes motivos— en emblemáticos locales nocturnos.

En este sentido, ya hemos mencionado al principio de este capítulo los reiterados cierres que sufrió La Cueva de Álex Babá en la Ibiza de principios de los 60. Normalmente, la clausura temporal o definitiva de locales —por el motivo que fuera— iba acompañada de fuertes multas. En ocasiones, el castigo a los establecimientos nocturnos se limitaba al tema económico. Así, por ejemplo, en 1965 el Ministerio de Información y Turismo impuso onerosas sanciones a un teatro y diversas salas de fiesta de Barcelona «por infringir las normas a que deben ajustarse las representaciones en dichos establecimientos»: 50.000 pesetas a la sala de variedades El Molino y a la sala de fiestas Panam's; 40.000 pesetas a la sala de fiestas Jardines de Granada; 15.000 pesetas al Teatro Apolo y 10.000 pesetas a las salas de fiesta Bolero y Kit-Kat.

El consumo y tráfico de drogas prohibidas fue otro de los principales pretextos para proceder contra el ocio nocturno. En este sentido, la boite barcelonesa Tokio, inaugurada en 1963 en el número 579 de la entonces denominada avenida de José Antonio —actual Gran Vía—, entre las calles Aribau y Muntaner, donde se organizaban bailes «todos los días, tarde y noche», fue cerrada al año siguiente por «cuestión de drogas». Las drogas también fue la excusa perfecta para practicar una sonada redada en el «club psicodélico» Siroco, ubicado en la céntrica calle del Convento de Santa Clara de Valencia, y clausurar otros locales como el Club Blue Man Discoteca en Zaragoza y el bar Chiqui Maite en Barcelona. En este orden de cosas, llama poderosamente la atención el caso del Blue Man, sobre todo por la repercusión mediática alcanzada. Abierto al público nada más comenzar el año 1969 en el número 8 de la céntrica calle Francisco de Vitoria de la capital aragonesa, su inauguración fue recibida por la prensa local con los mayores parabienes:

> […] El Club «Blue Man Discoteca» ha dado en la diana de lo que nuestra ciudad exigía: originalidad, estilo, «clase». No se trata de un club más, sino del club de nuestra ciudad.
>
> […] Va a poner en práctica una serie de proyectos artísticos, tales como coloquios literarios, recitales musicales, conferencias sobre pintura y artes plásticas, conciertos de jazz, etc.
>
> Como puede deducirse «Blue Man Discoteca», se aparta de la ordinaria «sala de fiestas» para polarizar la atención de esa juventud zaragozana que aspira a algo más que divertirse al compás del último ritmo, y para ganar el favor de las familias que precisaban de un lugar divertido, pero selecto.
>
> […] Una selección de firmas locales trabajaron meticulosamente para que el club adquiriera un excepcional estilo, Y esa impresión —originalidad en un estilo único— es la que recibe el visitante en el vestíbulo de «Blue Man Discoteca». Las bellas vitrinas en las que si exponen espléndidos objetos artísticos de N'ART, es una bienvenida que habla del selecto ambiente reinante en el local.
>
> […] La selección de sus servicios de bar; la «clase» del personal todo del club; la presencia de los artistas de la Galeria N'Art, que celebran allá sus tertulias, y la atmósfera confortable y fantástica, han conseguido que «Blue Man Discoteca» se haya convertido en el lugar ideal de la juventud, De la juventud de esta ciudad 1969, que recla-

maba un club de la categoría y del estilo que «Blue Man Discoteca» ha proporcionado a Zaragoza[567].

Apenas un mes después la Brigada Regional de Investigación Criminal de la Jefatura superior de Policía procedía a la detención de un camarero del citado establecimiento en la compraventa de grifa. Consecuencia: el flamante club-discoteca fue clausurado y la prensa local hizo gala de un discurso radicalmente opuesto al lanzado inicialmente:

> El establecimiento aludido resulto ser el «Blue-Man», cuyo local estaba también dedicado a baile, hallándose a la puerta del mismo a modo de reclamo dos jóvenes vestidos de manera extravagante. En el interior existían pinturas y cuadros obscenos así como fotografías de esquizofrénicos, cuya finalidad, al parecer, era la de provocar en los concurrentes mediante también un fondo musical apropiado, el desenfreno y las extralimitaciones. Para recoger las propinas y también como ceniceros disponían de recipientes utilizados para determinadas funciones fisiológicas.

También algunos guateques particulares, como las libérrimas y orgiásticas fiestas organizadas por una pandilla de jóvenes zaragozanos apodados Los Cheyennes, estuvieron en el punto de mira de las autoridades y motivaron acciones policiales y judiciales, que se saldaron con un buen número de detenciones y condenas en aplicación de la ley de Vagos y Maleantes.

La mayoría de las veces eran los gobernadores civiles los

567. «Blue Man Discoteca, el Club de la Zaragoza medio millón. Recién inaugurado, ya no es un club… es el club de la ciudad. Distracción y arte: una idea nueva y oportuna». *Hoja del Lunes (Editada por la Asociación de la Prensa de Zaragoza)*, 13 de enero de 1969, p. 6.

que orquestaban estas acciones represivas contra el mundo de la noche. Así, José Utrera Molina, a la sazón gobernador civil de Sevilla, fue quien estuvo detrás de todo el proceso de cierre de Dom Gonzalo, localizado en el número 32 de la calle Virgen del Valle, en pleno barrio de Los Remedios, que desde su inauguración en 1967 se había convertido en el templo del *underground* sevillano.

Víctor Arroyo Arroyo, gobernador civil de Málaga y miembro del Opus Dei, fue quien reaccionó ante la denuncia formulada por Próspero García Gallardo ante las «funestas licencias de síntomas claros de sodomía» y el «desenfreno moral e incluso sodomítico» que se respiraba en Torremolinos, y ordenó practicar la famosa macrorredada —saldada con 300 personas identificadas y 114 detenidas— del Pasaje Begoña, una callejuela en forma de L donde se ubicaban no menos de 50 bares y locales de música en directo y donde se vivía de noche y se dormía de día, y que marcaría un antes y un después en el devenir de Torremolinos. Llevada a cabo durante la noche de San Juan de 1971, la acción represiva obedeció al deseo de acabar con el clima de permisividad sexual que se vivía en aquel lugar. Además de las detenciones, la sala de fiestas Pipper's fue objeto de una sanción de 10.000 pesetas y apercibimiento de cierre, y asimismo se decretó la clausura de la sala de fiestas-night club La Caramela, así como de dos «bares nocturnos»: Evan's y Noe.

Al año siguiente fue Antonio Rueda Sánchez-Malo, entonces gobernador civil de Valencia, quien obligó a los propietarios del pub Capsa 13, uno de los locales más emblemáticos del famoso barrio de El Carmen, a suprimir los cojines que tenían esparcidos por el suelo del local, «para evitar que las parejas adopten actitudes indecorosas y deshonestas que atentan contra las normas de la moral y las buenas costumbres que deben observarse en los establecimientos públicos».

A finales de 1972 en Valencia se creó la Brigada 26, «una sección de la policía municipal encargada de vigilar la noche», cuya fama de dura le hizo ganar tantos defensores como detractores durante los últimos años del franquismo y los primeros de democracia, hasta 1986, año en que fue disuelta por el propio Ayuntamiento de la ciudad.

La vida nocturna barcelonesa sufrió un duro golpe en la primavera de 1967, cuando se clausuraron «unos cuarenta bares, clubs y salas de fiestas» bajo la sospecha de que de una manera más o menos subrepticia desde esos locales se promovía el ejercicio de la prostitución. En aquella ocasión, la policía interrogó a «unas dos mil quinientas muchachas, la mayoría menores» y a «una larga serie de dueñas de pensiones y celestinas de toda especie, así como encargados de cafeterías y «snack-bares»», en especial de «la avenida de Sarriá, Infanta Carlota y alrededores de la plaza de Calvo Sotelo y otros puntos» de lo que se conocería como el Barrio Chino Perfumado.

Por otra parte, según apunta Paco Villar, los primeros años de la década de los 70 en Barcelona se caracterizaron por las numerosas redadas realizadas por la policía «con el fin de sanear el sector» de la prostitución. Pero aunque el objetivo fuera la depuración del ámbito del tráfico sexual, o precisamente por eso mismo, el mundo de la noche siempre se veía perjudicado, como resultado de tales acciones. Así, en la guerra contra el hampa por «delitos de estafa, tráfico de drogas, extorsionismos, proxenetismo, trata de blancas y otros similares», desatada en Barcelona en mayo de 1972, que se saldó con más de 200 personas detenidas y más de 500 establecimientos cerrados por orden gubernativa, se vieron afectados numerosos bares, cafeterías y clubs nocturnos. Lo mismo sucedería a finales de ese año, cuando el gobernador civil Tomás Pelayo Ros mandaba clausurar la mayoría de los meublés de la ciudad, «con el objetivo principal de evitar el tráfico y consumo de drogas y la trata de menores», o dos años después, cuando 80 policías armados, 40 inspectores de la Brigada de Investigación Criminal (BIC) y cuatro vehículos del departamento de Orden Público llevarían a cabo otra batida en las Ramblas —zona de las calles Escudillers y Aviñó— con varias decenas de personas más detenidas.

Sonada fue también en las postrimerías del franquismo una redada policíaca practicada durante la noche del 11 de octubre de 1975 en el bar Gallego de la sevillana barriada de El Cerro del Águila donde se celebraban «bailes clandestinos» y que se saldó con más de cien personas detenidas, muchas de ellas menores de edad, entre ellas «siete niñas de doce años». El suceso causó honda conmoción y fue aireado por medios de toda España, pues además a varios de los concurrentes les incautaron «cigarrillos de grifa y polvo de hachís». Por su parte, la prensa local de Sevilla se congratuló por esta férrea medida de «profilaxis social, a fin de erradicar de la ciudad de la Giralda los focos de perversión de la juventud atentatorios a la moral y buenas costumbres».

El gay power *toma la noche*

La famosa macrorredada del Pasaje Begoña de Torremolinos no fue la única acción represiva que tuvo que sufrir el colectivo LGTBIQ+ en la España de Franco. De hecho, la represión de dicho colectivo había sido respaldada a nivel en julio de 1954 al modificar la Jefatura del Estado un par de artículos de la republicana ley de Vagos y Maleantes con el fin de incluir a los homosexuales en el rango de aplicación de la citada ley. Por otra parte, a principios de 1968 el Ministerio de Justicia decretó la modificación del articulado en este caso del Reglamento de los Servicios de Prisiones para proceder al internamiento de los calificados como «pervertidos sexuales de hábito» durante un periodo de entre tres meses y tres años para su «reeducación y readaptación social». Una legislación homófoba que vendría a culminar la propia Jefatura del Estado con la aprobación de la Ley sobre Peligrosidad y Rehabilitación Social, que actualizaba la antigua de Vagos y Maleantes, y contemplaba penas de hasta cinco años de prisión o internamiento psiquiátrico para los homosexuales.

La privación de libertad de los homosexuales estaba regulada por un Tribunal de Calificación, con presencia eclesiástica, organismo encargado de determinar la duración del proceso de rehabilitación. Los centros destinados a tal efecto eran la prisión de Badajoz y la de Huelva, la primera para los considerados como homosexuales pasivos y la segunda para los juzgados como activos. Otros correrían peor suerte siendo trasladados a colonias agrícolas, como la establecida en Tefía (Fuerteventura), que en realidad venían a ser auténticos campos de concentración, donde los internados trabajaban en condiciones infrahumanas, recibiendo frecuentes palizas tras ser sometidos a intensas jornadas de trabajo.

A esos establecimientos infames iban a parar muchos de los detenidos en las frecuentes redadas practicadas en el barrio chino de Barcelona y otros puntos calientes de localidades como Alicante, Sevilla, Sitges, Palma de Mallorca, etcétera.

Sin embargo, a pesar del clima tan adverso que se respiraba en este sentido, y que la tan temida Ley sobre Peligrosidad y Rehabilitación Social todavía tardaría unos años en ser derogada, quedando despenalizadas las prácticas homosexuales, antes de la muerte del dictador la comunidad LGTBIQ+ no solo se hizo bien visible, sino que se apropió de una buena parte del ocio nocturno.

En efecto, a finales de la década de los 50 en Sitges —que contaba con una larga tradición homoerótica— ya había abierto sus puertas el bar El Comodín, muy frecuentado por homosexuales, y también el Hotel Romàntic, tolerante con la llegada de clientela gay. En 1961 en el bar Copacabana de Barcelona se habían registrado las primeras actuaciones de travestis después de la guerra civil. Actuaciones que luego se desplazarían a otros dos locales míticos del famoso barrio chino: Barcelona de Noche y Gambrinus. Un año más tarde en el Pasaje Begoña de Torremolinos se había inaugurado el bar Tony's, considerado como primer bar gay de España. Luego vendrían otros: Evans, Noe, Gogó, La Sirena, Fauno, Incógnito, Düsseldorf, etcétera. Así como el Porquoi pas?, también en Torremolinos, reputado como el primer bar de lesbianas abierto en España. Lugares todos ellos que funcionaban preferentemente de noche. Otro hito fue la apertura en 1967 del Drugstore del paseo de Gracia, de Barcelona, que, gracias a la liberalidad de su horario, rápidamente se convirtió también en punto de encuentro de homosexuales. De tal manera, ya no resultaba extraño que en las postrimerías del franquismo se publicaran guías de las principales capitales y zonas turísticas españolas incluyendo itinerarios gay. Pero los dos grandes eventos que más sirvieron para dar visibilidad a la comunidad gay y, de paso, reivindicar la cuota noctámbula que por derecho propio le correspondía tuvieron lugar en la capital del Estado.

El primero de ellos fue la inauguración, el sábado 21 de diciembre de 1974, del Gay Club en los bajos del Hotel Nacional, situado en el paseo del Prado, número 48, casi haciendo esquina con Atocha. Para dar el mayor realce a su apertura contó con Capuccine, la primera estrella trans del célebre Carrousel de París, aunque no fue una tarea fácil:

> [...] Porque la censura hizo su trabajo, hasta el punto de que el día del estreno, no pudieron estrenar [...]. Y se aplazó al día siguiente. Por ejemplo, a uno de los bailarines no le dejaban salir porque iba con unas botas de cowboy [...]. ¡Plateadas! Y una hebilla de plata, y ale-

garon que «los hombres no usaban esas cosas». Por otro lado, le prohibieron usar pelucas y vestidos a la estrella del espectáculo, que no era otro que el transformista Paco España[568].

La sala, que tenía aforo para unas 500 personas, algo inusual para ese tipo de establecimientos, abría todos los días. El elenco de artistas hacía dos pases y el local no cerraba hasta las cinco de la madrugada. Y así se mantendría hasta el verano de 1984 cuando cerró sus puertas para siempre, tras diez años de éxitos.

El Gay Club llamó poderosamente la atención del escritor Francisco Umbral, que sobre declararse «visitador de casi todas las catedrales del mal que hay en Europa» no tuvo ningún reparo en reconocer que se trataba de «un puesto de avanzada». Umbral le dedicó varias referencias más en prensa a tan rompedor establecimiento del «Madrid by night», y se sirvió sus singulares características para manifestar que «lo malo de los políticos, en este país, es que casi nunca han trasnochado nada».

El otro evento a que nos referíamos no se prolongó más allá de una noche, pero su repercusión para el futuro de la comunidad LGTBIQ+ fue incalculable. Nos referimos a la noche del estreno de la obra *Los chicos de la banda*, del guionista dramaturgo estadounidense Mart Crowley, el miércoles 3 de septiembre de 1975 en el Teatro Barceló de Madrid. Basta prestar atención a un editorial de la revista *Blanco y Negro* —seguramente surgidas de la pluma de Luis María Anson— para advertir la trascendencia del acontecimiento:

568. Redacción: «Valeria Vegas nos traslada al Gay Club, un local transgresor y pionero en Madrid. En los bajos del Hotel Nacional del Paseo del Prado, nació antes de que terminase la dictadura un club hecho por y para el público gay de la capital». *Cadena Ser*, 23 de febrero de 2020.

Creíamos que el «Gay Power», el «Poder Homosexual», tardaría en organizarse en esta España del machismo ibérico y del imperio hacia Dios, en que tras la guerra civil se rindió culto a la virilidad. Sin embargo, casi de repente, y con motivo del estreno en un teatro madrileño de una comedia cuyos personajes son nueve sarasas, el «Gay Power» español se ha desmelenado. Docenas de invertidos, haciendo alarde de su condición, asistieron al estreno.

[...] En nuestra opinión, lo que ocurrió la otra noche en el teatro Barceló no es una anécdota pasajera, sino la primera manifestación pública del «Gay Power» español. No es tema para la indignación, aunque así reaccionan espontáneamente muchos hombres y mujeres españoles. Otros sectores reaccionan con guasa, con esa chanza española que a todo aplica el humor, empezando por saber reírse de uno mismo y de todo aquello que nos rodea. La verdad es que se trata de un fenómeno sociológico. En Madrid existe ya un tejido de calles, clubs, bares, etcétera, que potencian una naciente organización homosexual. La presencia comunitaria en el teatro Barceló de muchos homosexuales debe constituir un dato para la sociología más que un motivo para el escándalo. Hasta ahora, en España, la homosexualidad se ocultaba y los interesados enmascaraban sus tendencias por todos los medios. La llamada «sociedad permisiva», con su trastrueque de costumbres, está llegando a nuestro país. De ahí que los homosexuales hayan perdido, primero, el miedo a declarar y mostrar en público sus querencias, y después, ya no dudan en encontrarse colectivamente en lugares públicos con atuendos y expresiones definitivas. Nadie de juicio ecuánime cree que daba atropellarse la intimidad de cada ciudadano, libre de hacer lo que le

> venga en gana en su casa o fuera de ella en tanto no atropelle la ley y el orden público[569].

El estreno de *Los chicos de la banda* provocó ríos de tinta, no solo porque, a pesar de la «reventa de entradas a un precio inusitado», «faltaron butacas en el teatro», sino porque como declaró el subdirector de la revista *Blanco y Negro*, Adolfo Prego, «siendo la comedia muy estimable, el espectáculo estaba en el patio de butacas». La problemática social que representaba no la homosexualidad, sino la heteronormatividad, quedaba planteada en toda su crudeza, y así se pronunció el periodista Raúl del Pozo al respecto:

> Anteanoche ocurrió algo insólito en Madrid —Madrid, septiembre de 1975—. Se levantó el telón y, por primera vez en la historia, se escenificó de una manera frontal un tema tan eterno como el odio, los celos o la lucha de clases: el tema de la homosexualidad, de las relaciones y atracciones entre individuos del mismo sexo. Dos aplausos desde la marginación. Aplauso número uno a la valentía de los empresarios —Justo Alonso, Kramer—. Aplauso número dos: no hubo irritación machista, ni gestos político-viriles, de tan reciente memoria. Entre boas de plata, visones de otoño, bragas de organdí, la élite del estreno convivió durante la función con toda la mariposería madrileña. Era la gran noche de los de la secta de Oscar Wilde; de los «carrozas» y de los que «entienden»; de los afeminados perseguidos por la moral occidental; de los airados de la bandera de las liberaciones sexuales. Estaban todos y todas. Fue un gran «happening» social [...] en la patria de los grandes machos

569. «Gay Power» en España». *Blanco y Negro*, 13 de septiembre de 1975, p. 11.

> y de los eternos condes-duques, donjuanes y los chulos, escenificaba la angustia, el drama, la risa y la neurosis de un sector que [...] sufre mordiéndose los labios los excesos del puritanismo nacional[570].

Desde luego, hubo críticos, como Antonio Valencia, que aprovecharon sus crónicas para recordar que «el homosexualismo es ante todo patología más o menos soportada o declarada». En una línea parecida se pronunció la también periodista Pilar Trenas, quien escribió lo siguiente:

> Porque la obra de Mart Crowley es una cala profunda, lacerante, en una zona marginada de la sociedad que no merece la burla ni el desprecio, sino la comprensión humana o, como en uno de sus protagonistas, el tratamiento psiquiátrico[571].

Mención aparte merece el citado Luis María Anson, quien se apartaba del discurso patologizador para advertir del gran peligro que en su opinión comportaba un supuesto proselitismo:

> El problema, el grave problema, estará en el momento en que esos homosexuales pretendan captar para sus desviaciones a otras personas, especialmente los más jóvenes, casi niños, fáciles de corromper por la falta de personalidad y

570. Pozo, Raúl del: «Por primera vez». *Pueblo*, 5 de septiembre de 1975, p. 24.
571. Trenas, Pilar: «El espectáculo estuvo en el patio de butacas. Entre la guasa de unos espectadores y la indignación de otros, docenas de homosexuales asistieron a un estreno teatral en Madrid». *Blanco y Negro*, 13 de septiembre de 1975, pp. 82-83.

> madurez. Las autoridades deberán vigilar cuidadosa e implacablemente esa posibilidad de extensión de la homosexualidad, no exenta de chantajes, amenazas y demás procedimientos de carácter coactivo[572].

En cambio, Francisco Umbral aprovechó el estreno de la pieza teatral de Mart Crowley para romper una lanza en favor del colectivo gay:

> [...] No procede la risa ignorante y cruel, la condenación cerrada o la explotación comercial de algo que nos recuerda, sencillamente, que no somos ángeles ni dioses. ¿Acaso no podría hacerse una comedia tan patética como «Los chicos de la banda» con la intimidad de cada espectador?.

Y no solo eso, sino que además se atrevió a hilar una comparación —más o menos afortunada— entre el Gay Club y la obra representada en el Teatro Barceló:

> La distancia entre el «Gay Club» y «Los chicos de la banda» es la distancia que va del subdesarrollo al Mercado Común, del machismo a la sociedad permisiva, del teatro psicológico al esperpento. Lo que en el «Gay Club» es cartelón español de un Solana inverso, en «Los chicos de la banda» es traumatización psicológica y capacidad tragediante en torno a una realidad humana de nuestro tiempo y de todos los tiempos. Los griegos de Platón y los árabes de hoy se cogían y se cogen de la mano, entre hombres, cuando el corazón no se atreve a decir su secreto. Es uno de tantos problemas que tiene pendiente la Humanidad y

572. «Gay Power» en España». *Blanco y Negro*, 13 de septiembre de 1975, p. 11.

que ha de resolverse con entendimiento y sentimiento, no con cerrazón o carcajada[573].

La noche del estreno de *Los chicos de la banda* en el Teatro Barceló de Madrid no fue solo una noche, sino el preludio de otras muchas que vendrían después y con las que el colectivo LGTBIQ+ acabaría por conquistar la parte de vida nocturna que en justicia le correspondía.

573. Umbral, Francisco: «Los chicos de la banda». *Diario de Burgos*, 12 de septiembre de 1975, p. 23.

CAPÍTULO 9. TRANSICIÓN Y CONSOLIDACIÓN DEMOCRÁTICA (1975-2000)

Las noches más locas de la transición

Todavía con la Ley de Peligrosidad y Rehabilitación Social vigente, el éxito indiscutible del Gay Club en Madrid y de Barcelona de Noche y Gambrinus en la Ciudad Condal, más otros eventos como el estreno de la obra *Los chicos de la banda* posibilitaron que el colectivo LGTBIQA+ —todavía no conocido con estas siglas— ganara cada vez más presencia en la noche.

En 1976 la revista *Gaceta Ilustrada* publicó un «minucioso reportaje» titulado «Madrid. Los travestís, reinas de la noche», publicitado con estas palabras:

> [...] Entre el escándalo de unos y los aplausos de otros, en un local de Madrid y varios de Barcelona, el mundo «gay», gracias a la nueva permisividad, se ha lanzado a la conquista de los cabarets[574].

El extenso reportaje sobre los travestidos, firmado por Alejandro Heras Lobato, venía puntualizado moral y políticamente en un destacado recuadro con un editorial en el que resultaba inconfundible el sello de Luis María Anson:

> En diversas ocasiones hemos expresado nuestra posición sobre la proliferación homosexual en España. El gay power está ya actuando en nuestro país. Creemos que el

574. Heras Lobato, Alejandro: «Madrid. Los travestís, reinas de la noche». *Gaceta Ilustrada*, nº 1.020, 25 de abril de 1976.

asunto no se puede tomar a la ligera. Es tema de importancia para el estudio del político, del sociólogo, del psicólogo, del sacerdote. Está claro que es necesario evitar la posible corrupción de muchos jóvenes y por eso parece conveniente que las autoridades extremen la vigilancia reduciendo al gay power a niveles particulares e impidiendo el escándalo público. El periodismo ejemplar es testimonio de su época. Nuestro colaborador Heras Lobato se ha acercado a los cabarets gay para reflejar objetivamente todo lo que ha visto[575].

A pesar de las reticencias homófobas de Anson, el travestismo iba ganando cada vez más terreno dentro de la oferta de ocio nocturno. Así, Pilar Trenas, en un artículo titulado «La noche loca de los «travestís»», y publicado en la revista *Blanco y Negro*, daba cuenta de sendos shows travestis, uno celebrado en Oliver y otro en JJ. De hecho, el transformismo, que había vivido su particular edad de oro en España durante los años 20 y 30[576], con la transición regresó con una fuerza y un empuje que pocos hubieran imaginado:

> El transformismo fue un arte teatral que hizo famosos a algunos de sus grandes realizadores, como Edmond de Bries; se olvidó, pasaron los años y ahora es, más que una moda, una ola. Con excelentes artistas. En El Elefante Blanco, coquetona y céntrica sala de fiestas con escenario, se ha estrenado ahora «Ellos… ¿son ellas?», dedicado a

575. Heras Lobato, Alejandro: «Madrid. Los travestís, reinas de la noche». *Gaceta Ilustrada*, nº 1.020, 25 de abril de 1976.
576. Usó, Juan Carlos: *Orgullo travestido. Egmont de Bries y la repercusión social del transformismo en la España del primer tercio del siglo XX*. Santander: El Desvelo; 2017.

este género. Dino Dina presenta allí a Ángel Bravo, que se transforma en Isabel Pantoja y en Rafaela Carrá; Miguel Porta, en Mari Trini, Edith Piaf, en Marlene Dietrich; Poli, imitando en estilo cómico a Estrellita Castro y Concha Piquer. Están también Vanessa Well con sus canciones y Susana Shock e Ira Velázquez con sus propios «shows». El público se divierte bien y a gusto y corona el éxito con grandes ovaciones[577].

Los espectáculos más o menos desmadrados de transformismo no solo triunfaban en Madrid y Barcelona. En Sevilla la sala de fiestas Venta Marcelino anunciaba *New Crazy Horse Gay* como «el más insólito espectáculo gay del momento, donde se darán cita los más famosos «travestís», «homosexuales» y «transexuales» del mundo», seguido de *Sexo-loco*, «la más insólita y divertida revista de actualidad con los más bellos travestís del momento». Y para no ser menos, Florida Show presentaba el espectáculo *Carrusel de París*, en el que «reúne un grupo de hermosos travestís».

Y en Valencia un travesti transgresor que salía a escena como una reina imitando a Sara Montiel, pero con el pecho sin depilar, conocido con el nombre artístico de La Margot, conseguía congregar noche tras noche a gran parte de la intelectualidad antifranquista en La Cetra. A este local mítico seguirían otros muchos explotando la fiebre desatada por el transformismo: Belle Époque, Claca, Lady's, Balkiss, Fumeral, Dominó Rojo, Bataclán, Compactus, Pussycat, Robert's, Cimi's, Covarrubias, Caballo Blanco, St. Tropez, Boliche, Farmacia de Guardia, Victor's o Color's.

A partir de éstos y otros locales pioneros diseminados

577. «Transformismo en Elefante Blanco». *ABC* Madrid, 22 de noviembre de 1980, p. 68.

por diversas localidades de la geografía española en la primera transición, la oferta de ocio nocturno para la comunidad LGTBIQA+ iría ganando espacio hasta llegar a constituir a finales del siglo XX dos zonas rosa en barrios céntricos de las dos principales capitales españolas: Chueca y el llamado Gaixample.

Anomia y violencia política

Durante buena parte del período de transición democrática concurrieron dos factores, por lo demás muy vinculados, que influyeron no poco en el ocio nocturno: la anomia y la violencia política.

En efecto, desde la muerte de Franco (20 de noviembre de 1975) hasta la firma del *Acuerdo sobre el programa de saneamiento y reforma de la economía* y del *Acuerdo sobre el programa de actuación jurídica y política*, más conocidos como *Pactos de la Moncloa* (15 de octubre de 1977), se dieron dos años prácticamente de anomia, es decir, casi un bienio caracterizado por la ausencia de ley, produciéndose todo un conjunto de situaciones peculiares derivadas de una carencia de normas sociales o de su degradación.

Ciertamente, al sellarse los denominados Pactos de la Moncloa, las principales fuerzas políticas y sociales coincidieron en apoyar un sistema de democracia parlamentaria, la integración en Europa y una redistribución de la renta mediante reforma —sin ruptura— de las estructuras económicas capitalistas, objetivos aceptados por la mayoría de la ciudadanía. Sin embargo, la progresiva construcción del nuevo Estado de las Autonomías posibilitó que esa situación de anomia se prolongara todavía durante algunos años más.

Los usos y las costumbres sociales imperantes durante el franquismo se iban relajado, pero nadie sabía muy bien dónde estaban ahora los límites, había que explorarlos. Por una parte, había viejas leyes y viejos hábitos que ya no eran de recibo aplicar, ni siquiera tener en cuenta; por otra, no había, todavía, nuevas normas legales ni nuevas pautas sociales que tomasen el relevo de las antiguas.

La incertidumbre presidió en gran medida los primeros años de ese período que se abrió tras el fin de la dictadura, en el que comenzaron a respirarse aires nuevos. Una incertidumbre a la que también contribuyó el gran aluvión de influencias culturales sin filtro que empezaron a llegar desde todas las partes del mundo. También se manifestó una urgencia por vivir, que se tradujo en el derribo de viejos tabús, y el cada vez mayor clima de tolerancia trajo una liberalización de las costumbres, con una creciente permisividad sexual y un no menos creciente interés por las drogas prohibidas. Entre la gente joven hubo una explosión de creatividad y se reveló una imperiosa necesidad de explorar las libertades, de sondear los nuevos límites. Y, lógicamente, esa atmósfera social influyó decisivamente en la vida nocturna, que desde luego se reactivó.

Sin embargo, además de estimular el cambio y ensanchar el margen para la libertad en la escena *underground*, la anomia descrita también hizo posible que quienes tenían capacidad para frenar la rueda de las recién estrenadas libertades —el estamento judicial, los cuerpos y fuerzas de Seguridad del Estado, grupos paramilitares de extrema derecha— camparan a sus anchas. De ahí, que un joven y marginal Eduardo Haro Ibars se quejara amargamente del cariz que presentaban las noches madrileñas de aquellos años:

> […] La noche está reservada, por mor de las leyes físicas y gubernamentales de la conservación de la energía, a los ricos que frecuentan salas de fiestas.
>
> […] Y este es el nuevo Madrid, el Madrid que parece va a ser de nuevo objeto de represión, como en los peores

tiempos de una época que creíamos ya caduca. Un Madrid donde, por orden de la Superioridad, la noche es un desierto poblado de sombras grises que practican detenciones a mansalva. Un Madrid donde se llevan a cabo redadas continuas en los centros juveniles. ¿Por qué?[578]

Eduardo Haro Ibars lamentaba que la tensión sociopolítica que se vivía en aquellos primeros años de la transición se dejara sentir también en la noche, sobre todo en los barrios más progres y *underground* de la capital, y que los agentes de las fuerzas de Seguridad se cebaran con quienes los frecuentaban:

> La noche es tiempo de monstruos, de terror y de misterio. Lo ha sido siempre: en la oscura Prehistoria, el hombre se refugió al atardecer en su caverna, al amor del fuego, temeroso de los monstruos y de los malos espíritus; en la no menos oscura Edad Media, licántropos y vampiros sembraban el horror tras la puesta del sol. Ahora es más raro. Ahora los buenos burgueses —movidos a ello por gacetilleros de la derecha desestabilizadora que no distinguen bien las cosas— temen a los noctámbulos, a quienes consideran bestias peligrosas, drogadictas y navajeras, ávidas de sangre y de heroína. No se atreven a cruzar el para ellos peligrosísimo barrio de Malasaña cuando se acaba el día; y, sin embargo, se trata de uno de los barrios más tranquilos de todo Madrid.
>
> Bueno, en realidad no es tranquilo. Existe un peligro real en Malasaña: las redadas, los controles, las nubes de policías que lo invaden, sobrecogiendo de terror a quienes por allí andamos. Y no es que yo tenga nada en contra

578. Haro Ibars, Eduardo: «Enredados en redadas». *Triunfo*, 2 de junio de 1979, p. 58.

de la Policía, aunque a veces lo parezca, pero, de verdad, no resulta precisamente tranquilizador verse de pronto encañonado por una metralleta y cacheado salvajemente en busca de no se sabe bien qué; a lo mejor piensan que los grapos van a tomarse copas al Armadillo, o que quienes allí vamos llevamos un terrorista oculto en el bolsillo. Lo malo es que a veces las metralletas se disparan, y hay accidentes que pueden ser mortales.

Así que de noche, por un motivo o por otro, ya casi no se puede salir, o supone una heroicidad hacerlo.

Con respecto a los horarios nocturnos de los locales de ocio, el que fuera alcalde socialista de Valencia entre 1979 y 1988, Ricard Pérez Casado, declaró que, «mientras no se quebrara un elemento de convivencia», la tolerancia era «absoluta»[579]. Pero esta permisividad horaria también conoció el reverso de la moneda por la vía de la violencia política de distinto signo, que también afectó a no pocos establecimientos de ocio, preferentemente nocturno.

La escalada de violencia política contra locales de esparcimiento comenzó el 8 de junio de 1976 con la voladura del bar musical madrileño La Vaquería a cargo de un grupo no identificado de extrema derecha. A principios del año siguiente una bomba colocada por un «comando armado no identificado» destrozó el Club 51, abierto al público en Santurce (Vizcaya). Algunos medios de comunicación no encontraron una «motivación ideológica clara» a dicha acción, para otros en cambio

579. Declaraciones de Ricard Pérez Casado recogidas por Eugenio Viñas en el capítulo 6 «Anomia. Vidas fuera de la norma (1987-1988)» del podcast *Historia no contada de la ruta del bakala*o, emitido en 26 de octubre de 2017, en https://ulises.online/podcast/historia-no-contada-de-la-ruta-del-bakalao-con-eugenio-vinas/

el motivo estribaba en que se trataba de un «lugar de citas de militantes de extrema derecha». No obstante, la clientela sabía que el motivo real era que sus propietarios «hacían la vista gorda con los porros y pinchaban música rockera». El 15 de enero de 1978 un incendio intencionado, atribuido a miembros de la CNT calcinó en Barcelona el emblemático restaurante y sala de espectáculos Scala, falleciendo en el siniestro cuatro trabajadores que se encontraban en el local en aquellos momentos, paradójicamente afiliados al citado sindicato anarquista. En 1979 el pub Sifó, abierto en la céntrica calle del Mar de Valencia, que ya había sufrido varios atentados ultras, fue acribillado a tiros por varios elementos de extrema derecha, resultando heridas de gravedad tres personas. Y en ocasiones esa violencia política no estaba desprovista de tintes homófobos. Así, ese mismo año, también en el centro de Valencia, justo el día después de haberse celebrado la primera manifestación formalmente organizada en la capital valenciana con motivo del Día del Orgullo Gay, «dos individuos que tripulaban unas motos», según unos medios, o «dos individuos con melenas», según otros, redujeron a cenizas el pub Napoleón, ubicado en la calle Historiador Escolano, uno de los pocos lugares donde los gays de la ciudad podían relacionarse a salvo de miradas inquisitivas. El diario *ABC* trató de achacar la acción a "alguna enemistad de los que frecuentan este tipo de ambientes o una discordia entre los propios clientes lo que motivó el atentado». No engañaron a casi nadie. Al día siguiente, 26 de junio, se hacía público un comunicado de la sección local de Fuerza Nueva, el partido de extrema derecha más relevante de aquellos años, en el que se manifestaba lo siguiente:

> Es intolerable que se pueda alardear de un desviacionismo anti-natural y se dedique un día a la exaltación de con-

ductas aberrantes, o en el mejor de los casos patológicas[580].

Por supuesto, su intención no era otra que alertar a la opinión pública del «progresivo desmoronamiento de la moral social» que —según se decía en el propio comunicado— ponía en peligro la supervivencia «de nuestra comunidad».

De manera significativa, en abril del año siguiente y en el mismo inmueble se inauguró otro local de ambiente bautizado como El Corso, que a las cuatro de la madrugada del 17 de julio de ese mismo año fue objeto de otro atentado, que también afectó al pub 13 Azul, que se encontraba justo enfrente y en el que resultaron heridas varias personas.

Ese mismo año de 1980 sería ETA la que iniciaría su particular cruzada contra las drogas, que se extendería hasta 2006, haciendo estallar bombas en no menos de trece establecimientos, entre bares, pubs, cervecerías y discotecas. Por otra parte, la campaña de ETA contra las drogas tuvo su réplica en Cataluña a cargo de Terra Lliure. El balance de las acciones perpetradas por el brazo armado del movimiento independentista catalán desde su fundación en 1978 hasta su autodisolución en 1995 se saldó con la voladura de cinco bares, todos ellos en Barcelona.

La legalización del juego y los casinos

Con los juegos de azar ilegalizados en España, apenas unos meses antes de la muerte del general Franco, Juan Marqués, director de las discotecas Club de Mar y Babel's de Palma de Mallorca, y por tanto uno de los personajes de «la vida nocturna palmesana más conocidos», se atrevió a formular en la prensa una reivindicación en este sentido:

580. Ribera, Borja: «Los maricones de Abascal». *elDiario.es*, 22 de mayo de 2020.

—Por último —creo— que un casino va siendo muy necesario para dar réplica a ciertas zonas turísticas mediterráneas[581].

En realidad, la reivindicación de este empresario de la noche palmesana no solo respondía al lícito deseo de una mayor entrada de divisas, sino que también obedecía a otra necesidad de índole económica: poner freno a un constante goteo de fuga de capitales, rara vez reconocido. En efecto, a mediados de septiembre de 1975 algunos periódicos españoles afirmaban que los casinos de Le Boulou, Canet Plage, Amélie-Les Bains, Font Romeu y Lydia de Port Bacarés, establecidos en localidades del sur de Francia, próximas a la frontera con España, eran «el paraíso de la vida nocturna de miles de españoles».

Esta situación a todas luces anómala se prolongó hasta principios de marzo de 1977, cuando la publicación en el *Boletín Oficial del Estado* de un Real Decreto-Ley vino a regular los aspectos penales, administrativos y fiscales de los juegos de suerte, envite o azar y de las apuestas. Tras esta regulación del juego por parte del Estado, el secretario general técnico del Ministerio de la Gobernación llegó a manifestar, en declaraciones a Radio Nacional, que cabía la posibilidad de que para el verano de ese año ya hubiera algún casino abierto en España. Sin embargo, no fue hasta 1978 cuando se inauguraron el Casino de Barcelona, el Gran Casino Sardinero (Santander) y el Casino de Marbella (Málaga), a los que al año siguiente se uniría el Gran Casino Monte Picayo de Puzol (Valencia).

Finalmente, con la aprobación de una Orden de 20 de octubre de 1981, por la que se regulaba el procedimiento de liquidación y pago de la participación municipal en los rendi-

581. P. LL.: «El turismo de Mallorca, a debate…». *Baleares (El diario de más circulación en el archipiélago)*, 3 de mayo de 1975, p. 4.

mientos de la tasa sobre el juego, se facilitó la apertura de casinos a lo largo de todo el país, haciéndolos más accesibles al público en general.

Ni que decir tiene que con la legalización de los juegos de azar no desaparecieron las timbas clandestinas, que absorbían las horas de ocio nocturno de no pocos españoles y sobre las que poco podemos decir más allá de constatar su existencia, sobre todo al amparo de la mayor discreción que ofrece la noche, porque la mayoría de la ciudadanía solo repara en ellas cuando la policía descubre y desmantela alguna.

Pero además de los casinos la legalización de juego permitió que aparecieran otros establecimientos que vinieron a ampliar la cada vez mayor oferta de ocio nocturno. Nos referimos a los bingos, que conocieron una auténtica fiebre, cuando las máquinas y los salones de juego entraron en escena, y que dio lugar a la película *Los bingueros*, estrenada el 1 de octubre de 1979 bajo la dirección de Mariano Ozores e interpretada por el dueto cómico formado por los actores Andrés Pajares y Fernando Esteso. Una fiebre que se prolongaría durante toda la década de los 80, dando lugar a que en 1992 hubiera 604 salas de bingo en España, según los primeros datos oficiales conocidos.

Un país de travoltas *o efectos de la* fiebre del sábado noche

El sector de las discotecas en España iba viento en popa desde finales de los años 60. Si el guateque había significado la domesticación del baile, la discoteca —gracias a la psiquedelia— había supuesto la comercialización del guateque, una fórmula muchas veces no viable, pues no siempre se podía contar con un espacio disponible para su celebración. En cualquier caso, la música enlatada, es decir, la reproducción electromecánica se imponía cada vez más a la música en vivo en las pistas de baile, ya que las orquestas, además de resultar más caras, ocupaban mucho espacio.

Por otra parte, la inauguración en el neoyorquino barrio de Broadway de la discoteca Studio 54 y, sobre todo, el estreno de la película *Saturday Night Fever*, protagonizada por el actor John Travolta, determinaría que el boom de las discotecas llegara a alcanzar unas cotas inimaginables.

Según el periodista musical José Ramón Pardo, que llegaba a hablar de «travoltitis aguda», el impacto de la citada película se tradujo en el hecho de que bailar pasó de ser «una forma de expresión» a convertirse en «algo imprescindible» y el «placer número uno» para la juventud española del momento, un placer que entrañaba «un erotismo entendido como medio de liberación personal y de crecimiento individual». Si en opinión de Pardo la discoteca había derivado «en el punto de reunión, en el kilómetro cero de toda una sociedad», para Antonio Escohotado era más que eso: una «escuela de fluidez social».

Sobre el papel, las discotecas podían optar a tres tipos de licencias: salas de baile, autorizadas para estar abiertas solo hasta las 22.00 horas; salas de fiesta sin espectáculo, abiertas hasta las 3.00 horas y salas de fiesta con espectáculo, que podían prolongar el horario de apertura media hora más, es decir, hasta las 3.30 horas. Por lo demás, José Ramón Pardo aseguraba que en las sesiones de tarde predominaba «el público joven», mientras que las noches eran para el público «adulto», si bien no especificaba dónde se encontraba el límite entre uno y otro. Pero tanto en materia de horarios como en cuestión de edades la realidad estaba plagada de excepciones.

Fuera como fuera, a finales de 1978 la revista *Blanco y Negro* certificaba la existencia de unas cinco mil discotecas en España, mientras en Estados Unidos el número de establecimientos de estas características rondaba los quince mil. De ser ciertas las cifras que manejaba la citada revista, quiere decir que, si en Estados unidos había una discoteca por cada 13.300 habitantes, en España la proporción era de una por cada 7.200 habitantes. Y la cosa iba en aumento, pues en 1984 ya se calculaba en diez mil el número de discotecas existentes en el Estado español, de las cuales aproximadamente doscientas correspondían a la provincia de Gerona. De tal manera, en pocos años, la llamada «edad de oro de las discotecas» alcanzó a todo el territorio, manifestándose no solo en las capitales y grandes núcleos de población, sino también en muchos pueblos medianos e incluso relativamente pequeños de la geografía española, toda vez que la distribución por género del público asistente todavía mostraba una gran desigualdad: un 80% de hombres, frente a un 20% de mujeres.

Por regla general, la música que se pinchaba en la mayoría de discotecas seguía la misma pauta: primero atronaba música rápida, con ritmos fuertemente acentuados, sobre todo funky y música disco, para bailar suelto; luego sonaba música lenta, para invitar al baile agarrado, por parejas, y, en muchos casos, las sesiones discotequeras se cerraban con rumbas flamencas.

Esta propuesta musical se mantuvo invariable hasta que las llamadas macrodiscotecas, con varias salas y pistas de baile de diferentes estilos funcionando simultáneamente, además de grandes aforos, permitieron que el público se distribuyera en función de sus preferencias. Pero sobre todo la pauta tradicional se quebró gracias a los míticos disc-jockeys Juan Santamaría y Carlos Simó, quienes desde las cabinas de las discotecas valencianas Oggi, Chocolate, Metrópolis y Barraca decidieron poner fin a la hegemonía en las pistas de baile de la «música negra» —soul, funky, sonido Motown, sonido Filadelfia, música disco— y el anacronismo que para la mayoría de la gente joven suponía el baile agarrado.

Santamaría y Simó, dos auténticos pioneros en muchos sentidos, elevaron el papel que ya tenían los disc-jockeys de maestros de ceremonias de los templos que empezaban a ser las discotecas a la categoría de sumos sacerdotes, capaces de convertir la cabina en una especie de púlpito desde el que oficiaban para poner a bailar a las personas congregadas. Con ellos la figura del DJ empezó a cobrar cada vez más importancia, pues además de pinchar, su carisma personal y su empeño en importar música desde países extranjeros —sobre todo Inglaterra— y en darla a conocer resultaría decisiva para favorecer el origen y desarrollo de la febril actividad noctámbula que se generó en torno a determinadas discotecas próximas a Valencia y que los medios de comunicación no tardaron en bautizar como ruta destroy y también ruta del bacalao.

El Reglamento de Policía de Espectáculos que regía en España databa de 1935, por eso a principios de 1982 se promulgó un nuevo Reglamento General de Policía de Espectáculos y Actividades Recreativas, que derogó el anterior. A pesar de la nueva legislación, por esos años no era infrecuente encontrar discotecas céntricas, en pleno casco urbano de las ciudades y pueblos, en locales de techos bajos, incluso en sótanos... Pero el incendio de la madrileña discoteca Alcalá 20, en el que perecieron más de 80 personas, acontecido un fatídico 17 de diciembre de 1983, sensibilizó a la Administración hacia un mayor rigor en las exigencias de medidas de seguridad y prevención —altura mínima de techos, aforos, extintores, vías de evacuación, salidas de emergencia, etcétera— para este tipo de locales. Si bien, algunos medios observaban una falta de unanimidad por parte de la propia Administración a la hora de aplicar estas medidas. Una situación que, en opinión de esos mismos medios, propiciaba una clara desorientación entre los profesionales del sector y cierto temor entre los propietarios por la responsabilidad que asumían, circunstancia que volvería a ponerse de manifiesto en 1990 tras el incendio de la discoteca Flying de Zaragoza, en el que fallecieron 43 personas al inhalar los gases producidos por el fuego.

Por otra parte, las discotecas ubicadas en los centros urbanos generaban problemas de circulación y de aparcamiento de difícil solución. Además, la insonorización resultaba muy costosa e, independientemente del coste de la instalación, el suelo urbano era mucho más caro. Por no mencionar el hecho de que toda licencia de obra había de ser expuesta a la opinión pública y cada vez era más difícil encontrar un vecindario que no resultara refractario a la instalación de una discoteca en su barrio. Todos estos factores propiciarían una *huida* de muchas discotecas a zonas periféricas de las ciudades, que también tendría consecuencias.

Movidas y rutas: la inventiva de los medios de comunicación para etiquetar las noches

El impacto del intento de golpe de Estado perpetrado el 23 de febrero de 1981 influyó notablemente en la percepción de la libertad por parte de la ciudadanía. La población más joven pareció espolearse en aquel momento. Una sensación que se incrementó con la victoria socialista tras las elecciones generales del 28 de octubre de 1982. La calle dejó de ser de Fraga y se hizo fiesta, y como si cada fin de semana fuera una última oportunidad, la creatividad se disparó en los bares, discotecas y otros lugares de esparcimiento frecuentados por la gente joven.

En ciudades como Madrid, Vigo y Valencia en diversas localidades del País Vasco y naturalmente en la isla de Ibiza se generó un gran ambiente juvenil muy influido por la música y que, a pesar de cierta diversidad en cuanto a gustos en función de particularidades territoriales, mantenía una característica común: su noctambulismo. Los medios de comunicación, siempre ávidos de novedades, fueron etiquetando aquellos movimientos: movida madrileña, movida viguesa, ruta destroy —también llamada ruta del bacalao— en el caso de Valencia y su área de influencia, Euskadi tropical, Ibiza *clubbing*...

En algunos casos, los políticos impulsaron y apoyaron aquellos movimientos esencialmente juveniles, seguramente convencidos de su rédito electoral. Era la primera vez, en un gesto sin precedentes, que las autoridades, lejos de pretender cercenar la vida nocturna, se dedicaron a fomentarla abiertamente. El ya citado ejemplo de Ricard Pérez Casado, alcalde de Valencia entre 1979 y 1988, unido al de Manuel Soto Ferreiro, alcalde de Vigo entre 1979 y 1991 y, sobre todo, el caso de Madrid, con Joaquín Leguina, presidente de la Comunidad Autónoma desde 1983 hasta 1995, y los alcaldes Enrique Tierno Galván (1979-1986) y Juan Barranco (1986-1989), resultaron paradigmáticos, toda vez que el último de todos ellos llegó a referirse a la famosa movida ante un foro de «noctámbulos, artistas y periodistas» como sinónimo de «movimiento, y colaboración entre la Administración y las iniciativas culturales que nacen del pueblo».

No explicaremos aquí una serie de manifestaciones sociales, que ya han sido glosadas hasta la saciedad en artículos, libros, páginas web, etcétera, ni mucho menos realizaremos un inventario de los incontables locales públicos que dieron lustre a la vida nocturna en España durante los años 80, ni siquiera de los lugares más representativos ya mencionados: Madrid, Vigo, Valencia, País Vasco e Ibiza. Pero sí insistiremos en el papel que jugaron algunos medios de comunicación no solo en la designación de estos movimientos hermanados por su carácter nocturno, sino también en su difusión y diseminación. De sobra es conocido, en este sentido, el soporte mediático de varios programas de radio y más todavía de la 2 de Televisión Española, con la emisión del mítico programa *La Edad de Oro*, presentado y dirigido por Paloma Chamorro entre 1983 y 1985. Entre la prensa escrita, se han destacado publicaciones como *La Luna de Madrid* y *Madrid Me Mata*, pero quizás la revista que más contribuyó a reforzar los hábitos nocturnos de la gente joven fuera *Primera Línea*, que durante muchos años funcionó no solo como termómetro, sino también como brújula del ocio nocturno vinculado a la modernidad en toda España.

En efecto, la revista *Primera Línea* merecería un estudio detallado, por lo menos hasta 1993, ya que no solo se limitó a publicar extensos reportajes poniendo «la noche al día», sino también dedicados a «las noches fuertes de Madrid», a «Valencia la nuit», a «la noche en Donosti» y a «la loca noche murciana», además de ofrecer divertidas indiscreciones ilustradas sobre «criaturas nocturnas» que poblaban la movida madrileña, jugosos apuntes de la «Valencia de noche», una invitación a abandonarse a la «night life in Tenerife», pequeñas guías para «los amantes de las noches interminables» en Valladolid o para poder seguir al dedillo el eslogan «drink and dance all the night» en Granada, información detallada sobre la «gran animación nocturna» que se respiraba en Zaragoza o sobre «la noche más larga» en Sevilla, lanzar la advertencia de que en Santiago de Compostela «las chicas conspiran de noche», una breve «ruta nocturna» para disfrutar en Albacete, una relación de los mejores bares «si sales de noche por Pamplona», asegurar que «todas las noches son buenas para liarla, en Madrid», destacar «la inmensa oferta nocturna» de la capital del Estado, poner en valor las «noches superlargas» de Oviedo junto con la oferta de bares y locales que «permite pasar toda la noche de fiesta» en la capital asturiana o anunciar en grandes titulares que «en Valencia nunca sale el sol» y que «La máquina y el bakalao invaden la noche española»...

En realidad, la revista *Primera Línea* se dedicó a cartografiar la vida nocturna prácticamente en todo el Estado, por lo menos durante sus diez primeros años de andadura, con sugerentes crónicas que invitaban a visitar todas la geografía urbana española: Barcelona, País Vasco, Madrid, Valencia, Vigo, Tenerife, Zaragoza, Baleares, León, Vitoria, Sevilla, Ibiza, Salamanca, Las Palmas, Tarifa, Mallorca, Málaga, Bilbao, Gijón, Cáceres, San Sebastián, La Coruña, etcétera.

La apuesta incondicional de dicha revista por la vida nocturna era tan firme y decidida que se tradujo en la sucesiva incorporación de secciones fijas tan significativas como «La nomenklatura de la noche», «Flashes nocturnos», «Día y noche» y «Templos nocturnos», que pretendían ser un reflejo de los eventos noctámbulos más relevantes acontecidos en todo el Estado. Algunos especialmente significativos, como la inauguración de la macro-discoteca Don Julio —antes denominada Bravatta y más tarde conocida como NOD— en Riba-roja (Valencia), que venía a ser el colofón de la denominada ruta destroy o ruta del bakalao, merecían una crónica aparte.

Además, la revista ponía en valor el trabajo de ciertos gremios de profesionales de la noche, dándoles voz. A los porteros de clubs y discotecas los calificaba de «señores de la noche» y advertía a sus lectores y lectoras que «se les habla de usted». También dedicó otro extenso reportaje a los camareros y camareras de locales nocturnos. Pero, sobre todo, supo captar el auténtico poder que comenzaban a tener los disc-jockeys, como figuras indispensables y hasta icónicas en buena parte del ocio nocturno. A parte del hito que supuso la incipiente incorporación de las mujeres al mando de los platos, es posible que el primer DJ-estrella y figura legendaria fuera Fran Lenaers, quien desde la cabina en forma de flecha de la mítica discoteca Spook Factory de Pinedo (Valencia) revolucionó por completo la manera de pinchar. Tras él saltaría a la fama, no solo a nivel local sino también en la escena internacional, el conocido Chimo Bayo, precedente que conectaría al DJ-estrella con la figura actual del DJ de éxito global, solo que bastantes años antes de que las listas de ventas estuvieran copadas por esas figuras tan admiradas y cotizadas hoy en día.

Por lo demás, cabe decir que durante los 80 en la cultura de la noche se generalizó un término nuevo, importado directamente del inglés: after-hour. Con él se denomina a aquellos clubs nocturnos, discotecas o cualquier otro tipo de local con música —sobre todo electrónica— que abren durante la madrugada y la mañana, generalmente después del cierre de otros establecimientos de ocio nocturno. El fenómeno generado no tenía demasiado de particular, sobre todo si pensamos en todos los locales públicos que al menos durante las tres primeras décadas del siglo XX no cerraban nunca, hasta el punto que algunos de ellos ni siquiera tenían puertas, pero de alguna manera posibilitó que el ocio nocturno se volviera diurno o, al menos, que en determinados ambientes ambos resultaran indiscernibles.

Desgraciadamente, el ansia por explorar las recién estrenadas libertades (con especial énfasis en el consumo de sustancias psicoactivas), la explosiva creatividad musical y la nocturnidad no eran los únicos elementos comunes a todos estos movimientos juveniles. En efecto, los accidentes de tráfico y circulación —con sus trágicas consecuencias— también estuvieron presentes en su génesis y desarrollo, incluido en algún caso su propio final.

En este sentido, no podemos olvidar que el pistoletazo de salida de la denominada movida madrileña se sitúa en el concierto celebrado el 9 de febrero de 1980 en el salón de actos de la Escuela de Caminos de la Universidad Politécnica de Madrid en homenaje a José Enrique Cano Leal «Canito», batería del grupo Tos, que fue fatalmente atropellado por un automóvil en la Nochevieja de 1979. Como tampoco podemos desconocer que los inicios de la llamada movida viguesa se vinculan al 20 de agosto de 1981, día en que el Renault 12 que conducían los miembros del grupo Mari Cruz Soriano y los que afinan su piano fue declarado siniestro total tras sufrir un accidente. Por lo demás, los accidentes de tráfico fueron el pretexto ideal para que las autoridades gubernativas y policiales decidieran poner fin a la ruta destroy, también conocida como ruta del bacalao.

Noctámbulos de toda la vida, vampiros de nuevo cuño y otros adictos a la noche

Es muy posible que el factor accidentes de tráfico y circulación, con sus trágicas consecuencias, unido a otras variables, como el visible incremento del consumo de heroína y otras drogas por vía endovenosa, con el consiguiente aumento de muertes por sobredosis, adulteración e interacción de sustancias, determinó que la vida nocturna suscitara entre las nuevas generaciones una compleja relación ambivalente de amor/odio, que de alguna manera se reflejara en el ámbito de la música. Así, mientras el cantante Miguel Ríos convocaba a «los aliados de la noche» para subirse al escenario y dar vida en directo a uno de los álbumes icónicos de la historia del rock español —*Rock & Ríos* (1982)— y en capitales de provincia tan poco sospechosas como Ciudad Real nacía una banda de pop-rock que respondía al nombre de Adictos a la Noche, el grupo valenciano de techno-pop Vídeo lanzaba un sencillo titulado «La noche no es para mí» (1982), por no mencionar al cantaor de flamenco Juan Moneo Lara «El Torta», cuya experiencia con la heroína resumía por bulerías con el siguiente lamento: «¡Ay, madre mía, madre mía, madre mía! Qué mala es la noche, la calle y la vida».

Curiosamente, a principios de 1988 el escritor José María Requena hablaba de los noctámbulos tradicionales como una estirpe no solo en franca regresión, sino en serio peligro de desaparición:

> Se trata de un viejo estilo a extinguir. Nos estamos quedando sin noctámbulos. Le hemos vuelto la espalda a la noche, cada día más parecida a uno de esos perros callejeros que ladran más allá de puertas y ventanas a partir de la hora de la cena.
>
> Hemos renunciado casi por completo a ese otro medio mundo que comienza al irse del todo el sol. Quedan, cómo no, lugares donde se ofician aún los más diversos ritos de la noche, de alcohol o naipes, droga o sexo, o, muy en lo opuesto, la mística con cánticos nocturnos en trapas y cartujas. Pero ya no tenemos a mano al noctámbulo aquel de nuestro pueblo o nuestro barrio que nos contaba las sustanciosas pequeñeces que ocurrían en aquella otra vida, mientras los demás dejábamos de vivir por completo al dejarnos ganar por los plomizos reglamentos del sueño.
>
> En realidad, los auténticos noctámbulos, muy por encima de censuras y recelos, solían alcanzar incluso un generalizado aprecio, aunque sólo fuera por la prolongada insistencia de su sosegada anarquía contra los rigurosos horarios solares.
>
> Durante mis años de periodismo de noche tuve sobrada ocasión de conocer verdaderas clasificaciones de noctámbulos, según motivos y circunstancias, a tenor de los talantes, en conexión más o menos directa con oficios o con mujeríos o fracasos, por vocación de soledad o de marginaciones voluntarias, sin que faltaran los noctámbulos que, durante las densas horas de luces artificiales, practicaban las estéticas doctrinas de lo oscuro, adueñados ellos del alma de tantísima calle vacía por donde poder llegar a pensar en voz alta.

> Aquel protagonista de la noche casi nunca era rico, y si lo era procuraba transitar por aquellos imperios de la bohemia con estudiados disimulos de cartera endeble, no ya por cicatería, sino para poder vivir, al son de los demás, en esa especie de forros de la vida corriente que vienen a ser las madrugadas, tan turbiamente inspiradoras de músicos, poetas y pintores.
>
> En esta humanidad de nuestros días se ha hecho ya casi imposible el ejercicio de un noctambulismo tan «familiar» como aquel, tan al alcance de las más diferentes razones y maneras de amar los silencios de la noche. Los noctámbulos de ahora, salvo escasas y serias excepciones, suelen ser falsos noctámbulos que eligieron la noche como negrura de escondite. No son enamorados de la noche. La han elegido para chulearla, al margen de su imponente y deshabitada grandeza[582].

Sin embargo, el novelista, poeta, ensayista y periodista sevillano, próximo a cumplir los 63 años, no podía ignorar que entre las nuevas generaciones había auténticos «adictos a la noche», que habían tomado el relevo a los noctámbulos tradicionales:

> La tradición noctámbula mezclada con el masivo consumo de cocaína ha provocado un cóctel explosivo. Para los adictos a la noche se ha creado todo un mundo de locales que abren o cierran sus puertas a horas inverosímiles. Para ellos se programan conciertos a las dos de la madrugada, se abren discotecas a las cinco y se inauguran locales que cierran a las siete de la tarde.
>
> No hay fiesta que se precie que empiece antes de la

---

582. Requena, José María: «Noctámbulos». *ABC (Andalucía)*, 2 de febrero de 1988, p. 14.

madrugada. Y lo normal en estos saraos es que a las tres no hayan empezado los platos fuertes[583].

De hecho, la periodista Amelia Castilla hablaba de auténticos «vampiros que trabajan o duermen por el día y salen de madrugada», mientras aseguraba que muchos ya padecían el síndrome de la fase del sueño retrasada.

En realidad, entre infinidad de jóvenes salir de noche se había convertido no solo en una urgencia —con la sensación de que si no se salía se estaba perdiendo algo irrecuperable—, sino también en una especie de deber de conciencia vinculado a la condición biológica y a un sentido de pertenencia generacional.

¿El principio del fin?

Tras casi una década en el poder el Partido Socialista Obrero Español (PSOE) empezó a mostrar signos de debilidad en algunos flancos. La corrupción y el llamado terrorismo de Estado dieron paso a la necesidad de lanzar una idea: los socialistas podían ser, además de modernos, un Gobierno de orden.

Por otra parte, la crisis de drogas desatada en España desde finales de los 70 hasta principios de los 90 ofreció un tópico institucionalmente seguro sobre el cual unificar voluntades políticas, favoreciendo la aceptación de una legislación más estricta, mayores gastos en fuerzas de seguridad y más protección paternalista por parte del Estado. Pocos estaban dispuestos a discutirlo en vísperas del intento de normalizar y homologar

583. Castilla, Amelia: «Adictos a la noche. Noctámbulos y bachilleres de novillos se mezclan hasta el mediodía en los garitos de copas». *El País*, 8 de noviembre de 1992.

a España con el resto del mundo occidental a través de la celebración de Juegos Olímpicos de Barcelona y de la Exposición Universal de Sevilla de 1992.

Además, con el desarrollo del denominado Estado de las autonomías, y la promulgación de toda la nueva legislación que ello implicaba, la situación de anomia que había caracterizado la vida pública durante los primeros años de la transición política fue sustituida por una conformidad de normas tendente a alcanzar un punto de acomodación más o menos armoniosa.

Entre 1988 y 1989 algunos alcaldes conservadores, como José Manuel Molina (Toledo), Alfonso Couce (El Ferrol) y Vicente Martínez Lucas (Nules) tomaron la delantera promulgando singulares bandos contra los consumidores de drogas. Pronto se comprobó que la ofensiva era mucho mayor y tenía como principal objetivo la noche.

El precursor de los políticos nictófobos fue el concejal madrileño Ángel Matanzo, una personalidad tan aborrecida por los jóvenes de la capital, como aplaudido por las siempre sospechosas Asociaciones de Vecinos. Matanzo inició la campaña de la nueva moralina con el cierre de locales históricos de la movida madrileña (Elígeme, Viva Madrid, Los Sótanos de Gran Vía, Consulado, Bocaccio, etcétera), bajo razones de salubridad y seguridad, ocultando los verdaderos motivos, de orden económico.

A Matanzo le siguió Jesús Gil y Gil, quien al asumir la alcaldía de Marbella intentó a toda costa imponer un poder fáctico, forzando el traslado de la zona portuaria al complejo denominado Banana Beach, donde el alcalde poseía intereses económicos.

Es en este contexto donde hay que situar los enfrentamientos que tuvieron lugar a mediados de octubre de 1991 en Cáceres entre jóvenes noctámbulos —algunos llegados de otras partes del país— y agentes de las fuerzas de orden público. El motivo no era otro que el adelanto del cierre de los bares y pubs decretado por Alicia Izaguirre, gobernadora civil del PSOE a petición de los vecinos de la zona de bares de La Madrila, que se quejaban de que su derecho al descanso estaba siendo vulnerado.

De los 75.000 habitantes que tenía entonces Cáceres, casi el veinte por ciento estaba conformado por estudiantes de la Universidad, del Centro de Enseñanzas Integradas y soldados del Centro de Instrucción de Reclutas, que era de quienes se nutría la noche cacereña. Por eso la crispación social fue en aumento cuando el presidente de la Junta de Extremadura, el también socialista Juan Carlos Rodríguez Ibarra, al ser interpelado por los disturbios protagonizados por grupos de jóvenes, llegó a declarar que los universitarios no tenían derecho «prácticamente a nada» y que el derecho a la diversión correspondía en todo caso «a los albañiles, jornaleros y peones que están toda la semana trabajando».

A más de uno el panorama que se abría ante el giro argumental que se estaba produciendo en España en aquel momento, y que afectaba de lleno al disfrute del ocio nocturno, le parecía poco menos que desolador:

> Ni el más amargado de los cronistas sociales podría haber pronosticado la transformación que se está produciendo en España en estos meses. De la noche a la mañana, las autoridades parecen haberse puesto de acuerdo para acabar con lo que para los jóvenes fue el paraíso durante la década de los 80 y principios de los 90: una vida nocturna agitada y divertida, en la que cada vicio encontraba siempre su oferta[584].

---

584. Oldemburg, Francisco: «Traje de camuflaje para liarla en Cáceres», *Primera Línea*, nº 80, diciembre de 1991, pp. 40-45.

La aprobación de la Ley Orgánica 1/1992, de 21 de febrero, Sobre Protección de la Seguridad Ciudadana, más conocida como ley Corcuera, vino a confirmar la tendencia descrita. Y es que lo que estaba en juego y se estaba cuestionando era nada más y nada menos que el derecho al recreo de la población española que más disfrutaba del ocio nocturno, por lo que los sucesos de Cáceres tendrían un gran impacto mediático.

El adelanto del cierre horario de los establecimientos nocturnos cacereños, que por lo demás no solo se granjeó la oposición desde el principio de la clientela, sino también de los dueños de los locales afectados, fue decretado también por otras autoridades locales, reproduciéndose incidentes similares, con protestas de jóvenes y enfrentamientos con agentes de las fuerzas de seguridad en otras ciudades, como Guadalajara, Logroño, Segovia, Santiago de Compostela y Alicante, resultando especialmente graves los registrados en esta última.

Aunque el caso más flagrante de intentar poner coto al ocio nocturno de los jóvenes se dio en la llamada ruta destroy, también conocida como ruta del bacalao, pues en este caso la participación de los medios de comunicación resultó decisiva.

Hubo dos sucesos que dieron alas a los medios de comunicación y precipitaron la intervención de las autoridades: por un lado, el melodramático suicidio del disc-jockey más popular de Radio Spektra F.M., pero sobre todo la triple violación y asesinato de tres chicas adolescentes que se dirigían en autostop a una discoteca y que ha pasado a la crónica negra española como crimen de Alcácer. Aquella suerte de macro-suceso sería retransmitido por las recién estrenadas cadenas privadas de televisión en España, de tal manera que no solo posicionaron al medio en la cúspide de los medios de comunicación tradicionales (radio y periódico), sino que cambiaron la manera de ofrecer información. Nunca antes un suceso de estas características había sido tratado con tal lujo de detalles ni mezclado insidiosamente con manifestaciones lúdicas como fue el caso, preparando al público para la manipulación más burda y repugnante.

Todo comenzó el 21 de febrero de 1993 con la emisión del documental *La ruta de la poca son*, aunque todo quedó de puertas adentro, ya que solo se dio por el ente público valenciano Canal 9. Algunos medios escritos, como la revista *Gente*, no tardaron en apuntarse al linchamiento que se avecinaba. Después, el 15 de mayo de ese mismo año, vendría la emisión del documental *Hasta que el cuerpo aguante*, al que muchos atribuyen buena parte del agravio mediático propiciado por Canal +. Sin embargo, al tratarse de un canal de televisión de pago se emitió solo para abonados y, por tanto, su impacto real fue muy relativo.

Mucho mayor fue el impacto que generó pocos meses más tarde —concretamente el 21 de julio— en la audiencia la emisión del documental *Danzad, danzad malditos* dentro del programa de sucesos *Código Uno*, conducido por el conocido reportero y escritor Arturo Pérez Reverte, ya que se trataba de un reportaje muy duro que ofrecía una imagen de Valencia como icono de perdición, que abrió la veda a otros aún más sensacionalistas.

Si las televisiones públicas y privadas se dedicaron a consolidar el imaginario de lo que estaba sucediendo en Valencia, presentando la denominada ruta destroy o ruta del bacalao como una subcultura de otro mundo, intrínsecamente nociva, la revista oficial de la Dirección General de Tráfico vino a poner la guinda del pastel con un reportaje digno de cualquier tabloide sensacionalista. Los medios de comunicación se aplicaron a fondo en trasladar a la opinión pública una sensación de inseguridad, fomentando la alarma social. Por último, el socialista Rafael Vera, secretario de Estado para la Seguridad, ordenó a la Policía que se aplicara con rigor la Ley sobre Protección de la Seguridad Ciudadana «con objeto de controlar las discotecas que configuran lo que se denomina como ruta del bakalao». Y de este modo Valencia y su zona de influencia se convirtieron en lo que bien podríamos considerar como el campo de experimentación de la ley Corcuera.

Con el pretexto de los accidentes de tráfico que se registraban en los desplazamientos con automóvil a la ida o la vuelta de las discotecas, los medios de comunicación redoblaron la cobertura y los controles y registros policiales indiscriminados comenzaron a ser masivos. Fin de semana tras fin de semana, mes tras mes, Valencia y su área de influencia inmediata habían ido vinculándose a la imagen de un icono de perdición, ofreciendo —como dice el DJ y periodista Luis Costa— el «enclave exacto de la Sodoma y Gomorra de la noche española», lo cual contribuyó a su masificación y colapso. Aunque no se llegó a clausurar ninguna discoteca de la ruta, porque las autoridades carecían de motivos, y algunos medios alternativos intentaron poner algo de cordura en aquella ofensiva disparatada contra la vida nocturna, los empresarios se dieron cuenta de que sus establecimientos eran un objetivo sencillo, frágil y vulnerable y con escasa capacidad de respuesta, por lo que constituyeron la Asociación de Empresarios Valencianos de Discotecas de Zonas Especiales o Asociación de Zonas Especiales Valencianas, actualmente integrada en AEDIVA. Pero la suerte estaba echada y la ruta destroy o ruta del bacalao acabó por pasar a mejor vida.

Nuevos espacios para la socialización nocturna

La medida del adelanto de la hora de cierre de los establecimientos públicos en Cáceres no dio el resultado apetecido, pues aparte de los graves enfrentamientos registrados entre grupos de jóvenes y agentes de las fuerzas de Seguridad, un periodista constataba que el escándalo en La Madrila se prolongaba «hasta las seis de la madrugada», con manifestaciones espontáneas todos los viernes y los sábados después del cierre obligatorio en las que se entonaban cánticos contra la gobernadora civil, de modo que «nunca había habido tanto ruido en la zona de los bares como desde que impusieron este ridículo horario».

Además, existía cierto sentimiento de indignación pues el bar Blanco y Negro no respetaba el horario de cierre impuesto por la autoridad gubernativa y permanecía «abierto hasta cualquier hora», ya que a él acudían los agentes del cuerpo de la Policía Nacional de Cáceres más los antidisturbios de refuerzo traídos desde Sevilla.

Pero la consecuencia más relevante fue que, en señal de protesta, algunos jóvenes decidieron sortear la medida horaria bebiendo en grupo en zonas públicas, sin control y a precios más baratos que en los bares, dando origen —según algunos autores— al conocido fenómeno del botellón, que tendría como antecedente inmediato «la cultura de la litrona de los años ochenta»:

> A partir de ahí el fenómeno se fue extendiendo por el resto de Extremadura y España, y hoy los expertos coinciden en que se trata ya de un patrón de consumo de alcohol que ha traspasado fronteras[585].

Para otros, sin embargo, el botellón no nació como reacción al adelanto del cierre de locales por parte de la gobernadora civil de Cáceres, sino como una prolongación o, mejor

585. González, Antonio: «20 años de botellón. La polémica sigue rodeando a las concentraciones de jóvenes donde se bebe alcohol, un modelo que se ha exportado a otros países». *Público*, 4 de diciembre de 2011.

dicho, una mutación de la denominada «cultura del parking» surgida en la ruta destroy o ruta del bacalao. En efecto, a principios de los 90, dados los precios de las entradas y las consumiciones en las discotecas, muchos ruteros y ruteras llevaban botellas de alcohol en los maleteros de los coches para rellenar los vasos (la primera consumición solía ir incluida en el importe de la entrada). También había gente que llevaba instalados en los coches unos equipos de música que casi podían rivalizar con los de las propias discotecas. Así fue como empezaron a montarse fiestas en los parkings. Al final había más gente bailando, bebiendo y drogándose en los parkings que en el interior de las discotecas. Al tratarse de locales que estaban fuera de los cascos urbanos, los jolgorios de los parkings no molestaban a nadie. Con la llegada de los controles masivos de la guardia civil en 1993 muchos jóvenes dejaron de desplazarse por la ruta y empezaron a reunirse en lugares como el parking del Estadio Luis Casanova —actual Estadio de Mestalla—, repitiendo el mismo ritual que habían hecho hasta hacía poco en los parkings de las discotecas. Y un buen día, para su sorpresa, se enteraron de que los medios de comunicación habían bautizado aquel modo de socializar como «botellón».

Así como podemos considerar el botellón como un fenómeno autóctono, otros espacios nuevos de socialización nocturna surgidos a finales de la pasada centuria fueron enteramente de importación, como es el caso del karaoke. El término que designa esta diversión importada de Japón —traducido literalmente del japonés— significa 'orquesta vacía', es decir, música sin ninguna pista vocal. En la práctica, la diversión consiste en interpretar una canción sobre un fondo musical grabado, mientras se sigue la letra que aparece en una pantalla. Un artilugio que, en definitiva, permite a cualquiera cantar una canción sin tener que preocuparse por lograr el rango vocal correcto, o sea, cantar aunque no sea cantante.

Desde su llegada a España en los años 90, el karaoke fue introduciéndose cada vez más en nuestra cultura, gracias sobre todo al espaldarazo recibido por parte de la televisión, donde se crearon interesantes formatos que consiguieron amenizar la oferta y captar a un buen número de televidentes. Finalmente, el karaoke daría lugar a la apertura de numerosos locales que, sin ser exclusivamente nocturnos, contribuirían en buena medida a ampliar y dinamizar el ocio de noche.

Hubo otros espacios nuevos de socialización importados en los años 90. Las denominadas *raves* —con las variantes *free-parties* y *teknivals*— no tardarían en ganar incondicionales como respuesta no solo a la mercantilización del ocio nocturno, sino también a la represión policial del mismo. En efecto, basadas originalmente en un concepto de fiesta no comercial y anticapitalista, en las bases de las *raves* también existían implicaciones antropológicas, orientadas a la disolución del ego mediante sustancias psiquedélicas y un enfoque comunitario o tribal en un marco de máxima libertad.

El movimiento en torno a estas fiestas clandestinas se extendió con fuerza sobre todo en Cataluña de la mano de *travellers* europeos que llegaban a Barcelona con camiones habilitados como lugar de residencia y, al mismo tiempo, dotados de potentes equipos de sonido y luces y mesas de mezclas. La permisividad y flexibilidad de las leyes españolas y la proximidad con Francia, país con numerosos colectivos y una cultura *rave* potente, facilitó la extensión del movimiento por todo el territorio, produciéndose una proliferación de eventos de estas características en determinadas áreas rurales catalano-aragonesas, como por ejemplo la localidad semi-abandonada de Mipanas (Huesca), así como en edificios y hangares urbanos abandonados. El barrio barcelonés de Poblenou se convirtió en el epicentro de este fenómeno de importación.

Por último, los festivales de música al aire libre, que durante los 80 sufrieron un fuerte retroceso, aunque no formaban parte del ocio nocturno en exclusiva, se reactivaron en los 90 gracias a celebrarse en lugares mucho más atractivos y apropiados, y también a la modernización de su formato, especializándose en algunos casos y diversificando la oferta en otros, no solo a nivel musical sino en función de otras actividades culturales y lúdicas (artesanía, exposiciones, talleres, mercados, pasacalles, teatro, moda, cine, etcétera). Así, al Festival de Jazz de San Sebastián o Jazzaldia y al Festival de Jazz de Vitoria, que venían celebrándose desde 1966 y 1977 respectivamente, a partir de 1992 se les sumarían el World Of Music, Arts & Dance (WOMAD) en Cáceres y más tarde en Las Palmas y el Festival Internacional de las Culturas Pirineos Sur en Lanuza (Huesca). En 1994 la oferta festivalera se amplió con dos eventos dedicados a la música electrónica: el Monegros Desert Festival en el desierto de los Monegros (Huesca) y el Festival Internacional de Música, Creatividad y Tecnología Sónar en Barcelona. Al año siguiente arrancarían el Festival Internacional de Benicasim (FIB) y La Mar de Músicas en Cartagena. En 1996 tendría lugar la primera edición del Viña Rock en Villarrobledo (Albacete) y también del Doctor Music, del que se celebrarían otras tres ediciones más, en 1997, 1998 y 2000. Por último, a partir de 1998 el Sonorama Ribera en Aranda de Duero (Burgos) contribuyó también a sentar las bases de una industria, y a la vez, actividad turística que, ya durante el siglo XXI, se convertiría en un importante sector económico dentro del mundo del ocio.

CAPÍTULO 10. SIGLO XXI

La siempre polémica vida de noche

La entrada en el nuevo siglo no trajo la paz social en torno al ocio nocturno, sino más bien todo lo contrario. Para empezar, con la sustitución de la peseta por el euro se encareció notablemente la vida en general y la nocturna en particular. Este hecho repercutió directamente en el fenómeno del botellón, y por tanto en el ocio noctámbulo, que se reactivó hasta límites insospechados.

La denominada Ley sobre Drogodependencias y otros trastornos adictivos, que pronto sería conocida como «ley antibotellón», en teoría no era una norma que buscara erradicar ni acortar el disfrute de la noche, toda vez que se presentaba como una medida de salud pública sobre todo de la población joven. En concreto, el principio antibotellón se contemplaba en su artículo 30.3, que disponía lo siguiente:

> No se permitirá la venta ni el consumo de bebidas alcohólicas en la vía pública, salvo terrazas, veladores o en días de feria o fiestas patronales o similares regulados por la correspondiente ordenanza municipal[586].

Pocos días después, el *Diario de Cádiz* publicaba una extensa crónica de Jorge de Vicente, titulada significativamente «Abierto hasta el amanecer», en la que el periodista gaditano constataba que la ley no impedía que los jóvenes se concentraran

586. «Ley 5/2002, de 27 de junio, sobre Drogodependencias y otros Trastornos Adictivos». *Boletín Oficial del Estado*, nº 176, 24 de julio de 2002, p. 27.236.

a beber en las calles y en otros lugares públicos. Tanto es así que no tardarían en convocarse auténticos concursos de «macrobotellones» en varias ciudades, que incluso rivalizaban por los récords de asistencia.

La forzosa aplicación de la ley trajo problemas de orden en no pocas ciudades. En Cáceres, donde la ley antibotellón vino acompañada de recortes del horario nocturno, volvieron a repetirse algunos incidentes que recordaban a los que habían tenido lugar en la ciudad extremeña hacía ya más de diez años. En 2006 se convocaron macrobotellones repartidos por todo el territorio del Estado español. El Raval y gran parte del centro urbano de Barcelona se vieron sacudidos por los incidentes producidos a consecuencia de la celebración de uno de aquellos eventos en tan histórico barrio. Tanto es así que el periodista Jordi García Soler, ampliamente conocido por sus conocimientos del fenómeno de la *nova cançó*, llegaría a afirmar que aquella supuesta manifestación etílica de ocio nocturno en realidad revestía otro carácter social en el que de alguna manera confluían delincuencia y descontento político:

> Los gravísimos incidentes callejeros que se produjeron durante la noche del pasado día 18 de marzo en el barcelonés barrio del Raval y en buena parte del centro de la ciudad con motivo de la celebración del llamado *macrobotellón,* pusieron de manifiesto que, sin duda mucho más allá de la reivindicación de algunos sectores juveniles de unos espacios públicos donde puedan reunirse en sus tiempos de ocio, en el seno de nuestra sociedad hay unas pocas docenas de sujetos que son perfectamente capaces de incurrir en prácticas pura y simplemente delictivas, de vandalismo e incluso de auténtica guerrilla urbana[587].

587. García Soler, Jordi: «Botellón: ¿vandalismo o guerrilla urbana?». *El*

Para los detenidos hubo penas de hasta de 11 meses por los incidentes protagonizados. Lo cual no evitó que al año siguiente, coincidiendo con motivo de la festividad local de Madrid del 2 de mayo, también se produjeran disturbios callejeros en la zona de copas de Malasaña a causa de la negativa a marcharse de algunos jóvenes reunidos para realizar botellón justo en la plaza cuyo nombre conmemora dicha fecha, en memoria de gesta del pueblo de Madrid ante la invasión de las tropas napoleónicas.

Al margen del fenómeno botellón, la muerte de un hombre de 45 años en el Puerto Olímpico de Barcelona a manos del portero de una discoteca de dicha zona de ocio en plena madrugada, fue aprovechada por algunos medios de comunicación para que la opinión pública se cuestionara «cómo hay que afrontar del ocio nocturno en las grandes ciudades, donde el exceso del consumo de drogas legales —alcohol— e ilegales suele generar más situaciones límite de lo que sería recomendable».

Nadie puede negar que existe una noche de interiores que se estremece en pisos tumefactos donde corre la droga, narcopisos con reclusos de la heroína, jinetes de un caballo desbocado, entre bucos, bazukos y canutos. Ni que afuera, en la calle, la crisis ha disparado el número de personas que se han visto abocadas a dormir a la intemperie, expulsadas a las tinieblas del sistema. Un submundo que durante quince años ha retratado sin escatimar crudeza, en blanco y negro —como no podía ser de otra forma—, Nacho Alonso para ilustrar un foto-libro titulado precisamente *Ensayo sobre la noche.*

Sin embargo, desde otra atalaya, el periodista, guionista y director de cine español Javier Rioyo se ha declarado «reo de nocturnidad» en un artículo que, tras hacer inventario personal de una selección de la genealogía noctámbula, que destila buenas dosis de nostalgia:

País (Catalunya), 4 de abril de 2006.

A cada uno según su nocturnidad. Ahora somos menos noctámbulos. El día también tiene sus gracias, lo malo es que todavía estamos buscando cuáles. Estamos en periodo de nocturnidad controlada, como Woody Allen, que sólo sale los lunes y en compañía de su clarinete. Allen viene a recoger el Premio Donostia y piensa desquitarse del mal recuerdo de un pincho de tortilla del hotel Ritz madrileño, en compañía de Arzac y otros noctámbulos donostiarras; hace tiempo que no sale de noche. Tampoco él es el que era. Ahora no sale de noche, no liga en los bares, se parece a aquel que una vez dijo en Manhattan: «No creo en las relaciones extramatrimoniales. Creo que la gente debe emparejarse de por vida, como las palomas o los católicos». Amén[588].

Lo cierto es que los gestos literarios con una pátina de saudade no han resultado infrecuentes durante estos últimos años. Por ejemplo, otro adicto a la noche, como el abogado y «noctámbulo convencido» Alfonso Gómez López, ha glosado la vida golfa de una ciudad en principio tan poco sospechosa de nocturnidad como Córdoba, no en uno sino hasta en dos libros, y el escritor Rafa Lahuerta ha inmortalizado en una deliciosa y exitosa novela la Valencia noctámbula y canalla de los 80 y los 90.

Con todo, según un estudio sobre los hábitos de sueño hecho público en 2005 y realizado por la prestigiosa empresa de información A. C. Nielsen, España era el país más noctámbulo de Europa:

El 45% de los españoles declara irse a la cama en-

588. Rioyo, Javier: «Reo de nocturnidad». *El País*, 19 de septiembre de 2004.

tre las doce y la una de la madrugada, otro 20% lo hace pasada esta hora, un 27% se va a dormir entre las once y las doce, y sólo el 7% se acuesta antes de las once[589].

Por otra parte, y a pesar de esa nocturnidad sometida a control que denunciaba Rioyo en su columna del diario *El País*, Eulàlia Solé lamentaba que la lógica económica se impusiera a «cualquier consideración sobre el bienestar físico y anímico» de las personas, desde las páginas del rotativo *La Vanguardia* en una crítica a la gestión pública del ocio nocturno:

> De no ser así, la propia Administración no dudaría entre conceder o no permiso para prolongar el ocio nocturno, sino que obligaría a cerrar antes y aboliría los *after hours*. Más aún, sólo el afán lucrativo explica que existan las discotecas infantiles, aberración introducida para convertir a los niños en futuros clientes de un ocio vacío de otro valor que no sea el jolgorio a toda costa[590].

Su receta personal no podía ser más expeditiva:

> Poner coto al desmadre sería positivo para los jóvenes, las familias y el sistema educativo, esto es, para la sociedad en su conjunto. A la libertad individual para hacer negocio debe superponerse el derecho al bien general.

Si el derecho a la diversión y al disfrute del ocio nocturno, en particular de la juventud, ya había sido cuestionado a finales

---

589. «España es el país europeo en el que más se pernocta». *Cinco Días*, 22 de marzo de 2005.
590. Solé, Eulàlia: «El ocio nocturno», *La Vanguardia*, 12 de noviembre de 2004, p. 27.

del siglo XX por ciertas autoridades gubernativas, ahora se planteaba que debía quedar supeditado al bienestar general.

Además, el ocio —no específicamente nocturno— recibiría una crítica de concepto en relación a lo que se experimenta —no exenta de cierta añoranza de un pasado no muy lejano— por parte del filósofo y ensayista Byung-Chul Han —uno de los grandes referentes de nuestro tiempo— en el sentido de que en nuestra «sociedad del cansancio» el ocio ha dejado de ser juego, para convertirse en puro entretenimiento.

Acciones ejemplarizantes contra el ocio nocturno

En realidad, el férreo marcaje de las autoridades al ocio nocturno no ha cesado en ningún momento. Marcaje que siempre se ha intensificado después de sucesos como el accidente registrado en el Madrid Arena en la madrugada del 1 de noviembre de 2012, durante una macrofiesta de Halloween, en la que murieron cinco chicas en una avalancha humana o más recientemente tras el incendio en Murcia de las discotecas La Fonda, Teatre y Golden, en la madrugada del 1 de octubre de 2023, que se saldó con trece víctimas mortales y catorce personas heridas.

En un lugar como Ibiza, especialmente enfocado a la diversión y la fiesta, y donde hasta las discotecas que han dejado de funcionar (Idea, Festival Club, Heaven, Toro Mar y Glory's) son objeto de veneración, se ha llegado a decretar el cierre de los after-hours por orden municipal. En realidad, la casuística en este sentido es inabarcable. Por ejemplo, en Cáceres, ciudad que había conocido diversos disturbios en 1991 y en 2002 con motivo del adelanto de los horarios de cierre, y donde el debate sobre el ocio nocturno era una cuestión candente y permanente, un auto de la Audiencia provincial de 12 de marzo de 2012 ordenó el cierre cautelar de ocho locales de copas. También el Ayuntamiento de Bilbao se ha mostrado inflexible en varias ocasiones, y si en 2015 decretaba el cierre temporal de los locales Modesto y Pin Up, situados en la calle Barrenkale del Casco Viejo, por albergar «actuaciones de DJs», como si se tratara de «discotecas», careciendo de los permisos oportunos y también «por rebasar el aforo autorizado» en el caso del primero, al año siguiente hacía lo propio con bar-restaurante Peso Neto, ubicado en el número 1 de la calle San Francisco, por «programar un espectáculo en directo careciendo de título habilitante para ello». Por no alargar más la lista, nos limitaremos a referenciar el último caso sonado: la sanción de 50.000 euros y tres años de cierre impuesta por la Conselleria de Justicia, Interior y Administración Pública de la Generalitat Valenciana por acumulación de multas a Metro Dance Club, un establecimiento emblemático de Bigastro (Alicante), heredero de las antiguas discotecas de la ruta destroy o ruta del bacalao, con «más de 33 años al servicio de la cultura electrónica».

¿Un golpe definitivo?

Según la Confederación Española de Organizaciones Empresariales (CEOE), antes de que se declarara la pandemia COVID-19 había un 64% menos de discotecas que en 2008. A pesar de este declive, el sector del ocio nocturno comprendía más de 25.000 empresas, generaba más de 200.000 puestos de trabajo y representaba el 1,8% del producto interior bruto (PIB), además de facturar más de 20.000 millones de euros al año, que convertía a España en «la primera potencia mundial en ocio y espectáculos y el primer destino turístico internacional en turismo de ocio y vacacional». La globalización y el turismo masivo —sobre todo el llamado turismo de fiesta— habían transformado el panorama del ocio nocturno en España, con la aparición de grandes complejos de ocio y una oferta más adaptada a los gustos internacionales.

Pero la pandemia COVID-19 que azotó a todo el mundo entre el 11 de marzo de 2020 y el 5 de mayo de 2023, además de actuar como una alfabetización masiva en miedo para toda la población, tuvo un efecto socioeconómico disruptivo que afectó de manera muy especial a dicho sector.

En efecto, a partir del confinamiento decretado por el Gobierno el 15 de marzo de 2020, el ocio nocturno se convirtió en poco menos que una quimera. El sector de las discotecas resultó uno de los más perjudicados por las medidas gubernativas. En Ibiza, donde la discoteca Privilege pasó de albergar a 10.000 personas a quedarse sin clientela, la situación fue calificada de auténtico «desastre». Además, el sector se sintió «criminalizado sin pruebas» y se lanzó a la calle, convocando manifestaciones de protesta en diversas ciudades turísticas, como Benidorm, Salou y Barcelona, intentando arrastrar a todo el ramo de la hostelería.

El golpe para el sector fue muy duro, obligando a muchos locales a cerrar y transformando la forma de disfrutar de la noche. Miles de bares, discotecas y salas de conciertos se vieron obligados a cerrar temporal o definitivamente, lo que provocó una pérdida significativa de empleos y una disminución de la oferta de ocio nocturno. Las pérdidas económicas fueron millonarias debido a la caída de los ingresos por venta de bebidas y entradas, así como a los gastos adicionales para cumplir con las medidas sanitarias. En este sentido, para calcular el impacto de la pandemia España de Noche (Federación Nacional de Empresarios de Ocio y Espectáculos) encargó un estudio con el fin de analizar la situación de pubs y discotecas en la era del coronavirus que demostró que las pérdidas en estos locales alcanzaban el 11,5%. Toda vez que los dos años de inactividad habían precipitado el cierre de 4.933 bares, pubs y clubs, que habían originado pérdidas de 2.580 millones de euros. No es extraño que el sector se debatiera entre «la desaparición y la reinvención», ni que el presidente de España de Noche apostara por su supervivencia apelando al argumento de que este tipo de establecimientos «son una herramienta de socialización muy potente».

La pandemia también modificó los hábitos de consumo de los ciudadanos, que optaron por formas de ocio más seguras y al aire libre, como las terrazas o los eventos virtuales. No obstante, es posible que el fenómeno social más interesante en este sentido fuera la reacción a las medidas anti COVID de muchas personas adictas a la noche que se manifestaría en la celebración de numerosas fiestas ilegales, tanto en locales públicos como en fincas e inmuebles particulares, incluso en yates y con servicio de seguridad privado. A pesar de las fuertes sanciones establecidas para estos casos, hubo fiestas, más o menos multitudinarias, al margen de la ley, repartidas por todo el Estado.

El tardeo como alternativa

La epidemia COVID-19 no solo afectó a la vida nocturna española, sino de todo el mundo. En las postrimerías de la pandemia, la periodista Celia Fernández anunciaba que el club de música electrónica se había convertido en un «espacio en peligro de extinción», mientras aseguraba que «las restricciones en las licencias de aperturas de clubes y las quejas de los vecinos por el ruido ponen en entredicho la vida nocturna de muchas ciudades europeas». Y unos meses después desde Alemania llegaba un dato alarmante para el sector: de los 2.300 locales nocturnos que había en el país en 2011, doce años más tarde solo quedaban 860. Y no todo podía atribuirse al COVID:

> De las 2.300 discotecas que había en 2011, en 2019, antes de que llegara el coronavirus, sólo quedaban 1.400, es decir, una de cada tres. Llegó la pandemia, los cierres

continuados, y cuando las autoridades levantaron la veda a las discotecas, clubes y burdeles —todos en el mismo saco— solo reabrieron 860, que son las que actualmente hay[591].

En efecto, salvo la excepción de Ibiza en temporada alta, el *clubbing* parece en franco retroceso, y no solo en España, sino en ciudades como Berlín, donde la cultura de club y la música electrónica de baile constituían uno de sus principales atractivos turísticos. Este retroceso ha contribuido a impulsar en España del fenómeno conocido como *tardeo*. No pocas personas creen que se trata de una tendencia social derivada de la pandemia COVID:

> Los confinamientos, los toques de queda y el aislamiento experimentados a causa de la pandemia de la covid-19 en los últimos años han llevado a los españoles a cambiar su forma de ver el mundo y, en especial, su rutina. Entre estas nuevas perspectivas se ha consolidado el *tardeo*, que combina el concepto de la discoteca de siempre con la necesidad generalizada de aprovechar las horas de luz del sol. Un hábito ya adquirido, al igual que las imprescindibles reservas en bares y restaurantes[592].

Sin embargo, el hábito de salir por la tarde, incluso como alternativa a disfrutar de la noche, era algo que ya se practicaba antes de la referida pandemia. De hecho, hay quien afirma que

---

591. Valero, Carmen: «Las discotecas se extinguen en Alemania». *El Mundo*, 13 de septiembre de 2023.
592. Morgado, Cristina y Brascia, Clara Ángela: «De 'tardeo' para ahorrar: así ha cambiado la fiesta madrileña tras dos años de pandemia». *El País*, 15 de septiembre de 2022.

el hábito nació en Albacete, concretamente en locales como El Cuco, Tejares 10, Cotton y La Ronería, todos en un radio de 100 o 200 metros entre las calles Tejares y Concepción, como una «tendencia de adelantar la fiesta». Según esta hipótesis, desde allí el tardeo se iría extendiendo por toda España:

> Durante los primeros diez o quince años, este fenómeno se expandió de boca en boca hacia las zonas más cercanas. «De hecho, en Murcia se enfadan porque en algún momento ellos han intentado vender que fueron los inventores del tardeo», bromea Vicente Pizcueta. Desde Murcia, pasó a Alicante, donde el fenómeno creció al ser una ciudad más turística, pero tuvieron que pasar unos diez años, hasta las navidades de 2019, para que el tardeo llegara a Valencia. «Poco después, el tardeo se convirtió en una palabra conocida por todos, apareciendo incluso en anuncios de televisión, y fue la pandemia la que actuó como catalizador de su popularidad, especialmente en Madrid, donde las restricciones eran más laxas. Ahora mismo, está presente en toda España», afirma el portavoz.

El mismo portavoz de la citada federación España de Noche ha señalado dos factores clave para entender el éxito del fenómeno del tardeo como una forma de salir a divertirse en un horario mucho más acorde con la tendencia general de la sociedad: la curva demográfica y el turismo:

> La generación de *boomers* es mucho más numerosa que la de los jóvenes, por lo que es lógico que la oferta se dirija principalmente a ellos [...], una generación de cuarentones cuya vida nocturna estaba en franca decadencia [...] Con el *tardeo*, pueden volver a disfrutar de la vida nocturna, aunque sea en horas más tempranas [...]. Aunque no

sea cierto que en toda Europa la fiesta termine a las tres de la mañana, eso no impide que los turistas aprovechen la oportunidad de disfrutar de la fiesta española desde las seis de la tarde, ya que en muchos casos es uno de los principales motivos de su visita.

Por lo demás, es evidente que a la inversión de la pirámide demográfica[593] y a la demanda turística, podríamos sumar otras claves para entender la consolidación del tardeo, como la inflación galopante de los últimos años, los cambios de hábitos, sobre todo relacionados con el uso de las redes sociales y una infantilización general de la sociedad, que se ha manifestado en la aparición de grupos sociales que responden a la etiqueta de sexalescentes.

A pesar del éxito del tardeo, no han faltado críticas a la «tendencia a retrasar la hora de las actuaciones», sobre todo en época estival, fomentando de este modo una «cultura para noctámbulos»:

> Lo que se está haciendo así es orientar las actividades culturales estivales a un público compuesto en esencia por desocupados, veraneantes y noctámbulos, no siendo ésta, a mi juicio, la mejor forma de promover la escasa cultura que se nos ofrece en España[594].

Por otra parte, y como no podía ser de otro modo, el tardeo

593. En 1980, España contaba con 37.742.561 habitantes, de los cuales 6.853.930 eran jóvenes entre 15 y 25 años, lo que suponía un 18,15% del total de la población. En cambio, en 2024 contaba con 48.946.035 habitantes, de los cuales 5.153.911 eran jóvenes entre 15 y 25 años, lo que suponía un 10,52% del total de la población.

594. «Cartas al director. Cultura para noctámbulos». *El País,* 11 de agosto de 2022.

ha suscitado opiniones de todo tipo. Algunas personas han vinculado al fenómeno con el ahorro, como una especie de fórmula *low-cost* para poder de salir de fiesta a pesar del incremento del coste de la vida. También hay quien opina que ha dado un fuerte impulso a los bares y discotecas. Sin embargo, hay quien se sitúa justo en las antípodas En este sentido, un medio vasco ha señalado recientemente que la moda del tardeo, la proliferación de locales diurnos y el cambio de hábitos apaga la diversión nocturna en Bilbao, una ciudad con un 15% menos de locales que en 2009, hecho que ha determinado que algún empresario del sector se lamente amargamente: «La noche de Bilbao está muerta, muy muerta. Salvo los fines de semana, no ves gente por la calle».

Para otros empresarios del sector, el tardeo no representa más que «una manera diferente de disfrutar, que permite conciliar ocio y familia». En cambio, el mencionado Vicente Pizcueta destaca que tras la pandemia «la vida nocturna ha ganado importancia en nuestro estilo de vida» y lo más interesante del fenómeno del tardeo es que la gente joven sigue saliendo de noche, lo que significa que no se ha sustituido un hábito por otro, sino que «se ha ampliado la franja horaria para atraer a más públicos».

El futuro del ocio nocturno

Aunque el sector del ocio nocturno no ha tardado en mostrar signos de recuperación, la vuelta a la normalidad ha sido lenta y gradual. Los locales públicos que han logrado sobrevivir a la pandemia de COVID-19 han tenido que adaptarse a nuevas normas sanitarias, como la toma de temperatura, el control de aforo, la desinfección constante y la ventilación de los espacios. Por otra parte, la pandemia ha acelerado la digitalización del sector, con la aparición de plataformas online para la venta de entradas y la promoción de eventos. Podemos decir que ha dado un impulso a las transformaciones que ya se estaban operando en el sector, al tiempo que ha puesto a prueba la resiliencia y adaptabilidad del mismo.

El ocio nocturno se enfrenta a importantes retos tecnológicos. Por una parte, la posibilidad de reservar mesas, entradas o experiencias a través de aplicaciones móviles se ha vuelto cada vez más común, brindando mayor comodidad a los clientes y permitiendo a los establecimientos gestionar mejor su aforo. Por otra, la adopción de sistemas de pago sin efectivo se ha acelerado, mejorando la higiene y la rapidez de las transacciones. La tecnología también permite las experiencias inmersivas, con la creación de ambientes más envolventes y personalizados, utilizando elementos como realidad virtual, realidad aumentada y proyecciones audiovisuales.

La sostenibilidad conlleva otros retos para el sector. Los consumidores cada vez son más conscientes del impacto ambiental y social de sus decisiones, lo que impulsa a los establecimientos y los eventos organizados a ofrecer opciones más sostenibles, como bebidas locales, productos de temporada y reducción de residuos. Igualmente, la adopción de energías renovables y prácticas de eficiencia energética se convertirá en una prioridad para las empresas.

Entre las tendencias de futuro que se apuntan, cabe destacar las experiencias personalizadas, como la música a medida, es decir, las mezclas personalizadas para cada evento o espacio que permiten crear las plataformas de *streaming*, o la denominada «coctelería artesanal», cada vez más creativa y personalizada, con *bartenders* especializados en la creación de bebidas únicas.

Algunos medios incluso han sugerido que se cree la figura del «alcalde de noche», como ya existe en otras capitales europeas:

La figura del alcalde de la noche como una forma de canalizar las necesidades de los diferentes actores sociales de la noche y encontrar soluciones adecuadas para todos, comienza a extenderse entre muchas de las ciudades más populares del mundo (Ámsterdam, Berlín, Londres o Tel Aviv). El éxito de este actor radica en una visión holística que incluye, desde la importancia de la perspectiva empresarial hostelera, hasta las demandas cotidianas de los vecinos[595].

Los formatos híbridos, creados con la combinación de elementos de diferentes tipos, como clubes, bares, restaurantes y espacios culturales, parecen consolidarse cada vez más. También se acentúa el mayor protagonismo de terrazas, *rooftops* y espacios al aire libre, aprovechando el clima mediterráneo.

En otro orden de cosas, el enfoque comunitario puede resultar un valor añadido para muchos locales. Seguramente, habrá establecimientos que colaborarán con artistas, marcas y otros negocios locales para crear experiencias más singulares y enriquecedoras. Por esta misma regla, se organizarán eventos temáticos y fiestas con un fuerte componente social y cultural.

El sector también se enfrenta a grandes desafíos. La creciente competencia, cada vez más intensa, entre los locales conlleva muchas oportunidades, pues obligará al sector a innovar constantemente. Desde luego, las normativas y regulaciones sobre ruido, horarios y seguridad seguirán siendo una rémora para las empresas. Por último, los eventos climáticos extremos y el aumento de las temperaturas pueden llegar a afectar a la actividad nocturna en algunas zonas.

Por lo demás, la evolución experimentada por el ocio nocturno durante estos últimos años post-pandemia se ha mani-

---

595. «¿Atravesamos por un nuevo boom del ocio nocturno?». *The Objective*, en https://barradeideas.theobjective.com/boom-ocio-nocturno/

festado en otros órdenes. Por ejemplo, la figura del disc-jockey, además de ver incrementada su relevancia, ha evolucionado de una manera harto singular, pues ahora ya no se preocupa tanto de poner a bailar a la gente como de otras cuestiones: el reconocimiento como artista con sello propio, la producción de música, el seguimiento en las redes sociales, el «intrusismo profesional» posibilitado por el desarrollo tecnológico, etcétera. De hecho, podría decirse que su función ya no es tanto animar al baile como buscar el lucimiento personal, algo que en cierto modo ha venido a sancionar el nuevo convenio colectivo del personal que presta servicios en el sector del ocio nocturno y espectáculos, en el que el DJ aparece por primera vez distinguido como «personal artístico». Y no se trata de una cuestión menor, pues actualmente se celebran más de 1.000 festivales al año, que, a pesar de todos sus defectos, facturan más de 578 millones de euros, unas cifras que colocan a España en la cúspide del panorama musical a nivel mundial.

A principios de marzo de 2024 la vicepresidenta del Gobierno, Yolanda Díaz, hizo pública la propuesta de limitar los horario de la hostelería, adelantando la hora de cierre de los restaurantes y otros establecimientos del sector, justificándola por la «necesidad» que existe en España de recortar la jornada laboral y de «racionalizar los tiempos». La intención manifestada por la vicepresidenta levantó una gran polémica y suscitó el rechazo unánime de los empresarios del sector. Tampoco fue bien recibida por destacados políticos conservadores, que veían un afán moralizante no declarado en dicha iniciativa. En este sentido, la presidenta de la Comunidad de Madrid, Isabel Díaz Ayuso, llegaría a declarar:

> España tiene la mejor vida nocturna del mundo, con las calles llenas de vida y libertad. Y eso también da empleo [...] Nos quieren puritanos, materialistas, socialis-

tas, sin alma, sin luz y sin restaurantes porque les da la gana[596].

Si a esta intención de reforma horaria sumamos el sempiterno debate sobre si la jornada escolar debe ser partida o continua e intensiva, en aras de una mejor educación, economía y conciliación familiar, fácilmente podemos llegar a la conclusión de que España vive en bucle desde principios del siglo XX, cuando el gobernador civil de Madrid intentaba adelantar el horario de cierre nocturno de los locales públicos, o en plena dictadura de Primo de Rivera, cuando el diario *La Nación* insistía sobre la necesidad imperiosa de imponer un cambio en las costumbres. Solo que se han invertido los papeles: ahora es la izquierda la que pretende recortar el horario de ocio nocturno y la derecha la que protesta por ello. Por eso, no descartamos que terminen triunfando otras fórmulas de diversión como el mañaneo, otra etiqueta inventada por los medios para designar lo que se ha hecho toda la vida: salir de mañana, bien recién levantado, bien sin haberse acostado.

Frente a las críticas al ocio nocturno y a los sucesivos intentos de ponerle freno, sobre el terreno se ha consolidado en España una potente subcultura *rave* que se manifiesta en todo el Estado (Granadilla, Cáceres; Plasencia, Cáceres; aeródromo de Benagéber, Valencia; San Mateo, Castellón; Llinars del Vallés, Barcelona; embalse de Almendra en Argusino, Zamora; Paraje de Hueli en Sorbas, Almería; La Peza, Granada; Sarral, Tarragona; Torà, Lérida; Ivars de Noguera, Lérida; Fuente Álamo, Murcia; inmediaciones del aeropuerto de Ciudad Real, etcétera). Una subcultura que se presenta como contraria a la

596. Fuentes, Isabel: «Yolanda Díaz aboga por adelantar la hora de cierre de los restaurantes y considera una «locura» ampliar los horarios». *20 Minutos*, 4 de marzo de 2024.

mercantilización del ocio y, a la vez, como seña de identidad. Además, en el plano teórico, también desde la escena dominada por la música electrónica, algunas personas han empezado a reivindicar el derecho a la fiesta como un Derecho Humano más.

En opinión de algunos, la noche madrileña ha experimentado una auténtica «explosión» de vitalidad tras la pandemia COVID y ven «síntomas de la euforia noctámbula de la capital» en todos lados. Otros, desde Cataluña, advierten acerca de la «reproducción de un discurso institucional que describe el actual ocio nocturno juvenil como peligroso, lleno de drogas y de armas» por sus graves implicaciones sociales:

> Constituye no solamente una desfachatez sin parangón alguno sino también un ejemplo claro y meridiano de la actual visión institucional, adulto-céntrica, clasista, estigmatizadora y racista sobre el ocio nocturno juvenil independientemente de la variedad cromática de la chaqueta de nuestros representantes políticos[597].

En realidad, coincidimos con Asier Ávila, autor de un estupendo libro sobre el origen, auge y caída de la fiesta, adobada con drogas y música de baile, en el sentido de que «la fiesta tal y como la hemos conocido» en España a lo largo de las últimas décadas parece haber «perdido su protagonismo en la sociedad actual y se ha convertido en una opción de ocio secundaria». Seguramente, como afirma Enrique Rey, «salir de noche ha perdido su poder», pero las ganas de vivir la noche de las nuevas generaciones no han desaparecido, sino que se transforman permanentemente en su deseo de abrazar la noche sin fin.

---

597. Nofre, Jordi: «La militarización de la gobernanza del ocio nocturno juvenil en Catalunya». *El Salto*, 8 de febrero de 2023.

Índice

INTRODUCCIÓN 11

CAPÍTULO 1. POSTRIMERÍAS DEL SIGLO XIX 16

La oferta de ocio nocturno a finales del siglo XIX en Madrid y Barcelona 16

El café-cantante como epítome de la vida nocturna y canalla 27

Detractores de los cafés-cantantes 32

Primeros intentos de poner coto al Madrid nocheriego 40

Una Real orden contra los cafés-cantantes 46

Los cafés-cantantes: fuente inagotable de sucesos 49

CAPÍTULO 2. SIGLO XX HASTA LA PRIMERA GUERRA MUNDIAL 54

El problema enquistado de los cafés-cantantes 54

Medidas horarias del conde de San Luis y resistencia de los parroquianos del Café de Fornos 60

Las razones de los reformistas frente a los motivos de los trasnochadores 68

Noches de Madrid y noches de Barcelona 74

El declive de los cafés-cantantes 76

La obra del ministro Juan de la Cierva durante el gobierno largo de Maura 82

De Madrid a la Luna 87

Trasnochar en Barcelona en el recuerdo de Josep Maria Sagarra 92

Creación de la D. G. de Seguridad y aprobación de un Reglamento de policía de espectáculos 97

CAPÍTULO 3. PRIMERA GUERRA MUNDIAL (1914-1918) 101
Algunas reflexiones en torno a los hábitos de ocio nocturnos 101
El impacto en Barcelona de la neutralidad ante la Primera Guerra Mundial 104
Un nuevo aliciente para prolongar las veladas: la cocaína 115
También en San Sebastián 129
Consecuencias de la Primera Guerra Mundial y de la política de neutralidad en Madrid 137
Los noctámbulos de Barcelona en pie de guerra 152
Tiempo de apagones 166
La banda sonora de aquellos años 171

CAPÍTULO 4. LOS AÑOS 20 176
Los años en que se rebelaron las masas 176
El prototipo de chica *flapper* o la irrupción en la vida nocturna de la mujer liberada 179
Maxim's y el final del Madrid decimonónico 187
A la luna de Valencia 196
Nuevos tiempos, nuevas costumbres, antiguas soluciones 201
El golpe de Estado del general Primo de Rivera y sus consecuencias 207
Resistir bailando 225
Los barrios chinos como relevo de las viejas mancebías 230
El diario *La Nación* y la anhelada reforma de las costumbres 234
Las diversiones nocturnas de la gente bien de Barcelona 249
A vueltas con el noctambulismo y la reforma de las costumbres 258
Las exposiciones internacionales de Sevilla y Barcelona 265

CAPÍTULO 5. LA DICTABLANDA
Y LA SEGUNDA REPÚBLICA 271
La *ola verde* y su influjo en las pautas de ocio 271
Visiones contrapuestas del Madrid nocturno 280
Las noches canallas del barrio chino de Barcelona 292
El sabor mediterráneo de las noches mallorquinas 303

CAPÍTULO 6. LA GUERRA CIVIL 307
Las noches en tiempo de guerra 307
Ocio nocturno en la España republicana 308
Desmadre nocturno en la España nacional 319

CAPÍTULO 7. EL FRANQUISMO (I)
LA AUTARQUÍA 332
Nocturnidad y autarquía 332
Los nuevos horarios nocturnos en la España de Franco 333
Tiempo de apagones 348
La «ley del silencio» 354
La vida nocturna a debate 358
Cuando la riqueza habitaba con el hambre (I):
el caso de Barcelona 369
Cuando la riqueza habitaba con el hambre (II):
el caso de Madrid 380
Vida nocturna en Valencia y otras ciudades 387
Un oasis en el Mediterráneo: Palma de Mallorca 395
El turismo, ¡qué gran invento!... también para la noche 406
El guateque o la domesticación del baile 409

CAPÍTULO 8. EL FRANQUISMO (II)
EL DESARROLLISMO 416
Ibiza: de las veladas beatniks a las fiestas de plenilunio
hippies 416

El efecto dolce vita'y una nueva reforma horaria 421
Spain is different! 425
¡Queremos baile! 433

Luces y sombras de la vida nocturna durante el desarrollismo 440
Circuitos nocturnos alternativos 452
Los primeros festivales de música y dos nuevas profesiones asociadas al ocio nocturno 469
El último intento de reforma horaria durante el franquismo 480
Acciones represivas 488
El *gay power* toma la noche 493

CAPÍTULO 9. TRANSICIÓN Y CONSOLIDACIÓN DEMOCRÁTICA 502
Las noches más locas de la transición 502
Anomia y violencia política 505
La legalización del juego y los casinos 510
Un país de travoltas o efectos de la fiebre del sábado noche 512
Movidas y rutas: la inventiva de los medios de comunicación para etiquetar las noches 516
Noctámbulos de toda la vida, vampiros de nuevo cuño y otros adictos a la noche 521
¿El principio del fin? 524
Nuevos espacios para la socialización nocturna 529

CAPÍTULO 10. SIGLO XXI 534
La siempre polémica vida de noche 534
Acciones ejemplarizantes contra el ocio nocturno 539
¿Un golpe definitivo? 549
El tardeo como alternativa 542
El futuro del ocio nocturno 546